景印香港
新亞研究所
新亞學報
第一至三十卷
第三二冊・第二十一卷

總策畫　林慶彰　劉楚華
主編　瞿志成

景印香港新亞研究所《新亞學報》（第一至三十卷）

景印本・編輯小組

總　策　畫

林慶彰　劉楚華

主　編

翟志成

編輯委員

卜永堅　李金強　李學銘　吳　明　何冠環

何廣棪　張宏生　張　健　黃敏浩　劉楚華

鄭宗義　譚景輝

編輯顧問

王汎森　白先勇　杜維明　李明輝　何漢威

柯嘉豪（John H. Kieschnick）科大衛（David Faure）

信廣來　洪長泰　梁元生　張玉法　張洪年

陳永發　陳　來　陳祖武　黃一農　黃進興

廖伯源　羅志田　饒宗頤

執行編輯

李啟文　張晏瑞

（以上依姓名筆劃排序）

景印香港新亞研究所《新亞學報》（第一至三十卷）

景印香港新亞研究所《新亞學報》第三二冊

第二十一卷　目次

儒學與近代西方的價值說述評	李　杜	頁 32-13
韓國漢城大學所藏《東詩叢話》簡介及其論 　中國人詩作與詩評析說	鄺健行	頁 32-73
雍正服餌丹藥暴亡新探	楊啟樵	頁 32-93
戰前日本對華煤業投資的特徵	陳慈玉	頁 32-109
「格義」與六朝《周易》義疏學——以日本 　奈良興福寺藏《講周易疏論家義記殘卷》 　為中心——	馮錦榮	頁 32-125
從趙翼《甌北詩話》論李白樂府詩之對偶	韋金滿	頁 32-149
讀陳振孫《直齋書錄解題》札記	何廣棪	頁 32-177
《拍案驚奇》是否與凌氏編纂初衷旨趣相違	蔡海雲	頁 32-201
《老子》所反映的天道觀與政治理想	鄧立光	頁 32-213
明代江西役法之改革	張偉保	頁 32-229
清末民初的實業救國浪潮，1895-1913	李木妙	頁 32-273

粵北韶城粵語形成的歷史地理背景　　　馮國強　頁 32-297

蘇軾詩法不相妨說初探　　　　　　　　劉衛林　頁 32-317

第二十一卷

新亞學報

新亞研究所

景印香港新亞研究所《新亞學報》（第一至三十卷）

第二十一卷

新亞學報

新亞研究所

景印本・第二十一卷

景印香港新亞研究所《新亞學報》（第一至三十卷）

新亞研究所

《新亞學報》編輯委員會

主任委員：鄺健行
編輯委員：鄺健行
　　　　　陶國璋
　　　　　張偉保
執行編輯：張偉保

New Asia Institute of Advanced Chinese Studies

New Asia Journal
Editorial Board
Chairman, Editorial Committee:
KWONG Kin-hung

Editorial Committee:
KWONG Kin-hung

TAO Kwok-cheung

CHEUNG Wai-po

Editor
CHEUNG Wai-po

景印香港新亞研究所《新亞學報》（第一至三十卷）

《新亞學報》學術顧問

（按姓氏筆畫為序）

王業鍵 教授
中央研究院院士

王爾敏 教授
中央研究院近代史研究所研究員

全漢昇 教授
中央研究院院士、史語所研究員、新亞研究所榮譽導師、前所長

宋　晞 教授
中國文化大學史學研究所所長

杜正勝 教授
中央研究院院士、故宮博物院院長

李潤生 教授
前香港能仁研究所哲學系教授

李學勤 教授
中國社會科學院歷史研究所研究員、前所長

李豐楙 教授
中央研究院文哲研究所研究員

吳宏一 教授
香港中文大學中文系講座教授

陳永明 教授
香港教育學院語文教育學院院長

陳祖武 教授
中國社會科學院歷史研究所所長、研究員

張玉法 教授
中央研究院院士、近代史研究所研究員、前所長

湯一介 教授
北京大學哲學與文化研究所所長

單周堯 教授
香港大學中文系教授

廖伯源 教授
中央研究院史語所研究員

趙令揚 教授
香港大學中文系講座教授

鄧仕樑 教授
香港中文大學中文系系主任

劉昌元 教授
香港中文大學哲學系教授

錢　遜 教授
清華大學教授

饒宗頤 教授
香港中文大學中國文化研究所偉倫榮譽講座教授

稿　約

（一）本刊宗旨專重研究中國學術，以登載有關中國歷史、文學、哲學、教育、社會、民族、藝術、宗教、禮俗等各項研究性之論文為限。

（二）本刊年出一卷，以每年八月為發行期。

（三）本刊由新亞研究所主持編纂，歡迎海內外學者賜稿。

（四）來稿每篇以三萬字為限，請附 ① 中文提要（二百字內）；② 英文篇題；③ 通訊地址、電話、傳真及電郵地址。

（五）來稿均由本所送呈專家學者審閱，以決定刊登與否。

（六）本所有文稿刪改權，如不同意，請預先聲明。

（七）文責自負；文稿若涉及版權問題，由作者負責。

（八）來稿請勿一稿兩投。本所不接受已刊登之文稿。

（九）來稿如以電腦處理，請以 word 系統輸入，並隨稿附寄電腦磁片。

（十）請作者自留底稿。來稿刊用與否，恕不退還。若經採用，將盡快通知作者；如半年後仍未接獲採用通知，作者可自行處理。

（十一）本刊所載各稿，其版權及翻譯權均歸本研究所；作者未經本所同意，不得在別處發表或另行出版。

（十二）來稿刊出後，作者每人可獲贈本刊二本及抽印本三十冊，不設稿酬。

（十三）來稿請寄：

香港 九龍 農圃道 6 號，新亞研究所

《新亞學報》編委會收

景印香港新亞研究所《新亞學報》（第一至三十卷）

目　錄

新亞學報第二十一卷

李　杜 ◎ 儒學與近代西方的價值説述評 1

鄺健行 ◎ 韓國漢城大學所藏《東詩叢話》簡介及
其論中國人詩作與詩評析説 61

楊啟樵 ◎ 雍正服餌丹藥暴亡新探 81

陳慈玉 ◎ 戰前日本對華煤業投資的特徵 97

馮錦榮 ◎ 「格義」與六朝《周易》義疏學 113

韋金滿 ◎ 從趙翼《甌北詩話》論李白樂府詩之對偶 137

何廣棪 ◎ 讀陳振孫《直齋書錄解題》札記 165

蔡海雲 ◎ 《拍案驚奇》是否與凌氏編纂初衷旨趣相違 . . . 189

鄧立光 ◎ 《老子》所反映的天道觀與政治理想 201

張偉保 ◎ 明代江西役法之改革 217

李木妙 ◎ 清末民初的實業救國浪潮，1895-1913 261

馮國強 ◎ 粵北韶城粵語形成的歷史地理背景 285

劉衛林 ◎ 蘇軾詩法不相妨説初探 305

景印香港新亞研究所 《新亞學報》 （第一至三十卷）

儒學與近代西方的價值說述評

李　杜

　　清末民初「五四」前後，中國新的知識份子以近代西方由偏向的個人主義而為說的自由、民主、科學說——「近代西方的價值說」，極力反對以儒學為主導的中國傳統歷史文化、學術思想——儒學的人生價值說，而以後者與前者彼此對立，互不相容，而要去掉後者以達至由前者而為說的「全盤西化」說，以建立西方式的自由、民主、科學的中國。此一「反對」「達至」說，至今仍繼續在說、在表演。此「說」、此「表演」不知傷害了多少的中國人，尤其是中國的青少年。他們深陷於其中而不能自拔，而以「此說」為絕對的、為「無上的命令」，以此「表演者」為新的偶像。由此而幾使中國人完全失去其自己、其家庭、其社會、其國家、其悠久的歷史文化、學術思想。

　　若問為甚麼會有所說的現象呢？從其出現的時代歷史背境去說，主要是由於中國自清末道咸以後的弊病百出、積弱不振、屢為西方列強和日本所敗，而不能抗拒；以曾國藩、左宗棠、李鴻章為主導的自強運動失敗了；以康有為、梁啟超、譚嗣同為主導的立憲維新亦失敗了。從持此說的學者本身，亦即所謂近代中國新的知識份子去說，則由於其對其所反對的與所要如何如何的，皆無相應的了解：對以儒學為主導的中國傳統的歷史文化、學術思想——儒學的人生價值說無相應的了解；對西方近代由偏向的個人主義而為說的人生價值說——自由、民主、科學說亦無相應的了解，而僅由所說清末所出現的現象去說前者，僅以西方近代的富國強兵去說後者，而未能對此二者有歷史性、理論性、或說整體性的了解。此一「無相應的了解」，清末民初「五四」前後的新的知識份子是如此，繼承其說而為說的現代中國新的知識份子亦是如此。其既是如此，其所持之說雖經歷將近百年仍是只能停留於其想像與做作中，及由此而生的弊害，而不能有好的成果了。但他們並不如此地了解，或不願如此地去了解，而仍是以為只要繼續藉其所把持的報章、雜誌、電台、

電視台、互聯網、資訊，所控制的文教機構，所擁有的政治權力，不斷地鼓吹、宣傳，而使其成為紛亂不已的社會的主流說，成為其所控制的大眾文化，即可以達其目的，而不顧前面所說的其如此做，要使中國人完全失去了其自己、其家庭、其社會、國家、其悠久的歷史文化、學術思想，其對青少年的誤導；亦未正視其是否能與大多數的中國人，尤其是鄉間的中國人沉默而無聲的不合作，而近於麻木的不著意的對抗相應；亦即不正視是否相應於中國人之不能完全安於由此而來的「失去其自己、其家庭、其社會、國家，其歷史文化、學術思想傳統」的不合作、無言而近於麻木的對抗。

於後面我將分為四章去述評：壹、簡說儒學的人生價值說；式、簡說近代西方的人生價值說；叁、儒學的人生價值說與近代西方的人生價值說進一步的比較說明與評論；肆、近代中國新的知識份子的誤解——以章太炎、胡適之為例去說。

壹、簡說儒學的人生價值說

儒學為因應中國人的日常生活、生命的表現而作理論性的肯定、說明與提升的學問，此為儒學理論性的說法；儒學為與過去中國的政治社會互為結合、共同發展而規範之的學問，此為儒學歷史性的落實表現。由此而說儒學即為與中國傳統的歷史文化、學術思想相結合，而為其主導的學問。若以「人生的價值」去說，儒學的人生價值即依此而為說。此「為說」與近代西方由偏向的「個人主義」而為說的「西方的價值說」很不相同。

一、儒學理論性的說法

儒學的理論依據在整個人生，而不是如下章所說的近代西方的個人主義說僅由人的偏向性而為說，亦不是如西方的宗教一樣以神為本，而成其神本論的宗教說，亦不是如西方的哲學一樣以理性或經驗為本而成其理性主義、或經驗主義的系統哲學說。

儒學因應中國人的日常生活、生命的表現而為說。此表現可說始於史前時代，

但主要為儒學所本而為說的則是周代，亦即本周人於其生活、生命活動中所留下的有關歷史文化的記述而為說，在此之前的只是偶而引用。此即儒學的創始者孔子繼承周的歷史文化並因應人的整個生命的要求而創建儒學的主要義理。此「義理」所說的彼此關聯，前後連結，承前啟後，而成為有機的歷史文化組合體。此是如何的呢？此可分別由：宗教、道德倫理、政治、科學、法制、文學藝術等去作分別的說明（於後面且不說文學藝術）。[1]

1、簡說孔子之前的說法

(a) 宗教說

以周代去說，孔子之前的中國人在有關宗教問題的說明上，主要為對其所信奉的天帝、人為天所生的述說。此如「上天之載，無聲無臭。」、（詩·大雅文王）「惟天之命，於穆不已。」（詩·周頌維天之命）、「昭明上帝。」、「皇矣上帝」（大雅·皇矣）、「天生烝民，有物有則，民之秉彝，好是懿德。」（大雅·烝民）所表達的。

(b) 道德倫理說

在道德倫理上，主要為在述說王者與天帝的關係，並由此而說道德的意義為何，如以下的引文所表達的：

(1) 維此文王，小心翼翼。昭事上帝，聿懷多德。厥德不圖，以受方圓。（詩·大雅文王）

(2) 文王之德之純。（周頌·維天之命）

此為由王者——文王與天帝的關係及文王的德行而表達道德的意義說。

(3) 仲山甫之德，柔嘉維則。（大雅·烝民）

此為以「仲山甫之德」去說道德之意義說。

---

[1] 有關儒學的「文學藝術」說，我曾多次論及。請參看李杜著：《中西哲學思想中的天道與上帝》新附篇〈儒學的過去與未來〉，（台北：藍燈文化事業公司，二〇〇〇年九月）。

(c) 政治説

周代是以君主為中心的君主政治，但此僅是從政治的建構、政體、政治權力的控制上説，從政治的目的上説，周的政治不僅是為君主而亦是為人民，此如「民為邦本。」(書‧五子之歌)、「天惟時求民主。」(書‧多方)、「民之所欲，天必從之。」(書‧泰誓上)、「天視自我民視，天聽自我民聽。」(泰誓中) 等記述所表達的。

(d) 科學説

「科學」一詞是近代中國學術界相應於西方的 science 而創作的譯名，以之指謂人由其經驗理性的了解而獲得的知識。在此之前沒有此名詞。但雖然如此，不能説中國傳統學術完全沒有科學知識，如一些近代新的知識份子所説的一樣。此「知識」既是指謂人由其經驗理性的了解而為説，人對其所在的自然宇宙、萬物不能不由此而了解、而為説；西方人如此，中國人以至全人類亦皆是如此，只是如何如此，彼此有所不同而已。以中國人來説在孔子之前即表達了此一「了解」「為説」——科學的知識，如「乃命羲和、欽若昊天，曆象日月星辰，敬授人時。」(書‧堯典)、「知之匪艱。」(書‧説命中)、「物生而後有象，象而後有滋，滋而後有數。」(左傳‧僖公十四年)，「思其始而成其終，朝夕而行之，行無越思，如農之有畔。」(襄公二十五年) 等所表達的。

(e) 法制説

此與政治説緊密關聯，而是就政治如何表現而為説。此一為説在周代常以禮制去説，亦即由「禮制」——禮儀、法制而説政治如何表現。以此所表現的規律以規範整個國家社會：如「先君周公制周禮，曰：則以觀德，德以處事，事以慶功，功以食民。」(左傳‧文公大年)，「夫禮國之祀也。」(國語‧晉語)、「禮以紀政，國之常也。」(周語) 等所表達的。於此外亦以刑律作為輔翼，如書經所記的「呂刑」，左傳魯昭公六年所記的「鄭人鑄刑書。」，二十九年所記的「……以鑄刑鼎，著范宣子所為刑書焉。」等所表達的。

以上所説的周人的人生諸表現，為周人的歷史文化、學術思想的主要所在，此「表現」、「所在」彼此關聯，前後連結，而共成一有機的歷史文化組合體。

2、孔子的説法

(a) 宗教説

孔子繼承了其前的説法，而説「惟天為大。」（論語・泰伯），「獲罪於天，無所禱也。」（八佾），「天生烝民，有物有則，民之秉彝，好是懿德。」（孟子・告子）。並由繼承中而發展了新的意義：「天生德於予。」（論語・述而），「下學而上達，知我者天乎。」（憲問）「『天生烝民，有物有則，民之秉彝，好是懿德』……為此詩者，其知道乎。」（告子）由此而表達了孔子不僅以宗教所敬奉的天帝與人有宗教性的外在超越的交往，而亦有道德性的內在的連結而表達了儒學在此上特別的結構性的了解，而不同於西方基督教的説法。

(b) 道德倫理説

孔子在道德倫理上的繼承與發展，在於其：(1) 以道德倫理不僅由王者與天帝的關係去説，而亦由每一個人與天帝的關係去説。前面所引的「知我者，其天乎。」即表示了此一意義。此外論語所記述「五十而知天命。」、「畏天命。」（季氏）亦表示了此一意義。(2) 由前面所説宗教的「道德性的內在連結」而以道德倫理的事不僅為由宗教上而為説，亦為由人心、人性而為説，如「回也，其心三月不違仁。」（雍也），「己欲立而立人，己欲達而達人。」（雍也），「己所不欲勿施於人。」（顏淵）等所表達的。(3) 由人的日常現實生活中作各別的、和提昇人的道德倫理生活的説明，如「弟子入則孝，出則弟，謹而信，汎愛眾，而親仁，行有餘力，則以學文。」（學而），「居處恭，執事敬，與人忠。」（子路），「義以為質，禮以行之，孫以出之，信以成之。」（衛靈公）等所表達的。(4) 由不同的位份以説不同的道德行為，如「君使臣以禮，臣事君以忠。」（八佾），「君君、臣臣、父父、子子。」（顏淵），「朋友切切偲偲，兄弟弟怡怡。」（子路），「老者安之，朋友信之，少者懷之。」（公冶長）等所表達的。(5) 不由位份而説的人的共同道德行為，如於論語所分別述説的：仁、義、禮、智、信、勇、忠、恕、敬、恭、寬、敏、惠、孫、愛、直、諒等德目所表達的。孔子此一繼承與發展更特別表達了儒學結構性的關連。

(c) 政治説

孔子在政治説的繼承與發展所表達的主要為繼承其前的君主政制，及政治不僅是為人君而亦要為人民説，而發展為仁政、德治説，如「天下有道則禮樂征伐自天子出。」(季氏)，「為政以德，譬如北辰，居其所，而眾星共之。」(為政)，「道之以德，齊之以禮。」(為政)、「政者，正也。」(顏淵) 等所表達的。並由個人而家庭、而社會、而諸侯之國，而天下，如「或謂孔子曰：『子奚不為政。』子曰：『書云：孝乎惟孝，友于兄弟，施於有政，是亦為政』，奚其為為政。」(為政)，「雍也，可使南面。」(雍也)，「八佾舞於庭，是可忍也，孰不可忍也。」(八佾)，「魯衞之政，兄弟也。」(子路)，「泰伯其可謂至德也矣，三以天下讓，民無德而稱焉。」(泰伯) 等所表達的。

(d) 科學説

孔子在科學説的繼承與發展所表達的：(1) 繼承其前的以宇宙為自然的宇由，為人依人的理性經驗所了解的對象；「逝者如斯夫，不捨晝夜。」(子罕)，而了解此宇宙依照一定的規律而運行，而生長萬物「天何言哉？四時行焉，百物生焉。」(陽貨)，而表達了天文學、生物學一類的知識，並表達了作為科學所探討自然宇宙萬物的律則 (the law of nature) 性。「哀公問孔子曰：君子何貴乎天道也？孔子對曰：貴其不已，如日月東西相從而不已也，是天道也；不閉其久是天道也。」(禮記·哀公問)。(2) 在科學知識的探求上的純認知性的了解：「子絕四：毋意、毋必、毋固、毋我。」(子罕)，「吾有知乎哉？無知也，有鄙夫問於我空空如也，吾扣其兩端而竭焉。」(子罕)。(3) 不斷了解自然萬物：「多識於鳥獸草木之名。」(陽貨)，「多見而識之。」(學而)。(4) 對所見所聞採存疑的態度：「多聞闕疑，……多見闕殆。」(為政)，「視思明聽思聰，……疑思問。」(為政)。(5) 對所用的概念、名詞要有所界定：「觚不觚，觚哉，觚哉？」(雍也)，「必也正名乎。」(子路)。(6) 學思並重：「學而不思則罔，思而不學則殆。」(為政)。(7) 著重推理的了解：「舉一隅……以三隅反。」(雍也)，「告諸往而知來者。」(學而)。(8) 作總括性的了解：「予一以貫之。」(衞靈公)，「吾道一以貫之。」(里仁)。後一引文是

僅就推理的了解而說。若問由推理而了解的「道」為何？此即為繼承傳統與因應人的生命的要求而為說的所說宗教、道德倫理、政治、科學及後面要說的法制(於前面所說的且不說的文學藝術)的意義的有機的歷史文化組合體，而不是於此外另有道，如過去的道統說及現代的新儒學所說的道統說的「道」。

(e) 法制說

孔子在法制說上主要是繼承其前禮制說的意義，如「殷因於夏禮所損益可知也，周因於殷禮所損益可知也。」(為政)，「夏禮吾能言之，杞不足徵也，殷禮吾能言之，宋不足徵也，文獻不足故也，足則吾能徵之矣。」(八佾) 等所表示的。其於繼承中的發展，在其不僅由外在的禮儀法制的傳統表達上說，而是將之歸到人心的仁而為說，如將宗教的歸到人的人心上說一樣，「人而不仁，如禮何？」(為政)「克己復禮為仁。」(顏淵) 。對於輔翼禮制的刑律，孔子雖不以為可以完全避免，而不能不引用刑律以制裁犯罪的人。但他是希望最好不用刑律，「聽訟吾猶人也，必也使無訟乎。」(顏淵)「道之以政，齊之以刑，民免而無恥，道之以德，齊之以禮，有恥且格。」(為政) 。

3、繼承與發展孔子的儒學的先秦儒者孟子和荀子

於孔子之後的孔門弟子，對所說的問題多有所說。但我於此不能亦不擬各別介述他們的「所說」，而只選擇他們之後，為後代所特別推重的先秦儒者孟子和荀子而為說。於秦後則選擇漢的董仲舒、王充，宋明的朱子、王陽明而為說。

甲、孟 子

孟子自稱其學私淑自孔子，「予未得為孔子之徒也，予私淑諸人也」，「乃所願則孔子也」(孟子・離婁) 。但他並不是如孔子一樣本周的歷史文化，因應人的整個生命要求，而對宗教、道德倫理、政治、科學、法制作文化有機的結合說明，而是專著意於表達有關人的道德倫理、政治問題，而以此歸到人的仁心性善上說。並以此為其中心觀念而將其他的問題皆幅輳於此上，以代替前面所說孔子及其前的由整個人的日常生活、人的整個生命要求而為說。因此為孟子所表達的儒學的有機

結合説，頗似近代較專門的哲學——唯心論的説法，而有所違於孔子的説注。[2]

(a) 宗教説

孟子亦繼承了孔子及其前周人的宗教性的天帝説。他於引用詩、書的相關記述：「詩云：天生烝民，有物有則。民之秉彝，好是懿德。」（孟子·萬章）「書曰：天降下民，作之君，作之師。惟曰：其助上帝，寵之四方，有罪無罪，惟我在。」（梁惠王）之外，亦表達了自己的説法：「吾之不遇魯侯，天也。」（梁惠王）「夫天未欲平治天下也，如欲平治天下，當今之世，舍我其誰也。」（公孫丑）但此不是他主要的説法。他主要的説法是由孔子所説的「知我者，其天乎。」，進而將天歸到其前面所説的中心觀念而為説，「盡心知性而知天。」（盡心），而不多著意於人的神性義的宗教生命要求。

(b) 道德倫理説

在道德倫理説上，如前面所説的，孟子是專著於其上。他繼承孔子以道德歸到人心，顏回「其心三月不違仁。」説，而説人有四端：惻隱、羞惡、是非、辭讓之心，而説人性善，而將道德倫理全歸本於此而為説，並將孔子分別由人的不同道德行為上而説的仁、義、忠、信、孝悌、恭、敬等亦歸之於此而為説，並由此而説「可欲之謂善，有諸己之謂信，充實之謂美，充實而光輝之謂大，大而化之之謂聖，聖而不可知之之謂神。」（盡心）「君子所性，仁義禮智根於心，生於色也睟然見於面，盎於背，施於四體，不言而喻。」（盡心）「萬物皆備於我，反身而誠，樂莫大焉。」（盡心）「夫君子所過者化，所存者神，上下與天地同流。」（盡心）由此而説「盡倫盡制」而説主導中國古代的歷史文化為何，而表達了近似於近代所説

---

[2] 孟子在理論上未完全依照孔子之説而為説，而只是選取孔子的某一説法，而以之為一中心觀念，發展為一系統的派別儒學説。從學術的發展史上説，此似是不可避免的。孟子如此，其後的荀子、董仲舒、朱子、王陽明亦如此；不但儒學如此，墨家之學與道家之學亦如此；不但中國傳統諸家之學如此，西方不同派別的哲學亦如此。在過去曾以一學説若不發展為由一中心觀念為主導的系統説是不夠的。了解到此不是「不夠」而只是一偏見的表現，是上（20）世紀末的事。此主要是由「相對論」、「科學的假設」應用到哲學的了解而來的結果。由此而見到孔子由整個人生的要求，由人的日常生活、生命的表現而説儒學的「不離人而為道」更確切的意義。

專門的哲學——唯心論的說法。

(c) 政治說

孟子的政治說，如前面所表示的，亦是歸到其仁心善性的中心觀念上，而說仁政、王道而反對功利、霸道。由此，他並不是如孔子一樣「以為政以德。」以維護周代的政制，而是遊說當時的諸侯推行其所說的「仁政」以建立新的王國，而王天下。他並由書經的「民為邦本。」孔子的泰伯讓天下說而說「民為貴，社稷次之，君為輕。」（離婁），「得乎丘民為天子。」，「得其民，斯得天下矣。」（離婁），而倡言堯舜禪讓的公天下說。在政治的治理上，他所表達的亦由所說的中心觀念而說「君仁莫不仁，君義莫不義，君正莫不正，一正君而國定矣。」「惟大人為能格君心之非。」，而表達一種德化的政治說。

(d) 科學說

孟子對於科學知識並不著重而未能發展孔子及孔子之前的說法。他所說的「耳目之官不思，則蔽於物；物交物，則引之而已矣；心之官則思，思則得之，不思則不得也。」（告子）的感官與心的不同功能說，並不是由之而說知識的問題，而是將之歸到由道德而為說的大人、小人的說法上。他並以人有良能、良知，「人之所不學而能者，是良能也；所不慮而知者，是良知也。」（告子），而主先天的知識說，而以之與其的中心觀念相結合而為說。

(e) 法制說

孟子對於前面所說孔子之前及孔子的法制說，只是關連地說到，而並未專注於此。故有「侯諸之禮，吾未之學也。」（滕文公），「仲尼之徒，無道桓文之事者。」（梁惠王）說。於此外則以之關連其政治說而為說，「是故賢君必恭敬禮下。」（滕文公），「故王公不致敬盡禮，則不得亟見之。」（盡心）。對於刑法亦是如此，如「徒法不能以自行。」（離婁），「下無法守也。」（離婁），「及陷乎罪，然後從而刑之，是罔民也。焉有仁人在位，罔民而可為也。」（滕文公）所表達的。

乙、荀　子

孟子推尊孔子，謂其學繼承自孔子，荀子亦如此，亦以孔子為範式以表達其主要的說法，而說「大儒」之效。其亦如孟子一樣，所專注的為道德倫理、政治的問題，由此而表達儒學的另一專門性的有機結合說。此「結合說」不是如孟子一樣以仁心、善性為中心而成其近似於唯心主義的系統說，而是以「思辨性的說法」：「聖人積思慮習偽故，而生禮儀、起法度。」（荀子・性惡），「辨莫大於分，分莫大於禮，禮莫大於聖王。」（非相）為中心，而建立其近似於近代所說的社會自然主義的系統說。

(a) 宗教說

荀子在其所說的系統說的說法下，對於宗教神性義的天帝只是繼承其前的說法而偶然說及：「居如大神，動而天帝。」（正論），「詩云：匪上帝不時，殷不用舊。」（非十二子），「詩曰：天方薦瘥，喪亂弘多。」（富國），「郊者並百王於上天而祭祀之也。」（禮論）他並淡化了超自然神性的說法：「曷謂神？曰：盡善挾治之謂神。」（儒效）「故君子以為文，而百姓之為神。以為文則吉，以為文則凶也。」（天論）

(b) 道德倫理說

荀子的道德倫理說，亦由其系統說——「禮義之統」說去說，而不是如孔子一樣由人的日常道德生命的要求去說；亦不是如孟子一樣由仁心、善性去說。之所以不由仁心、善性去說，因其以人性是惡的，仁心不能離其「禮義之統」而為說。「故先王案為之制禮義以分之，使有貴賤之等，長幼之序，知愚、能不能之分，皆使人載其事而各得其宜；然後使穀祿多少厚薄之稱，是夫羣居和一之道也。……夫是之謂人倫。」（榮辱）「親親、故故、勞勞，仁之殺也。貴貴、尊尊、賢賢、老老、長長，義之倫也。」（大略）「賞不用而民勸，罰不用而威行，夫是之謂道德之威。」（彊國）

(c) 政治說

荀子的政治說亦由其系統說而說「法後王，一制度。」（儒效），「隆禮義而

殺詩書。」(儒效)、「隆禮尊賢而王。」(彊國)，「全道德，致隆高，蟇文理，一天下。」(儒效)。此由「萬物之總也，民之父母也」的君子以「君臣、父子、兄弟、夫婦，始則終、終則始，與天地同理、與萬世同久，夫是之謂大本。故喪祭、朝聘、師旅一也；貴賤、殺生、與奪一也；君君、臣臣、父父、子子、兄兄、弟弟一也；農農、士士、工工、商商一也」去推行，以達到倫理與政治相結合的「聖也者盡倫者也，王也者盡制者也，兩盡者，足以為天下極矣。」(解蔽) 的結果。

荀子在具體的政治組織運作上，表達了政治上的分工分職說。此為孟子與孔子所未說：立宰爵主祭祀，司徒主民政，司馬主軍事，太師主音樂，司空主水土，司田主農業，鄉師 (地方官) 主教人民住屋、種植，並引導人民受教化，工師主手工業，巫師主占卜，司市主管城鎮，司寇主司法，冢宰主政治教化，辟公 (諸侯) 注意於禮樂，天王 (天子) 治理天下[③]。

(d) 科學說

孟子不著重科學說，未能發展孔子及孔子之前的說法。此應是孟子由仁心、善性而就道德倫理、政治說的向近代的唯心主義走的結果。荀子是由「積思慮，習偽做。」，「思辨性的說法」而建立社會自然主義的說法，由此而繼承與發展了孔子與孔子之前科學性的說法。此一繼承與發展可說為以儒學、中國傳統學術為主導的對科學知識：經驗科學，形式科學建立了基本性的了解，而為西方同時期所未有。但很可惜，其後為儒學所主導的中國傳統的學術思想並未能繼承與發展荀子的說法，而是偏向於繼承與發展孟子的說法，而忽略了所說的科學說！

荀子的科學說，如前面介紹孔子的說法一樣，分別為後面的諸項目去說，並依此而作進一步的述說：

(1)繼承與發展孔子及孔子之前以宇宙為自然的宇宙，為人依人的理性與經驗所了解的對象說：

(a) 天行有常，不為堯存，不為桀亡。 (天論)

(b) 所志於天者，已見其象之可以期者矣。 (仝上)

---

③ 參看荀子「王制篇」。

此即為繼承孔子及其前以天——自然宇宙，為人依其理性與經驗的了解而有的肯定的說法。

    (c) 萬物同宇而異體。（富強）

    (d) 物各從其類。（勸學）

此為以各別的個體（萬物）同存在於自然宇宙中，而此各別的個體不僅是各別的，而同是依不同的類別而存在。此則似為孔子及其前尚未有的分別說。

    (e) 類不悖，雖久同理。（勸學）

    (f) 可以知，物之理也。（解蔽）

此以「理」去說「類」的「雖久」不變，並以「理」為依人的理性而了解的對象。此一了解與由人僅依其感官經驗而了解的各別的個體不盡同。此一以「理」說自然宇宙的律則（the law of nature）似亦為荀子的新說法。

    (2) 繼承與發展孔子的純認知性的了解：

    (g) 心何以知？曰：虛、壹而靜……不以已藏害所將受謂之虛，……不以夫一害此一謂之壹，……不以夢劇亂知謂之靜。……虛壹而靜謂之大清明。萬物莫形而不見，莫見而不論，莫論而失位。（解蔽）

此是荀子繼承孔子的純認知性的了解而表達的「解蔽」說，而為人提練了一客觀的認知心說。此說與六百多年後英國十七世紀的經驗主義者培根（Francis Bacon）的由去除「四偶像」而提練人的客觀的認知心而著重經驗科學的了解說甚為近似。

    (3) 發展孔子以自然宇宙為人依其理性與經驗所了解的對象說為明顯的主客對立說（the opposition of subject and object）。

    (h) 凡以知，人之性也；可以知，物之理也。（解蔽）

此一「以知」「可以知」，「人之性」「物之理」的主客對立的認知表達，為以宇宙為自然的認知對象，由理性而有的了解不全同於由感官經驗的了解，而以「理」說此被了解。此為以「理」——自然律在科學知識的建立上的重要確定。此為荀子的

重要發展，而為孔子及其前所未說。

（4）進一步分辨「以知」的意義：

> （i）然則何緣而以同異？曰：緣天官（正名）

> （j）耳、目、鼻、口、形，能各有接物而不相能也。夫是之謂天官。（天論）

> （k）形體、色理以目異，聲音清濁，調節奇聲以耳異，甘、苦、鹹、淡、辛、酸奇味以口異，香、芬、鬱、腥、臊、漏、廇奇臭以鼻異，疾、養、滄、熱、滑、鈒、輕、重以形體異，說、故、喜、怒、哀、樂、愛、惡、欲以心異。（正名）

> （l）心居中虛以治五官，天是之謂天君。（天論）

由（i）至（k）是說明「以知」外內感官的功能，前三者是就外感官的目、耳、口、鼻與身體的功能，亦即視覺、聽覺、味覺、嗅覺、觸覺的功能表現而為說，並就內感官的內省的功能而為說。荀子在此繼承其前的說法而以「心」說之，但此「心」與（l）所說的「心」不同，故其以「天君」分別之。此為「以知」的理性依據感官所提供的感覺經驗而表達的功能活動──「居中虛以治五官」。

（5）繼承與發展孔子的「界定概念、名詞」的意義為「正名」說：

> （m）然後隨而命之。同則同之，異則異之。單足以喻則單，單不足以喻則兼。單與兼無所避則共，……知異實者之異名也，故使異實者莫不異名也，猶使同實者莫不同名也。故萬物雖眾，有時而欲徧舉之，故謂之物。物也者，大共名也；……有時而欲徧舉之，故謂之禽獸，禽獸也者，大別名也。（正名）

> （n）名無固宜，約之以命，約定俗成謂之宜；……名無固實，約之以名實，約定俗成謂之實名。名有固善，徑易不拂謂之善名。（正名）

荀子此一正名說繼承與發展了孔子的說法。此說法相應於其對自然宇宙的「萬物異體」、「物各從其類」、「物之理也」等說，而分別以「單」「兼」「共」，「大別名」「大共名」，亦即個體名、類名、全類名以表達之。在名言、概念的分辨上不

僅為其前所未有，並為語言的運用，邏輯的運作，知識的建立必須要的事。其由「約定俗成」以說概念名言的確定，不離日常的人生而為說，既符合前面所說儒學作為儒學的意義，亦表達了近代西方邏輯由約定（convention）說科學知識的意義。

(6) 表達了科學知識之如何建立說：

　　(o) 所以知之在人者謂之知，知有所合謂之智。（正名）

　　(p) 心有徵知。徵知，則緣耳而知聲可也；緣目而知形可也；然而徵知
　　　　必將待天官之當簿其類然後可也。（正名）

(o) 的記述所說明的是說「知識」是由人用其「所以知」，亦即前面所說的「以知」，亦即人的能知（howing faculty）、（人的理性與經驗）以認識自然宇宙的事物——「物之理」而得到「知有所合謂之智」的結果而建立。（p）則由前面所已說的感官經驗與理性的認知功能不同而說知識之建立由理性（心、天官）藉（簿其類）表達知識的耳、目而知聲、形而建立有關聲或形的知識。

(7) 繼承與發展孔子的「推理的了解」：

　　(q) 以類度類。（修身）

　　(r) 兼陳萬物而中懸衡焉。（解蔽）

(q) 所表達的為一種邏輯學的「類比推理」說，（r）所說的則為一種歸納推理說。但其不是由各別的問題而為說，而是表達了孔子所說的「吾道一以貫之」的意義。「中懸衡焉」的「衡」即為荀子所說的道。但此「道」如前面所已說不同於孔子的「道」，而是發展孔子的說法而成的另一儒學的文化有機組合說。

(e) 法制說

荀子的法制說，如孔子一樣，亦主要由禮制而為說：「國無禮則不正也。禮之所以正國也。」（王霸）「禮者，法之大分，類之綱紀也。」（勸學）。但他不僅是如此說，而亦較著重於以刑法以協助治國的意義，而不同於孔子之重德而不重法，「好法而行，士也。」（勸學）；「臨之以勢，道之以道，申之以命，章之以論，禁之以刑。」（正論）；「懲之以刑罰。」（王制）；「不教而誅，則刑繁而邪不勝，

教而不誅，則奸民不懲。」（富國）；「刑稱罪則治，不稱罪則亂。」（王霸）荀子此一說法深深地影響了其徒韓非與李斯。

4、繼承與發展孔子儒學的秦後儒者董仲舒、王充、朱子與王陽明

荀子的學生韓非並不繼承其師由繼承與發展孔子之說而建立儒學的新系統說而為說，而只是著意於荀子的刑法說而以之與其時流行的商鞅、申不害、慎到的法家之說相結合而成其以刑法為主的綜合說。其師弟李斯（荀子的另一學生）並以之以助秦而統一天下，而建立了以刑法為主──「以法為教，以吏為師」的專制君主政制。漢繼秦而興，警於秦之速亡，放棄了秦以刑法為主的專制統治，而推行以黃老之說為主的較開放的統治。由於此一改變，為儒家所本而為說而為秦所焚的詩、書、禮、樂、春秋（易未被焚）相應而再出現，而有分別傳講此諸典籍的學者。漢文帝尊詩為經，立詩的經學博士，以專門傳講此經。武帝繼文帝於詩之外另尊書、易、禮、春秋為經，（樂已失傳）與詩經一起各立博士官，以傳講此「五經」。其傳講多本儒家之說而為說，推崇孔子為聖人。儒學由此而與黃老之學同受尊重。專注於儒學、孔子之說的董仲舒，在答武帝的賢良對策時，向武帝推尊儒學，建言：「罷黜百家，獨尊儒術」以實行長治久安之策，王道之治。武帝接納其說。儒學由此而與漢的君主政制相結合，而建立了於法家之外另一政教合一的模式。董仲舒並因此模式而以經學為主導而建立了另一不同於孟、荀的系統的儒學說。此一以經學為主導的系統儒學說，於漢有今古文經學的爭論，於魏晉有以老莊說經，於宋明有融佛入儒的不同。但皆不離由以經為主而建立的政教合一的模式而為說。此一為說，由漢代直至清代皆是如此。在此模式之下，為孔子由繼承周代的歷史文化、六藝之學，因應人的日常生活、生命的整個要求而為說的儒學，在宗教、道德倫理、政治、法制上相互結合而表現了文化生命性的有機結合，而互為制約。但因其以君主為主，在政治上不容許有君主政制之外的所謂民主政制，在道德倫理上有與政治互為結合的說法，在法制上則與禮制相結合而為說。科學知識亦常伴隨於其中，而未能就科學而說科學，而發展出專門的科學知識，而使為荀子所繼承與發展的孔子之學鬱而不彰，而以孟子所繼承與發展之儒學為主導。於後面我將扼要介述漢的董

仲舒、王充，宋明的朱子、王陽明在所說的模式中的各別說法，其他經師、儒者之說則且不說。

甲、董仲舒

董仲舒，如前面所已說，繼承與發展了孔子之說，而成其系統說。其系統說不同於孟子和荀子的說法，亦有異於孔子的說法。此是如何說的呢？此是在政教合一的模式下，其以「元者，大始也」的天道說為中心，以公羊傳所隱示的孔子「微言大義」為輔翼，而建立其天人相應的大一統的系統說。於後面我將依前面所說的宗教、道德倫理、政治、科學、法制說作扼要的介述。

(a) 宗教說

董仲舒在其所建立的系統說中，以「令」「命」「愛利」「災異」說天的意志表現：「天令之謂命，命非聖人不行。」(前漢書·卷五十六董仲舒傳)「天常以愛利為意」，「災者，天之譴也，異者，天之威也。」(春秋繁露卷八，必仁且智) 並以宗教神性義的天帝神化自然義的天道。「陽者，天之德也，陰者，天之刑也。」(繁露卷十二，陰陽義)。並以此天道與人相應，而說「天人一也」，「天亦有喜怒之氣、哀樂之心與人相副，以類合之，天人一也。」(仝上)

(b) 道德倫理說

董仲舒本其天道說而說「三綱」的道倫理與政治相結合的說法，「王道之三綱，可求於天。」，「君臣父子夫婦之義，皆取諸陰陽之道。君為陽，臣為陰，父為陽，子為陰，夫為陽，妻為陰。」(繁露卷十二，基義) 其「深察名號」篇於「三綱」之外另說及「五紀」，但五紀為何？董仲舒未有細說。其後申說董仲舒的說法而為今天經學的羊公學辯的《白虎道義》將「五紀」改為「六紀」，而說：「三綱者，何謂也？謂君臣、父子、夫婦也。六紀者，謂諸父兄弟、族人、諸舅、師長、朋友也。故含文嘉曰：『君為臣綱，父為子綱、夫為妻綱。』又曰：『敬諸父兄，六紀道行。諸舅有義，族人有序，昆弟有親，師長有事，朋友有舊。』」此為董仲舒及《白虎通義》發展孔子的道德倫理說成為有所主導式的說法。此為孔子所未

説，亦為孟子、荀子所未説。於此外，他亦以孔子的仁、義、禮、君子等關連於其天道而為説：「天之為人性，命使行仁義，而羞可恥。」(繁露卷三，竹林)「人受命於天……入有父子兄弟之親，出有君臣上下之誼，會聚相遇，則有耆老長幼之施。……然後知仁誼，……然後重禮節，……然後安處善，……然後樂循禮，……然後謂之君子。故孔子曰：不知命無以為君子。」(董仲舒傳)

(c) 政治説

董仲舒是以政教合一而建立其系統的説法，故其政治與天道、道德倫理互相結合而為説，而表達其社會文化性的機制説。「天令之謂命，命非聖人不行；質樸之謂性，性非教化不成；人欲之謂情，情非制度不節。是故王者，上謹於承天意，以順命也；下務明教化民，以成性也；正法度之宜，別上下之序，以防欲也。」(董仲舒傳) 並由此而説，「王者制官、三公、九卿、二十七大夫、八十一元士，凡百二十人。」(繁露卷七，官刑象天) 的官制；法天之道而為治，「天之道有序而時，有度而變，變而有常。……聖人視天而行。」(卷十一，天容) 法天道之仁，而以愛利為意，「仁之美在於天。天，仁也。……天常以愛利為意。……王者亦常以愛利天下為意。」(卷十一，王道通三)

(d) 科學説

董仲舒本孔子的「正名」説而説公羊傳的「隕石於宋，五；是月，六鶂退飛過宋都。」為：「春秋辨物之理，以正其名。名物如其真，不失秋毫之末。故名隕石則後其五，言退鶂則其六。聖人之謹於正名如此。」並繼承了荀子的「正名」説而説，名、號、目、凡：「名也者，名其別離分散也。號凡而略，名詳而目。目者，通辯其事也，凡者，獨舉其大也；享鬼神者號─曰祭。祭之散名：春曰祠，夏曰礿，秋曰嘗，冬曰蒸。」(深察名號) 但此只是以之以詮釋其政治、道德倫理的相關問題，而並不是如孔子和荀子一樣以其為由人的理性經驗的了解而為説的科學知識的事；其亦不以自然宇宙為人由經驗理性而了解的對象，而是將其神化。

(e) 法制説

董仲舒對於法制的問題，謹本其系統的説法，隨其道德倫理、政治説而説及，而沒有專就此而為説。「道者所由適於治之路也，仁義禮樂皆其具也。」(對策一)。

乙、王　充

董仲舒之後的儒學與經學相結合。經學後來有今古文的爭論；五經中的春秋有公羊、穀梁、左傳的不同解説。如前所已説，董仲舒是以公羊説春秋，著意於今文經學説，亦即著意於孔子的「微言大義」説。今文經學後來與讖緯災異説相結合，與宗教神話混而為説。王充不是一經學家。但其對於今古文的不同説法則著重古文説，亦即著意於由訓詁考據以説經，而由此而「疾虛妄」，非讖緯災異説。

王充不是一經典學家，故其不是如專注於某一經的經師一樣，限其説於專注的經學中，不離經學而為説，而是近以於先秦儒者，注意於經學以外的説法，而就其所感所見而為説，並以此以批評其前人的不同説法。孟子、荀子、董仲舒皆各依一中心觀念而建立其不同的系統説；孔子本周代的歷史文化因應人的整個生命要求而為説；王充則不是如此。其並未建立系統性的説法，亦不著意於人的整個生命的要求，而對宗教、道德倫理、政治、法制多不著意，但對於科學説則表達了荀子以後未曾有的説法，於後面我將略為介述他的科學説，其餘的則略而不説。

王充繼承了其前的自然宇宙説，而由自然以説宇宙萬物，「天地合氣，萬物自生。」(論衡·自然篇)「人，物也；萬物之中有智慧者也。其受命於天，稟氣於元，與物無異。」(辨宗)。本此了解而説科學知識，而説人依人的理性、經驗的了解而説事物為何，「如無聞見，則無可狀。」「夫論不留精澄意，⋯⋯信聞見於外，不詮訂於內，是用耳目論，而不以心意議也。」(薄葬)「事莫明於有效，論莫定於有證。」(薄葬)。他並以此知識而説如何由「推原」而運用此知識，而表達了一種推理説：「推原往驗，以處來事。」(實知)「揆端推類，原始要終。」(實知)

王充對於科學知識於所説的之外，亦表達了科學知識的限度説。「故夫可知之事者，思慮所見也。」(實知)「故夫難知之事，學問所能及也；不可知之事，問之學之，不能曉也。」(實知) 此是以人不可以離人的感官經驗「聞見」，理性的思

辨「心意」，而先天、先驗地説自然事物為何，科學知識為何；亦不能離由「聞見」、「心意」所知的自然事物而説超自然為何。此「為何」是「六合之外，聖人存而不論」的事，亦即近代所説宗教形而上學的事。此「事」不能由科學去説，而另有所説。但王充尚未能有此了解，更未能由此而説宗教神性義的天道説，只是表示了此一意義，「孔子稱命，孟子言天，吉凶安危不在於人。」（自紀）

漢後的魏晉南北朝、隋唐以至宋元明清，繼續儒學與經學相結合的模式而為説，不因王充之説而改變。但雖然如此，亦不是如兩漢的經師儒學一樣謹守五經之説而為説，如魏晉的何晏、王弼之以老莊注經，唐的孔穎達以玄學疏經，宋明的儒者、道學家以佛老之説説經學即是如此。漢的五經至唐，禮分為周禮、儀禮、禮記；春秋分為春秋左氏傳、春秋公羊傳、春秋穀梁傳而為九經。至宋另加上了論語、孝經、爾雅、孟子而成十三經。前者是由對禮的不同典籍，春秋的不同注説作分別説而有的説法；後者則確定了與經學相結合的儒學，亦即為孟子所承傳的儒學和以爾雅為文字解釋的辭典而為説。前者可説是豐富了與儒學相結合的經典説，後者則限制了繼承與發展為孔子所創建的儒學的説法。此後一情形與宋以後的經學與儒學相結合的模式密不可分。其正面的表現為以佛老説經而發展了新的儒學説，其負面則為忽略了為荀子和王充所繼承與發展孔子以自然宇宙為人的經驗理性了解的對象，由此而發展科學知識説。④於後面我不能亦不擬細説此情形，而仍是依前面分別的説法，而略説南宋的朱子和明代的王陽明。清代的則略而不説。

丙、朱　熹

南宋的朱子不是如王充一樣著意於經外之説和反對其前人的説法，亦不是如董仲舒一樣謹依經籍以繼承和發展孔子之説而建立其系統説，亦不是繼承與發展孔子的本周代的歷史文化因應人的整個生命的要求而為説，而建立的文化生命有機體説，而是近似於孟子和荀子於繼承其前的説法上，而以一抽象的中心觀念為主，而建立其系統説。

朱子不是直接繼承孔子之説而為説，而是由北宋的儒者：周濂溪、張橫渠、程

---

④ 此是同在一模式的儒學之內的不同派別説，或説不同見解的表現。而不是全本孔子之説而為説。

明道、程伊川的說法，而上通於易傳、中庸、大學、孟子而說孔子和諸經⑤。如前面所說，北宋儒者以佛老之說以說經，朱子繼承其說而為說亦是如此。其個人亦曾著力於佛老之說。

朱子所依而建立其系統說的中心觀念為抽象的理氣、天道。由此天道而說人心、人性，而說人性之仁，而說道德倫理、政治、科學、法制，而表現其文化有機性的互為結合系統說，道統說。此道統說以天道、人性、人倫、政治、法制互相關連在一起。對於科學則只是事件性地提及，而未在其系統中表達其結構的功能意義，對神性義宗教性的天帝說亦未能有所說，而只說玄理義的理、無極太極、道。

(a) 宗教說

朱子在其系統說中對宗教神性義的天帝未能有所肯定，而只以抽象的玄理去說天道。此主要是其承受了受佛道的影響的北宋諸儒學的說法，及其自己要以抽象的玄理天道說為中心而建立其系統性的結果。因此，其不僅不肯定神性義的天帝，並以玄理去說詩經和孔子有關的說法。

上天之載，無聲無臭，而實造化之樞紐，品彙之根柢也。故曰：無極而太極。（朱子注周濂溪太極圖說的「無極而太極」句。）

詩經的「上天之載，無聲無臭」的上天，原為宗教性的神靈，朱子不以其為神靈，而將之玄理化以解說周濂溪的「無極而太極」說。

獲罪於天，無所禱也。（論語・八佾）

此所記述孔子所說的天，亦為宗教性的神靈。朱子亦不以其為神靈，而玄理化其為「理」。其論語注曰：「天即理也。其尊無對……逆理則獲罪於天矣。」朱子此一說法——玄理化宗教性的天的說法，曾為清儒錢大昕所駁斥：「獲罪於天，無所禱也。謂禱於天，豈禱於理乎。」（十駕齋養新錄・卷三）

---

⑤ 朱子注「四書」，以孟子、大學、中庸與論語合而為說，而不注荀子亦為其個人與時代的限制而有的表現。此一以孟子為孔子的唯一繼承說，道統說，影響後代的中國甚大！

(b) 道德倫理說

朱子的道德倫理說，是本其理、天道說而為說，由理、天道而說人性，「仁、義、禮、智、性也；性無形影可以模索，只有理耳。」(朱子·語類卷六) 而說人情「惟情乃可得而見，惻隱、羞惡、辭讓、是非是也。」(卷六) 由此而以「存天理，滅人欲」而說道德。「聖人千言萬語，只是教人存天理、滅人欲。」(卷十二) 在如何去做上，朱子以「主定」、「用敬」作為基本。然後引用大學的「致知」「格物」說而為說，而由「格物」「致知」而說「意誠」、「心正」、「身修」、「家齊」、「國治」、「天下平」，而以大學之說去表達自己的了解，以貫通孔子的道德倫理說而成其天道、道德倫理、政治、法制的彼此關連的文化生命有機體的道德倫理說。

(c) 政治說

朱子由其理、天道說而說道德倫理，亦由此而說政治，而說王道之治，而推稱三代，低視漢唐。與朱子同時的陳同甫曾與朱子辯論王道之治與霸道之治。朱子由天理、人欲、義利、君子小人的不同，而說王道與霸道的不同，而主王道，非霸道；陳同甫則不由朱子的天理、人欲等而為說，而是由政治現實、歷史事實去說，而以為朱子所非議的漢唐之治亦有其現實上可取的意義，而為宋所未及，以勸說朱子。

(d) 科學說

科學是以宇宙為自然，為人依其經驗理性而了解的對象。朱子本北宋諸儒的無極而太極說、理氣說、陰陽五行說等而說天道，而不說神性義的天帝，其天道說亦為自然義的。但其不以此為由人的經驗理性所了解的對象，而是由玄思想像而為說。故其自然不是與人互為對立，而由人的認知所了解的自然，亦即不是由科學所了解的自然宇宙，亦不是由發展孔子的自然天道，此天道為荀子、王充所繼承與發展而為說的說法。故其未能發展孔子的自然天道說，為一由主客互為對立 (the opposition of subject and object) 而為說的自然天道說，而建立科學知識，如近代西方的建立科學知識一樣。至於其說所涵有的機械論的意義是否較接近於二十世紀的

有機論（organicism）的自然說，而以此說法去代替機械說（mechanism）作為科學所了解的對象，由此而表示了朱子在科學的了解上的超時代、超近代西方的意義，如李約瑟（Joseph Needham）於其《中國之科學與文明》說及朱子時所說的，則很難說。⑥就其已有的科學了解上說，無疑朱子是因襲以孟子上接孔子的說法而建立其不同於孟子的系統說，而不著意於由荀子而上接孔子下啟王充的說法。因此朱子對大學的「致知格物」說，只著意於其由德德倫理而為說的意義，而不著重其所涵由科學而為說的意義：即自然事物而了解事物，而建立各別事物的科學知識；亦未以其所說的「理」為自然宇宙的理，為自然的律則（the law of nature），為規範由科學而說「窮理」的自然律則；其「方法」學亦多著意於「讀書」方法，而未及於由科學知識的建立而為說的「科學方法」（scientific method: hypothesis - deduction - verification）。但此則不僅是有關朱子的「因襲」及個人著意的事，而是與時代、歷史環境的限制有關，而不可過於期望朱子了。雖然如此，朱子對有關由經驗理性而了解自然宇宙為何，亦不是全不著意，而是有所著意：「天地之初，如何討個人種，自是氣蒸結成兩個人，……那兩個便如今身上蝨，自然變化出來。」（卷九十四）「常見高山有螺蚌殼，或生石中。此石即舊日之土。螺蚌即水中之物。下者即變而為高，柔者變而為剛。此事思之至深。」（卷九十四）假如朱子有如達爾文（Charles R. Darwin）之航海機會，其對所說問題的了解必會更深。也許物種進化之說不是始自十九世紀西方的達爾文，而是始自十二世紀的中國朱熹。朱子的系統思想亦會因之而要有所改變。

(e) 法制說

朱子的法制說，於以之關連於由其系統說而為說的王道的政治禮制而為說之外，亦有相應於南宋的政治現實而說古今不必循一定之法制，「制度因時」而變的說法。並有推稱王安石的新法，和「為政者不可不嚴明賞罰，區別邪正。」的說法。（見於語類和文集十一，戊申封事）

---

⑥ 參看李約瑟（Joseph Needham）著，陳立夫主譯：《中國之科學與文明》（三），16、晉唐道家與宋代理學，理學家。（台灣：商務印書館，民國六十二年七月初版，六十三年十二月修訂一版。）

丁、王守仁

明代的王守仁——王陽明，如朱子一樣，亦建立了其系統的說法。但其所繼承而為說的，不是如朱子一樣，由北宋儒者而上承中庸、大學、孟子、孔子，而五經；亦不是上承孔子繼承周代的歷史文化因應人的整個生命要求而為說；亦不是繼承荀子、王充的說法而為說，而是上接與朱子同時而反對朱子，而受禪學或「大乘起信論」的即心即佛（一心開二門）說的影響的陸象山的說法，而上接孟子、孔子的說法而為說。

象山反對朱子由天道說人性，由人性說「性即理」，而說「心即理」，「宇宙即吾心，吾心即宇宙。」，「萬物森然於方寸之間，滿心而發，充塞宇宙。」陽明承接象山的說法，而以「良知」說「吾心」，以「良知」為立說的中心而建立一於朱子的系統說之外另一統道德倫理、政治、法制於「良知」的中心中，而不說宗教性的天帝，不著意由經驗理性而為說的科學的了解的近似於孟子和「大乘起信論」的唯心論式的系統說。

(a) 宗教說

陽明不同於孟子於其良知良能說外，對宗教神性義的天帝有繼承的肯定與說明，而是如朱子一樣，在其所建立的系統中去除由宗教而為說的神性意義，而歸到其「良知」而為說，「良知是造化的精靈，……生天地，成鬼成帝。」（陽明全書卷三，傳習錄下）；以「人心」包括一切，「人心是天淵，無所不賅。」（同上）

(b) 道德倫理說

陽明以良知為造化之精靈，「鬼」、「帝」為此精靈的「生」、「成」的表現；人的道德倫理亦是如此，亦為此精靈——人的良知的「生」、「成」的表現——「成聖成賢」的表現。陽明於其「大學問」對何謂「明德」、「親民」、「至善」——的說明中，說「至善之發見，乃是明德的本體，而即所謂良知者也。」即為所說「表現」的主要說明。（「大學問」全文甚長，於此不能詳引而為說）其於答顧東橋書中引書經大禹謨「道心惟微，惟精於一，允執厥中。」而說「父子有親，君臣有義，夫婦有別，長幼有序，朋友有信。」的五倫；「農工商賈之賤，莫不皆有是

學，而惟以成其德為務。」，亦是以所說的而為説。

(c) 政治説

陽明如朱子一樣亦推尊唐虞三代王道之治，而非議後世的霸道。其此一「推尊」與「非議」，亦即其政治説亦由其良知説而為説，而與道德倫理説在此「為説」之下，互相結合。故前面所説的「明德」、「親民」、「至善」説為道德倫理的事，亦為政治的事，如於所説的「大學問」、答「顧東橋書」所表達的。後者並表達了如下的説法，而為「大學問」所未説：

> 學校之中惟以成德為事，……迨其舉德而任，則使之終身其職。同之者惟知同心一德以共安天下之民。……當是之時，天下之人熙熙皞皞，皆相視如一家之親，……蓋其心學純明而有全其萬物一體之仁，……而無有人己之分，物我之間。

(d) 法制説

陽明的法制説不離道德倫理、政治説而為説。但其如朱子一樣，亦有相應於其時的現實政治而説「不拘守三代之制」、「因時而治」（傳習錄上，答徐愛問文中子、韓退之）的説法，並建立了其前所未曾有的南贛鄉約，於約中規定：（1）約中職員由約眾推舉；（2）約眾參與會議為不可規避的義務；（3）約長會同約眾可以調解民事爭訟；（4）約長於開會時詢約眾之公意以推動善舉糾正過失。

(c) 科學説

陽明由其「良知」、「仁」而説「天地萬物為一體者也。」「是之謂盡性。」，「致良知」。其不以自然宇宙為由人的經驗理性的了解而為説，而與人的認知相對立，為認知了解的對象。故其如朱子一樣（雖其如何説與朱子有所不同）不能有客觀性的了解，由此了解而建立科學知識。其亦如朱子一樣未能繼承與發展王充、荀子上承孔子在此上的説法——儒學的科學説。

朱子不即事物而説事物為何，而説大學的「致知格物」説，陽明亦是如此，而是由「致良知」而為説。其在回答錢友問：「天下無心外之物，如此花樹，在深山

中，自開自落，於我心亦何相關？」所說的「爾未看此花時，此花與爾心同歸於寂。爾來看此花時，則此花顏色，一時明白起來。便知此花不在爾心外。」更表示了一種近似於西方哲學所說的：主觀觀念論或主觀唯心論的說法，而與所說科學知識的說法不相應。

陽明早年曾與其友以其門外的亭前竹為對象以從事大學所說的「格物」工作。但其並不是由以竹作為一種自然物而了解竹的品種為何，其所種植的泥土、四周的環境為何？吸收了那些肥料，如農夫了解其所種植的禾稻、瓜菜等農作物的情形為何去「格」，而是由如何「做聖賢」去格。由此而見其一早即不著意於分辨主觀的認知心與客觀被認知的物的不同，而僅由道德的觀點去將人與物合而為一，而德化自然萬物。

二、儒學歷史性的落實表現

前面一、「儒學理論性的說法」的論述較長，因其分別介述了孔子之前，孔子及孔子之後的主要儒者的說法。現在，二、「儒學歷史性的落實表現」，在說孔子之後的情形時本亦可以分別述說不同的主要朝代，但我不能亦不擬如此做而只作通貫的概要述說。

就為儒學所繼承的周代的歷史文化去說，是理論與落實不分，二者合而表現。此「表現」既是落實上的事實，亦為理論本之而有的說明；亦即周人的政治社會，周人的日常人生為理論說明之所本，其歷史事實為理論說明的落實表現。孔子對於所說二者亦是如此，但其表示了較明顯的分別意義；亦即孔子對於為其所繼承周代的歷史文化，因應人的生命的整個要求而為說的宗教、道德倫理、政治、科學、法制等較著意於理論性的各別說明，並自覺地本其說明而行。孔子如此，孔子之後的孟子與荀子，其說法雖不盡同於孔子，但其對所說的亦是如此。在此上儒者即不同於大多數的西方哲學家。因後者對其所說的與本之而行的可不一樣。

由春秋、戰國經秦而至漢，如前面所說，漢武帝用董仲舒之議，「罷黜百家，獨尊儒術」，儒學由一私家之學而成為與現實政治相結合的儒教，而表達其文教性的功用。自此之後，所說二者的分、合關係，再由孔、孟、荀的個人各自表現，而

回到孔子之前的周代的情形，亦即此表現不僅由儒者如孔、孟、荀的個人去做，而是由漢及由漢至清的整個政治社會去做，去表現儒學理論性的說明與歷史的落實互為結合的「道不離人而為道」的意義。

僅以「落實的表現」去說，由漢至清歷二千多年，其間的各朝代的表現彼此不盡相同，但皆有所表現，或說皆依所說的儒學所說的說法、所表達的理論模式而落實。於後面我將對此作選擇性的貫通諸朝代的概要說明。

1、神性義的天帝宗教性的落實

由漢至清神性義的天帝，在理論的說明上有不同的說法，如以遍在、上天、清天、說天，以主宰、上帝、五帝說帝。如前面所說，宋以後的儒者，因受佛老的影響多不著重此神性義的天帝，但在政府和民間社會的落實上，歷朝皆以天帝為宗教性的神靈，為王者與平民百姓所信奉禮拜的對象。其落實的表現與中國人的政治、社會密不可分，其與民間所信奉的其他諸神並存不悖，對其信奉禮拜成為大多數的中國人的宗教生活表現。

2、道德倫理的落實

道德倫理亦有不同的說法，但在政府和民間社會的落實表現上，多依孔子由人的日常生活現實而為說的諸德：仁、義、禮、智、信、忠、孝、恕、恭、寬、敏、惠、孫、直、愛、勇、諒等而落實其道德的生活。此落實不因倫制位份的不同而有所不同，而是大家一起以此為道德行為的規範。於此外則為依人的不同位份而表達不同的道德行為：君敬、臣忠、父慈、子孝、兄友、弟恭、夫和、婦順、朋友互信互助。

漢儒董仲舒與其後的《白虎通義》繼承與發展了孔子的倫理說為三綱五紀和六紀說，以政治倫常上的君、父、夫為主（綱）而行位份的「三綱」道德說，並另由「義」、「序」、「親」、「尊」、「親」、「事」、「舊」以說「諸舅」、「族人」、「昆弟」、「師長」、「朋友」的不同位份的道德的意義，而在政治社會上，於所說不同位份的人本之而行。此為漢儒所繼承與發展的著意於不同位份的分別說與落實表現；此與所說孔子的諸德說同為由漢至清的政治社會上所信守，而表現了

中國人的道德倫理的價值意義，生命意義。而成就了中國人不同的道德人格。

3、天降王命、民為邦本的仁政德治的落實

由漢至清政治上的理論說，不離「天降王命」、「民為邦本」而以君主為中心的仁政德治的說法而為說。儒者多寄望於藉其所說的「上天的意旨」以規範為君者與其臣下去落實推行仁政德治說。由宋至清的儒者則多本其心性說以勸說為君者與其臣下去依之而行，而表現為其所期望的內聖外王之治。所說的儒者出仕於朝為官時，並要以其心性說去革「君心之非」。但此只是儒者的理想的理論說，而並未能如此去落實。之所以如此，從現代的了解去說，主要是由於在君主政制中，未能建立有效限制君主權力的運作機制，而推行落實其理想。由此而說，可說不是他們的理想不好，而只是未能有效地落實此理想而已。用孟子的話去說，不是「仁心」有問題，而是「仁術」不行。此一情形可說由漢至清都是如此。

由漢至清，雖同以君主為政制的中心，但在此中心之下表現了不同的政制模式，如漢的三公九卿制，唐的三省制，明的內閣制，清的軍機處等。此不同的模式在政治的運作上，表現了在君主政制下的不同功用，而對於「民為邦本」、「仁政德治」的理想有相對的落實。但從現代的了解去說，此仍是不夠的。因其並未能真正使所說儒學的政治說落實於過去中國人的現實政治社會上，而表現為其所期待的政治人生價值。

4、科學說的落實

由漢至清，如前面所已說，在科學知識上沒有理論性的建立，與本此而有的科學落實表現。前漢的儒者未著意於荀子繼承與發展孔子相關的說法。其後的儒者亦不著重所說的繼承與發展，及後漢王充的說法。故在此上可說完全沒有落實可說，而只有沒有理論與之相應而為說的科技性的實用表達；而僅由農、工、商、賈由實用而有的表達；或說儒農、儒工、儒商、儒賈的實用表達，而沒有儒士——儒者的科學家的科學理論性的引導的應用表現。在過去的中國於不離儒教而從事科學理論的研究與發明，由理論科學而發展為應用的科學技術是在受西方十七世紀之後的科學影響之下而有的事；亦即晚清以後的事。

5、法制説的落實

自漢以後多不再以禮制説法制，而是以禮與制分別而為説；以前者説政治和社會的禮節儀式；亦即以之以説政府所舉行的宗教政治活動的儀式；亦以之以説民間社會、人民的婚嫁、喜慶、喪祭等活動儀式。後者（制）則以之説法制，而以法為主導。此一主導説，原與禮，亦即與社會的風俗道德傳統互為關連。但此一關連為後於儒家而興起的法家所忽視，而建立其依政治社會現實而為説的法、術、勢的説法。此説法為秦所用，而以嚴刑峻法去推行，而成其「強秦」，而統一六國。秦亡後，其所推行的嚴刑峻法，以君主的意願為主的法制，為漢代的儒者所非議，亦不為漢及其後的歷代所採用。漢以後只採取與此互為結合的法律，於君主政制中推行儒法互相結合的治道。漢之蕭何為相時，即以戰國時魏國的李悝「法經」的：（1）盜法，（2）賊法，（3）囚法，（4）捕法，（5）離法，（6）法具，和其自己所制定的）：（1）人口家庭與婚姻之戶律，（2）徵用民夫律，（3）服兵役的廄律而為治。其後的張湯訂立了宮律；趙禹訂立了朝律；叔孫通制訂了「漢法」。

所説四人所訂的法律多受法家法的功用説的影響，而以之以滙合儒學的説法而為説，並以其為孔子所説的「工欲善其事，必先利其器」的事。（參看漢書刑法志）於漢後的晉、宋、齊、梁、陳、隋、唐、宋、元、明、清等朝代繼承與發展了李悝的「法經」與「漢法」而制定其自己的法典，如隋的「開皇律」，唐的「唐律疏議」，宋的「宋律文」和「刑統」，元的「刑法」，明的「大明律」，清的「大清律例」，以落實其本所説的法制而成其治的意義，而皆以之與儒教經學相關連而為説，如所説歷代史書的「刑法志」所表示的。

弍、簡説近代西方的人生價値説

此所要簡説的西方的人生價値説，即為近代西方人自傲地所稱道，和追隨西方人而為説的中國人所稱道的為人人所必須認同，而無可代替，而以之為「無上命令」（categorical imperative）、為普遍人生價値的自由、民主、科學、法制説。此説是怎樣的呢？是否真的值得如此稱道，以之為「無上命令」、「普遍的人生價値」

而無可代替呢？

本章於後面將嘗試作一說明並略為評論。

一、自由

近代中國新的知識份子所說的「自由」是由譯自英文的 freedom 而為說。此「自由」可以與自由意志 (free will) 相關連而為說，亦可與個人自由 (personal liberty) 相聯結而為說。人的意志是否自由？人有沒有自由意志？在過去的西方主要是哲學所探討的問題。此問題沒有一定的回答，而可有不同的說法。在過去西方以柏拉圖 (Plato)、亞里士多德 (Aristotle) 為主導的形而上學、倫理學是以人的意志是自由的；人可以自己表現 (sef - action) 其自己。但以路希帕斯 (Leucippus)、德謨克里脫 (Democritus) 為主導的原子說、機械的自然主義說，則以人與其他萬物一樣，只有量的不同而無質的分別；人與萬物皆在機械的因果串系中，而與萬物互動 (interaction) 地在表現而不是自己在表現，故人沒有自由的意志。於此二者之外，康德 (Kant) 表示了另一不同的說法。他由其二分說 (bifurcation) 而從設準 (postulate) 上說人有自由意志。於康德之後的亞歷山大 (Samuel Alexander)、柏格森 (Henri Bergson) 和杜威 (John Dewey) 則由其所建立或接受的突創進化論的層系宇宙人生說，以人有自由的意志。

以「自由」為「無上命令」，為普遍的人生價值說，不是由所說的「自由意志」而為說，而是由「個人自由」而為說。從其與哲學的關連上說，此為說不是由柏拉圖、亞里士多德的哲學所主導的形而上學道德倫理學的了解上說，而是由路希帕斯、德謨克里脫為主導的系統說、機械的自然主義所說的量化的人生說法去說。從哲學理論上說，此亦可歸到突創的層系的宇宙人生說去說。但其並不著重於所說的哲學說，而是著意於由個人現實生活而為說的個人主義 (individualism)、著意於由個人的權利欲望、個人的感官的要求滿足去說。個人的現實生活與個人的家庭、社會、國家息息相關，密不可分。由此而說「個人自由」應為此三者所限，而不是絕對的。相應於家庭而說，應不能全離家庭倫理道德而說「個人自由」；相應於社會、國家而說，應不能全離社會、國家的法制而為說。但由「個人主義」而說「個人自由」者，僅由個人的特權 (privileges)、個人的權利 (rights) 去說其與家庭、

社會、國家的責任（obligation）、義務（duty）去協調其與國家、法制的關係，而不著意於倫理道德的問題，只以道德倫理為其個人的事，而不受任何限制；對社會、國家如此，對家庭亦然！由此而表達其由「個人主義」而為說的「個人自由」的意義！

從歷史的根源上說，所說西方的「個人自由」說，可追溯至古希臘。於古希臘諸城邦中的雅典，社會階級仍然存在，不是所有雅典人都是自由、平等的。但在公元前五世紀培里克利斯（Pericles）領導期間中在以雅典人為主的公民中則表現了由個人主義而為說的「個人自由」：A. 公民有參與城邦會議政治的權利（right），B. 有批評政府的政治措拖的權利，C. 有參與政府不同部門的工作的權利。（與雅典對立的斯巴達則不著意於所說由「個人主義」而為說的「個人自由」，而是著意於由「集體主義」（Totalitarianism）而為說的整個國家的利益，個人的工作、產業以至於婚姻皆由國家整個地安排。）

所說的雅典以個人主義為主導的「個人自由」說，歷時並不太久。在其為羅馬帝國兼併統治之後，當時哲學所著意的是以集體為主導的大一統的世界，而不再是以個人為中心的個人主義。羅馬的歷史繼承不同於希臘。在羅馬統治下的羅馬人有繼承自傳統而來的不同的級別，同為公民但彼此所享有的權利亦不相同；奴隸於服從國法之外，另要受家法的管制；女姓不能享有獨立的法律行為，婚姻要得到父母的同意而無自主權。故所說的「個人自由」在羅馬並未受到著重。

特別講「個人自由」，以此為人生不可少的價值說，是在查里曼帝國衰落（The decline of Carolingian Empire）、近代國家興起、自然主義哲學，和以「個人主義」說為主導的道德倫理說、國家形成說、政治人生說流行後，而有的說法。故由西方傳統思想，亦即以柏拉圖、亞里士多德哲學、羅馬法制與基督教相結合而為說的思想去說，由「個人主義」而說「個人自由」為一種非正統（unorthodox）的說法。此說法與近代的不正常社會現象相結合而表現。此表現始於一六四〇年代的英國清教徒革命（Puritan Revolution）。在此革命中，教徒要求教會會眾自治，倡言公理主義（Congregationalism），要建立新的教會管理制度。在此制度中，教會的權力（authority）不再為牧師、神父、主教、大主教所有，而是為會眾所有；他們以恢復

會眾的「自由權力」的口號去宣說所說的改變。此一改變所代表的是否要把「上帝的事」歸給該撒，於此且不說；但此一在宗教上強調、著重教會會眾的「自由權利」說如看不到的幽靈，由教會很快地擴展至教會之外的政治社會，而成為近代西方由「個人主義」而為說的普遍的「個人自由」說。社會經濟、道德倫理，以及整個人生問題皆由此而為說；亦即皆由個人主義而說的「個人自由」去說。以此為人生的唯一價值所在。並由此而說政治的主權屬於人民，而不是屬於貴族，亦不是屬於君主。人民是真正的統治者，政府的官吏是人民的僕人而不是主人；政府的建立是為人民而不是為統治者。一六八九年英國的「人權條例」（Bill of Rights）即在此一強調「公民權」（civil right）「個人自由」的政治社會情形之下而設立。原為英國的殖民地的美國於一七九一年亦通過了「憲法」十附件（10 Amendments），其中的第一條亦保證了人有宗教、信仰、言論、出版、集會、和請願的自由。一九四一年美國總統羅斯福（F. D. Roosevelt）向國會發表了：人民有言論表達的自由（freedom of speech and expression）；宗教崇拜的自由（freedom of religious worship）；不虞匱乏的自由（freedon of want）；避免恐懼的自由（freedom from fear）。聯合國於一九四八年十二月十日在英國與美國控制之下，通過了「普遍人權宣言」（The Universal Declaration of Human Rights）。由此而使以個人主義為主導的「個人自由」的人生價值說，由英、美而擴及於世界。世界各國皆以所說西方近代由片面繼承與發展其傳統的「個人主義」的「個人自由」說以說人生價值；並以所說的「個人自由」說為普遍的人生價值說，而不問此僅由西方片面的歷史文化傳統、哲學思想、近代西方的社會、政治結構，所表達的近代西方的人生觀念、價值觀念是否可為與所說情形不同的東方和世界其他部份，亦即不同的歷史文化傳統、哲學思想、社會政治結構、人生觀、價值觀的人所接納，而僅憑為英美所控制的聯合國所通過的「普遍的人權宣言」，而要所有會員國去簽字認同、去推行。事實上由於攝於當時西方英美的強權而簽字認同的國家，因其自己的歷史文化傳統、風俗習慣、生活方式、宗教信仰的不同，並未能如此去做；不但此等國家如此，主導此「宣言」的國家亦不是真實地如此去做，而只以之作為其工具，以之作為其責備別人（他國）的藉口，以之為其號令天下的憑藉。美國即是如此。美國對所說的「人權」並未全依

之而認真地去做。但其每年在聯合國的有關人權會議上，和其覺得需要時，即以此去指責別的國家，挾「人權」而號令諸國，如過去挾「天子」而令諸侯一樣！而使所說的「人權」說成為表達其「霸道」的工具。當其自身在此出現了問題而被人指正，而不再選其為聯合國人權委員會的常委時，其不但不自行反省、反而以不交聯合國某些部門的會費作為威脅！

二、民主

近代中國新的知識份子所說的「民主」是由譯自英文的 dermocracy 而為說。清末民初曾稱之為「德先生」。但對於何謂「民主」？「德先生」是一位怎樣的先生？沒有一定的回答。不但中國新的知識份子如此，西方的知識份子亦如此。因其在理論上是可以有不同的說法；在落實上，在近代西方，亦隨各國不同的社會現實情形而有不同的表現。

所說不同的「說法」、不同的「表現」的情形是怎樣的呢？於後面我將簡單地介述：由古代而說至近代，由西方而說至西方之外。

由「說法」上亦即從政治理論上說，西方古希臘的哲學家，不僅對「民主」有不同的說法，並且並不推尊「民主政制」，蘇格拉底如此，柏拉圖如此，亞里士多德亦如此。柏拉圖並以在雅典所實行的「民主政治」為一種「暴民政治」。為貧人駕御富人、淺薄無知主宰有知識的人的一種摧毀式的控制(destructive domination)。他們所期望的是開明的君主政制、哲王之治。 (benevolent despotism of the enlightened philosopher-king) 在「落實」上，雅典表現了公民可以參與國事的會議民主政治；此一政治為後代鼓吹「民主」的人所樂道，而以之為近代西方民主政治的典範表現。

開啟西方古希臘哲學的哲學家，蘇格拉底、柏拉圖、亞里士多德不著重民主政治，其後盛行於馬其頓帝國和羅馬帝國的斯多噶學派諸哲學家亦是如此。他們不著意於由「個人主義」而為說的民主政治，而是著意於由君主政制而建立的大一統帝國；在此帝國中的人民得到合理的對待。他們著意於對後面所介述的法律從事於哲理的說明。馬其頓、羅馬及其後的查里曼帝國所「落實」的亦不是「民主政制」而是因應其不同的社會、國家、情形而實行不同模式的君

主政制。

「民主」在政治理論上受到著重，並「落實」此「說法」是近代西方的事。西方近代的哲學家倡言了此一政治理論；西方近代的國家推行、「落實」了此一「說法」。近代西方首先從政治理論上倡言以「民主」、人民「立約」(covenants) 的「民權」說以代替「君主」、「君權」說的為英國十七世紀的霍布斯 (Thomas Hobbes)。霍氏為一自然論的個人主義者、無神論者。他不相信有上帝、不相信西方傳統的君權神授說。他以政治的權力不是源於上帝，而是來自人民；政治權力是由人民彼此「立約」而確立。國家的起源亦不是源於上帝，而是源於人民，由人民組合而成。於霍氏之後的洛克 (John Locke) 亦反對君權神授說，亦以政治的權力不是源於上帝，而是源於人民。洛克並不是如霍布斯一樣是一位無神論者，而是一位虔誠的基督徒。但他對於政治不守傳統基督的說法。其了解亦不同於霍布斯，其在《公民政府二論》("Two Treatists of Civil Government") 中表達了「民權」、「民主」、「少數服從多數」、容忍不同的政治言論等說法。此等說法為霍布斯所未說，而對後代西方的民主政治產生了規範式的影響。但要以「民主」代替「君主」政治的權力源於人民、國家由人民組合而成等說則有所繼承於霍布斯。

於霍、洛之後的近代西方哲學家對於政治哲學或說政治理論各有各的不同說法。著意於此而為說的法國哲學家亞德斯鳩 (Montesquieu) 於其《法意》("The Spirit of the Laws") 中，盧騷 (Rauseau) 於其《民約論》("The Social Contract and Discourses") 中所表示的如此，此外荷蘭的斯賓諾塞 (Spinoza) 於其《政治哲學論》("Writings on Political Philosopby") 中，英國的休謨 (David Hume) 於其《政治理論》("Theory of Politics") 中所表達的亦是如此。二十世紀初美國的哲學家杜威 (John Dewey) 於其《民主倫理》("The Ethics of Democeracy ") 英國的哲學家羅素 (Bertrand Russell) 於其《政治的理想》("Political Ideals") 亦表達了不同的說法。

在「落實」上，十七世紀英國在面對內戰分裂的危險時，一些謀求避免此危險的政客 (politicans) 提出了代表個人自然權利 (natural rights) 的「人民同意」(The Agreement of People) 的主張，以建立國會 (parliament) 以推行改革運動 (reform movement)。但此運動並未成功。此「運動」後來與洛克的政治說互為配合，而影響了其後的英國政治。美洲英國殖民地清教徒社團 (Puritan Communities) 受此影響

而發起解放獨立運動。但獨立後的美國所實行的並不即是民主政治，而是嚴格的神權政治（strict theocracies）。但由「民主」而說的自然權利（natural rights）說，依大多數人的同意而統治（Government by majority consent）說，逐步受到了重視。

在西方近代「民主政治」的「落實」是經歷了一段頗長的時間，建立了代議政府（reprentative government），肯定了「公民自由」（civil liberty）、「公民選舉權」（electoral power），制定了憲法（constitution），成立了政黨（the organization of parties），才得以「落實」。落實了的國家，即以「自由與民主」（liberty and democracy）去稱謂其國，以別於以君主為權力中心的過去了的國家。

近代西方對所說情形的表現，並不是完全一樣，而是因應其傳統、社會現實情形的不同而有不同的表現。此如英國的表現即不同於美國，亦不同於法國，更不同於俄國。

英國原由君主與貴族互相結合而統治的君主政治，逐步發展出在君主政制之下，由地主紳士所控制的議會；再發展出由中產階級所控制與期待的良善政治（good government）。於一八六一年建立了代議政府（Representative Government）此政府由上、下議會主導，上議院的議員出自貴族，下議院的議員則由公民投票選舉產生；以由上、下議院所制定的憲法以規範政府；政黨亦依憲法的規定而建立；政黨的數目原不限於兩個，但具有對立的代表性的則是兩個：保守黨（Conservative Party）和自由黨（Liberal Party）。所說的代議政府將原屬於君主的治權法定轉移給在下議院佔多數議席，而受命為宰相的政黨領袖，政權則歸之全體公民。英王不再掌握政治實權，但仍是國家元首；政府的官吏仍為其臣屬，人民仍為其子民；由此而使英國原以君主、貴族為主的傳統君主政治與近代的「民主」互為結合，而表現其君主立憲的民主政治。

美國是由英國殖民地解放出來而獨立新建的國家，沒有自己的歷史傳統。於一七七六年獨立後，其政治措施多採取自英國。但其所建立的政治體制則不是君主立憲制，而是依傑佛遜（Thomas Jefferson）的獨立宣言（Declaration of Independence）自制憲法建立一三權分立的民主體制。在政黨上如英國一樣亦建立了彼此對立的政黨：民主黨與共和黨。其議會亦模倣自英國分別為參、眾兩院，議員分別由各州分別選舉而產生的近似英國，而又不完全相同的政黨的民主政治。但其並不是全由中央統治的國家而是各州分立而又與中央結合的聯邦國，以總統為國家的元首，掌控

中央政府的權力，由以州為主導的選舉人票而產生。

法國是於英、美之外另一近代西方的民主國。其民主政治雖受英美的影響，但在其社會主義的傳統與近代民主思想的互相衝擊下，其所表現的情形很不同於英美。其在發展民主議會制的過程中，出現了民主專制（democratic despotism），會破崙帝制、集體民主（totalitarian democracy）。於上二次大戰後建立了共和政制（French Republic），其後繼而發展為自由主義與社會主義（liberalism and socialism）互為結合與互為制衡的現今法國式的民主政治。

蘇俄一九一七年由共產黨人所發動的革命成功後，過去的君主政制由列寧（Nikolai Lenin）所主導而建立的社會主義政制所代替。此體制與英、美或法國式政治體制很不同。作為其建制的政治理論不是前面所說的「個人主義」的說法，而是馬克斯（Karl Marx）的共產主義的說法；其所建立的不是英美式的議會民主多黨政治，而是另一形式的人民代表會議，一黨領導多黨協商的社會主義民主政治（Communists parlimentary democracy），或如有些學者所說的：馬克斯主義的民主政治（Marxist democracy），集體的民主政治（totalitarian democracy）而不是英美式的由資本家、財閥、政客所操控的個人主義的民主政治。其要以集體的意志以代替個人意志，以集體的利益代替個人的利益；要由西方傳統所說而為近代英、美式的民主，政治所傳講的：人人在政治面前平等、人人在法律面前平等，進而追求人人在財富面前平等；亦即社會、國家以至整個世界在財富上要有公平、合理的安排，而不能只為少數人、少數的大資本家、少數的國家所佔有。

三、科學

近代新的中國知識份子所說的「科學」是由譯英文的 science 而為說。清末民初曾尊稱其為「賽先生」。何謂「民主」沒有一定的說法，從理論上說如此，從歷史的發展、現實的表現上說亦是如此。何謂科學？則不是如「民主」一樣沒有一定的說法，而是有一定的說法，在理論上說如此，在表現上說亦是如此，雖其在出現上，有因歷史環境及人所著意的不同限制而有所不同。

「科學」一詞在西方古希臘與近代有不同的指謂，前者以之指謂不同於文學、藝術的學問、知識。在近代則以之指謂依經驗與理性的了解而建立的系統的經驗科

學知識（systematized empirical knowledge），和不由經驗而純由理性思辨的了解而建立系統的概念與概念的相互關係的形式科學知識（systematized formal science）。

所說經驗科學是以人為主自然宇宙為客，主客互為對立(the opposition of subyect and object)，自然宇宙為人依其經驗理性而了解的對象。亦即由經驗所見而依理性了解而說自然宇宙為何，而不是由玄思、想像、神話式的說法而為說。所說的「為何」確立了經驗科學了解的對象。此「確立」不僅是某一特殊科學（certain particular science）的確立，而是整個經驗科學（empirical sciences as a whole）的確立。在西方首作此說者，為被近代推稱為經驗科學之父（the father of empirical sciences）的泰爾斯（Thales）。泰氏以其個人的慧智，相應於其所在的海島的自然環境與傳統的生活方式，而表達了以自然說宇宙、以自然宇宙為人的經驗理性所了解的對象。此一表達為其後的亞諾諸曼德（Anaximander）、亞諾諸曼尼（Anaximenes）、赫拉克賴脫（Heractitus）和其他的自然主義者、原子論者：路希帕斯、德謨克里脫、伊僻鳩魯（Epiculus）、留克利希亞斯（Lucretius）及一些斯多噶派的哲學家所繼承與發展。中古時期以猶太人的歷史傳統、宗教信念、生活方式為主導，希臘的歷史傳統被收攝於此主導之下，所說的自然宇宙說與基督教宗教性的說法相結合為說。此一情形於近代開始改變。近代西方哲學家如笛卡兒、洛克、萊布尼茲、休謨等不再為所說「相結合」所限制，而特別著重了自然義的宇宙說，其後的西方哲學家、經驗科學的科學家亦多是如此。

所說的形式科學則不是如經驗科學一樣，其不是由自然事物而說宇宙為何，而是由數學、幾何學、邏輯的形式、規律而就宇宙為何。由此而說數理的宇宙為何。在西方首作此說者為被近代推尊的形式科學之父（the father of formal sciences）的畢達哥拉斯（Pythagoras）。畢氏以其個人的智解與所見到的埃及泥羅河兩岸農田的現實情景，而抽象地理解此情景，而開創了幾何學的了解，設定畢氏幾何學定理。畢氏的此一了解為其後的柏拉圖（Plato）所繼承與發展；至歐幾里德而建立系統的歐氏幾何學（Euclid's Elements）。中古時期基督教宗教神學不著意於由形式科學而了解宇宙為何。但不為基督教所限的哥白尼（Copernicus）和伽利略（Galelio）則運用了此幾何學以探討天文與物理，而得到了新的了解。中古以後的笛卡兒發展歐幾里德的幾何學為坐標幾何學（coordinated geometry），並特別著意於數理的宇

宙說；斯賓諾塞以幾何學的方式去推論哲學；萊布尼茲（Leibniz）和牛頓（Newton）發明了微積分（the differential and integral Calculus）。

邏輯學不始自畢達哥拉斯而是始自辯士普洛塔高勒斯（Pratagoras）、柯羅卡里斯（Callicles）、哥芝亞斯（Gorgias）等。蘇格拉底、柏拉圖亦對此有所說，至亞里士多德而建立了系統的形式邏輯。邏輯學在中古亦未有進一步的發展。十七世紀的萊尼茲曾嘗試發展亞氏的形式邏輯為數理邏輯（Calculus of Logic）但未成功。十八世紀的布羅和顧德（G. Boole and F. W. Schroder）建立了邏輯代數學（Boole-schroder-Algebra of Logic）。

以上所說的經驗科學與形式科學，於十九世紀之前已有互相結合的運用表現，如哥白尼、伽利略所表示的。十九世紀之後則二者常相結合而表現，以自然宇宙為經驗科學與形式學學互為結合的了解的對象。科學家要說宇宙萬物為何不能捨此而為說。科學由所說的「為說」而發展出各特殊的科學知識，並進而發展機械的物質說（mechanical materialism）為有機的自然說（orgonic philosophy of nature）；由貢桿原理（the lever theory）而為說的分立的機械論（discrete mechanism）發展為由電磁場（electromagnetic field）而為說的統一的機械論（consolidated mechanism）。近代從事科學研究的即多本所說的新發展而為說，而以過去的說法歸之於科學史或科學哲學所研究、說明的事。此如：（a）在經驗科學的天文學上，亞里士多德以天體（celestial bodies）與地上物質為不同類的物，前者為永遠不變的，後者為不斷在改變的；在天文學上，托勒密（Ptolemy）的天上的日、月、星、辰在動，地球則靜止不動說（geo-centric theory）；牛頓的絕對時空說；在生物解剖學、化學上，Anaximander 的人源自魚，由魚轉變而成的進化說，利安拿杜（Leonardo da vinci）的解剖說，諸羅巴脫（W. Cilbert）磁吸引力說；波義耳（Robert Boyle）的化學說皆成為科學史或科學哲學的研究與說明的事；愛恩斯坦（A. Einstein）的相對論，上世紀中葉的量子物理學，生化學亦是如此。（b）在形式科學上，畢達哥拉斯、柏拉圖、歐幾里德、笛卡兒的幾何學說，萊布尼茲、牛頓的微積分說是如此；亞里士多德的形式邏輯、布羅與史顧德的邏輯代數是如此，羅素（B.Russell）與懷特海（A. N. Whitehead）的數學原理（Principia Mathematica）亦是如此；洛伯提夫斯基（Lobackevsky）、禮曼（Riemann）、波利迂（Bolyui）的非歐幾里德幾何學（Non-

Euclidean geometry）亦是如此。由所説的理論科學的應用而成的科學技術亦不斷在發展。在發展的歷程中，前一歷程的表現轉為科學史或科學的哲學所研究的對象。

四、法律

近代新的中國知識份子所説的「法律」（法治），於中國傳統上亦有如此的説法，如此的表現，而不是只有西方才有，如前面「壹」的「e」所説的。二者的不同只是在如何説、如何表現上，各因應其不同的歷史文化、社會國家的現實情形而有所不同而已。此本是明顯的事實。但所説的中國知識份子沒有如此的了解，而只説西方的，不説中國的。並以前者去反對後者，而以其所見到的現成的前者為具有客觀而普遍的意義，而以之與前面所説的「自由」、「民主」、「科學」合而為「西方的普遍而絕對的價值説」，為人人所必須接受，而不可以有此外的人生價值説。事實上所説的「普遍而絕對」只是一種偏見，只是緊跟隨要以此作藉口去征服西方以外的非西方人的「無知」的説法，而是不可以成立的。從理論上説是如此，從歷史事實上説亦是如此。前一如此，於此且不説，後一如此即與前面所説的不同的歷史文化、社會國家現實而有不同的説法。此説法並有所繼承與發展而不是一定永定。但緊跟西方人而為説的人，對此並沒有了解，而以之為絕對而普遍的，為中國人所必須接受的，而拚命地去宣傳與鼓吹，而不問其如何與中國的傳統歷史文化、學術思想相結合，而要由捨棄後者去宣傳前者。

西方古希臘的各別城邦（city-states）的地理環境、歷史文化、傳統社會結構、生活習慣，彼此互不相同；雅典與斯巴達即是如此。因此雅典由梭倫所立的「梭倫法典」即不同於斯巴達由萊克爾加斯（Lycurgus）所立的「憲法」。梭倫的「梭倫法典」是因應雅典傳統的歷史文化、社會國家現實上的需要而修改其前的法律而建立；萊克爾加斯的「憲法」則是因應斯巴達的傳統歷史文化、社會國家現實上的需要而修改其前的法律而建立。由所説的情形，我們見到了不同的城邦（國家）所建立的法律是彼此不同的，是不離其國家的實際情形而為説的；並且「法律」不是一定永定而是可以改變的。此改變不是完全的改變，而是有所「繼承」的改變，是「繼承與發展」的改變。故後來的雅典與斯巴達二者的法律，即一再因應其社會的改變而改變，但我於此不擬多説此後來的改變情形。

於希臘之後的羅馬與希臘很不相同，其不是如希臘一樣建立了諸不同而彼此分立城邦，而是建立了一統一的大帝國。羅馬的歷史傳統、社會情形亦很不同於希臘。故其繼承自其傳統，因應其社會政治現實而定的法律亦很不同於希臘諸城邦。「羅馬法」為後代西方所推稱，並深切影響了近代的西方諸國；但其如希臘不同的城邦的法律一樣，亦是有所繼承與繼承中的發展的：繼承其過去並旁採於希臘，而以此與其自身的現實情形——廣潤的區域、不同的民族、不同的社會習俗、不同的政治建制相結合而不斷地制作與修改。其大概如下：

羅馬的法律先是議會、元老院、地方首長、王者多方面所頒佈的法令。此諸多的法令——法律後來逐步簡化。公元前一〇六年至公元四十三年西塞羅（Ciciro）因之而編著為「法典」。此一「法典」為羅馬帝國依之而推行一段時間。於西塞羅之後另有繼承與發展的制作。至公元三至四世紀，形成了所說的「羅馬法」。其基本涵義為：（a）一般法律（jus—law in general）此包括了成文法與不成文的習慣法；（b）特種法律（jus civile—law for citizens）此為民法。（c）萬國法（jus gentium—law in use among nations）；（d）自然法（jus naturale—natural law）。前三者由法律文字表達而強制執行；後者只以之作為一種道德性的規範。此以自然為理性的自然（natural reason），自然是一理性的體系，是一切事物的秩序表現。此秩序在社會上自然發展。所說的「理性」與人相連而成為人心的道德法則；人所制的法律不能離前面所說的承繼、社會現實情形而為說，而以此自然法為規範。

「羅馬法」影響了中古時期基督教的寺院法（Cannon Law）；西方近代大多數國家，如法國、德國、英國、意大利、西班牙、匈牙利諸國的法律；亦受其影響，其由自然法而說自然律的道德意義，並為基督教所接受而說人人都是上帝的兒子，人人在上帝面前平等。近代英國所制訂的「人權條件」（Bill of Rights），美國所發佈的「獨立宣言」（Declaration of Independence）亦多本此而為說。

叁、儒學的人生價值説與西方的價值説進一步的比較説明與評論

前面「壹」與「弍」所説儒學的人生價值説與西方的人生價值説，彼此很不相同。之所以如此，主要是由於儒學是本中國傳統的歷史文化、因應人的整個生命要求而為説；西方則不是如此，而是由其歷史文化中所發展出來的個人主義，而因應個人所著意的人的感官欲望的滿足，偏向歪曲性的了解，而以此為個人利害之得以滿足之所在而為説。由此而表達了儒學的人生價值説與近代西方的人生價值説，或説中國文化觀與西方文化觀的不同。於前面「壹」、與「弍」、所説的之外，本章將進一步作一比較的説明與評論。

一、儒學人生價值説進一步的説明與評論

儒學是本中國傳統的歷史文化、因應人的整個生命，亦即依人的宗教、道德倫理、政治、科學、法制的彼此不同而互為關連的要求而為説；並由個人自己而至於他人，亦即由個人而家庭、而社會、而國家民族、而天下去表達，而使個人與他人互相聯結而成為一文化有機性的結合。

(1)由人的生命的自己的個人而説：儒學文化有機性的人生價值説，既為個人的，亦為他人的；因此，而不為利己而害人的事，而力求與人一起共同追求人生的幸福。此追求從其自己個人上説，著重於個人自己的修養；此修養為循所説的宗教、道德倫理、政治、科學、法制説以從事其內在修己的事，如反躬自省，務求能自強不息，而無忝此生；亦著重於與人交接；此交接亦為循所説的宗教、道德倫理、科學、法制説，而因所交接的問題，與交接的人而力求能不違有關的「問題」所可能做到的，並因所交接者的位份的不同，而有不同的交接，而求達到好的結果。

(2)由人所在的家庭而説：儒學説人不僅由個人而説，而是不離家庭、社會民族國家、天下而為説。由家庭而説，個人為家庭中的個人，而不僅是個人的個人。此個人與家庭密切關連；在此關連中的個人與家庭不是只有個人而無家庭，亦不是

只有家庭而無個人，二者是既結合在一起，亦分別而表現。由前者而說，家庭要本所說的宗教、道德倫理、科學、法制以引導教養、維護個人；由後者而說，個人要依所說的宗教、道德倫理等以受護家庭，而就倫位之所在，而盡其份。個人與家庭的關連既不只是有家庭而無個人，故前面（1）所說的與此所說的互為配合，而既是個人為家庭而有的表現，亦為個人自己的表現。由此而說，個人在所說的關連中可以充份表現其自己，表現其為家庭、社會、民族國家、天下的一份子的生命價值。

（3）由人所在的社會而說：社會是由眾多的個人與家庭結合成一村落，在一區域中聚在一起而成。在過去中國初以一社神為崇拜團聚的所在地。故以「社」會稱之。此團聚的個人、家庭、村落，多是同一的親族，或是幾個不同的親族。做「社會」為個人、家庭村落的自然擴大而滙聚群居在一起的大眾。此大眾以宗教性的社神的崇拜為主導。在此主導之下，表現了倫理性的相互來往，墟市性和行業的貿易交流，藝術歌劇性的表演。在此村落、墟市中並有以儒教經學為主導的書塾以教育青年學子，亦有不同行業的師傅收留家境較差的青少年為其學徒、為其幫工，而使個人與家庭可於其中過其日常的生活，過其以宗教道德倫理為主導的不同職業性的生活。此即為傳統所說的「倫理為本，職業殊途」的社會，亦即滙聚士、農、工、商在一起生活的「四民」社會。

（4）由人所在的國家而說：以國家為本去說，前面所說的個人、家庭、社會存於國家之中；以個人、家庭、社會為本去說，國家為由各個人、家庭、社會結合而成。由此而成的國家，不能離各個人、家庭、社會而為說。此「不能離」，只是說不能離此而有國家，國家要以所說的「個人」為主、為本。此即書經所說的「民為邦本」，孟子所說的「民為貴」的意思。但其由國家而為說的政治措施，有其為所說的「社會」、「家庭」、「個人」所不能有的表現。此即是為整個的國家人民而有宗教、道德倫理、政治、科學、法制的制度性的表現。此表現是因應人的整個生命要求而為說，而為個人所不能做，而只可以參與，亦須由個人的參與而由國家去從事組織與規範的運作，而表現由個人生命的不同要求而互為配合的國家的政治文化有機性的的表現。在此有機性的表現中，每一個人可因其性之所近，而為士、為農、為工、為商，而過其以儒教經學的主導的不同職業性的生活，而表現其儒士、

儒農、儒工、儒商的分工分職的生命價值；不同職份的士、農、工、商彼此互愛、互助、立己、立人，為己為人，為民族、為國家而表現其個人和整個國家民族的生命價值。此亦即為由儒學而說的盡個人之性，與盡國家民族之性的事；亦即為內聖外王的事。此「事」由每一個人、各不同的位份，不同的職業而說，而不僅是由王者、統治階層而說。國家是每一個人的國家、天下是每一個人的天下、天下人的天下。每個人的位份可以改變，王者的位份亦是如此。君位、君主政制只是為國家人民而設立，故其是為人民，而不是人民為政制、為君主。此即孟子所說的「民為貴，社稷次之，君為輕」，「得乎畝民為天子」的意思。

(5)由人所在的天下而說：過去有以中國即天下的意思。由此而說前面所說的國家即天下，所說的表現為由國家而為說的表現，亦為由天下而為說的表現。於此一「為說」之外，亦有以中國不即為天下，中國只是一國家，於中國之外有別的國家。由此而說，儒學是肯定、承認其他的國家與中國並存於天地之間；肯定、承認不同的國家各因應其不同的歷史文化傳統，不同方式的生活、生命表現，而對所說的宗教、道德倫理、政治、科學、法制的不同說法，而不會侵犯別的國家和人民，而要強制其歸順中國，而是務求彼此互相了解，彼此和平相處，通使通商，互通有無，以己所有供人所無，而不是攫取別人的利益為己有；控制別人的政治、法制為己用，以遂其強權霸道的行為。此後者為以儒學為主導的個人和國家所不為的；因此是有違「不離人」而為說的儒學的根本精神；有違孔子所說的「忠恕」之道；「己所不欲，勿施於人」、「天下一家」的格律。故歷代在以儒學為主導之下的中國的國際關係，皆以睦鄰為主，而絕不以鄰為壑，更不以侵略別的國家為國策。此是前面所說盡個人之性一方面的價值表現，亦為盡國家民族之性一方面的價值表現。

從過去的中國說，以上所說為孔子所開啟的儒學文化有機性的互為關連的人生說，應是符合人的生命價值的要求，而可說是很好的。但此如前面「壹」所說的，在理論上並未為其後的儒者全依之而為說，而只是選取孔子的某一說法，而以之為一中心觀念發展為不同派別的系統儒學說。孟子如此、荀子如此、董仲舒如此、朱子如此、王陽明亦如此。從學術的發展史上說，此如此似是不可避免的，而皆要由依人日常生活的說法，向以某一觀念為中心而作超日常生活的抽象的系統理論的路上走。儒學如此，墨家與道家之學亦如此。不僅中國傳統諸家之學如此，西方不同

派別的哲學亦如此。中西學術界皆曾以一學說,若不發展為由一中心觀念為主導的系統說是不夠格的。此一了解可說推動了中西過去的不同派別哲學系統的發展與建立,亦引生了不同學派的彼此對立,如中國傳統儒學中的荀子與孟子,王陽明與朱子;西方傳統哲學中的亞里士多德與柏拉圖,馬克斯與黑格爾學派間的彼此對立。在學術上了解到派別的系統說,只是一派別說,而不是絕對的唯一說,其彼此對立只是一偏見的表現,是上(20)世紀以後的事。此主要由「相對論」、「科學的假設」說應用到哲學的了解而來的結果。由前者而提示人哲學的系統說亦是相對的,而不是絕對唯一的;由後者,系統的哲學的中心觀念,亦僅是一假設,而可以不同的中心觀念——不同的假設去建立不同的系統哲學。

但所說「相對的」、「不同的」皆不離人而為說,而是由人去說。由此而見到「相對的假設」、「不同的中心觀念」並不是所說的究極,亦即不是理論的究極依據。理論的究極依據所在是人,而不是所說的「假設」「觀念」。此所說的「人」不是人的主觀觀念,不是以人的主觀觀念為依據去否定客觀的事實,而只是說由人去說客觀的事實,去說不同的客觀事實。此事實不離日常的人生而為說,而可以是宗教的、道德倫理的、政治的、科學的、法制的、(文學藝術的);人對此「可以」可以有不同的模式的說法,由此而表現為不同模式的宗教、道德倫理、政治、科學、法律說。但此皆「不離人」而為說。若離人而為說而演為泛宗教、泛道德、泛政治、泛科學的說法,則將淹沒、弊塞了人,誤導人而成其偏向性的說法。由此而說,在理論上(與落實上)即要歸到由人日常生活而表現的歷史文化,由人的整個生命的要求而為說的孔子的說法上去說,而不是由孔子之後的儒學的派別的系統說去說,亦不是由西方的派別系統哲學去說。此一意義由上世紀末以來已明顯地表示了出來。但此「出來」只由「相忘於道術」的人依之而生活;而仍為大多數的中西哲學家所未注意及。由此而說,從理論上說,為孔子所創立的儒學沒有錯,若在此上有錯是後來儒者的事;要批評甚至於反對的亦只是後來的儒學、儒者。

由所說後來儒者的事,隨之而出現了在科學上的缺失。如前面「壹」所已說的。此缺失已為現今的中國人、中國的政治、社會所改正、所補足。但現代的儒學在理論上仍多未能有好的改正。

在「落實」上,在過去的中國是多依儒學的說法去做,如「壹」所說的,但並未能全本所說的由個人而家庭、社會、國家、天下去做。但此只是「有未及也」,

而不是「不可以如此也」。此「有未及也」自然是不可忽視的缺失。但我個人深信若吾國、吾民，尤其是今後的中國知識份子，若能重建對儒學的信心，並相應於孔子之說而了解儒學而不再為下章「肆」所說的近代新的知識份子所誤導；是可以與現代中國新的現實相配合而逐步去實現此「可以如此也」的。

二、西方的人生價值說進一步的說明與評論

近代的西方是由個人主義而說人生的價值，由個人欲望性的滿足、利益性的獲取、對立性的相爭、手段性的運用、意志性的強制、宣傳性的鼓吹廣播、威脅性的暗示等而說人生價值，而藉自由、民主、科學、法律說而為說；以此「為說」而說個人、而說家庭、社會、國家、天下。故其說與儒家的價值說很不相同；此即其不是就整個人生命的要求而有的彼此自然配合的文化有機性的表現，用中國易經的話去說其不是「圓而神」的無所違於人性的文化有機性的表現，而是就人的生命偏向性的趨向而以所說「諸性」為主的人為建構性的表現。此可說為易經所說的「方似智」而有所違於人性的文化有機性的表現。在此表現中的個人、家庭、社會、國家、天下皆由所說個人主義的「諸性」而為說，而各別地互相關連而從事於其自以為（亦即由個人主義而為說）具有普遍的意義，而可得到由「諸性」而為說的「自由」的爭取、「民主」的運用、「科學」的追求、「法律」的利用；亦即以此等由個人主義而為說的價值說作為工具，以達到以慾望的滿足為主導的個人主義中的「諸性」。

(1)由個人主義的個人而說：由個人主義的個人而說，其所著重的是藉以表達所說「諸性」的自由、民主、科學、法律，而不著意於宗教、道德倫理。後二者在西方傳統的歷史文化中，如在中國傳統的歷史文化中一樣，因應人的生命的有關要求，而有所表現。中西在此上的不同，只是表現的模式的不同而不是是否有如此表現的不同。但依個人主義而為說的近代西方的個人並不著重此二者，而不是如其傳統一樣，以其為人生所不可少的事，由此而說個人的人生價值；而是僅由依所說的「諸性」而說人生而不顧其傳統已有的說法，而表現了其偏向性的說法，和其與中國儒學由整個人生人性而說人生價值的不同。

其既不著重由宗教、道德倫理而說個人的人生價值，其即不是如儒學一樣由此

而說個人內在的修己外在的與人交接。其所著意的為其潛存的 IQ（intelligence quotient）智性的表現，而不是德性的表現。亦即其只重才而不言德；而以德可依由才智而建立的法制相結合而為說，而不於此外說道德，而不於此外著意於個人的道德修養。

由依個人主義而說的個人不僅不由宗教、道德倫厘去說人生價值，其並非議、排斥此二者。在其對宗教、基督教不能完全排斥之下，而改排斥為「利用」即利用基督教會為宣傳、運作的場所，轉化基督教為只著重其所主的價值說的現世宗教，亦即只著意於現世的事，而不重視超現世的事。由前者而使其成為耶穌所要驅逐的買賣場所，由後者而表達其禮拜、頌讚如儀；而此表達只有形式的意義、語言的說法、而沒有真實的意義。其對於傳統的道德倫理在個人生活上則完全放棄，僅以之與其所制定的法律相結合而為說。在觀念的了解上亦是如此，而表現其只依個人的喜好而行的人生。若個人喜歡即使違法，但若可逃避法律的制裁，亦未嘗不可做的個人人生。

(2)由個人主義的家庭而說：由個人主義的個人而成立的家庭，只以其為個人表現的一生活組合；此「組合」不離以個人為中心而實現個人的「諸性」而為說，而沒有此外的道德上的親情可說。夫妻之間是如此，家庭中的每一份子的彼此關係亦是如此。彼此皆不可以有所妨礙於本個人主義而為說的個人的欲望；為了滿足個人的欲望，夫妻可以離婚，父、母亦可以與子、女，子女可以與父母脫離關係。在涉及錢財、名譽的對立上，彼此可以互相控告，甚至不訴諸於法律而訴諸於殘暴的行為。此是由個人主義以個人為中心而成立的家庭在理論上所容許，亦是常見的社會現象。此即為個人主義者所誇稱的個人主義的個人不為其家庭所拘限，而從家庭中解放了其自己、表現了其自己，超越了其自己、創造了其自己，（鬥倒了別人）的最可貴的人生價值的表現。此亦即為後面「肆」所要說為胡適所讚頌並向中國人一再宣傳，而以之以反對傳統儒學的人生價值說的易卜生的個人主義（Ibsenism）的說法。

(3)由個人主義的社會說：家庭為表現個人的一生活組合，社會亦是如此；而直以個人為此組合的份子，家庭可不與焉。家庭不以道德倫理為規範，社會亦是如此。家庭上夫妻有契約、父母子女有血緣的關係，社會沒有如此的關係，而可有

朋友間的友誼；但此不以道德為主，如前面所已說。個人主義的個人不說道德，只說法律。故所說的「友誼」僅為由「個人主義」而為說的個人的運用表現，或為個人生活的襯托表現。

由個人主義而說的社會中的個人與個人可互不相干，「老死不相往來」。若有業務上的往來必依法律而行；參與此往來者若違法將受到控告。但此控告不一定有效，因違法者可運用技巧去逃避控告。

(4) 由個人主義的國家而說：國家亦為表現個人的一生活組合。此「組合」以個人為基本份子，以家庭附屬於個人而為說，以社會為構成國家不同層序的表現——個人的表現由社會而及於國家，國家由社會而聚滙個人。家庭、社會不受倫理道德的規範，國家亦是如此；國家與家庭社會的不同，由個人主義的個人來說：

(a) 由國家以擴大由家庭、社會所不能表達的更大的功能。

(b) 以此更大的功能，去進一步施展其個人的「諸性」。

(c) 藉國家以防衛其個人由所說施展而得的財富。

(d) 以國家以幫助其向別的地區、別的國家攫取更多的利益。

(e) 藉國家而制定法律，以推行其民主的政治價值說，確立政府與議會的統治機構，於其中設立諸部會，而特別著重軍事、經濟、商業、科學，亦即著重建立軍事、經濟、商業的強國，與別國對立，並侵略別國，尤其是西方以外的別國；奴化其人民、攫取其財富為己有，以滿足其個人的「諸性」。由此而建立其國家的「國性」，由此去實現西方的人生價值說；自由、民主、科學、法律，皆為個人主義的個人的工具、口號；為滿足個人「諸性」的工具。其並以所說的國家的策略的運作，由其本國而及於世界——天下，而要天下人皆順服於其下。

(5) 由個人主義的天下（世界）而說：個人主義的個人，以國家為滿足其個人「諸性」的工具。其於「天下」又如何呢？回答是：亦是如此。上世紀以由個人主義所建立的西方近代國家為主導，所組合的聯合國即是他們的工具。聯合國為依西方以個人主義為主而建立的西方國家所組合的詳情我於此不能亦不擬多說，要說的是，聯合國建立後一直為西方人所把持，所玩弄；其可玩弄之時，則玩弄之；其不

能玩弄之時，則捨棄之。我曾無知地問：怎樣可以如此呢？現在得到答案了。聯合國既是其工具，為甚麼不可以如此呢？聯合國是在舊的帝國主義者由爭奪利益的衝突而彼此殘殺的第二次世界大戰結束的次年（1946）而組合。我了解到此組合有妨止新的國際性的衝突殘殺、促進人類相互合作、彼此了解的意願。但其並未注意及所說的「妨止」、「促進」是有違個人主義的「諸性」的。故其並未能有效地表現。對個人主義的個人來說，舊的帝國主義的攫取方式不可再用，即改用新的吧？此又何妨？舊的帝國主義的方式為以炮艦政策的軍事侵略、外交的壓迫，以達其攫取別人的利益目的，此是大家都知道了的。新的方式又如何呢？此新的方式不離舊的方式而表現，但在策略的運用上則與其新發展出的現代工具相結合而為用，如利用其新的國際性的金融機構，以從事其對金融的控制；新的特務組織、諜機、衛星，以從事其情報工作；新的電台、網路的設施、報章雜誌的控制以宣揚由個人主義而為說的：自由、民主說，使此說成為一種大眾文化，為人人所要爭取的普遍而唯一的價值說，並用大量由攫取而來的金錢去收買別國的報章雜誌、電台、電視台、網絡等為己用，以幫助所說不同策略的運作。在日常生活方式、衣着、玩樂，學校教育等亦是如此，以文飾、配合其新的帝國主義的行動，而使受其攫取者，不以其攫取為侵略，而是協助其建立新的「自由、民主、法制」的國家，表現新的生活方式，實現新的生命價值。

以美國為例去說，其即以所說的方式，並以其超強、天下無敵的姿勢，去向中東、亞洲諸國表演其新的帝國主義的強梁霸道行為，要所說諸國聽其令而行，以達其攫取別人的財富，奴化別國的人民的目的，並且其並不滿足於一時的攫取、奴化，而是要長期如此；為要長期如此，故千方百計使聽其令而行的地方、國家永遠處於派系對立，黨派相爭，政治社會分裂，民無寧日的狀態，而好為其所控制、利用，而使其陷於全無超生之路。聽其令而行者不僅不易跳出所說的形勢，在所說西方的價值說，個人主義的「意識形態」控制之下，其並皆以由個人主義的偏向而為說的自由、民主、法制說，為非宗教性的宗教式的無上命令說，而為此說所薰染而成為其「有漏的種子」（借用儒佛學的說法），而少有想要跳出去，脫離此薰染者；即使有想跳出去者、有覺悟者及此者，亦毫無辦法。之所以毫無辦法，其不僅無法與所說的控制者相對抗，亦無法（難於）喚起為控制者所控制的國人，而使其亦知道其僅為所說的價值說的奴隸，而失去其人之所以為人的不同的生命要求，而與控

制者一樣同為由個人主義而為說的「諸性」所駕御。並不僅是如此,其並不能自主其「諸性」,而是為控制者所主,而不能謀求有所說的「自覺」,而只以控制者的想法為自己的想法,二者膠結在一起,而無言地甘心樂意為其所利用,而以此即為其利益之所在,而麻醉於其中,如吃了「安非他命」、「搖頭丸」的青少年一樣,和其一起瘋狂,而不知不覺地成為新的帝國主義者的殖民,而為其所統制。由此而說,新的帝國主義較舊的帝國主義更為利害,因後者使受統制者心有不甘,而要反抗,前者則奴化受其統制者於無形中,而不能自覺,永為其所控制利用。

以上所說以美國為例的新的帝國造義控制別國的情形,表現於為其所控制的亞洲諸國家和地方,以及中東一些國家中。所說的國家受其控制的具體情形,於此不能亦不擬多說,而只以為其控制的地方——中國的台灣去說一下。現今的台灣即受美國所控制,前面所說的控制情形即可全用於台灣上。於此之外,其並暗中一直支持台灣的主政者與中國大陸對立;其在表面上雖說只有「一個中國」,暗中則在支持台獨。使台獨份子成為台灣現今的主政者,而將台灣與中國大陸分裂為二,而從中取利。現今的台灣主政者亦樂得有此「支持」,樂為其所利用,而以能以所說的西方價值說為其政治社會人生的指導而自榮,而盡力以之以奴化其自己、奴化台灣的人民群眾。主政者並以其能倣效美國的現今主政者的牛仔模式為得意!

為新的帝國主義——美國所控制的台灣如此,而已回到中國曾為英國統治一百五十多年的中國特區香港又如何呢?英國是過去的帝國,在世界各地有多處為其由侵略而佔領的地方,而推行其帝國主義的殖民政策。此一表現在現今的英國仍是拼命地依附美國去維持。在新帝國主義上,英國亦是附隨美國而行。香港回歸中國後,在政治、軍事、法制、金融等上英國不能再控制,美國亦不能。但在所說的「意識形態」上,香港有不少的人仍受制於英美。香港的所謂民主黨派是言必稱英美,香港的傳播媒介、電台、電視、報章、雜誌、學校、教會、社團、以至於政府中的某些行政、司法官吏亦仍為所說的「意識形態」——所說西方的自由、民主、科學、法律說所控制,而為其所奴化,而不知其說的偏弊,更不知有此外的說法。他們並不滿於已為中國中央和香港政府所建立而頒行的「基本法」,而想改變之,以推行其以為是唯一的西方的人生價值說。

新的帝國主義對於不聽其令而行的國家,如南美的古巴、歐洲的南斯拉夫、亞

洲的朝鮮、越南、中國，和某些中東阿拉伯的回教國家又如何呢？回答是：其亦是依所說的強權霸道的策略，用不同的方式去對待他們：藉其遍佈於各地的傳媒以醜化之、中傷之，藉其所說的自由說、人權說以歪曲之，藉其所控制的國際金融、經濟以禁制之，藉其無敵於天下的現代武力：散佈於世界各地的軍事基地，遊戈於各海洋的各式戰艦、航空母艦，越洲火箭，各種核子武器，以壓制之，拉攏向其投靠的別國在一起以反對之，圍堵之，而全不顧聯合國憲章及有關法律的規限。於此外其對所說的某些不聽令的國家並策劃、支持其叛亂份子製造內亂以困擾之，分裂之，派遣飛機以狂炸之，派遣軍隊以佔領之，挑撥利用其「自己人打自己人」，扶殖其反對勢力以取代之等，而宣稱此是為了美國的利益；甚至無恥地說此是為了被害者的自由、民主、人權、公義；而以此為藉口而攫取別人的財富、佔領別人的土地、殺戮別人的人民！只求自己「朱門酒肉臭」，不顧別人「道有凍死骨」──多少別人在啼飢號寒，被其瘋狂炸死，受虐殺而死的枯骨，為其可憐妻兒的夢裡人！

　　以上所說近代西方由個人主義所說的人生價值說，而說個人、家庭、社會、國家、世界，而表現其新的帝國主義的強梁霸道行為，實很有問題。但現今被此說薰染的西方人和不少西方以外的人，並不以此有問題呢！就中國來說，近代中國新的知識份子並不能或不想了解此很有問題呢！至於附隨之「可乞食之餘驕妻妾」的中國人，願於做小政客、願於做小丑、買辦者可不說了。此實是可哀的事。但有甚麼別的辦法可說呢？⑦

---

⑦ 我寫此文時是在「九一一」之前，真想不到會有「九一一」事件的發生。我是反對「恐怖主義」的。但在如何反對上，我則贊成此次於上海所舉行的2001年的APEC會議「宣言」所說的方法，而特別讚賞其「標、本」同治，和不同的「恐怖」說。突襲美國紐約貿易大廈是恐怖行為，但近幾年來美國(和英國)一再狂轟濫炸別國，和現今以其新發明的炸彈對阿富汗的猛炸、濫炸而殺害了不少無辜的平民百姓不亦是恐怖行為嗎？我為於貿易大廈死去的人的妻兒的哭泣而哀；見到被炸傷而死不去的阿富汗人，尤其是小孩淌着無知的痛苦眼淚，亦忍不着而泣呢！推行恐怖主義者有罪，推行新的帝國主義者完全無罪嗎？後者傲慢而偏見地說：你們(恐怖主義者)膽敢攻擊我們，我必用一切方法、手段毀滅了你們；前者說：我們確實不能以你們的方法、手段與你對抗，既是如此，只好訴諸於「恐怖」了， (terrorism is the only way out!) 可歎啊！如何可以使大家都放下屠刀啊？！大家應反省一下此中的根本所在吧！

肆、近代中國新的知識份子的誤解
—— 以章太炎、胡適之為例去說

此所說的「新的知識份子」，有的是「五四」前後而已辭世了的，有的是現今仍在的。此「仍在的」，有的在台灣、有的在海外、有的在香港特區、有的在內地。他們對所說儒學的人生價值說幾全無相應的了解，對西方價值說亦是如此。但我於此不能亦不擬多所評述，而僅以為近代學術界一些人仕所推稱，而已辭世了，而其誤解一直影響至今的章太炎、胡適之的說法作為例證去說一下。

一、章太炎

章太炎被中國近代學術界中的一些人推稱為國學大師。他專門著有：《古文尚書拾遺》、《春秋左傳讀敘錄》、《春秋左傳疑義問題》、《劉子政左氏說》、《說文部首韻語》、《文始》、《國故論衡》等有關經學、文學、文字學、音韻學等學術性的書文。在經學上並被推為古文經學大師。他曾任教北京大學並私下聚徒講學；培養了有名的弟子如錢玄同、周樹人、黃季剛、朱希祖等，從事於經史文學的研究，以繼承發揚其說，而表現其個人與門徒對中國歷史文化、儒學的說法。但由他們的說法而說，以章太炎的說法為例，其並不是著意、用力於由歷史性、理論性、或整個性的了解去說中國歷史文化、儒學，去作繼承與發展的論述，而是要由此以反對中國的傳統歷史文化、反對儒學，以作為其從事推倒滿清而實現其僅由想像而為說的民主共和的革命運作的手段。此是一很不正常的事。說其「很不正常」是說一般著意、用力於中國傳統歷史文化、儒學研究的人，多對之有一定的認同，用錢穆先生的話去說，對其本國已往的歷史文化有一種「溫情與敬意」。若不如此，亦只以之作為學究式的研究探討的對象。但章太炎不是如此，而是要以之去作為其工具，以求達到其去除中國傳統歷史文化、儒學的企圖，以達到其由想像而為說的目的，而與當時其他新的知識份子以前面所說的西方由個人主義而說的自由、民主、科學的人生價值說以反對、歪曲中國傳統的歷史文化、儒學。

所說章太炎的做法甚為明顯，不能因其被推為「國學大師」而改變。所說的可

由後面分別的說明見到。

（1）章太炎在日本時在其所主編的「民報」所說的「共和」、「民族」、「革命」、「由革命以求共和」、「然則公理未明，而以革命去之，舊俗俱在，即以革命去之」等即為其要由革命以推倒滿清，以反對中國傳統的歷史文化、民間社會的風俗習慣、儒學，以期實現其所想像的烏托邦式的民主共和的說法。此「反對」既未能了解清自道咸以後的病態不能全歸咎於中國的傳統歷史文化，歸咎於民間社會的習俗生活、儒學；亦未能對為其所鼓吹的西方的自由、民主說，科學說——新出現的進化論有相應的了解，而是一味僅由其所見的一時現象，與其由主觀的企圖而為說的中國傳統學術的一曲之見，去盡力表揚西方，低貶中國。此一表現影響至今仍在持續！

（2）章太炎鼓吹「民族主義」，以此以反對滿清。此一「鼓吹」「反對」不始自章太炎，清初晚明的遺民如顧炎武、黃宗羲、王夫之、呂留良等已是如此。並且不僅所說的人如此，在其前的中國受過去所謂異族統治，如南北朝時的北方中國為：匈奴、羯、鮮卑、氐、羌的五胡統治，宋後的中國為蒙古族統治時，當時的儒者——中國知識份子皆表達了以漢族為本位的民族主義說。但所說過去的「表達」、「反對」皆以中國傳統的歷史文化、儒教經學為主導。章太炎則不是如此。其「反對」並不是如其前的「反對」一樣，而是以之為「工具」與其「想像」相結合而表現，以期達到其推倒滿清、去除中國傳統，以實現其由想像而為說的「民主共和」說的目的。

所說過去以漢族為本位而表達民族主義的儒者，之所以如此，並不是由於現代所說的「種族歧視」，而是主要由於其要維護中國傳統的歷史文化、儒學，「夷狄用夏禮則夏之」、「四海一家」、「中國一人」的理念。孔子說：「微管仲，吾其披髮左袵矣。」（憲問）所表示的即此一意義。此一意義貫串於整個中國的歷史傳統中。如北朝時期的反對異族，只是反對五胡之亂，而並不是歧視胡人。故當其接受儒教經學而漢化之後，即與之合作，而為後代的歷史學家所稱許。北朝時期如此，其後的元、清兩朝的中國人（漢人）對蒙古族、滿族亦是如此；而所說的異族於漢化之後，在學術思想、文化意識上，亦自視為中國人。由此而彼此融合在一起

而同成為中華民族，共同向以中國傳統的歷史文化、儒教經書為主導的路上走。但章太炎並不著意於此一意義，而是為了達到其想像的目的，而不顧一切地排滿反對中國傳統歷史文化，儒教經學。

（3）章太炎以古文經學以反對今文經學。從傳統經學家對經學的不同說法去說，此只是古今文經學之爭：以春秋左氏傳以反對春秋公羊傳；以籀文經以反對隸書經；以六經皆史，孔子述而不作，孔子是一位史學家，是古代學術的傳講者，為經籍的整理者以反對六經為傳講聖人之道的法典，孔子刪定六經，孔子為漢代和後世制法，孔子為聖人、為無冕的素王；以「訓詁明，然後義理明」的清代的訓古、考據說以反對宋明理學的不經由此而為說的「義理」說，聖人之道說等。

又反對以一派別的經學與政治相結合，於過去亦已有，此如由西漢宣帝所召集的「石渠閣會議」，東漢章帝所召開的「白虎通會議」對經學的爭議所表示的。但此所說的亦皆僅為儒教經學不同派別之爭論，不離儒教經學而為說。章太炎則不是如此，而是「企圖」以古文經學反對康有為以今文經學與其立憲維新相結合而為說；反對康有為的傳統與現在相結合而表現其繼承與發展中國傳統的歷史文化、儒教經學的說法，而以其所說的古文經學說為工具，而以「革命去之」，以達到其由想像而為說的「民主共和」說。

（4）章太炎的「六經皆史」說。此不是由其自己所創立，而是本之於章實齋。但章實齋並不是以此去否定六經的說法，去否定六經為先王之道說，而只是以先王之道未嘗離事而為言，「事變出於後者，六經不能言」⑧而已；亦即章實齋要以此作為評論只由心性而不即事實而為說的宋明心性之學的說法的依據，而並不是要以此去反對儒學，反對中國傳統的歷史文化。章太炎則不是如此，而是以此以反對儒教經學；反對以儒教經學為主導的中國傳統歷史文化，「去除故舊」，以達到其由想像而為說的「民主共和」說。

（5）章太炎以其〈原儒〉去說孔子之前已有儒學，而將之分為三科：達、類、私。從學術史的觀點上說，此是對「儒」、對古代儒學之起源作一種歷史性的考

---

⑧ 章學誠《文史通義》內篇，「原道」。

訂，但為其所著意的並不是如此。他並不是純由學術性的了解去說，而是要由此以解構以儒學為孔子所創始、儒學所說的為聖人之道，孔子為如今文經學家，及其後所推稱的聖人、為「大成至聖先師」的說法；其並要由此而解構以儒學為主導的中國傳統的歷史文化、學術思想；以使其能本其所想像而並不真正地了解的西方的自由、民主、科學的人生價值從事革命運動，以求實現其由想像而為說的「民主共和」說。

二、胡適之

胡適之不是如章太炎一樣是個「國學大師」，而是一個在美國取得了哲學博士學位的博士。（胡適之似是中國第一個拿到外國哲學博士學位的人，雖然其所寫的博士論文是中國的而不是西方的哲學）。他拿到了博士學位之後，即受當時的北京大學校長蔡元培、文學院長陳獨秀的邀請到北大文科學門任教，而企圖以其在美國所學到的英、美的派別哲學之說：英國本達爾文進化論而為說的赫胥黎的經驗自然主義，美國配合近代科學而為說的杜威的實驗主義；和所閱讀過的易卜生的個人主義，所感受到的西方文明，去鼓吹其所說的泛科學主義，泛自由、泛民主主義，泛個人主義，泛西方文明說，而反對以儒學為主導的中國傳統歷史文化，人生觀、價值觀，以期達到其全盤西化說的目的。

胡適之對於西方學術沒有專門性的著作，而只與唐擘黃一起翻譯了杜威的《哲學的改造》（"The Improvement of Philosophy"）；其對西方哲學亦沒有全面性的了解，對中國傳統的學術亦是如此。故其所發表的只是一些由偏見曲解而為說的著述，其《中國哲學史大綱》卷上，《戴東原哲學》專著是如此，其自述、時論、序述、論集、校編、選編、年譜、傳說、小史等說亦是如此。此諸偏見曲解彼此關連，而共成其反傳統、反儒學、全盤西化說。胡適的說法可評論的甚多。但我於此不能亦不擬作細別的評論，而只略由下列諸項去說。

（1）胡適以赫胥黎的天演、存疑說為其說的依據。赫胥黎（Thomas H. Huxley, 1825-1895）的天演論是由引伸達爾文（Charles R. Darwin 1809-1882）的進化論而成其說。達爾文是一自然主義者（naturalist），其進化論是依其航海所見同類的生

物在不同的環境之下其形狀彼此不同，活着的和死了而成為化石的不同，而對其前的「類不變」的説法——亞里士多德與基督教的説法，產生了疑難，而寫了其著名的《由自然的選擇而説物種的原始》（"Origin of Species by means of Natural Selection"），《在自然競爭中優秀族類生命的保存》（"The Preservation of Favoured Races in the Struggle for Life"），提出了震驚當時學術界的名言：「物競天擇，適者生存」(struggle of the nature, servival of the fittest; servival of the fittest in the struggle for existence.)，以此去表達其進化論的主要觀念。赫胥黎原為一航船上的醫生，而特別留心於熱帶海邊的生物。後在鑛產學校講自然史（natural history）時，特別注意了達爾文的自然進化説，由此而以達爾文的進化論與穆勒（John. S. Mill）依觀察實驗而為説的歸納法相姑合而為説，而寫成其《進化與倫理》（"Evolution and Ethics and other Essays"）一書。於此書中他只以進化論具有高度可靠性的假設，為最可信的自然科學的説法，而並不要推廣其為一泛科學説，而是以道德倫理的問題另有依據，不能由此而為説。

　　赫胥黎的「不可知」（存疑）説則是本休謨（David Hume, 1711-1776）的經驗知識的限度説而為説。休謨發展了洛克的「經驗主義原則」（the principle of empiricism）説為其徹底的經驗主義説；而以西方傳統哲學所説的本體（substance），基督教的上帝（God）為不可以知的；可以知的只是可經驗的世界中的事物，而不是超經驗的本體、上帝。赫胥黎本此而説我們可知的只是為科學所可證明的知識，我們只有科學知識而沒有此外的知識。科學家是由證明去説事物為何，而不是由信仰去説。（The man of science has learned to believe in justification not by faith, but by verification.）⑨但赫胥黎如達爾文一樣，亦不要由此而説泛科學主義、無神論，更不以此去反對西方傳統的歷史文化。

　　傳赫胥黎的天演論到中國來的是嚴復。一八九三年嚴復翻譯了所説的「天演論」成為中文，並嘗試本之而解説中國傳統的自然主義。⑩但此一嘗試並未多為人

---

⑨ Lay Sermons, Addresses and Reviews, p. 18. (6th edition)。

⑩ 參看李杜著：《二十世紀的中國哲學》甲篇，四、嚴復。（台北：藍燈文化事業公司，一九九五年，九月）。

所注意，其所翻譯「天演論」的「物競天擇，適者生存」說，則深深影響了當時的中國學術界。前面所說的章太炎及此所說的胡適之皆受其影響。胡適之並因此而將其原名「洪騂」改為「適」，別字「適之」。他並本此以反對中國的傳統學術思想、儒學。他的反對並不是由依經驗而為說的歸納論證上，自然科學的有關說法上，去說中國傳統學術、儒學在相關問題的不科學；而是著意於文學式、宣傳性的表達；以泛科學主義的方式，以赫胥黎所「不要」的，以反對中國傳統文化的學術思想、儒學，而鼓吹說：天演論、存疑論為前所有的近代新說。此新說要向西方的舊傳統：哲學、宗教宣戰；以「拿證據來」、依「證據」而為說的科學唯一武器、無敵的武器、打倒了西方二千年尊崇的宗教傳統，二千年多的西方哲學傳統。[①]故他自己要學赫胥黎，借赫胥黎此一無敵武器以推倒中國以儒學為主流的學術思想，傳統的歷史文化，而以發展鄧析、惠施、公孫龍的名家、與墨經的說法與赫胥黎和杜威的說法相配合而為說，以取代儒家、四書五經的說法，而再造「中國文明」。

(2)以杜威實驗的方法說為其說的依據。杜威是二十世紀初期美國的哲學家。他在經歷了唯物論、直覺主義、經驗主義、黑格爾的哲學的了解歷程，而在近代科學、進化論，和皮耳士 (Charles Pierce)、詹姆姆士 (William James) 的數理哲學、心理學、實用主義等影響之下，而提出了他的實驗的方法論 (the theory of pragmatic method) 以取代黑格爾的辯證法。並說其所提的方法即為科學的方法、指示的方法 (denotative method)，亦即有效的哲學方法，[②]而以之以批評西方傳統的哲學：知識論、倫理學、政治哲學、教育哲學、心理學、形而上學、文化哲學，由此而說哲學的改良。

杜威從事於所說的批評、哲學的改良，持續了一相當長的時期。胡適在美國哥倫比亞大學的、所介紹到中國來的杜威哲學即此一時期的杜威的說法。杜威於一九一九─二一年到中國所講的亦是此一說法。此一時期的杜威，充滿了反對西方傳統哲學，反對基督教宗教哲學，反對西方傳統文化的精神！後來杜威大概由於不滿只

---

① 參看《胡適文選》（七），〈演化論與存疑主義〉。

② 參看 John Dewey, Experience and Nature (La Salle, Illinois: The Open Court Publishing Co., 1958; first published in 1925), Chapter One。

有如此的反對，或不忘懷於黑格爾的「反」後有「合」的說法，而於一九二五年建立了其自己的「實驗的自然主義」(pragmatic naturalism) 的系統哲學，此即其於一九二五年所發表的《經驗與自然》("Experience and Nature") 一書所表示的。依近代學術的了解，一系統哲學不可以不說形而上學，而形而上學則可有存有論 (ontology) 與超越論 (transcendent theodogy) 的分別說。杜威於其實驗的自然主義系統哲學，表達了形而上學，以其為「存在的普遍性質的認知」之學 (Metapbysics is a cognizance of the generic traits of existence.)[13] 此是只由「存有論」的說法去說形而上學，而不說「超越論」。杜威當時以為只如此便完成其整個系統的哲學說了。但其後來覺得完全不說「超越論」的形而上學問題有所不妥。於一九三四年他另發表了其《共有的信念》("A Common Faith") 一小書，於書中他以「宗教的」(religious) 去說「宗教」(religion)。此即只由人的精神生命去說「宗教的」，而不說神本義的「宗教」，亦即不說基督教。他以為如此便解答了宗教神學，超越的形而上學的問題，而完成其「實驗的自然主義」說，而不自覺此一完成，超出了其所本以建立其系統說的「方法」——科學的方法，實驗的方法。因由人的精神生命而為說的「宗教的」不是科學、實驗的問題，而是另有所肯定。此即超科學、實驗的超越肯定。由此一肯定而表現了科學實驗的限度，只由科學方法而為說的限度，科學知識的限度。但杜威並未著意於所說的「限度」說，而重新論述西方的傳統學術。[14] 胡適對此更沒有了解，而只知一味模倣杜威前期的「反對」說而為說，以之去反對中國傳統的哲學，反對以儒學為主導的中國學術思想、歷史文化。並以浮泛而膚淺的語言去非議傳統的天帝鬼神說，天道、道德倫理說，並譏評基督教的上帝，亞里士多德的形式邏輯 (formal logic)，而以「法式論理學」說後者，謂「二千年的西洋的法式論理學，單教人牢記 AEIO」，[15] 而以杜威的實驗主義的真理是唯一的。一切要由此而說；不由此而說的「三綱五倫」已變成了廢話，因為現代已沒有君臣一綱與君臣一倫了。（其他二倫呢？是否亦無父子、夫婦了呢？他於此不

---

[13] 同上，第二章。
[14] 參看 [10] 附篇二、〈杜威的實驗的自然主義與「二門論」〉。
[15] 《胡適文存》卷二，〈試驗論理學〉。

説，由後面所説他的重易卜生的個人主義去説，似亦沒有父子、夫婦可説了！）

胡適在哲學的了解上，甚為膚淺，對中國哲學如此，對西方哲學亦然。故他不能亦不想如杜威一樣在此上有自己的建立。既如此，可否在為他所推稱的自由、民主、科學、法制的後二者上有所立説呢？他亦不能。但他又不能不求有所表現，故只好以所説杜威的方法與中國清代的考據訓詁合而為説，以求有所表現了。此即其特別強調其對墨子小取篇所説的「舉也物」為「舉他物」的考據經過所表示的。[16]

（3）以易卜生個人主義説為其説的依據。易卜生（Ibsen Henrick 1828-1900）是挪威的戲劇作家。他家窮，少年時曾為藥劑學徒，而自感卑賤。於工作餘暇盡力於學問。他受一八四八年革命思潮的影響，而甚為反對以西塞羅思想為代表的戲劇，而自己寫了些反對「華而不實、表面虔誠」的劇本，但未為人注意。後來入大學讀書，而受到了一小提琴家之邀為戲台劇作家，和管理。他以浪漫的民歌方式寫了：St. John's Night; Lady Inger of Ostreat; The Feast at Solkong等歌劇。後出任挪威戲院的指導。一八六二年，他另以詼諧諷刺（witty satire）的方式寫傳統的婚姻劇，其於 A Doll's House 劇中以 Nora's leaving her husband 去諷刺、嘲笑傳統的家庭生活中女姓的受束縛而不自由，而要女姓由家庭的束縛中解放出來，獨自去表現其自己，而以 Nora 與 Homer' 的對話去表達此一意思：Hemer：無論如何，他是一位妻子，一位母親。（"Above all else she was a wife and a mother."）Nora：無論如何，我是一個人，而不是一個公仔、一個寵物。（Above all else I am a human being, — not a doll or a pet.）以後説為主旨而強調 Nora 要表現其個人自己（realize herself）每個人要表現其自己。（realize yoursilf）。[17]

胡適即以所説的易卜生的個人主義為依據，而鼓吹、宣傳個人的自由、解放，以反對中國傳統的家庭生活，而不問：（1）中國傳統家庭生活與劇中所影射的挪威、歐洲的家庭生活的不同；（2）中國傳統社會與挪威、歐洲的社會的不同；（3）劇中所説的 a doll, a pet 即使可以之以指挪威、歐洲家庭中的女姓，並以之以指謂中國一些官宦、富商巨賈的妾氏、二奶，是否亦可以之指此外整個中國家庭中的女

---

[16] 同上，卷一。

[17] 參看 Janko Lavin, Ibsen, an Approach, (London, George Allen and Unvin Ltd. 1950)。

姓呢？（4）中國傳統女姓在家庭中所表現的賢妻良母的價值性的人生是否完全毫無意義，而一定要到社會上去表現由個人主義而為說的realize yourself呢？（5）中國傳統的社會環境可否使離家出走的女姓去表現其自己？（6）易卜生於劇中所表達的是否適當地反影社會現實，或只是其藉之以發洩其個人對社會的不滿情緒？（7）胡適之信奉杜威的實驗方法為唯一獲取真理的方法。但實驗的方法是依每一特殊事件而為說的。若要作推論則要有進一步的邏輯推理，而所推的結論要得到經驗的證明才有效。胡適之鼓吹、宣傳劇中之說時，是完全捨棄所說的方法而為說。如此做，對嗎？又其由赫胥黎的「存疑」而說「拿證據來」。其以劇本所說的「束縛」去說中國傳統家庭中的女姓，他的「證據」何在？對此諸問題胡適全置之不理，而即以所說易卜生的個人主義說去反對中國的傳統家庭。一般的政客可以不講理，而任意宣傳，任意罵人。但作為名學者的胡適怎樣亦可以如此呢？不僅他如此，跟隨他而為說的所謂近代新的中國知識份子亦如此呢，真可歎啊！

胡適個人與由陳獨秀所主辦的《新青年》所出「易卜生號」竭力地鼓吹宣傳易卜生個人主義，以之以反對中國傳統以家庭為中心的道德倫理生活。此對中國的家庭社會產生了甚大的影響。記得我讀小學時，老師曾問我「家」字是甚麼意思？我說是家庭。他說不對。「家」字上面的「宀」是豬籠，「豕」是豬。「家」是豬籠囚着豬的意思。故你們同學，尤其是女同學，不要為「家」所困？如豬一樣，要衝出去。此說使我永遠難忘。上世紀中葉是如此，現在如何呢？我們不可以以現今香港、台灣的夫妻兒女的互相離棄，不顧家庭，滅絕倫常，弒父母，夫妻相殺，棄兒女的見怪不怪的家庭社會現象，歸咎於胡適之和其同道——近代新的知識份子吧？但是否可說其中的一些現象正是符合了他們的意想呢！。

（4）以西方文明為其說的依據。胡適之對中西傳統哲學的了解很不夠，對中西傳統的歷史文化、學術思想亦是如此，而沒有整體性的了解。其在往美國留學之前，對前者所學到的只是一般性的國學；由其家學所學到的是一些清代的考據訓詁學；對於後者，其於美國康乃爾文學院所學到的是人文學科的一般課程，於哥倫比亞大學哲學系所學到的，則是杜威早期批評西方傳統哲學的說法。他跟隨杜威而寫的博士論文為〈中國名學發展史〉。其所一再宣稱的西方文明，則於所說其所了解

的之外，便是其當時在美國所見到、聽到的美國的政治社會，和歐美的由個人主義而為說的自由主義者的：自由、民主、科學說。其返國於北大任教即以其如此的所學、所見，所聽到的「西方文明」為依據以反對中國傳統的歷史文化、學術思想，要去除後者，以走向前者；以前者以取代後者，以鼓吹宣傳其「全盤西化」說。

胡適之對中西的歷史文化、學術思想所了解的既是如此，其即不能了解前面「壹」所說的以儒學為主導的中國傳統歷史文化、學術思想是以整個人的生命要求為依據的文化有機結合。此結合中的每一部人分彼此關連，前後連結，而表現其繼承與發展的新陳代謝的文化生命的整體性。其亦不能了解前面「貳」所說的西方的近代文明是以偏向性的個人主義為依據，而繼承與發展了其傳統有關的自由、民主、科學、法律而成有機性的組合。此組合中的每一份子亦彼此關連，前後連結，而表現其繼承與發展的整體性。所說中西的整個性的每一部份，或每一份子，不可以各孤立存在，亦不可任意彼此僅作部份的移植。胡適之的由自由、民主、科學去「全盤西化」中國，雖說的是「全盤」，而實是部份的移植，其個人主義說亦是如此，而要以此去取代所說中國的整個文化生命，自然只能表現其傷害中國傳統文化生命的諸惡果，而不能達其所想像、期待的目的了。

第一個明顯地鼓吹、宣傳「全盤西化」的並不是胡適之，而是陳序經。陳序經以此去反對中國傳統歷史文化、學術思想，以此去攻擊當時主張「中國本位的文化建設」者，在其「反對」、「攻擊」的言論中，說胡適之為一中西文化的析衷調和者。胡適之以陳氏誤解了他，而公開宣稱「我是主張全盤西化的」。

胡適之以所說的其所了解的西方文明（胡適之全不了解「西方文明」的不文明的一面——霸道的帝國主義，或不願說！）以反對中國傳統的歷史文化、學術思想，而鼓吹、宣傳「全盤西化」一生不變。臨去世前三個多月仍發表其鄙視「東方精神文明」說，而以為只能由科學去說文明，於此外沒有文明可說！⑱

---

⑱ 參看胡適於一九六一年十一月六日於「亞東區科學教育會議」所發表的〈科學發展所需要的社會改革〉，（台北：文星雜誌第九卷第二期）。

景印香港新亞研究所《新亞學報》（第一至三十卷）

韓國漢城大學所藏《東詩叢話》簡介
及其論中國人詩作與詩評析說

鄺健行

　　韓國趙鍾業教授編《修正增補韓國詩話叢編》十七冊（韓國太學社，1996），第十三冊中收錄以《東詩叢話》為名的詩話兩種，其一為漢城大學圖書館所藏的手鈔本，作者佚名，正編四卷，續編一卷，合五卷；為本文探討的對象。《東詩叢話》（以下簡稱「本書」）雖為二十世紀初韓人作品，寫作方式仍與中韓傳統詩話的寫作方式無異，內容則縱論古今及中韓人甚至日本人作品和論說。站在中國人的立場，我們對書中論及中國人的詩作和詩評的章節特別感到興趣，本文擬從這些方面作重點探討。

一、本書簡介

　　趙鍾業先生《中韓日三國詩話比較研究》[1]第二篇第三章介紹本書時，指出書中稱中國為支那，所以是日本在 1910 年（清宣統二年）侵佔韓國以後的作品；這是對的。綜覽全書，凡以作者口吻稱中國時，多用日人貶辭「支那」二字；只有在直接或間接稱引古說的時候，才基本上用「中華」或「中國」等字眼。至於稱中國人，則或用「華人」，或用「支那人」不一。除趙先生所作的確切論斷外，還可以根據書中文字，就某些方面進一步作較具體的說明。試看以下兩則：

> 《蘭雪集》在朝鮮已重刊，在支那則已八九版矣。而鮮版自多訛錯，故余於壬子秋購得華版。（卷一）

---

[1] 臺灣學海出版社，1974。

支那女冠陳淑霞臨別贈姑婦詩，……姑和之曰：「子規啼盡楝花飛，湖北干戈早解圍。攜取道書還故里，只留閒鶴守空扉（「扉」原作「飛」，以意改）。」女冠避湖北兵火而來。（卷一）

第一條中的「壬子」為公元1912年，即民國元年。第二條的「湖北干戈」或「湖北兵火」，似指辛亥年（1911）的武昌起義。湖北干戈早解圍，而在子規啼盡楝花飛的時候，當在1912年夏天。這兩條是書中透露最晚的年份，我們據此最低限度可作如下的推斷：此書之成，不會早於1912年秋天；從中國的歷史看，已是清室之亡以後了。至於成書下限該定在哪一年，書中無任何明示或暗示，很難指出。

這裏需要作補充說明：甲子紀歲，六十年回頭一轉，然則第一條中的壬子，能不能說成為1912年之前六十年的壬子、即朝鮮哲宗三年、清文宗咸豐三年、而西元1852年的壬子？答案是：不可以。論證是這樣的：假定作者真個在1852年購得中國版《蘭雪集》，這表示他當時的學養識見已達到一定程度，則年紀不應在二十五歲以下。就以1852年作者二十五歲計，下至1910年朝鮮亡國，已是八十三歲的人了。書之完成，又在本年稍後。這樣的高齡才著書，雖然不能說不可能，畢竟罕有；何況全書未見流露過年臻耄耋之意。

再看以下兩則：

鄭郊隱、李雙梅，皆鮮朝國初人也。（卷一）

朝鮮黨派，自宣廟朝始起。（卷三）

這兩則無疑說明作者著書，當在朝鮮王朝滅亡以後。用上「鮮朝」二字，便表示下筆之際已經不屬鮮朝了，否則應稱為「本朝」。「朝鮮黨派」一詞也當作如是觀，李朝如果仍在，則當稱為「本朝黨派」。

作者稱韓國，常用「我東」一詞來表示，譬如說「我東名賢之詩文，皆於古文古詩偏有得力處」[②]、「吾東科臼之抹殺詩程，甚於鴆毒」[③]之類。而行文之中，

---

② 卷一。

③ 卷三。

鄺健行 韓國漢城大學所藏《東詩叢話》簡介及其論中國人詩作與詩評析説 **63**

偶爾還夾用諺文。譬如説「歡」字：「『歡』，男女相愛而稱之辭，則朝鮮方言『凸』。」④又譬如書中所引李恆福的〈鐵嶺歌〉⑤和李滉的〈清涼山歌〉⑥，均漢文諺文合用。凡此可以證明：作者的漢文儘管寫得好，但的確是韓國人。

本書沒有序跋，也不題作者姓名，不過書中偶有作者自述的文字。綜合起來，作者資料大概如下：作者有兄及從兄弟，均能詩文⑦。其師曰海翁⑧。作者始終未言及仕宦，似乎未嘗得一官；但卻跟官吏有交往⑨。作者喜詩歌。在這方面頗費心力⑩，書中有若干處引錄老師和自己的作品⑪。書中透露，作者有相當多接觸中國人和日本人的機會，提及中國人姓名的時候特別多。

有關本書撰著的動機、用意和方式，書中有兩則可供參考：

> 余記《東詩叢話》，只是塞人要求，隨意隨錄，元無倫脊，且無存稿，故種種有架疊而未之覺也。精力衰耗，苔筆之譏，烏可免乎？（卷二）
> 此《叢話》之為「話」，如山村汐社之人，聚集燈前談虎。更端而説，思又復説，思更端而談虎者也。始得一人詩，鈔選幾何插話，話中生歧，轉入他詩，又復返於始得詩鈔者，便是談虎説思而返虎者也。（原注：海社村社之人，朝散暮合之稱也。）

兩則文字的意思是：甲、本書是「塞人要求」而寫的。乙、書中各條文字，想到甚

---

④ 卷續。

⑤ 卷一。

⑥ 卷四。

⑦ 卷一〈余嘗論古人以詩識觀人禍福〉條，卷二〈甲申春借得崔簡易詩集〉條及〈三從兄可泉詩清靈高孤〉條。

⑧ 卷四〈一日鄰友從硯旁誡之曰〉條。

⑨ 卷一〈乙未之重陽〉條。

⑩ 同注⑧。

⑪ 海翁詩作，見卷一〈海翁常有詩〉及卷三〈李石蓮公愚工畫梅〉等條。海翁題李氏紅梅軸曰：「瘦屈生成結淨姿，筆靈先許鬼神知。吳絹萬點臙脂雨，記得當年畫淚時。」
作者詩作，見卷一〈余於辛巳秋歷關西登練光亭〉及卷四〈一日諸友速余尋書院〉等條。作者登練光亭明日，泛舟大同江，賦詩云：「肩舟葉葉載漁歌，兩岸晴沙白鳥多。誰是倚欄吹玉笛，練光亭子夕陽波。」

麼便記下來，沒有固定的先後次序。丙、論說某人作品之際，會引申到主題以外的地方去，然後又回到主題來。丁、書中論述有前後重疊處。大抵說來，此書一如傳統的隨筆，結構比較鬆散。

書中論述集中在朝鮮李朝中後期、包括作者及身之世的作家和作品。韓國以外，中國和日本的資料並加採錄，好像秋瑾就義的絕命句子「秋風秋雨愁殺人」，以及吳芝瑛為秋瑾立墓之事，便見記錄⑫。書中甚至載錄英國人吉英蘭所作的兩句漢詩「日暮維舟上岸上，湘東煙雨濕蓑衣」⑬。凡此見出作者採錄的泛博和態度的不拘。

全書具體論詩之處很多，總體性概括性的文字較少。所謂「具體論詩」，指對某詩某句作具體評述。有些是作者的評述意見，有些則是其師海翁的意見。整體而言，意見依傍前人或時賢的不多，多自胸中流出，當中很有可取的結論：見出師生二人對詩歌實有深入的認識和體會。以下試舉三例分析說明：

（一）、金沖庵詩：「落日臨荒野，寒鴉下晚村。空林煙火冷，白屋掩柴門。」時評以此篇有劉長卿格。海翁曰：「儘是佳，渾然；但『冷』字不合華音律響。」沖庵名淨。（卷一）

海翁沒有進一步解釋「冷」字為甚麼「不合華音律響」，但不妨作這樣的揣測：朱彝尊《曝書亭全集》卷三十三〈寄查德尹編修書〉引其友李天生論杜甫近體詩所以「聲律細」的意見，以為「一三五七句用仄字上去入三聲，少陵必隔別用之，莫有疊出者」。就是說：近體單數句句末一個仄聲字，不會和另一句句末字同一聲調（譬如第一句句末字是上聲，第三句句末字也是上聲）。現在金沖庵詩一三兩句的末字「野」和「冷」，都是上聲，這就不是聲律細，也就是不合「律響」。以上揣測如果正確的話——其實揣測還是合理的，則海翁對詩歌聲律的了解可謂精深。而作為海翁學生的本書作者，看來也深得師傳，似乎有時也從這個方向談詩的。他改李惠吉詩中用字，可供我們思考：

---

⑫ 卷四。

⑬ 卷一。

鄺健行　韓國漢城大學所藏《東詩叢話》簡介及其論中國人詩作與詩評析說　**65**

（二）、（李惠吉）寄武昌吏張中遠詩：「跌宕琴樽戀別餘，一麾風味武昌魚。治為良吏二千石，行載祕書三十車。鄂渚春深棠雨洽，燕城秋盡柳煙疏。館陶遺業知能述，字撫蒼生舊瘼除。」第二「戀」字，原稿作「惜」；第八「舊」字，原稿作「宿」字；並改之。（卷四）

作者改李惠吉原稿，沒有說明緣故。作者或者認為「戀」「舊」二字要比「惜」「宿」二字表達的情意較好，所以改換。只是情意好不好，較難把握說明。不過倘使從聲響的角度看，則作者的改易應該肯定。原稿「惜別」「宿瘼」都是入聲字。二字聲調相同，唸誦之際，聲音無甚起伏。但「戀別」是上入聲，「舊瘼」是去入聲，聲響無疑比原稿用字多一重抑揚。

（三）、金春秋富軾〈江漢樓〉詩：「六月人間暑氣融，江樓終日足清風。山容水色無今古，物態人情有異同。舴艋獨行明鏡裏，鷺鷥雙去畫圖中。堪嗟世事如銜（原作「御」，以意改）勒，不放衰遲一禿翁。」第四「物」字，草本作「俗態」，與人情是相近底，而豈以作對於「山光水色」？（卷三）

作者之意，「俗態」還是扣人事上講，所以跟「人情」一詞意思相近。改成「物態」，「物」和「人」畢竟不同，意思距離較遠；正如「山」與「水」不是相似的事物一樣。所以「俗態人情」對「山光水色」。不如「物態人情」對「山光水色」。作者批評草本用字不夠好，那是說得對的。

二、對中國人詩作和詩評的議論

本書除述論古今韓人詩作和詩說外，也述論中國人詩作和詩評，其中對清王士禎詩、對清李調元及潘庭筠兩人評朝鮮四家詩文字，著筆最多；下文即從這兩方面討論。

論王士禎詩

論王士禎（作者或稱王氏為阮亭、漁洋）詩的篇幅達續編的三分之二以上，這

跟前面四卷主要論韓人作品和詩說體例不符，所以作者稱論王士禛詩的文字為「東詩別案」：

> 余以阮亭詩草附為〈東詩別案〉者，蓋以年近而語古也。⑭

作者這麼說，驟然看來，似乎仍然不能使人明白到底何以偏離原來的準則，不過如果我們仔細閱讀分析其他段落的文字，還是有理路可尋的。

作者提出為詩之道，既要「託意清遠」，也要「取勢勁傑」，只是「勁傑最難」。朝鮮詩到中葉以後，「奇拔」（近於「勁傑」）之風變微。另一方面，中國明清間作品一般也只是「以媚姿代勁傑」，保留下來的基本上是「清遠」之風。此意在〈東詩體製〉條有所流露：

> 東詩體製崇尚奇拔，至鮮朝之中葉幾微一變。自功令以後，現像（象？）一變。概論為文章者，思不在斐然而自然斐然也；豈以存心而得之哉？若其下字椎琢，自不無存心處矣。一言以蔽之，曰：託意清遠，取勢勁傑，然後庶可有臆則屢中。而勁傑最難，故明清一隊，以媚姿代勁傑，然務常不失其清遠也。

說到王士禛詩，當時中國評論者，作者引張九徵、施愚山等人說法，都是「許其清遠而不許其勁傑」。作者似乎不盡同意這樣的說法，而認為王士禛詩在「清遠」以外，仍具「勁傑」，所以是「近古」。另一方面，當時又有一些人，如作者提到的劉體仁、吳國對和曹禾等，對王士禛詩過分推崇，以為一無瑕疵，超越前代所有作者；作者似乎對此也不同意，而認為王詩毛病儘有。作者看來就是在這樣的意念下寫成大半卷的〈東詩別案〉。作者誠然沒有明白說出自己的意念，但綜覽各則文字，其開展的方式，上述兩種意念完全是滲融於其中的。

先說一無瑕疵，超越前人。可用書中所引曹禾之說為代表：

> 曹祭酒（禾）謂王漁洋曰：「杜、李、韓、蘇四家歌行，千古絕調；然語句

---

⑭ 續卷。以下各條同，不另作注。

鄺健行　韓國漢城大學所藏《東詩叢話》簡介及其論中國人詩作與詩評析說　**67**

時有利鈍。先生長句乃句句用意，無瑕可攻，擬之前人，殆無不及。」

曹禾一則說杜、李四家歌行的語句時有利鈍，再則說王士禎長句無瑕可攻；這等於說王作還勝過杜甫、李白等人的歌行。作者不這麼看，他認為要作具體分析，只能看成曹禾對王士禎個別作品的褒揚。作者說：

> 曹論非以漁洋諸作論也，特以歌行論。又非以歌行盡皆如是也，必有指定而發也。按清人雜錄，康熙初，王漁洋在京師與人唱和，有歌行等作。有評之曰：「阮亭詩別有西川織錦匠，他人不得效之。」又葉訒庵謂曰：「兄歌行他人不能到，只是熟得《史記》《漢書》。」據此，則曹禾蓋指此時所作長歌，而恐〈葛洪移家圖〉等篇是也。

既然只是個別作品「他人不能到」，那麼其他作品不然，可想而知。這樣王士禎未至於超越杜、李、韓、蘇四家歌行，也就不言而喻。這恐怕正是作者主意的所在。

書中對王士禎詩貶評起碼達十四五處，包括對歌行的貶評。試舉三例：

> （一）、阮亭長歌元有長處。或以短詞用長歌體，尤得豔絕。如〈館娃宮歌〉：「館娃宮中花蕊紅，美人白苧嬌春風。館娃宮中煙草綠，蝴蝶雙雙井欄宿。回首樓華能幾時，羨君一舸逐鴟夷。五湖森森煙波闊，何處黃金鑄范蠡。」杜牧詩有「西子下姑蘇，一舸逐鴟夷」。鴟夷乃范蠡，而此結又用范蠡，殊可疑。

作者一方面贊許〈館娃宮歌〉「豔絕」，另一方面則指出「鴟夷乃范蠡」。用詞重疊，正是「語句時有利鈍」之證。雖只說「殊可疑」，語氣不算重，但含有貶意，誰都看得出。

> （二）、阮亭贈葉訒庵長篇：「夏雨忽芊眠，流雲度高閣。簾幕數禽鳴，綠陰一花落。相思武原子，遠寄羊城作。文酒昔歡娛，別離今寂寞。年時易晼晚，壯歲風驚擇。何當一樽酒，共對成斟酌。」……蘇武古詩：「我有一尊酒，欲以贈遠人。願子留斟酌，敘此平生親。」結語引取此詩。然既用「尊酒」，又用「斟酌」，倒是歷歷。在老杜則「何時一樽酒，重與細論文」為

好。

最後幾句是評語。只是「歷歷」一詞，意欲何指，一時似乎不易明瞭，不過末數句的大概意思，還是可以理解的：「尊酒」「斟酌」情事相近，不如杜甫用「尊酒」「論文」，判然二事，拉開為好。這段評語起碼指出王詩運意用詞不及杜詩之處。

（三）、（漁洋）〈姑蘇臺懷古〉詩：「山徑何時葬玉兒，興[15]亡轉瞬日西徂。越人已自籌三策，秋祭當年竟五湖。雨過麋城空碧草，春深[16]鶴市半青蕪。傷心更有南陽宰，不獨寒潮泣子胥。」……海翁曰：「第五六聯『碧草』『青蕪』之對仗，殊忌犯景。」

此評甚確。『青蕪』就是『碧草』，二景重疊，故曰「犯景」。這也就是詩家所謂合掌之病，應當避免，故海翁曰：「殊忌」。「殊忌犯景」一語是貶評。

再說清遠以外，仍具勁傑。王士禎詩清遠圓逸，自是評者的共識。《四庫全書簡目》說王詩「選言新秀，吐屬天然」[17]，袁枚說他「吐屬清雅」[18]，正反映出這樣的共識。至於勁傑一方面，袁枚《隨園詩話》卷四直謂「阮亭於氣魄性情，俱有所短」。既然短於氣魄，詩作自欠勁傑。林昌彝《射鷹樓詩話》卷七雖有「阮亭豈不能縱橫馳驟乎」的質疑，「縱橫馳驟」之作，易趨勁傑風格；不過林氏未作深論。但本書作者對王詩勁傑一面卻十分強調及重視，書中多引王士禎蜀中及湘湖間作品，認為得山川異史神蹟之助，多「傑邁」之句[19]。所用評語，除「傑邁」以外，還有「雄邁」、「雄傑」、「古蒼」、「遒勁」等等，合成「勁傑」總體面貌和說明何以「阮亭詩蜀中所作尤美」[20]之故。以下試舉三例：

（一）、阮亭〈草涼樓〉詩（按：全題為〈自長橋至草涼樓〉）尤得新鋤：「西

---

[15] 「興」原作「睡」，誤書，據中土本改。
[16] 「深」原作「心」，據中土本改。
[17] 卷十八〈集部七·別集類六〉。
[18] 《隨園詩話》卷三。
[19] 〈題煎茶坪詩〉條。
[20] 〈中江縣詩慘澹行雲暮〉條。

鄺健行 韓國漢城大學所藏《東詩叢話》簡介及其論中國人詩作與詩評析說 **69**

下嘉陵水，瀰瀰綠滿灘。綠崖紅叱撥，紫棧曲闌干。九折行人少，千峰落日寒。不知投宿處，樵響隔雲端。」……阮亭作詩，以神傳神，又讀第五六句可見出神。王摩詰詩「翠壘（多作『大漠』）孤煙直，長河落日圓」之句，評者以為老杜之所不及。然若論即景用情，「千峰落日寒」之句，何嘗讓摩詰句勢？結句「樵響」之「樵」字，亦有遙遙來歷。

「翠壘」（大漠）二句，王維〈使至塞上〉頸聯，高步瀛《唐宋詩舉要》卷四評此聯，以為「塞外景象，如在目前」。既言「塞外」，景象自屬雄闊一類，而作者謂「千峰落日寒」不讓王維（摩詰）句勢。又王維〈終南山〉結聯「欲投人處宿，隔水問樵夫」，王士禎詩結聯由此變化而來，故曰「亦有遙遙來歷」。〈終南山〉一詩，高步瀛引吳汝綸評頷聯之言曰：「壯闊之中而寫景復極細膩。」又引吳汝綸評頸聯之言曰：「接筆雄俊。」詩後又引沈德潛在《唐詩別裁集》卷九的評語：「四十字無所不包，手筆不在杜陵下。」沈氏還指出末二句「見山遠而人寡」，「非尋常寫景可比。」[21]然則王士禎詩結語之不屬尋常，可以推知。

（二）、阮亭題〈漢中府〉詩，其頂聯曰：「萬疊雲峰趨廣漢，千帆秋水下襄樊。」何等雄傑！

（三）、又〈天柱峰〉詩（中土本作〈天柱山〉，句句劬力，抑得地所使歟！天柱峰在中江縣，盤折而上二十餘里，路峻泥滑。杜詩：「連山西南斷，始[22]見千里谽。」此杜甫出山詩[23]也。阮亭詩：「朝出元武門，雲垂雨忽凍。登登天柱山，千盤墮澒洞。崢嶸踰巴閬，槎枒過秦鳳。陟嶺如累棋，下谷如入甕。心俯尻益高，足縮目先送。敢嗟鳥獸群，稍喜徒旅眾。我有大羽箭，麗龜輒命中。於菟昂其首，飲羽乃不動。道旁松合抱，巨可任梁棟。怪哉野

---

[21] 王維〈終南山〉：「太乙近天都，連山到海隅。白雲迴望合，青靄入看無。分野中峰變，陰晴眾壑殊。欲投人處宿，隔水問樵夫。」

[22] 《仇注》「始」作「俯」。

[23] 詩題為〈鹿頭山〉。杜甫由秦州入蜀，經歷種種艱險，終於到達距成都不過一百五十里的德陽縣。縣有鹿頭山，杜甫經過作詩。過了鹿頭山，便是平野，所以杜甫有「山斷」「千里谽」之語。（可參閱《仇注》）作者也因此稱〈鹿頭山〉詩為「出山詩」。

蔓纏，不蒙匠石用。絕頂見岷山，青城亦伯仲。一氣連諸蕃，三州實西控。太平幸無事，左纛時入貢。念彼松姚戍，坐甲苦饑凍。俯臨陸海雄，仰視天宇空。長嘯千仞岡，出險忽如夢。」

作者這裏先引杜詩，再引王詩，似乎想暗示二者之間不無關係；事實上我們的確可以就二詩稍作對比的。杜甫〈鹿頭山〉詩云：

鹿頭何亭亭，是日慰飢渴。連山西南斷，俯見千里豁。遊子出京華，劍門不可越。及茲險阻盡，始喜原野闊。殊方昔三分，霸氣曾間發。天下今一家，雲端失雙闕。悠然想揚馬，繼起名碑兀。有文令人傷，何處埋爾骨。紆餘脂膏地，慘澹豪俠窟。仗鉞非老臣，宣風豈專達。冀公柱石姿，論道邦國活。斯人亦何幸，公鎮踰歲月。

按鹿頭山和天柱山都在蜀地。杜甫過鹿頭山而後出山，遂「俯見千里豁」；王士禎經天柱山而終出險，遂「俯臨陸海雄」。杜詩「殊方昔三分」以下幾句，寫目前天下一家；王詩「一氣連諸蕃」以下幾句，實近此意。唯一不同的是王詩極力寫山路的奇險，而杜詩沒有。但杜甫在前此入蜀諸詩已作大量描寫，王氏不過稍作合併而已。然則我們揣測本書作者可能有暗示王詩和杜詩不無關係之意，也不能說是絕對的虛渺無根；而王詩的「句句劼力」，不妨看成為杜詩在某一程度上影響的結果。

本書作者選錄王士禎詩不少，逐首講說，講說部分一般包括簡單注釋和評論。簡單注釋多數撮錄《漁洋精華錄》的注文而成。〈又方諸玉具碧雲間〉條云：「按《漁洋精華錄》注此詩者。」可見作者參考過《漁洋精華錄》注本。《漁洋精華錄》流行注本有二：惠棟《漁洋山人精華錄訓纂》和金榮《漁洋山人精華錄箋注》。從作者的注文看，兩種注本都是看過的。作者注文雖多屬撮錄，不過也頗有自抒己見或補充之處，有時不無參考價值。試舉二例：

（一）、又如〈姑蘇臺懷古〉詩（題目實為〈姑蘇懷古三首〉）：「山徑何時葬玉鳧，興亡轉瞬日西徂。越人已自籌三策，秋祭當年竟五湖。雨過麋城空碧草，春深鶴市半青蕪。傷心更有南陽宰，不獨寒潮泣子胥。」
越王賜大夫種劍曰：「子以七策教寡人伐吳，寡人用其三策；其四在子，為

鄺健行　韓國漢城大學所藏《東詩叢話》簡介及其論中國人詩作與詩評析說　71

我從先王試之。」使自殺。

越王平吳，春祭三江，秋祭五湖。

麋湖鶴市，俱在臺近。

大夫種歎曰：「南陽之宰，為越王之禽。」

越王葬大夫種於國之西山。居一年，伍子胥從海上穿山偷屍而去，與之浮於海，故曰白馬潮。前潮之拂於吳者，伍子胥也；後潮之拂於越者，大夫種也。按酈道元《水經》，大夫種歿後，八月，望見錢塘有銀濤白馬，往來如潮。

上述注文，〈越王賜大夫種劍曰〉條用金榮注[24]。〈越王平吳〉條用惠棟注。〈麋湖鶴市〉條後四字，作者補充。〈大夫種歎曰〉條用惠棟注。〈越王葬大夫種於國之西山〉條，由開始至「大夫種也」用惠棟注；由「按酈道元《水經》」至末，作者補充文字。

（二）、王阮亭題寒山寺詩二首（按詩題為〈夜雨題寒山寺寄西樵禮吉二首〉），……其第二絕曰：「楓葉蕭條（中土本作『蕭蕭』）水驛空，離居千里悵難同。十年舊約江南夢，猶聽寒山半夜鐘。」

阮亭此二絕乃寄贈西樵禮吉而作，故此絕三四及之。

按詩話，張繼〈楓橋夜泊〉詩有「姑蘇城外寒山寺，夜半鐘聲到客船」之句。後人為半夜無鐘聲，詩話辨之曰：「姑蘇寺鐘多鳴於夜半。」又云：「姑蘇之承天寺，至夜半則鳴鐘，其他皆五更鐘也。」

幼時嘗聞村塾學究語，以為「夜半鐘聲到客船」之句，自有來歷：有人曾救烏鵲被蛇害，其後泊舟楓橋，蛇欲覆舟，烏啄寺鐘，聲動半夜。其人聞鐘，

---

[24] 惠棟本條注文：「《吳越春秋》：『越王召相國語曰：子有陰謀兵法，傾敵取國。九術之策，今用三已破強吳；其六尚在子，幸以餘術為孤前王於地下。』」金榮本條注文：「《史記·吳世家》：『文種稱病不朝，人讒種且作亂，越王乃賜種劍曰：子教寡人伐吳七術，寡人用其三而敗吳；其四在子，子為我從先王試之。遂自殺。』」惠、金二人雖同有注文，但本書作者的注更近金注，故定為「用金榮注」。

又惠棟注先出，金榮注後出，若兩《注》文字相同，則定為「用惠棟注」。

知寺近，因下船避難；此是報恩烏所為也云云。幼時亦以此說為誕妄穿鑿，於今不容不辨矣。

上述注文，〈阮亭此二絕〉條，實為「十年舊約」作注。惠棟於詩後雖引王士禎《分甘餘話》中記寫此詩原委及感慨西樵下世的話，畢竟未言明為哪句詩或哪個詞語作注。作者注文指為「三四及之」，比較明晰。〈按詩話〉條用金榮注。〈幼時嘗聞村塾學究語〉條記韓人傳說，自不見於惠注和金注。傳說雖與詩義無關，且作者亦辨其誕妄穿鑿，其實是挺有意味的。

不過認真說來，本書作者的注解雖然可以注意；個人認為：他和其師海翁的評語更為可取。無論是正面或負面的批評，不少都具參考價值，好像上文舉過的「鷗夷乃范蠡，用詞重疊」、「碧草青蕪之對仗，殊忌犯景」等例就是。以下再多舉幾例，以見作者對王士禎詩的深入體會和本書對我們研究王士禎詩的參考意義：

（一）、凡詩之得境難矣哉。得境則情生，情生則語到。王阮亭詩四律中，題虎邱及圖墓詩，俱得悲迴。（指〈虎邱〉及〈闔廬墓〉二詩，書中引原文，此處略）

（二）、又「方諸玉具碧雲間，也擬遊仙駕鶴還。一夜潺湲秣陵雨，白羊門外失茅山。」阮亭絕如老坡多用人名地名。如此絕三四連用域㉕名二，門名一，成得如此清新，人正難能也；儘知作者不博則餒。　　恐「潺湲」不合雨景。

（三）、阮亭題香山寺月夜詩：「明月出東嶺，諸峰方峭然。殘雪尚在地，掩映西齋前。竹色既閒靜，松陰媚淪漣。清暉一相照，萬象皆澄鮮。此時憩寂者，宵分猶未眠。」　　五六倣謝靈運詩「雲日相輝映，空水共澄鮮」之句，然與一二同一景致。

（四）、阮亭〈翠微寺〉詩（全題為〈晚望翠微寺〉）：「澗西翠微寺，迢迢翠微裏。蒼茫采樵路，似有微鐘起。山風冷炊煙，斜日亂溪水。紛紛飛鳥還，行人去何已。」　　海翁言阮亭此詩，當為古體之翹楚五六七人，可以

㉕ 原作「或」，無義，以意改。

鄺健行　韓國漢城大學所藏《東詩叢話》簡介及其論中國人詩作與詩評析說　**73**

擬論於陶、謝。但第一「澗西」二字響乏。又第四「似有」二字，著以「隱隱」㉖為貴。而篇內多有複字，故必避之云。

（五）、阮亭贈謝重輝二律（原題為〈贈謝方山舍人二首〉），律格清雅高朗，令人可讀。……其二曰：「舍人簾閣晝清香，下直清齋似太常。昨日同尋煙際寺，題詩多在贊公房。晴溪冰雪晴逾好，風燈莓苔滑不妨。騎馬城南春又暮，幾回西笑憶滄浪。」　第五六情景不相屬。

（六）、阮亭絕句之結語多得瀟灑，如〈雨中度關〉詩（全題為〈雨中度故關〉）：「西風忽送瀟瀟雨，滿路槐花出故關。」

（七）、讀至王漁洋詩「花辰逢暮雨，寒食減征衣」之句（〈送吳天章歸中條二首·其一〉頷聯），內仗只是平格，外仗方可謂王漁洋句語。每得如此，則何恨不若陶、謝輩？

（八）、又王漁洋〈嶽下作〉結聯：「買山隨處好，終日戀清暉。」此語雖涉平淡無警，自有咀嚼生香。

（九）、又〈徂徠懷古〉詩（此詩共二首，下引詩為第二首頸聯）：「子孫留伏臘，水石映茅茨。」讀之如見其鬢眉。

（十）、又〈寶雞縣〉詩第五六：「城郭秋雲裏，人家清渭旁㉗。」又七八：「回看三輔遠，秦樹但蒼蒼。」「秋雲」「清渭」，略涉虛實；然句格清邁，不可異議。

論李、潘評四家詩

本書卷二：

> 近代鮮詩之稱為四家者，並生一時，至今膾炙。如李德懋字懋官，號炯庵；柳得恭字惠風，號冷庵；李書九字洛瑞，號薑山；朴齊家字在先，號楚亭；

㉖ 原誤書「穩穩」。
㉗ 「旁」原誤書為「榜」。

13

頁 32－85

年皆三十以前，著有《韓客巾衍集》。稿入中華，蜀人李調元及杭人潘庭筠序評之，極歎才華。余常恨四家之詩，必有晚年造境處，而未得見之矣；姑以所閱者撮錄之。

文中所記事實是這樣的：乾隆三十年乙酉冬（1763），朝鮮人洪大容（字德保）隨叔父洪檍入北京。三十一年丙戌二月初，結識了三名由杭州到北京考進士試的舉人潘庭筠、嚴誠和陸飛，彼此往來相訪，通過筆談溝通心意，直至三月初洪大容離北京為止。四人因此結下深厚情誼。洪大容回朝鮮後，整理筆談紙片，編寫成《乾淨衕筆談》一書（潘、嚴等人賃居北京乾淨胡同房子），而嚴誠也把談稿編成《題襟集》[28]。四人分別以後，再無相見，但在相當一段期間內仍通音問，保持聯繫。陸飛等三人中，嚴誠早逝，陸飛後來無消息，最後只有潘庭筠進入仕途。乾隆四十一年丙申冬（1776），朝鮮人柳琴（字彈素）入京，結識時任吏部考功司員外郎的李調元。通過李調元，也可能通過洪大容的介紹，再在四十二年春天拜會時在四庫館辦事的潘庭筠。柳琴把自己編選的李德懋等四人詩篇的《巾衍集》分別請李調元、潘庭筠評閱，李、潘二人答應了。二人分別寫下序言，對四家詩很是推許。另外二人對書中作品逐首點批；每家作品之後，另有總評；十分詳盡。這就是引文中所稱的「稿入中華，蜀人李調元及杭人潘庭筠序評之」。李、潘批本在韓國極為流行，最初是手抄本，後來又有排印本[29]。詩集本名《巾衍集》（見李調元〈序〉），但李調元序文作〈韓客巾衍集序〉，所以本書也襲用。實則「韓客」一詞，只能從李調元的立場說，韓人自稱，不算恰當。

本書錄評四家詩達一百二十則，對四家作品都有評說。議論「華人」李調元和潘庭筠意見的只三十則，可見作者所論主要不是針對李、潘兩人，而是在通讀四家詩以後寫下對若干作品的個人見解。由於李、潘兩人批語或圈點不少，在朝鮮的影響也大，議論之際，自不免對二人之說有所觸及、有所反應。綜觀作者論華人各

---

[28] 《乾淨衕筆談》在洪大容文集內，曾閱讀一過；《題襟集》未見。

[29] 綜合韓人洪大容《湛軒書》、李德懋《清脾錄》及《青莊館全集》其他文字、柳琴《巾衍集》中兩篇序文的資料。另參考韓國近代學者朴現圭〈韓國的《四家詩》與清朝李調元的《雨村詩話》〉一文（中譯在《四川師範大學學報‧社會科學版》第25卷第4期發表，1998.10）

則，仍跟別處議論一樣，保持一貫的獨立思考精神：有同意者，有同意而補充者，有不同意者，有不同意而補充者。其中以不同意或者不同意而有所補充解說的比較多。我們似乎應該這麼看：不能看成作者對李、潘兩人的評論作總體否定；事實上作者從沒有這樣表示過。一般著書立說，要講出跟別人不同的論點才有意思。然則作者多有不同的意見，也只是著書行文之時勢所當然的事。

明確肯定李、潘評議的不過四五則，茲舉例證：

（一）、（李德懋）〈龍仁途中口號〉（個人所藏手抄本和排印本題目無「口號」二字）：「黃草纖纖石磴微，土饅頭畔樹盈圍。趁鞭形葉回旋舞，跳笠紺蟲的歷飛。經夕腹便紅米飯，當秋身吉白綿衣。一灣霞作臙脂艷，負手閑村井字扉。」華人有評曰：「體物之工，不減放翁。」

作者引「華人之評曰」後，不加判語，顯然是同意華人之評的。按「體物」八字為李調元評語。潘庭筠另有眉批「奇麗」二字，作者不提，想是不取；這裏見出作者自有去取主意。所謂「體物之工」，應指李、潘兩人都加上旁圈的頷聯。其實末聯「一灣」兩句，李、潘二人同樣加旁圈。「奇麗」之評，也許與第七句有關。不過不管怎樣，作者看來不認同這兩字。

（二）、（朴齊家）〈麝泉山舍贈南伯善〉（全題為〈暝到麝泉南伯善德新來宿讀書〉）：「薄暮煙霜合，溪禽濕不飛。憐君攜笈至，值我拾樵歸。燭景穿圓牖，書聲落翠微。貧妻饒雅致，料理入山衣。」前人有評曰：「雅人雅事。」如一二六八，不止當此評。

「雅人雅事」，李調元眉批。「溪禽」句，李、潘旁圈。另由「書聲」句至末，李調元旁圈。那麼二六八句，起碼就是李調元所謂的「雅人雅事」。從作者行文看，作者是同意了的。不過作者認為不足夠，又補入第一句。此外又以為一二六八這四句的好處，還不僅僅是「雅人雅事」，其實還別有所在。不過「不止」的具體內容，作者不曾進一步指出。不管怎樣，作者此則，是既同意而又有所補充的。

對華人評語有不同意見的佔大部分。有的是絕對否定，有的是否定之中加上補充解釋。批評的意見，有時不容易分辨是對是錯，有時卻是可以判別的。試舉下

例：

（一）、（朴齊家）〈排字〉五言詩：「天浮平綠色，西北遠山眉。酒意逢春永，衣紋坐石奇。微風佳樹靜，白日澹禽移。紅發吾家杏，徘徊可以詩。」華人評以為「五字未經人道」，這評詞不成文理。

「五字未經人道」，李調元在「衣紋坐石奇」的旁批；李氏句旁另加圈（潘庭筠旁點）。作者用「不成文理」四字，自是絕對的否定。我們推測：所謂「不成文理」，不是指「五字未經人道」六字寫得不通，事實上這六字意思是明晰的。所謂「不成文理」，指評得荒謬。坐在石上久了，衣服皺摺，皺紋看起來很別異。詩意很細，前此沒有人以此入詩，所以李調元說「未經人道」。但衣紋皺摺不能稱「奇」或「不奇」，就是說物體跟所形容的字眼不相配。好像「巨」「大」二字意思相若，我們說「大塊頭」是可以的，但是說「巨塊頭」則不是講話的習慣，「巨」和「塊頭」一詞不相配了。作者似乎從這個方向去考慮，認為詩句寫得不好，批語不該加以推崇。批語推崇是不合理的，所以不同意李調元的批語。不過上述畢竟是揣測，事實如何，兩家評者沒有說明，難作判斷。即使上面揣測對了，也很難說誰的說法一定對誰的說法一定不對。

（二）、（李書九）題〈雜畫〉：「莨殼船閒漾晚汀，蓬頭漁子理新笭。晴江四月河豚瘦，柳絮紛飛半化萍。」華人評之，以為「似山谷老人」。愚以為此與髯蘇「正是河豚欲上時」之篇，可爭座位。

「似山谷老人」，李調元眉批。詩末二句，李調元旁圈，潘庭筠旁點。按蘇軾（即髯蘇）〈惠崇春江晚景二首〉其一：「竹外桃花三兩枝，春江水暖鴨先知。蔞蒿滿地蘆芽短，正是河豚欲上時。」李書九詩和蘇詩同寫江水河豚，時節則一為早春，一為早夏。「河豚瘦」之意或由「河豚欲上」正肥之時化出。二詩景色意象近似，說其間不無關係，其言亦是；因此作者可以不同意李調元的說法。只是李調元是否另有觀察或體會角度——如氣格運意之類，不得而知。所以作者儘可不同意華人的批評，卻也不表示說法一定比李調元的恰當。

（三）、（李德懋）〈謁崇仁殿〉，即箕子祠，有詩云：「檀君殿（原誤鈔作『詞』，既無意義，聲律亦乖，據另本改）謁孔宮瞻，神聖之鄰廟更嚴。道寄姬書陳蕩蕩，詩開鮮雅詠斬斬。危蹤昔被佯狂髮，遺裔誰飄（原抄作『飀』）克肖髯。不受周封元自到，孟堅為志本心拈。」華人批此不甚高。然看詩之鑑容有迷錯。通篇道邁，豈止若以上諸作？但第七「元」字是欠註。崇仁殿在檀君祠及孔廟之間。「姬書」，〈洪範〉也。「鮮雅」，〈麥秀歌〉也。〈麥秀〉詩為朝鮮詩祖。「克肖髯」，世傳箕子後孫鮮于氏必多髯。孟堅，班固也。班固著《漢書》，有箕子不受封，避地於朝鮮等語。

潘庭筠眉批：「三四頌箕聖典重，可匹柳州一碑。」又在頷聯加旁圈。李調元則在頸聯加旁點。潘評「典重」，雖是褒語，但作者不在這層面認同，認為推崇不夠高。細閱作者文字，以為華人評論所以不足，原因是華人對朝鮮史實熟悉程度不夠，從而鑑別時「容有迷錯」。正因這樣，引文後半段對詩中詞語或單字如「鮮雅」「元」之類所含事實，詳細說明。作者引據，有在排印本《箋注四家詩》注文之外，對詩意的闡明確有幫助。中國學者不太熟悉朝鮮史事無疑是事實，因此影響到他們對作品進一層的評論，可能性是存在的。

（四）、柳惠風（得恭）〈夏夜〉詩：「蛙黽聲沈藥草肥，月庭時見熨單衣，一天露氣涼如許，白鳳仙花濕不飛。」華人評四家詩，不加一評於此絕，殊甚訝。然按東坡集，「竹外桃花三兩枝，春江水暖鴨先知。蔞蒿滿地蘆芽短，正是河豚欲上時。」紀曉嵐評蘇詩，不加一字推美，亦可概也。

此詩李、潘二家只在末句旁點，沒有批語。看來作者比較欣賞此詩，對華人不加評語，有點不以為然。他引紀曉嵐評蘇軾詩例子作解說。蘇軾「竹外桃花」一絕是佳作，人無異詞；儘管紀曉嵐苛眼，不加一字推美[30]，還是無損其為佳作的。李、潘不評柳得恭詩，不妨作如是觀。如果說作者不無暗中批評李、潘二人「苛眼」之

---

[30] 作者視紀昀（曉嵐）評詩帶「苛眼」：「柳得恭〈初秋夜月詠〉（原題為〈二酉閣初秋夜〉）：『良宵悲惻據窗櫳，白葛烏巾當陣風。一樹梧桐工鏤月，樓前牆角澹玲瓏。』近代詩人多幸，無紀曉嵐輩苛眼。惠風此作，世稱工妙。」

意，也是可以接納的推測的。

還可以補充一點：作者及其師海翁論詩，往往比較明確分別作品高下，或者直接指出一篇之中某處的優劣，不作含糊其詞。這樣態度，從上文論華人的評詩時可以見到。正因這樣，潘庭筠對四家的總評，作者似乎不無意見：

> 蘭公（原「公」誤書為「心」）潘庭筠評李炯庵詩，以為力掃凡溪[31]，別開異境，可踞[32]晚宋晚明之一席。又如火齊木難，觸目都是。又評泠庵曰：「才情富有，格律獨高，露出鯨魚碧海之觀。至於懷古登臨，尤多傑作，在《箕雅》定推大家。」觀此兩評，置之《箕雅》，未知與置之晚宋晚明，孰為多少？
> 潘庭筠評朴楚亭詩，以為脫手如彈丸，不為僻澀語；衿期磊落，如見其人。頡頏四家，未易定王盧前後。又評薑山詩，以為沖淡閒遠，王、韋門庭中人，視王漁洋調格尤近。參以宋體，亦多新穎之思。年才二十，真天才也。

作者引其師海翁言：「潘評不肯論四家之孰低孰昂。」觀上引二則文字，其言甚是。再看第一則末二語：「未知與置之晚宋晚明，孰為多少？」頗覺作者或有不滿足之意。按潘庭筠是個十分謹慎的人[33]，不隨便對他人有所抑揚，跟他性格為人可能有關係。相比之下，李調元便直率一些。李調元總評李德懋詩曰：「《青莊館集》（即李德懋集）造句堅老，立格渾成，隨意排鋪而無俗豔；在四家中，尚推老手。」這便有比較推高李德懋詩的意思。不過就事實言，四家才情相敵，不易分出高低，連作者也說過「四家才調可爭伯仲」的話。作者的老師海翁說四家「至末路造詣自不無些個低昂」；然則四家詩早期低昂難分，可以推想。潘庭筠評四人詩時，據柳琴所記，李德懋三十六歲，柳得恭二十九歲，朴齊家二十七歲，李書九二十三歲，四人作品正屬早期。潘庭筠不表高下，固然跟他為人有關，事實上也是不容易作出判別的。

---

[31] 疑「溪」宜作「蹊」，但本書、個人所藏鈔本及排印本均作「溪」。

[32] 本書「踞」作「裾」，當誤。排印本作「居」，個人所藏鈔本作「踞」。

[33] 《乾淨衕筆談》中例子很多。

小　結

概括說來，《東詩叢話》作者（及其師）論詩有兩個特點：一是多就具體作品明白指說，一是多獨立思考後的意見。論韓人詩作或詩評是這樣，論中國人詩作或詩評也是這樣。特別需要指出的是：書中具體分析王士禛作品，所下意見，對我們今天研究王詩仍有參考意義。作者評論王詩，看似隨意凌亂，實則當中貫串著一條思想脈絡；這點我們也須注意的。

景印香港新亞研究所《新亞學報》（第一至三十卷）

雍正服餌丹藥暴亡新探

楊啟樵

二十年前撰寫雍正暴亡之謎，推定伊死於服餌丹藥。[1]謬承學術界讚許，相繼稱引、套用，而尚未見異論。此前，金梁先生《清帝外紀》中約略一提：『惟世宗之崩，相傳修煉餌丹所致，或出有因。』[2]其後蕭一山先生在《清代通史》中較詳：『直至金石燥烈，鼎湖龍昇，儲君嗣位，始盡逐西苑供奉諸方士還故里。』[3]此文雖指出與丹藥有關，惜欠缺進一步考證。筆者曾用官書、野史，參以故宮密檔，推論出死因。本文擬作進一步探討；為使眉目清晰，間或揉雜舊作，不避重復。

（一）

雍正十三年（一七三五）陰曆八月二十三日，一代梟雄之主雍正，暴死於圓明園離宮。傳說遇刺殞命，但查無實據。然則風聞從何而來？主要因猝然而亡；此在股肱大臣張廷玉《自訂年譜》中描述詳盡：八月二十日『聖躬偶爾違和，猶聽政如常。』二十二日『漏將二鼓，方就寢，忽聞宣召甚急。』趕至圓明園，始知『上疾大漸。』二十三日子時，『龍馭上賓。』[4]另一寵臣鄂爾泰同時奉召，袁枚於鄂公〈行略〉中有類似記載：鄂急切中跨煤騾而奔，『髀血淋淋下，』『公竟不知

---

[1] 首先於日本東方學會中作口頭報告，題為〈雍正帝急死の謎〉（一九七九年七月十九日，東京，國際教育會館。）其後譯成中文，復加以補充、修訂收入拙作《雍正帝及其密摺制度研究》十二章中。（香港：三聯書店，一九八一年。）

[2] 金梁：《清帝外紀》，頁八九，一九三四年序金氏排印本。

[3] 蕭一山：《清代通史》臺灣：商務印書館，一九六二年，第一冊，頁八八九、九三一、九三二。

[4] 張廷玉：《澄懷園主人自訂年譜》頁一六一～一六四，臺灣：商務印書館，一九八二年。

也。』⑤

　　張廷玉乃雍正心膂，親身經歷的手記可信度高。雖寥寥數語，卻可窺見隱藏於官書背後的史實：八月二十日，雍正開始不豫，但執行公務如常。廷玉每日進見，二十二日也不例外，是晚忽急召進宮，方知聖上已瀕臨彌留關頭；也許白日毫無危殆預兆，才使他『驚駭欲絕』。廷玉進宮時已龍馭上賓，何以見得？其實也是《自訂年譜》中無意透露：晏駕後竟有一段傳位密旨不知下落插曲。原來早在雍正元年八月，已軌立『密建皇儲』法，雍正親書儲貳之名，貯於錦匣，高高安放於乾清宮『正大光明』匾額後，⑥另書傳位密旨二通，分藏於大內及離宮，以備勘對。雍正升遐後，此道密旨一時竟無從尋覓，由此可證顧命大臣張廷玉等進入寢宮時，皇帝已撒手歸天，至少已有口難言。

　　雍正死得倉猝，始有遇刺斃命一說，出自稗官野史，如《清宮十三朝》、《清宮遺聞》等。據說刺客係一女子呂四娘；乃呂留良孫。雍正六年興文字獄，十年十二月定讞：留良及長子葆中戮尸梟示，另一子毅中斬決，孫輩盡發極邊為奴。⑦傳聞四娘漏網逃亡，遇異人，學得一身武藝，潛入寢宮，砍去雍正腦袋。

　　此等聳人聽聞傳說，非徒見於稗官野史，亦出諸學者筆下，上引蕭先生書中即有。我始終以為行刺說不可信，因呂案發生後一網打盡，不可能有人逍遙法外；當時負責該案的浙督李衛，曾以密摺報告：呂氏一門無論男女老幼俱已嚴禁，連留良

---

⑤　袁枚：《武英殿大學士太傅文端公鄂爾泰行略》，《隨園三十種》《小倉山房文集》（乾隆、嘉慶間刊本），卷八。按：雍正猝斃不僅見於張、鄂事跡中，尚有旁證，說明他死前毫無病狀。如『活計檔』中某條資料，說他想試戴『像西洋人黑鬍子』。時在十三年七月二十九日，八月初三日做成呈進，（雍正十三─七─二九）距離死亡不到二十日，有如此雅興，絕無身罹重疾跡象。死前兩天，仍聽政如常，是日執行公務有二：一、諭辦理軍機大臣，處理北路軍營駝馬牲畜事；二、正藍旗都統，帶領寧古塔將軍杜賚保送佐領人員進見。皇帝考核後，將不應補授者駁回。（《世宗實錄卷一五九，頁十九a～十九b，十三年八月丙戌〔二十日〕》。）可見他仍然精力充沛；詎料翌日八月二十一日，突有『不豫』記載，又一日賓天。（按：死期當為二十二日晚，史臣為稍減暴卒形跡，寫作二十三日。關於此點請參考注①所列拙作頁二七六。）

⑥　鄂爾泰等奉敕撰：《清世宗憲皇帝實錄》，偽滿洲國務院影印本，卷十，十七a～十七b，雍正元年八月甲子。

⑦　同上，卷一二六，頁八b～一九a，雍正十年十二月乙丑。

父子塋墓，亦在監視之列。[8]李衛受雍正非常之知，以擅長偵緝著名，定不致敷衍搪塞，因此四娘行刺說不可信。

然而，雍正暴亡亦是事實，以現代醫學知識來看，外表健康之人，可能因心肌梗塞、腦溢血等急症，暴死於瞬息；不過判定為『壽終正寢』？亦不無疑問。拙見以為服餌丹藥中毒而亡；這當從他奉道、煉丹說起。

（二）

道教乃民間信仰，然而和上層階級有密切關係；由於道教中的方術，誇說能卻病延年、興國廣嗣，因此適中帝王心竅。秦皇、漢武追求仙藥，眾所周知，唐代君主崇尚道教，尤好方術，死於丹藥者有五人之多。或說企圖長生，乃帝王特例，其實達官貴宦何嘗不如此，讀韓愈《故太學博士李君墓志銘》，竟有八名顯宦服食丹藥而亡。因此，若說雍正死於丹藥，亦非無稽之談。以下且逐一驗證。

滿清入主中原，皇室亦酷愛方伎。康熙熱中西洋科技，按說當排除迷信，卻有道士李不器等在內廷行走。[9]又曾召見有神仙之稱的王文卿，賞賚有加。[10]尚有暴士謝萬誠、王家營輩應召煉丹，康熙雖口稱六十年來目睹煉丹術士不計其數，豈能輕信，但畢竟讓此輩作種種試驗，說是要看個水落石出，解釋道：

> 從來神仙之術非一，門路甚廣。方士之言，一聞輕信，其禍匪淺。況朕經過不止數百人，雖用功各異，來歷則同。久而久之，往往不能保，或有暴死者。……[11]

可知他接觸過無數方丈，令若輩各逞本領煉丹；丹成後先讓伊等試服，結果有人作

---

[8] 清世宗御編：《雍正硃批諭旨》臺灣：文源書局影印本，一九六五年，十三函，李衛密摺（雍正八年六月初六日第五摺）

[9] 允祿等奉敕輯：《世宗憲皇帝上諭內閣》（雍正九年刊本），卷七六，雍正六年十二月初五日。

[10] 『宮中檔』雍正朝硃批奏摺原件（以下略作『雍正檔』），一三〇五五號，憲德密摺，雍正八年八月初六日。（按：藏臺北故宮博物院）

[11] 《掌故叢編》臺灣：國風出版社，一九六四年，『聖祖諭旨』二，頁四五。

法自斃。這說明他對丹藥有興趣，但態度較為審慎，能幸免於難。雍正崇尚方術較乃父尤甚。到處延訪修煉之士，夢想藉羽士方術卻疾延年，最後卻為丹藥所誤。此等秘聞，自不會出現於官書；幸而故宮檔案中還保存着片鱗半爪，勾稽爬梳，可依稀獲得真相。

雍正在歷代君主中異常突出：信仰佛教，特別是禪宗，嘗自選歷代禪宗語錄，〈總序〉中明言選輯十二禪師語錄，卻混入紫陽真人的『藏外之書』，[12]稱頌備至，說所著《悟真篇》能發明金丹之要，『若真人者可謂佛仙一貫者矣，』[13]究竟紫陽有何來歷？原來此人乃內丹派南宗大師，姓張名伯端，字叔平，浙江天臺人。生於宋太宗雍熙三年（九八七），卒於神宗元豐五年（七〇八二）享壽九十有五。由落第書生成為刀筆吏、幕僚。學問博雜，《悟真篇》序中自稱：『僕幼親善道，涉獵三教經書，以至刑法、書算、醫卜、戰陣、天文、地理、吉凶、死生之術，靡不留心詳究。』因此不主一宗，提倡儒、佛、道三教歸一，適與雍正思路同，曾說：『朕惟三教之覺民也，理同出於一源，道並行而不悖，……』[14]並解釋牽引紫陽入禪理由：『朕觀紫陽真人《悟真篇》後所著外集，不雜元門一語。』[15]『所著《悟真篇》，則不雜宗門一語，……』[16]

雍正強調三教同原，或有政治目的：因儒家理論有利於統治；佛、道則在民間擁有眾多信徒，可資利用。但我個人以為他確實對佛、道教義有所領悟，稱得上虔誠信徒，不能純用政治一語概括，此須從他日後種種崇道行為中證明。

再說張紫陽以煉金丹著名，《四庫全書總目提要》稱揚《悟真篇》：

是書導明金丹之要，與魏伯陽《（周易）參同契》，道家並推為正宗。[17]

---

[12] 清世宗輯錄《雍正御選語錄》，臺灣：臺北，自由出版社，一九六七年，〈御製總序〉。

[13] 清世宗四御撰：《世宗憲皇帝御製文集》卷十七。臺北故宮博物院藏文淵閣《四庫全書》本一三〇〇冊，上海：古籍出版社影印，一九八七年。

[14] 《文獻叢編》上冊，臺灣：國風出版社，一九六四年，雍正『佛學諭旨』二，頁九七。

[15] 同上，雍正『佛學諭旨』三，頁九八。

[16] 同上。

[17] 永瑢等奉敕撰：《四庫全書總目提要》臺灣，藝文印書館，一九六九年，卷一四六，子部，道家類。

讀此文，似乎雍正因服食丹藥而崇拜紫陽；其實不然，此處指的是內丹。道教煉丹有內外之別；外丹用丹砂、鉛、汞等礦物，於鼎爐中燒煉成化合物，作為藥餌服食。此乃『假求於外物以自堅固』之法。另一種是內丹，注重『精』、『氣』、『神』修煉，藉行氣吐納、導引按摩，控制呼吸，使血液循環暢通，從而強身健體、延年益壽。內丹法起於何時，眾說紛紜，莫衷一是。或說《莊子》及《黃帝內經》中的若干理論即指內丹而言，或說始於漢代，前引《參同契》中便有此說。隋唐後內丹說較為顯著，宋代張紫陽則是公認的內丹大家。內外丹有時混淆不清，因講述內丹者每每假外丹理論、術語闡明：亦用汞鉛、真金等詞，實則指內丹。又如《參同契》中所論，是外丹抑是內丹，即有不同看法。但至少其中一部分涉及外丹，不容置喙。

究竟雍正有否服食道士丹藥。若從他大讚紫陽真人來看，答案是否定的，因《悟真篇》中的金丹云云，實際上是內丹；且以外丹為旁門邪術而竭力排斥。但有些史料卻顯示出早在雍正登極前，已在王府中煉丹，御製〈燒丹〉詩自道：

> 鉛砂和藥物，松柏繞雲壇。爐運陰陽火，功兼內外丹。……[18]

此詩收錄在《雍邸集》內，自是皇子時代作品。內容相當明顯：煉的應是外丹，如『燒丹』、『鉛砂』及『藥物』等語彙，都可證明。雍正即位後，不予芟削，且與〈採苓〉、〈放鶴〉、〈授法〉等「群仙冊」詩一十八首，通統收錄於御製文集中，說明君主信奉道教、煉丹服食，在當時不以為病，無妨堂堂皇皇公開。

（三）

雍正欽佩紫陽真人，然則與當代道士之間關係如何？

自雍正八年始，屢頒諭旨，命地方官徵訪修煉之士，如四川巡撫憲德，於二月二十八日發回密摺中，奉到附片兩通，一是御筆親書上諭：

---

[18] 同注[13]，卷二七。

諭巡撫憲德：聞有此龔倫者，可訪問之。得此人時，着實優禮榮待，作速以安車送至京中。……不必聲張招搖，令多人知之。到京可安置好寓所；一面便尋傳奏事人轉奏。特諭。

另一是龔倫簡歷，當係推薦者所書，寫道：

龔倫，四川成都府仁壽縣人，年九十歲。善養生，強健如少壯，八十六歲，猶有妾生子。精歧黃術，彼處有龔仙人之稱。……其少時用鍼乃神手，今以年高，絕口不言。……

憲德即於三月二十四日密摺中覆奏：龔倫生於崇禎戊寅年，雍正六年十二月無疾而逝。有子四人：長六十五歲，幼僅四齡。

生崇禎戊寅，即一六三八年，沒雍正六年，即一七二八年，則『年九十歲』之說不誤。幼子雍正八年時四歲，當生於一七二六年，簡歷所謂『八十六歲，猶有妾生子』云云頗相近。此人或有異稟，為雍正傾心，聞伊身故，尚不斷念，於密摺上批：

其子中或有曾領伊父之道理者否？必須優待，婉轉開示，方能得其實。……若訪問不得法，日後朕另有所聞，汝亦當預料。……如有伊等有承當者，亦如前旨：安其家，送至京來。[19]

異人既亡，子亦可充數，實足顯示出當時雍正求『仙』若渴心情，無奈龔子未得乃父秘傳，或恐出差錯，不敢承當，此事告吹。憲德為獻殷勤，推薦道士王神仙，詎料其人臭名昭彰，被雍正斥為『捏騙棍徒。』[20]

然而雍正訪求異人之心甚為迫切，於此前後，各地首長，奉到特諭一道，上寫：

可留心訪問，有內外科好醫生，與深達修養性命之人或道士，或講道之儒士、俗家。倘遇緣訪得時，必委曲開導，令其樂從方好；不可迫之以勢。

---

[19] 上引各條俱見『雍正檔』一三〇五四號，憲德密摺，雍正八年三月二十四日。

[20] 同上，一三〇五五號，憲德密摺。雍正八年八月初六日。

厚贈以安其家，一面奏聞，一面着人優待送至京城，朕有用處，竭力代朕訪
求之；不必預存疑難之懷，便薦送非人，朕亦不怪也，朕自有試用之道。如
有聞他省之人，可速將姓名、來歷密奏以聞，朕再傳諭該督撫訪查。不可視
為具文從事！可留神博問廣訪，以副朕意，慎密為之！[21]

諭旨中雖也提及『儒士』，但限於『講道』者，此道應指道教之道；否則，滿朝儒
林，何須於草野中特聘？且所謂道非指道教教義，而是卻疾長生之道。

此道道諭旨，至今仍保存於北京第一歷史檔案館及臺灣故宮博物院中；通常，
內容相同上諭，均由書吏抄錄，唯獨此諭，雍正躬自硃筆親書，一式數紙，相當工
整，唯有頒予河東總督田文鏡者較為潦草，字裏行間頗有添飾，當是第一道草樣，
以後經過潤飾，使整齊劃一。

皇帝命『竭力訪求』，臣下不敢怠慢，浙江總督李衛反應最速，推薦有神仙之
稱的賈文儒（一名士芳）進宮，以方術為帝治療，大稱旨，雍正在八年九月初六日
李衛密摺上批道：

朕安，已全愈矣。朕躬之安，皆得卿所薦賈文儒之力所致。朕嘉卿之忠
愛之懷，筆難批諭，特諭卿喜焉。[22]

令人不解的是這「賈神仙」得寵才兩月，竟以蠱毒魘魅之罪下獄問斬；因有關資料
為官方銷毀，成為疑案。筆者於故宮秘檔中推敲，查出真相，於舊著雍正研究中揭
露，[23] 此處不贅。

---

[21] 同上，一二〇四號，田文鏡密摺，雍正八年五月二十三日。一四七五六號，李衛密摺，雍正八
年十月二十日。六〇三三號，鄂爾泰密摺，雍正八年十一月二十八日。一六七六〇號，查郎阿密
摺，雍正八年十月二十六日。一二五三一號，覺羅石麟密摺，雍正八年五月二十四日。一六九三
四號，趙國麟密摺，無日期。按：李衛、鄂爾泰及查郎阿原件未見，僅於上引摺中提及。
又按：雍正八年前也有尋訪術士記載，陝西總督岳鍾琪曾奉命查詢終南山修行士鹿皮仙，但目
的不同。（『雍正檔』八〇〇四號，雍正七年二月十六日，岳鍾琪密摺。）

[22] 同上注李衛奏摺。按賈文儒、賈士芳，何者為名，何者為號，不詳。《雍正硃批諭旨》皆書"文
儒"，官書則作"士芳"。

[23] 楊啟樵：《雍正帝及其密摺制度研究》，香港：三聯書店，一九八五年修訂第二版），第十二
章第七、八節。

（四）

賈某處斬後據說陰魂不散，在宮內作祟，雍正九年，命龍虎山正一道士婁近垣作法驅除，八月八日，製成木符數塊，安放於養心殿、太和殿及乾清宮，[24]作為驅鬼除邪法寶之一，《起居注冊》中載皇帝自道：

> ……昨歲朕躬偶爾違和，賈士芳逞其邪術，假托『祝由』以治病。朕覺其邪妄立時誅之，而餘邪纏繞，經旬未能淨退。有法官婁近垣者，……為朕設壇禮斗，……又以符水解退，餘邪渙然冰釋，朕躬悅豫，舉體安和。婁近垣一片忠悃，深屬可嘉，因賜以四品龍虎山提點，司欽安殿住持。……[25]

《清史稿》於授提點後又有『尋封妙正真人』數字。[26]婁獲異寵，屢有賞賚，如雍正九年六月初一日，特製繡黃緞法衣一件，繡黃紗邊綠紗心法衣一件，十一月初一日特製繡紅緞九龍法衣一件，賜之。[27]又如九年三月初三日，賞御筆淡濃五葉十葉絹挑山一張，絹對一副（對句：『賞心最是花時候，遠俗常懷鶴性情』。）[28]同時傳旨：『婁法官屋內匾一面、對一副、吊屏一件，着做黃布單套。』[29]前文說過，皇帝命造辦處製作道冠、道袍及各種賞品，在在皆是，然而除婁近垣外，從未有其他道士姓名，在「活計檔」中出現。

雍正不僅重視婁法官的符籙法術，而且欣賞他的宗教理論，選刻在御選〈當今法會〉中。題為〈妙正真人婁近垣三臣〉，收有〈性地頌〉、〈心佛歌〉等十篇。

---

[24] 內務府造辦處『各作成做活計清檔』下簡稱『活計檔』，（藏北京，中國第一歷史檔案館），雍正九年八月八日（以下簡稱雍正九一八一八）按：此為未刊檔案。

[25] 『起居注冊』，雍正九年一月二十四日。藏臺北故宮博物院，未刊。按：欽安殿位於御花園正中，殿內供奉玄天上帝。又有天穹寶殿，掛有玉帝、呂祖等像，亦收貯道經，均為宮內道教活動場所。

[26] 趙爾巽等撰：《清史稿》（北京：中華書局，一九七七年），〈志〉九一，〈職官〉三。

[27] 『活計檔』，雍正八一十一一二八。

[28] 同上雍正九一三一二。按：原檔『近』訛為『金』，此為常有之事，內監執筆，往往誤寫同音字，如郎世寧誤作郎石寧等等。

[29] 同上九一三一四。

原來雍正十一年春至夏，皇帝曾『開堂授徒』，為皇子、宗室，王公大臣、沙門、羽士等說法。會後認為其中十四名可稱『徹底洞明』，選取各人著作，合為一編，賜名〈當今法會〉。十四名中八名是弘曆（乾隆）、果親王及鄂爾泰等親信，五名是禪師，內有文覺禪師元信，據說其人『日侍宸辰，參密勿』，授命朝山時，『所過地方官員膜拜如弟子』。㉚ 如此遴選出來的權威人士中，竟有一名道士僭身其間，眷遇之深厚可知。更妙的是雍正將〈當今法會〉附在〈御選語錄〉之後，前有紫陽後有婁，兩羽士穿插於僧眾之間，輝映成趣。

（五）

雍正八年秋，所謂妖人賈士芳獄發，婁近垣得獲重用，齋醮頻數舉行。『活計檔』中頗有反映，如八年十月十五日諭旨：『養心殿西暖閣着做斗壇一座。』㉛五天後又傳旨：『乾清宮月臺上新蓋黃氈板房後着做斗壇一座。』㉜其他尚有中正殿、御花園澄瑞亭、圓明園深柳讀書堂、樂志山村等；甚至連雍和宮也設有斗壇，道士衣着有取自彼處者（見後）。

所謂齋醮，就是設斗壇祭祀神靈，通過道士，與神溝通，祈其庇佑。道教儀式中有『步罡踏斗』，罡、斗皆指北斗七星，即所謂『七元解厄星君』，可消除罪業，洗蕩災愆。禮斗供奉的主神是斗姆，傳說為龍漢周御王妃紫光夫人，生天皇大帝、紫微大帝及北斗七星。『活計檔』有數處提到，如：雍正九年四月十三日，傳旨：為斗母（姆）菩薩配玻璃龕，供奉在深柳讀書室。十年三月十一日，命將養心殿斗尊，請至圓明園讀書深柳堂供奉。㉝

雍正朝齋醮起於何時，官私資料闕如，但自『活計檔』中調動祭祀用品中，可窺知端倪，約在雍正八年；此前自然有宗教活動，但不甚明顯。緣何始於八年，一是前文提及的驅除陰魂作祟，一是雍正自七年起健康失調：忽寒忽熱，似瘧非瘧，

㉚ 蕭奭：《永憲錄》，清代史料筆記匯編，香港：龍門書店，一九六九年，頁三五八。

㉛ 『活計檔』雍正八—十一—十五。

㉜ 同上，八—十一—二〇。

㉝ 同上，九—四—十三、十一—三—十一。

胃納不佳，睡眠不寧。八年六月曾患重症，幾至不起。㉞於是遍訪術士進宮療疾，同時屢興齋醮。『活計檔』中亦有反映，斗壇供應之物，大概有下列諸物，如：斗姆畫像、鐘、鼓、磬、木魚、陳設桌子、各式毛毡、香爐、八卦焚紙爐、油燈、鐵剪、火夾、盤子、圍屏等，費用有限，不如明代鋪張。然而，雍正對祭壇卻是十分重視，一次發覺『各壇廟供奉的屏峰寶座造的甚糙，顏色亦不鮮明』，即命改做，說：

　　　　乾清宮朕坐的寶座尚且精細，各壇供奉的屏峰寶座，理合尤為慎重！㉟

又有一次下旨：

　　　　斗壇十供內，插花瓶不好。將年希堯進的白玉瓶二件內，選大些玉瓶一
　　　　件配花，換小些玉瓶一件，仍配楊柳枝。㊱

　　齋醮由法師主持，道士就居住在宮內，這可以從下列史料中看到，雍正九年正月二十七日，內務府總管海望奉上諭：

　　　　朕看後花園千秋亭，若設斗壇，不甚相宜。用後層方亭設斗壇好。前面千
　　　　秋亭或做星壇，或做法事。後面位置育齋中間，仍供佛。兩次間給法官辦事、
　　　　暫坐。再至翠亭之東有空地，量其地式，將小些的房添蓋幾間，給法官住。㊲

道士祈禱神靈，皇帝也躬自禮拜，曾說：『佛樓地壇內神像，「朕禮拜時」前面太露。』㊳不寧惟是，他一年中來往於紫禁城與離宮圓明園之間，禮神牌位則隨之而行，『活計檔』有如此記載：

㉞ 雍正八年六月，皇帝曾召集皇子弘曆（乾隆）及大臣鄂爾泰、張廷玉等吩咐後事，可見病勢非
　　輕，這是乾隆登極後透露出來的。（同注⑬，清乾隆帝撰《高宗純皇帝御製文初集》卷一五，
　　頁一四。

㉟ 『活計檔』雍正八—一—二九。

㊱ 同上，雍正八—十—二七。

㊲ 同上，九—一—二七。按：千秋亭位於御花園內欽安殿西南，明代在此供佛，清沿明舊。因此
　　雍正主張於此或設星壇，或做法事。後層方亭指澄瑞亭，於位育齋南水池正中平橋上（按：『活
　　計檔』是年六月初二日條，內務府以瑞澄亭改為佛亭等事上奏。又十一年四月十四日條，有『位
　　育齋現供之大悲菩薩像』云云，則知此齋亦作祈禱用），玉翠亭即在齋旁。

㊳ 同上，十二—四—三。

楊啟樵　雍正服餌丹藥暴亡新探　　**91**

內務府總管海望奉旨：『朕二十三日未時起身，酉時到圓明園。爾將乾清宮月臺上供的斗壇行龕牌位，二十二日卯時，隨佛請至圓明園深柳讀書堂太平臺處，未時安位。』㊙

由此可見他虔誠之心。尚有一特色：雍正的思想是儒、佛、道雜揉、融會貫通，宗教儀式上，他佛道混淆、區別不清，讀上引文，每每『斗壇』與『佛』並用可證，類此說法，一再出現於檔案中，且舉數則為證，如雍正八年五月上諭：『佛樓東間現供的火神一尊，其東邊朕欲要供呂祖一尊。……』㊵又八年十月，雍和宮迎佛，竟命四員道官，隨眾至該處伺候。㊶九年正月上諭：『朕到圓明園，在深柳讀書堂住；但佛樓斗壇太遠，……』㊷又如九年，外邦獻『扎使力馬媽禮子佛』一尊，傳旨『供在「佛樓斗壇」內』。㊸又如十一年十二月，命將『麻來子佛』供在花園斗壇內。㊹類此史料，不勝枚舉。

舉行齋醮，有眾多道士參與，遺憾的是現存史料中，欠明確數字，見於記錄者唯妻近垣一名。但『活計檔』中有製作道冠、道袍記錄。據此可約略推算。眾所周知，宮內欽天殿及天穹寶殿內設有道觀，有道士主持，既有道士自有道服，雍正元年就有相關記載，如元年七月，怡親王交出琥珀道冠二件，令收拾。㊺同年九月，又持出各色玉道冠十九件，命修整後存庫。㊻此後鮮有新記錄，至八年才重現；即此可證宮中興辦齋醮始自八年，是年十月十八日諭：

着查宮內並外邊各處所有收貯玉、水晶等道冠，俱各送至圓明園。……㊼

自雍正八年至十三年駕崩止，經常有製作或修理冠服記錄，皇帝甚講究，屢有

㊙ 同上，九—二—二十九。
㊵ 同上，八—五—二六。
㊶ 同上，八—十一—十五。
㊷ 同上，九—一—二七。
㊸ 同上，九—五—二二。
㊹ 同上，十一—十二—二四。
㊺ 同上，一—七—二二。
㊻ 同上，一—九—十九。
㊼ 同上，八—十一—十八。

指示，且舉十年二、三月中數條，以見一斑：二月十六日傳旨：

> （道冠）背面無花着添花；俱往精細裏畫！[48]

同月二十一日傳旨：

> 象牙填香道冠中間的一道梁不好，可在兩傍再漆二道，分做三空。其崑
> 珊瑚五龍道冠上的巴達馬不好，另改做紅漆、黑漆道冠；背面無花添做花，
> 俱要精細。[49]

翌日又交出金累絲如意蓮辦道冠一件，大蚌珠一顆，傳旨：

> 照此道冠樣式做一件，隨簪將蚌珠嵌上，遮醜露光。[50]

三月三日旨：

> 黑漆月牙道冠上五嶽圖花紋，畫得甚粗，往精細裏畫！[51]

同月七日旨：

> 今日進的琺琅道冠甚糙，再往精細裏畫。其靈芝簪頭不好，嗣後着改做
> 如意。[52]

與道冠相關的是道衣，『活計檔』中也屢有提及，不一一贅述，僅舉三條為
例，一是雍正九年十一月，傳旨：向雍和宮或圓明園取大紅法衣二件，刻絲法衣二
人牛，大紅道衣四件，不拘夾棉、單緞俱可，紗衣不必。[53]

道教舉行齋醮等儀式時，階級較高的方丈、高功及經師須穿着法衣，其上繡有
各式圖案，顯示出身份、職司。上文說取自圓明園，可以解釋，但取自雍和宮則不
無意外，可知雍正早於纘承大統前，已在雍邸舉行齋醮，這也可作為他篤相道教的
一種證據。

---

[48] 同上，十一二一十六。
[49] 同上，十一二一二一。
[50] 同上，十一二一二二。
[51] 同上，十一三一三。
[52] 同上，十一三一七。
[53] 同上，九一十一一四。

十年十月二十三日，竟一舉命蘇州織造做刻絲法衣十件，紅緞道衣五十件。[54]可見此時宮中法事之盛。

我有一推想，雍正於道冠法衣如是刻意求工，是否意味着他本人或皇族也以道裝登場，這絕對可能，因上文交代過，雍正曾躬自詣壇膜拜，則舉行大典時，冠道冠、服道服非常自然。前代有例在先，明代的嘉靖皇帝留下一段逸話：

> 世宗因奉道，嘗御香葉冠。因刻沈水香葉冠五，賜（內閣首輔）夏言等，言謂非人臣服，拒不受，帝怒甚。（內閣大臣嚴）嵩因召對，冠之，籠以輕紗。帝見，益內親嵩，嵩遂傾言，斥之去。[55]

雍正與嘉靖謚號同，都是『世宗』；皆崇奉道教，相異的是雍正絕不像嘉靖，『深居西苑，朝講盡廢，郊廟不親』；他信道而不誤政；但禱神時衣着如羽士，則有可能。不僅如此，后妃等皆『羽衣黃冠，誦法符咒』一如嘉靖朝，亦有可能。『活計檔』中記其定製『繡金龍法衣一件』，[56]也許就為他本人穿着。讀上文可知雍正確實篤信道教，不時薦香禮神。

婁近垣雖日侍宮禁，其職責乃主持齋醮，與煉丹無涉，《嘯亭雜錄》說他『頗不喜言「煉氣修真」之法。』有王公問其養生術，答云：『王今錦衣玉食，即真神仙中人。』[57]就因為他為人審慎，深得帝歡，雍正九年五月，撥內帑一萬七千餘兩，於龍虎山大興土木，翌年竣工，特撰『太上清宮碑文』，並賜田三千四百畝，永為世業。[58]又兩年，命內務府員外郎永保，伴同婁近垣至龍虎山清查香火田畝。[59]原定清理觀務後，仍進宮供職，但皇帝暴亡，再無進身之階，留於道觀，九十餘歲逝。

（六）

雍正曾否煉丹？答案是肯定的。理由有三點：一、前文交代過，康熙曾召道士

---

[54] 同上，十一—十一二三。

[55] 張廷玉等奉旨撰：《明史》卷一九六，夏言傳、三○八嚴嵩傳。

[56] 『活計檔』雍正十一—十一二三。按：是日下旨裁製繡金龍法衣一件，繡仙鶴法衣三件。但呈進時卻在翌年九月初四日，時隔十有餘月，何以如此遲慢，豈因金龍、仙鶴皆名工針針手繡，故須費時日如此？

[57] 昭槤：《嘯亭雜錄》卷九，『婁真人』條。北京，中華書局，一九八○年十二月。

進宮煉丹，六十年來親眼目睹者不知其數，可見已成風氣。二、雍正早於藩邸時已煉丹，讀前引〈燒丹〉詩可知。三、最重要的是雍正暴亡後，嗣主乾隆親口道出：

> 皇考萬幾餘暇，聞外間有爐火燒煉之說，聖心深知其非，聊欲試觀其非，以為游戲消閑之具。因將張太虛、王定乾等數人，置於西苑空閑之地，聖心視之，如俳優人等耳：未曾聽其一言，未曾用其一藥。……[60]

讀此可知雍正確曾命道士於西苑煉丹，八年起活動加強，則因健康欠佳，擬藉丹藥療疾。有史料為證，『活計檔』自雍正八年起，忽而出現了一些新記錄：圓明園大量使用煤、炭等燃料，還有礦砂、黑鉛、硫黃等項目。這可否用作煉丹的旁證呢？持反對說者也許會問：此處皇帝經常駐蹕，尚有大批隨同人員，供應煤炭，乃生活上所需，有何可奇？其實察看宮廷組織，便可反駁。原來內務府屬下有個營造司，它的前身是惜薪司，顧名思義，這個機構才是供應日常使用的燃料。隸屬於營造司的七個庫，竟有三個與煤炭有關，那是薪庫、炭庫及圓明園薪炭庫。日常生活乃至於琺瑯、玻璃工場所需燃料，由此等機構負責；但無記錄。然則是否可說：從八年始改變方式，日常生活燃料皆須一一登錄，此說也講不通，因為如果登記，紫禁城耗費更多，豈能例外？然而雍正八年以後，無論營造司，或者『活計作坊』的記錄中，都付諸闕如。由此可知，新記錄的出現，確實證明有新的事實發生——大規模煉丹。

煉丹須要燃料，雍正八年裏，忽而多次自圓明園傳旨，命呈進煤炭，計開：一、紅爐炭先後五次，共九百斤。二、紅爐炭餅一次，五百個。三、白炭三次一千斤。四、渣煤一次，一千斤。五、黑炭一次，一百斤。六、好煤一次，二百斤。七、桑木柴一次，一千五百斤。其中唯有渣煤注明用途：『化銀用』。[61]

可能此乃試驗階段，因翌年只傳旨一次，命進白炭及炸子煤各五百斤；而紅爐炭、黑炭等名稱，卻從此不再出現。又一年的雍正十年，頓時熱鬧起來，不僅是圓

---

[58] 同注⑬，卷十六。

[59]《宮中檔雍正朝奏摺》臺北：故宮博物院編印，一九七九年，第二三輯，頁四五一～四五五，永保、婁近垣摺。

[60] 慶桂等奉敕撰：《清高宗實錄》，卷一，頁二〇a～二一a，雍正十三年八月辛卯。（按：其時雍正已崩，但未改元。）

[61] 『活計檔』雍正八一十一二二。又以上煤炭等數字俱見下列各條：八一七一十二、八一八一一、八一十一十八、八一十一二二、八一十一一十七、九一十一一二〇、八一十二一七、八一十二一十五。

明園，連南薰殿也成為燒煉場所；而用量驚人，計開炸子煤二十二次，共二十一萬四千斤。白炭四次，共二千七百斤。十一年，炸子煤十四次，共十六萬九千斤。白炭十五次，共三萬五千斤。總之，自雍正八年七月，至十三年七月的五年中，單炸子煤就耗費四十六萬五千斤，白炭八萬三千九百斤。[62]

燒炭場所兩處：圓明園及南薰殿。前者又分為若干處，如：頭所、二所、四所、六所——此四處不詳，待考。另數處如秀青村，位於東南隅，其北系接秀山房，乃圓明園四十景之一，與此隔一福海、遙遙相對者為深柳讀書堂。又有紫碧山房遠在西北隅。是續八景之一。以上數處中深柳讀書堂因供有神佛之像，皇帝到得最勤，其他各處離正大光明殿或起居處較遠。皆依山臨水、人畜罕至，實乃道家心目中理想的煉丹之所。

然而雍正十年正月至二月，曾在南薰殿燒煉。殿在武英殿西南。，上徽號冊封大典時，閣臣在此篆寫金寶、金冊文。或因平時不用，撥作燒煉所，但為時僅兩月，以後不再在檔案中出現。又有圓明園新蓋板房，也曾於此燒煉，乃後期所增設。

十三年七月初六日，有一道呈進炸煤五千斤的諭旨，而場所竟是靜明園。園在玉泉山之南，靭建於康熙朝，至乾隆朝始加以修茸；可能雍正時不常駕臨，因而用作燒煉所；但史料中出現者僅此一次，月餘後，雍正暴亡，煤炭記錄從此不再出現。

除煤炭外，尚有其他資料，或與煉丹有關，如『活計檔』中傳旨調達的有：礦砂、礦銀、銀砂、紅銅條、鉛底、牛舌頭黑鉛及硫黃等材料，尚有高梁鐵爐、鐵蓋火、鐵通條、鐵篦子及鉛格漏等工具，都可作為佐證。

---

[62] 同上，自雍正八年七月至十三年七月，有關煤炭者傳旨數十次，資料瑣碎，不一一指出。又：圓明園各殿所需燃料，數量龐大，不一定與煉丹有關，乾隆二十二年『內務府奏銷檔』可作參考。單中開列場所、用途，有保和、太和等殿，關帝廟、寶相寺、法慧寺等廟宇。或煮食，或熬茶，甚至供應道士祭星，冬令雀鳥房，花房都需要暖氣。而園內有爐三百二十四個，寒冷之時，皇帝駕幸前一日就生起爐子，每日用紅螺炭竟達七十七斤七兩。但通年計算，紅螺炭二千九百餘斤，黑炭六萬六千餘斤，煤七萬七千餘斤，木炭八萬六千餘斤。此乃各處消耗總數；而頭所、二所、南薰殿等卻是一處，不能不說它消費量異於尋常。（奏銷檔見《圓明園》上冊、頁八五～八七。中國第一歷史檔案館編，上海古籍出版社出版，一九九一年五月。）又吳振棫《養吉齋餘錄》中言及康熙朝燃料，每歲木炭六七八萬斤，紅螺炭百餘萬斤。（卷二，北京古籍出版社，一九八三年十二月。）數字驚人，不知何所據？

15

（七）

以上臚列出燒煉史料，然而是否指煉丹，還待更進一步證明。例如下列一條，勉強可以充數，雍正十二年二月二十二日：

> 內大臣海望奉旨：『年希堯進的汞金爐是何料煉成』海望隨奏稱：『有帶來製方，內開：水銀、膽礬燒煉』等語俱奏。奉旨：『着造辦處照方燒煉些看。』[63]

可是仍然見不到煉丹詞語，將這些史料說成煉金，亦無不可；事實上宮中過年過節賞賜的金銀，由活計處承擔，此類資料屢見不鮮，隨便舉兩例，雍正六年八月初二日，傳旨：做備用年節用一兩重銀錁一百個，五錢重銀錁二百個，三錢重銀錁三百三十四個，二錢重銀錁五百個，一錢重銀錁一千個。[64]又如九年七月初三日，傳做年例備用金八寶一百六十個，金錢四十個，銀八寶二百四十個，銀錢八十個。[65]從這些資料來，不妨說爐火燒煉的是金。

又譬如硫黃可以煉丹，也可用作藥材，御藥房有向暹羅採辦硫黃百來斤的記錄，因此，不能斷定它一定用來煉丹。

尚有一疑問，煉丹場所為何竟超過十處；圓明園與南薰殿各設一處，此猶有說，因皇帝兩處往來，若有詢問，甚至親自考察，較為方便。然而單圓明園分成多處，以紫碧山房來說，遠在西北隅，與東南角的接秀山房，相去甚遠。煉丹道士兩頭奔波，自難照顧，卻是為何？

然而，綜合各方面的史料來看，雍正的道教信仰，有關禮遇道士的記載，宮中的齋醮盛況，他晚年健康狀態，以及圓明園、南薰殿等處大量使用煤炭的情況，說燒煉的就是丹藥，似乎不算武斷；至於雍正服餌丹藥細節，請參看拙作雍正帝暴亡之謎。[66]

---

[63] 同上，十二—二—二二。

[64] 同上，六—八—二。

[65] 同上，九—七—三。

[66] 同注 ①。

戰前日本對華煤業投資的特徵

陳慈玉

提　要

　　在液體燃料和氣體燃料尚未出現或普及之前，煤炭是最主要的工業燃料，和交通運輸工具（鐵路、輪船）的原動力。日本自明治維新以來，由於施行殖產興業政策，近代工業迅速發展，對於燃料煤的需求比以前增加甚多，積極開採的結果，不但能供給本國，並有輸出餘力，而日本煤炭中的60%—70%是一般燃料用的普通煤質，能適用於製鐵業和化學工業的強黏結性、含灰成分少的煤炭並不多，亦缺少海軍軍艦所需要的無煙煤。二十世紀初期日俄戰爭的勝利，帶給日本經濟空前的好景氣，於是大礦業資本不僅壟斷國內九州、北海道等地的優良龐大礦區，更欲開拓海外煤礦，著眼於中國華北與東北的煤礦。

　　除了漢冶萍公司外，第一次世界大戰發生（1914年）以後，日本欲積極掌握東北和華北的煤鐵礦資源，蘊藏量豐富而尚未大量開採的山西煤礦，自然成為其覬覦的目標，於是日本財閥在其政府的運作之下，共同組織興源公司和大源礦業株式會社，企圖利用中國複雜的政商關係，投資山西省的煤田。另一方面，財閥和滿鐵又合組「山東礦業株式會社」，以此企業聯合團的名義，與中國商人共同成立魯大礦業公司，開採山東淄川地區煤礦。意味著國家的力量一直主導著日本民間企業的對外資本輸出，也顯示出近代日本對外投資的一大特色。

　　再者，有不少企業是以單槍匹馬方式，獨自在中國從事投資煤業活動。他們往往用融資的方式達到擁有該企業的目的。其中最著名的就是大倉財閥的本溪湖煤鐵公司；而在山東博山地區投資煤礦者大多係日本中小企業。

日本意圖控制亞洲煤生產以掌握燃料資源時，處於競爭狀態的各商社可以合作，政府、財閥和軍方成為三位一體的行動者。中國北洋政府和地方軍閥也變成利益的結合者，在後者的合作下，前者進行對華北煤業的資本輸出。這種投資行為在中日戰爭期間蛻變成具統制的特徵。在此統制經濟體制之下，財閥唯仍繼續供給資金，但已不復扮演往昔「尖兵」的角色，亦非國家資本輸出的中介者，只不過是一群被擺佈的棋子而已。

一、前　言

大抵言之，戰前日本對由或的投資，可分為兩種性質，一為直接的經濟性投資，一為間接的貸款投資；貸款投資的對象有中央政府、各地方政府和民間等，至於經濟性投資的方式，則可細分為日人獨資和中日合資兩大項。自從 1871 年中日通商條約簽訂以來，日人即開始投資於中國的貿易業、航運業和銀行業，但由於本身的經濟發展落後、資本累積不多，所以在日俄戰爭（1904-05 年）之前，尚未能貸款給中國，產業投資的規模亦不大。日俄戰爭以後，以漢冶萍公司為主的礦業投資才出現，且逐漸成為日本對中國投資之重要一環。[1]

關於列強對中國借款和投資的研究，C. F. Remer, *Foreign In estment in China* (N. Y., 1933) 可說是第二次大戰以前的代表作，不僅提供後人研究列強對華投資的重要資料，而且他對投資方式的分類一分為「直接投資」與「中國政府外債」兩項，也成為對投資方式分類的一指標。他舉出外資對中國經濟發貢獻不多的原因有：中國傳統家族主義的社會結構欠缺接受外資的能力，列強野心所引起的政治性衝突，中國政府對經濟活動的無力等。在日本對華投資方面，他注重棉紡業、南滿洲鐵道株式會社（以下簡稱「滿鐵」）和漢冶萍公司借款，並未言日本資本輸出的「國家主導性」和「外資依存性」等特徵。至於樋口弘的《日本の對支投資研究》（東京：

---

[1] 東亞研究所編，《日本の對支投資》（東京：東亞研究所，1942），頁 2-4，頁 163-164；杜恂誠，《日本在舊中國的投資》（上海：上海社會科學院出版社，1986），頁 145。

慶應書房，1940），深受 Remer 的影響，以數據顯示日本的對華投資，再與列強相比較，指出日本借款的特徵為：對中國中央政府貸款的金額佔有相當的比重，並且其中約半數來自國家資本，重要貸款之所以能締結是由於使日本資本家和銀行家認為是國家所需，超越本身的利害的緣故，而大部分締結於1916-1919年，此與他國相異。他亦強調主要的對中國投資者是日本的特殊銀行、公司和大財閥，極少聯合壟斷性的投資，但留在中國的日本人中，卻有三分之一為資金薄弱的獨立資本關係者。再者，他雖把對中國的投資區分為 ① 直接事業投資；② 合辦事業投資；③ 對華貸款；④ 政府借款；⑤ 公共性文化事業投資等項，但又把鐵路借款、通訊借款、礦業借款等，與合辦事業投資一起置於「間接事業投資」項目下，也刪除了對滿鐵的投資部分。兩年後東亞研究所出版的《日本の對支投資》（東京：1942），大抵以 1936 和 1938 年為兩個基準期，區分為「對華經濟性投資」和「對華借款」兩大項，依事業部門和區域，各計算出在中國關內投資額，並根據此數值探討 1936 年以前的投資趨勢，和 1936 到 1938 年為止的變化。《日本の對支投資》指出：以往日本對華關內投資以國家資本的貸款和棉業資本的投資紡紗業為主，但1936年到1938年間，直接和合辦事業投資激增，集中於華北和蒙疆。總之，戰前日本學界對中國借款的研究，皆認為政府資金在投資資金中的比重極大，即使直接的債權者中，特殊銀行和公司亦扮演相當重要的角色，因此「國家主導性」的色彩濃厚，而第一次世界大戰以前，由於日本尚未累積大量資本，故投資的資金中對歐美的依存性頗大。但是他們並未探討借款政策和當時日本對華政策整體的關連，亦未深究「直接投資」與「間接投資」的關係。

　　第二次世界大戰以後，日本學者在西原借款、製鐵原料借款方面的研究很有成績；而對滿鐵和在華紡紗工廠（「在華紡」）等直接投資的研究亦頗豐富。換言之，針對戰前所提出的調查資料，以及「國家主導性」和「外資依存性」兩大特徵，戰後不但進行個別的實證分析，並且新闢了「在華紡」和滿鐵史研究的課題，以及財閥史料的整理和研究。在製鐵原料借款方面，日本學者的興趣仍然集中於漢冶萍公司，他們的觀點和中國學者大抵一致，皆認為日本為了獲得鐵礦資源，不斷地貸款給該公司。亦即意欲擴大利潤的日本民間資本，配合加強重工業建設的「國策」，一再地貸款給漢冶萍，以確保低廉的礦石。至於侯繼明的 *Foreign In estment and*

Economic De elopment in China, 1840-1937 (Cambridge: Harvard University Press, 1965)，指出外人大抵投資在與貿易（尤其是出口）有關的領域，並且大部分集中於沿海城市，其數額雖然相對的不大，但對於國內經濟有重要的貢獻，尤其是技術移轉方面。他較不注意煤鐵工業或礦業的投資問題。

再者，有關為什麼認為是「國家主導性」的問題，究竟是由於資金的來自政府及其特殊金融機構呢？還是由於投資部門和方式決定於政府呢？針對此點，國家資本輸出研究會編，《日本の資本輸出─對中國借款の研究》(東京：多賀出版株式會社，1986)，實證分析了第二次世界大戰以前日本對華貸款的具體內容和特質，強調日本在資本主義的累積結構及變化的過程中，面對列強的鐵路投資和中國利權回收運動，日本「政府資金」的對華貸款的侷限性。本書分門別類整理了20世紀前半期日本債權的統計，有益於今後的更深入的研究。根據此統計，本書也探討了「民間借款」和九一八事變後對中國佔領區（東北、華北）的直接投資。換言之，投資方式（直接或間接）的決定與當時的政治軍事形勢息息相關。在煤礦方面，本書仍著重漢冶萍公司。

事實上，除了漢冶萍公司外，第一次世界大戰發生（1914年）以後，日本欲積極掌握東北和華北的煤鐵礦資源，蘊藏量豐富而尚未大量開採的山西煤礦，自然成為其覬覦的目標，於是日本財閥在其政府的運作之下，共同組織興源公司和大源礦業株式會社，企圖利用中國複雜的政商關係，投資山西省的煤田。此投資計畫雖然沒有順利地進行，但中日戰爭爆發、日軍佔領華北後，為實行「以戰養戰」策略，委託大倉財閥繼續在此經營，以供給軍需。另一方面，財閥和滿鐵又合組「山東礦業株式會社」，以此企業聯合團的名義，與中國商人共同成立魯大礦業公司，開採山東淄川地區煤礦。進而於中日戰爭期間，掌控山東煤業。意味著國家的力量一直主導著日本民間企業的對外資本輸出，也顯示出近代日本對外投資的一大特色。

本論文主要根據日本外務省外交史料館和三井、大倉等財閥的檔案，配合中國大陸和台灣礦業方面的資料，企盼能刻劃出戰前日本對華煤業投資的特徵。首先分析其投資性質；然後闡述企業聯合團投資方式；並探討個案的直接投資的成果。

二、投資性質的分析

日本在華投資中，礦業投資居第二位（1931年時，約18億日圓），僅次於鐵路。[2] 我們根據前述《日本の資本輸出─對中國借款の研究》一書附錄中日本對華借款投資表整理出表1，由表中可看出以下幾點：

(1) 此表共有87年礦業投資案，其中漢冶萍公司即有15件，金額高達16,196萬多日圓，佔總金額的72.2%。

(2) 債務者中共有20件是屬於個人名義，而非礦業公司，有1件是中央政府出面，而直隸省政府和湖南省督軍的名義各1件。

(3) 除了漢冶萍公司外，亦有其他鐵礦公司（如振興鐵礦、弓張嶺鐵礦等）的貸款案，其次最多的是煤礦公司，可見煤鐵是日本投資中國礦業的重心。

再者，在此表中所整理出的案件雖然名為「借款」，但實際上無異於直接投資。並且也有的案件是融資給中日合辦事業的中國方面出資者，故此事業的性質類似於日本公司的直營事業。[3] 所以表1的原始資料雖然主要是根據日本大藏省財政史資料《議會參考書》（1921-35年）中所收的對中國貸款的統計，[4] 但實際上可視為直接投資。

進而言之，若把表1與東亞研究所出版的《日本の對支投資》中的〈日本對支礦業一覽表〉相對照，可以發現到該書中在1936年的總金額（直接投資、合辦投資和貸款的總額）為107,848,159日圓，僅為表1的45.4%而已。而以貸款方式投資者的比重高達90%左右（91,347,121日圓）。[5] 因此可以說表1中的金額雖名為借款，但實質上幾乎是日本對華礦業投資的全部。

---

[2] 杜恂誠，《日本在舊中國的投資》，頁145。

[3] 國家資本輸出研究會編，《日本の資本輸出─對中國借款の研究》（東京：多賀出版株式會社，1986），頁222。尤其在鐵路和礦業方面的融資，日本意圖使合辦事業變成直營事業。

[4] 國家資本輸出研究會編，《日本の資本輸出─對中國借款の研究》，頁249-251。

[5] 東亞研究所編，《日本の對支投資》上冊，頁208。所以產生此差異的原因，可能是因為東亞研究所調查時，有些早期的貸款已經抵銷了。

至於這些礦業投資個案的規模如何呢？我們根據債務者的名義，可從表2看出端倪：

(1) 大致而言，融資金額在1萬—50萬日圓之間者最多，共29個債務者，佔總數的58%，而100萬和500萬日圓之間的個案亦有11件。

(2) 相形之下，1萬日圓以下的融資只佔總數的4%，而大型融資案（1,000萬日圓以上）也僅有2件，但其中1件是在1億日圓以上，這就是15筆漢冶萍公司借款案的總數。

(3) 另一個大債務者是奉天省的振興鐵礦公司（1,076.8萬日圓），可見鐵礦業投資是當時的重心，這是因為相較於煤礦，鐵礦業生產設備所需的資金比較中、日本本國製鐵業對鐵砂需求更殷切的緣故。

那麼，這些借款來自何處呢？表3顯示出的訊息如下：

(1)主要的債權者是橫濱正金銀行、滿鐵、大倉財閥、中日實業公司和三井財閥。

(2)其中橫濱正金銀行在總金額中的比重高達69.15%，因為日本當局投資漢冶萍公司是透過該銀行和日本興業銀行來進行的。

(3)南滿洲鐵道株式會社、中日實業公司和興源公司都是日本為了開發和獲取中國資源所設立的「國策」公司，而滿鐵的資本中有大倉、三井、三菱和古河等財閥配合日本政府所投入的股份，中日實業公司則為三井財閥創辦的。[6] 至於興源公司的角色，將在第三節中分析。

(4) 除了大倉、三井、三菱、古河等財閥外，安川敬一郎（1948-1934）是明治礦業公司的負責人，主要經營九州一帶的煤礦業。[7]

因此可以說日本對華礦業投資活動中，大倉和三井財閥扮演著舉足輕重的角

---

[6] 中日實業公司的前身是1911年三井財閥所設立的旭公司，1913年3月與孫文協議成立中日合資的中國興業株式會社，4月改名中日實業株式會社，總裁孫文，其活動詳見中日實業株式會社，《中日實業株式會社三十年史》（東京：中日實業株式會社，1943）。

[7] 正田誠一，《九州石炭產業史論》（福岡：九州大學出版社，1987），頁79-224詳析九州煤業的經濟結構。再者，除了煤業以外，安川尚經營明治紡績株式會社，並於20世紀初期創辦明治專門學校，是現今九州工業大學的前身。

色，尤其煤業方面。它們或獨資經營，或以參與「企業聯合團」的模式來進行直接與間接投資。

三、企業聯合團的投資模式

為了確保資源，日本在1904年，開始自往昔的購買中國的礦石原料，進一步經由興業銀行，貸款300萬日圓給漢冶萍公司前身的漢陽鐵廠，規定30年內以鐵砂償還利息，此為日本投資中國礦業之嚆矢。到中日戰爭結束的40年間，日本逐漸強化對華的礦業投資，尤其是煤和鐵礦，其趨勢和對華侵略行動的展開息息相關，亦受一赤當時國際情勢的影響，更與中國國內政治環境的變化有密切的關連。而為了達成投資的目的，原本互相競爭的各企業，可以在當局的指示下，共同組織一公司，以此公司的名義來進行投資事宜，我們把這種型態的公司稱為「企業聯合團」。

1. 直接投資方式

在山東淄川地區，日本以企業聯合團的模式進行直接投資活動。1914年第一次世界大戰爆發以後，原本供給資本財給世界的歐洲成為戰場，反而極需軍需品和其他工業產品，更無暇東顧。日本趁機在8月對德宣戰，11月攻陷青島，佔領淄川煤礦，進礦後共即把淄川煤礦所產的煤送到滿鐵的中央試驗所分析；翌年又送到海軍水雷艇上進行試驗。試驗結果斷定，淄川煤火力旺盛，蒸發力強，煤煙稀薄，甚至無煙，與當時日本海軍軍艦上所使用的英國煤不分上下，極適合日本海軍之用，可以說具有軍事價值。而大倉財閥早於1914年德國人退出淄川煤礦後，即派員進入該礦，翌年2月向日本陸軍大臣申請經營淄川煤礦和金嶺鎮鐵山的許可證。

戰後，1919年6月的「凡爾賽條約」中，日本獲准繼續掌握德國在山東的權益。雖然中國方面沒有簽字，但該年10月，大倉和藤田組即共同提出採掘淄川礦區內工業用和製鐵用煤的申請，經交涉結果，翌年12月得到特許狀。1921年2月，此兩礦業資本家合資500萬日圓（實收125萬日圓）設立淄川煤礦股份有限公

司（後更名為南定礦業股份有限公司），在淄川煤田北部約1900萬坪（6,270公頃）的地區內探測煤礦。

另一方面，經由中日外交折衝，1923年8月12日成立魯大礦業公司，總公司在青島。實收的股本為250萬元（中日各半），是公司資本金的四分之一。當時靳雲鵬雖為總理，但遠居天津，故專務董事田中末雄掌權。關於日本的出資方面，為了保持在山東的礦業權，日本陸軍省、外務省（外交部）、大藏省（財政部）等中央行攻部門要求滿鐵、三井、三菱、大倉、東洋拓殖、住友等大民間相關企業配合（但滿鐵是特殊的組織），共同出資500萬日圓，於1923年1月組織「山東礦業株式會社」，董事長為大倉喜八郎，以此「企業聯合團」的名義投資於魯大公司。換言之，為了貫徹國策，日本政府和民間企業鼎力合作。固然，滿鐵本為國策企業，但由此亦可看出其經營範圍並不限於中國東北。所以在「山東礦業株式會社」的十萬股中，滿鐵擁有55%的股份，大倉財閥僅佔7%。民間企業的相對「低調」，與當時中國排日風氣熾旺，日本經濟不景氣，財閥逐漸自中國撤資等大環境有相當關係，也顯示出日本官方對山東煤礦確實抱持著濃厚的興趣。

魯大公司成立之後，南定礦業公司於1925年9月，與前者締結契約，以二十年為期，名為南定採煤包工合同，由南定礦業公司承包魯大所屬華塢嶺煤礦之採掘工程。[8]根據契約，南定公司的販賣活動受制於魯大公司，例如：南定煤必須委託魯大在膠濟鐵路沿線販賣和出口，販賣價格則由雙方協議等，但它確是日本在中日戰爭以前極罕見的對關入直接投資的公司。

其實，滿鐵也可以說是一種「企業聯合團」。1905年日俄戰爭的勝利，使日本得以接收俄國在南滿的權益，利用滿鐵，不但掌握了產量豐富、煤質優良的撫順煤礦，又陸續把持了遼寧省瓦房店煤礦、遼陽煙台煤礦、吉林寬城子煤礦的經營權。

---

[8] 以上參見梁津，〈調查山東淄川華塢嶺煤礦出險報告書〉，收於《山東、魯大礦業公司》，1927年10月20日，中央研究院近代史研究所庋藏的農林部檔，編號17-24-02-4-（1）；陳慈玉，〈1920年代日本對山東的煤礦投資〉，《國父建黨一百周年學術討論集》（臺北：近代中國出版社，1995），頁381-416。

在1907-1916年的草創期中，撫順煤礦當局致力於設備的改善和技術的革新，並逐步使生產作業電氣化，亦從事新市街、宿舍和醫院等的建設，以期奠定永續經營的基礎。1917-1920年的成長則主要歸因於蓬勃的東北內銷市場，這是由於第一次世界大戰對東北工業帶來的劃時代變革，亦即俄國資本工業的沒落，和日本資本以及華商資本工廠的勃興，於是當地鐵路、油坊、煉瓦、燒鍋、紡織、柞蠶絲、火柴和製糖等工業對煤炭的需求增加。撫順煤礦當局因而開鑿新坑，以求滿足消費市場。到1920年代，隨著日本工業發展和煤炭需求增加，成長中的撫順煤礦成為日本進口煤的主要來源，但日本為了保護本國業者，只得限制撫順煤的進口量。於是撫順煤轉而開拓中國本部和東南亞市場，以事彌補。而滿鐵所經營的鞍山鐵礦，由撫順無給燃料和原料焦炭，其所產生鐵和鐵礦石是當時日本鋼鐵業不可或缺之物。[9]

2. 間接投資方式

在山西大同地區，日本以「企業聯合團」的方式進行間接投資活動。這就是興源公司和大源礦業株式會社的出現。

興源公司立於1918年4月，由鈴本商店、久原礦業公司、古河合名公司、大倉礦業公司、大阪亞鉛礦業公司和三井礦山公司等六所從事中日貿易和礦冶業的大公司，在日本掌局的極力協助下合資3萬日圓組織而成。其目的本來是「計劃開發中國礦業，並經營為達成目的所必須的仲介業」；後來從「中國礦業」擴大範圍到「海外礦業」。三菱合資公司，明治礦業公司等五家廠商亦加入，資本額增為198,000日圓（共11家公司，每家公司出資18,000日圓），可以說網羅了當時日本的主要礦業公司。

興源所以得到日本主要礦業家的支持，當然與其本身的利益有關，除了大倉的得利於本溪湖煤鐵公司和積極設法開發山西煤田外，三井亦欲掌握中國煤的出口貿易權。而第一次世界大戰所帶來的景氣繁榮，使日本國內對煤炭的需求漸增、出口

---

[9] 陳慈玉，〈撫順煤礦的發展，1907-1931〉，《中央研究院近代研究所集刊》，第26期（台北：中央研究院近代史研究所，1996年12月），頁142-154。

減少，於是投資中國煤礦以控制燃料和原料資源，成為三井財閥的一大經營策略。

興源公司正式與山西當局接觸是在1919年5月，當時該公司經由大倉的安排，以中國人梁志文、黃篤謐、梁祐的名義設立阜華公司，於同年12月4日和山西裕晉（與閻錫山督軍關係密切）、義昌（代表趙萃珍、張麟祥）兩煤礦公司訂約，設立資金300萬元的中日合辦的大同煤礦股份有限公司，探採大同、左雲、懷仁等地煤礦。阜華公司的出資額（150萬元）是興源經由梁士詒融資的，日方則和阜華公司另訂相關契約。

不久，因傳聞阜華公司實為日本人掌握實權，引起當地中國人的不滿，因此雙方另謀他計。於翌（1920）年3月，讓梁志文、黃篤謐等在北京組織民康實業公司，取代阜華公司，並於4月12日與裕晉、義昌共設同寶煤礦股份有限公司，代替前述大同煤礦股份有限公司，資本亦為300萬元（銀圓），規定應為華股，裕晉、義昌兩公司以其現有礦區、設備和以往之經營資本作為現股150萬元，並不得再與其他公司在大同、左雲、懷仁等地合辦煤礦，以免妨害同寶公司之營業；營業期限為50年。

另150萬元則規定由民康實業公司出資，實際上係向興源公司借款。此外，興源公司中的大倉礦業、古河合名、鈴木商店、三菱合資和明治礦業在9月另組大源礦業株式會社，以實際進行開發大同煤田的事宜。

再者，在同寶公司成立的翌日，民康公司與大倉之間亦締結契約書，明示雙方之權利與義務。在此契約的規定之下，同寶煤礦公司雖名為中國人所經營，但實際上大倉掌握實權。而且雖然日方開始以融資的方式成立民康公司，間接接觸到同寶公司；但企圖將來利用借款的手段，以把握礦權，達到中日合辦經營的目的。

至於1920年9月成立的大源礦業株式會社（總公司在東京），資金為200萬日圓，由前述六公司均攤，董事長亦為大倉財閥的大倉喜八郎。此公司之所以能成立，係日本政府所促成的，首先，大源礦業成立資金中的150萬日圓是日本大藏省自國庫中存入等值的銀塊到橫濱正金銀行（年率6%），再由該銀行以年率6.5%融資的。而大藏省的融資則是陸軍省、海省、外務省、農商務省和大藏省組織「礦山部特別委員會」，數度聽取興源公司理事報告後，提交內閣會議決定的。因此，可以說這是日本國家資本經由「企業聯合團」，投資中國煤礦的典型。

當時大源礦業主要依賴梁士詒的穿針引線與「合作」，梁於 1918 年任交通銀行董事長，1921-22 年在張作霖支持下出任國務總理，為北洋政府交通系重要人物。1922 年奉系失敗，梁逃往日本，此時大源和同寶公司的開採計劃尚未完成，而排日氣氛又使日人的調查卻步。

同時，日本國內經濟不景氣使得大源礦業一直欠缺資金，不能進行既定計劃，只是浪費在礦區稅和日常經護費而已；並且陸續向大藏省所借入的資金又不得不歸還，成員中的鈴木商店在 1927 年退出，其餘五社只得平均負擔債務。結果，九一八事變後，日本集中投資於東北，於是在 1932 年 2 月，大源礦業會社與興源公司先後宣告結束，由大倉繼承對同寶公司的礦權。到 1936 年 8 月，因為未繳納 32 萬元的礦區稅，違反「中華民國礦業法」，而被取消了礦業權，[10] 日本煤業勢力暫時退出山西。

四、獨資經營模式

事實上，有不少企業是以單槍匹馬方凋，獨自在中國從事投資煤業活動。他們往往用融資的方式達到擁有該企業的目的。其中最有成就的就是大倉財閥的本溪湖煤鐵公司。

1. 本溪湖煤鐵公司

大倉財閥的領導人物大倉喜八郎於日本因牡丹社事件而進兵台灣時（1874年），負責為日本陸軍省調配軍需物資和募集人夫，因此展露頭角，利用與政治權力相結合的機會而累積資本，成為有名的「政商」。此後，大倉開展對朝鮮的貿易與投資，並在 1895 年日本佔領台灣後，開始參與總督府的重大土木和建築工程。在東北，1910 年直接投資 100 萬元（大洋銀）成立本溪湖煤礦有限公司，東三省

---

[10] 以上詳見陳慈玉，〈日本對山西的煤礦投資，1918-1936〉，《中央研究院近代研究所集刊》，第 23 期（臺北：中央研究院近代史研究所，1994 年 6 月），下冊，頁 1-28。

「當局」以現金65萬元和評價35萬元的礦業權取得合作的地位。翌年，為利用廟兒溝鐵礦以從事製鐵事業，增資為400萬元，改稱本溪湖煤鐵有限公司，1914年再增資到700萬元。雖然名為中日各增資一半，但實際上中國方面的資金，是來自大倉財閥的貸款，而以其所持有的股份為擔保。在日本政府的強力外交支持下，即使辛亥革命之後，亦能排除中國中央政府的介入。因為對日本政府而言，此公司的使命是協助滿鐵貫徹日本控制滿洲地下資源之目的。所以日本政府盡力保護該公司，例如規定滿鐵定量購買其所產煤炭，海軍則購入低燐生鐵，滿鐵並給予運煤車價款的折扣等；而在本溪湖煤鐵公司投資冶鐵設備時，更以5%的低利得到政府200萬日圓的貸款。由於這層層保護，此公司的經營蒸蒸日上，影響到大倉財閥在中國大陸的投資方針，自往昔以貿易、土木、礦業為主的現象，逐漸轉變到偏重礦業部門的策略[1]，所以對太行山脈東西兩側的煤礦發生濃厚的興趣。

2. 山東博東煤礦公司

相對於大財閥以「企業聯合團」（山東礦業株式會社）方式的投資於山東淄川地區，在博山地區投資煤礦者大多係日本中小企業者。和對淄川地區一樣，也是從第一次世界大戰發生以後，他們開始了在博山一帶的煤業投資活動。

最明顯的例子就是博東煤礦公司。博東煤礦位於博山東南十多公里之黑山根地方，築有商辦輕便支線（博山支線），與張博路相連接，交通尚稱便利。該礦屬於信成公司，在1912年由徐惠亭向農商部呈請領採五年；翌年與日商東和公司訂立包銷合同，日方預付資金3萬元。1917年3月再付款5萬元締結續約，繼約內除包買黑山根的煤炭外，尚句買了當時信成公司正在呈請開採的福山坡、王家裕、大嶺根等處的煤炭，並且為了避免引起中國民眾的非議，由東和公司經理吳子臣出面締約。到同年7月，日方以信成未履約所導致的債務關係為藉口，強迫將該礦委託債權者東和公司經營。後來徐惠亭把礦權移轉給陳翰軒等，旋由陳與東和公司股東三宅駿二正式向農商部呈請合辦該礦，1924年7月宣佈成立博東煤礦公司；資金150

---

[1] 高村直助，《日本資本主義史論》（京都：ミネルヴァ書房，1980），頁137-149；大倉財閥研究會編，《大倉財閥の研究》（東京：近藤出版社，1982），頁419-702。

萬元，中日各半，中國方面以礦區充當資本的三分之二（50萬元），其餘部分係向日方借貸。

博東公司和魯大公司類似，董、監事表面上中日人員對等，但實質上日方操縱了生產和經營大權。更有甚者，所產煤炭只能以特別價格（每噸原煤平均低於市場櫃格4元左右）銷給東和公司，亦即日方經由東和公司的中介，掌握了該礦的銷售大權。

其實，這種自出資預買煤炭→承包開採→中日合辦可以說是日本在博山一帶投資煤礦事業的模式。1920年博山民營煤礦中有日資介入者，共計有73所礦井，日方預買煤炭的資金總額達數百萬元以上。故博山民營煤礦似可為日本重要工業原料基地。隨著時間的流轉，這些被日資介入的煤礦逐漸為日方所控制。到1925年，日人在博山縣另外成立協成公司；而章邱縣則存在著旭華、同益和協泰三個中日合資煤礦公司。進而言之，1895-1926年間，中外合資的煤礦公司有9所，其中中日合辦的即有7所，並且5個集中於博山、章邱地區。[12]再加上特許的擁有多所煤礦的魯大公司，日人在山東煤業勢力日益彭脹。其勢力雖曾於1928年因國民革命軍北伐而一度退縮（如旭華公司讓中國人獨自經營），但魯大公司和山東礦業會社意欲掌握膠濟鐵路沿線煤田，配合著滿鐵與大倉財閥在東北和山西一帶的相關活動，日本對中國煤業的影響不可謂不鉅大，遠非中國本身或其他列強所能及。

五、結　論

在液體燃料和氣體燃料尚未出現或普及之前，煤炭是最主要的工業燃料，和交通運輸工具（鐵路、輪船）的原動力。日本自明治維新以來，由於施行殖產興業政策，近代工業迅速發展，對於燃料煤的需求比以前增加甚多，積極開採的結果，不但能供給本國，並有輸出餘力。而日本煤炭中的60%—70%是一般燃料用的普通

---

[12] 王錫賓，〈調查山東膠濟沿線礦業報告書〉，收於《山東、魯大礦業公司》，1929年，中央研究院近代史研究所庋藏的實業部檔，編號17-24-02-5-（1）；淄博礦務局、山東大學編，《淄博煤礦史》（濟南：山東人民出版社，1985），頁118-121，頁162-165。

煤質，能適用於製鐵業和化學工業的強黏結性，含灰成分少的煤炭並不多，亦缺少海軍軍艦所需要的無煙煤。二十世紀初期日俄戰爭的勝利，帶給日本經濟空前的好景氣，於是大礦業資本不僅壟斷國內九州、北海道等地的優良龐大礦區，更欲開拓海外煤礦，著眼於朝鮮北部和中國華北與東北的煤礦。

日本意圖控制亞洲煤生產以掌握燃料資源時，處於競爭狀態的各商社可以合作，政府、財閥和軍方成為三位一體的行動者。中國北洋政府和地方軍閥也變成利益的結合者，在後者的合作下，前者進行對華北煤業的資本輸出。這種投資行為在中日戰爭期間蛻變成其統制的特徵。在此統制經濟體制之下，財閥雖仍繼續供給資金，但已不復扮演往昔「尖兵」的角色，亦非國家資本輸出的中介者，只不過是一群被擺布的棋子而已。

表 1. 戰前日本對華礦業投資表（債務者別）

債 務 者	借 款 名	件數	總金額（日圓）
大新大興公司	江蘇省大新大興公司借款	1	5,000,000.00
大源公司	山西省大源公司借款	1	10,000.00
大豐煤務公司	湖南省大豐煤務公司借款	1	63,000.00
山東省振華礦務公司	山東省振華礦務公司借款	1	33,083.00
于沖漢	奉天省振興礦務公司—于沖漢借款	1	70,000.00
弓張嶺鐵礦公司	奉天省弓張嶺鐵礦公司借款	2	1,468,686.00
中央政府	興亞公司借款	1	5,000,000.00
中和興業公司	奉天省中和興業公司借款	1	26,174.00
天寶山銀銅礦公司	吉林省寶山銀銅礦公司借款	1	719,619.00
本溪湖煤鐵公司	奉天省本溪湖煤礦鐵公司公司債	2	2,120,000.00
正豐煤礦公司	直隸省正豐煤礦公司借款	1	1,500,000.00
民康公司	北京民康公司借款	2	1,500,000.00
同寶公司	同寶公司經費借款	1	342,900.00
安平炭礦公司	安平炭礦公司借款	1	3,000.00
安徽省福民利民公司	安徽省福民利民公司借款	2	3,579,348.00
朱五丹	山東省朱五丹借款	2	580,000.00
江西省余干官礦局	酒西省余干官礦局借款	1	50,000.00
老頭溝公司	吉林省老頭溝煤礦公司借款	2	1,259,975.00
西沙群島實業公司	廣東省西吵群島實業公司借款	1	897,289.00

志記和記銻礦精煉廠	湖南省志記和記銻礦精煉廠借款	2	311,340.00
周文貴	關東州周文貴借款	3	344,000.00
直隸省政府	直隸省借款（三井關係）	1	1,000,000.00
直隸省龍煙鐵礦公司	直隸省龍煙鐵礦公司借款	1	61,049.00
邵獻之	春天省邵獻之借款	2	60,000.00
長城煤礦鐵路公司	天津長城煤礦鐵路公司借款	1	4,400,000.00
阿親王	蒙古博王府阿親王借款	2	160,000.00
保原興記和天寶和	奉天省保原興記及天寶和借款	1	150,000.00
韋明	湖南省韋明借款	1	111,000.00
孫寶琦	江蘇省孫寶琦借款	1	125,977.38
徑縣炭坑外3者	徑縣炭坑張福生外3口借款	1	206,000.00
振興鐵礦公司	奉天省振興鐵礦公司借款	2	10,768,000.00
泰記號張福生	安徽省泰記號張福生借款	2	144,370.00
張福生	安徽省張福生借款	1	70,628.00
盛宣懷遺族	盛宣懷遺族借款	1	180,000.00
富樂錳礦公司	江西省富樂錳礦公司借款	1	163,940.00
復興煤礦公司	奉天省復興煤礦公司借款	2	44,704.00
湖南省督軍	湖南省水口山借款（鉛礦石代）	4	5,40,000.00
華寧公司	南京華寧公司借款	1	1,467,450.00
開源礦務公司	湖南省長沙開發源礦務公司借款	1	255,000.00
集成百煉煤礦公司	江西省集成百煉煤礦公司借款	1	11,720.00
順濟礦業公司	上海順濟礦業公司借款	1	428,800.00
裕繁公司	安徽省裕繁公司借款	1	2,500,000.00
裕繁鐵礦公司	安徽省裕繁鐵礦公司借款	6	8,491,724.00
漢冶萍公司	漢冶萍公司借款	15	161,965,699.82
興湘公司	湖南省興湘公司借款	1	153,300.00
錦西煤礦公司	奉天省錦西煤礦公司借款	1	不明
謝重齋	湖南省長沙謝重齋	1	450,000.00
齊爕元	北京齊爕元借款	1	222,280.00
豐記公司	湖南省豐記公司借款	1	70,000.00
譚啟瑞	湖南省湖南礦山借款	1	55,493.00
饒孟仁	江西省余干官礦局借款	1	50,000.00
合　計		87	224,203,549.20

資料來源：國家資本輸出研究會編，《日本の資本輸出—對中國借款の研究》
　　　　　（東京：多賀出版株式會社，1986），頁274-285。

表2. 戰前日本對華礦業投資分類表（金額別）

金　額　（日圓）	件數	百分比
10,000 以下	2	4
10,001~100,000	13	26
100,001~500,000	16	32
500,001~1,100,000	4	8
1,000,001~5,000,000	11	22
5,000,001~10,000,000	2	4
10,000,001~100,000,000	1	2
100,000,001 以上	1	2
合　　　　　　計	50	100

註：有1年投資金額不明。

資料來源：國家資本輸出研究會編，《日本の資本輸出―對中國の借款研究》
（東京：多賀出版株式會社，1986），頁 274-285。

表3. 戰前日本對華礦業投資表（債權者別）

債　權　者	件數	金　額	所佔比例
三井財閥	4	6,097,348.00	2.72%
三菱財閥	2	124,049.00	0.06%
大倉財閥	13	12,528,470.00	5.59%
中日實業	19	12,284,662.00	5.48%
古河合名	8	1,187,381.00	0.53%
台灣銀行	1	180,000.00	0.08%
安川敬一郎	3	2,552,000.00	1.14%
南滿州鐵道會社	14	21,214,280.00	9.46%
高木合名	3	155,493.00	0.07%
高田商會	1	80,000.00	0.04%
橫濱正金銀行	12	55,039,677.00	69.15%
興亞公司	1	5,000,000.00	2.23%
日本興業銀行	1	3,000,000.00	1.34%
興源公司	4	3,862,900.00	1.72%
齋藤硫曹製造所	1	897,289.00	0.40%
統　　　　　計	87	224,203,549.20	100%

資料來源：國家資本輸出研究會編，《日本の資本輸出―對中國の借款研究》
（東京：多賀出版株式會社，1986），頁 274-285。

「格義」與六朝《周易》義疏學
—— 以日本奈良興福寺藏《講周易疏論家義記殘卷》為中心 ——

馮錦榮

1. 何謂「格義」？

1.1 竺法雅與「格義」之法

「格義」是中國學者企圖融合印度佛教和中國思想的一種方法。[①]「格義」之法，創於西晉時僧人竺法雅。竺法雅，河間人，與釋道安（312-385）同學於西域僧人佛圖澄，後立寺於高邑。梁釋慧皎（497-554）《高僧傳》卷四〈竺法雅傳〉說：

> 竺法雅，河間人，凝正有器度，少善外學，長通佛義，衣冠士子，咸附諮稟，時依[雅]門徒，並世典有功，未善佛理。雅乃與康法朗等，以經中事數，擬配外書，為生解之例，謂之「格義」。及毗浮（Vibhu）、曇相等，亦辯格義，以訓門徒。雅風采灑落，善於樞機。外典、佛經，遞互講說。與道安、法汰，每披釋湊疑，共盡經要。[②]

[①] 關於「格義」的研究，詳參陳寅恪（1890-1969）：〈支愍度學說考〉，氏著：《金明館叢稿初編》（上海：上海古籍出版社，1980 年），141-167 頁；Tang Yung-Tung（湯用彤，1893-1964), "On 'Ko-Yi', the Earliest Method by which Indian Buddhism and Chinese Thought were Synthesized", William Ralph Inge (1860-1954) ed., *Radhakrishnan : Comparati e Studies in Philosophy Presented in Honour of His Sixtieth Birthday* (New York: Harper & Brothers, Publishers, 1951), pp.276-286; 湯用彤：〈論「格義」——最早一種融合印度佛教和中國思想的方法〉，氏著：《理學·佛學·玄學》（北京：北京大學出版社，1991 年），282-294 頁，又見氏著：《湯用彤全集》（石家莊：河北人民出版社，2000 年）第五卷，231-242 頁；Tsukamoto Zenryū（塚本善隆，1898-1980), *A History of Early Chinese Buddhism: From Its Introduction to the Death of Hui-yüan* (Leon Hurvitz translated, Tokyo: Kodansha International Ltd., 1985), pp.294; 林傳芳：〈格義佛教に關する二、三の問題〉，《印度學佛教學研究》（東京）17 卷 1 期（1968 年），144-145 頁；同氏：〈格義佛教思想之史的展開〉，《華岡佛學學報》1 卷 2 期（1972 年），45-96 頁；張恒壽：〈六朝儒經注疏中之佛學影響〉，氏著：《中國社會與思想文化》（北京：人民出版社，1989 年），389-

這裏所說的「格義」，「格」者，有比配或度量之意。「格義」，大抵是以中國思想比擬配合佛書中的概念，以使人易於瞭解佛學的一種方法。「事數」又是甚麼呢？《世說新語·文學》說：

> 殷中軍（即指殷浩）被廢，徙東陽，大讀佛經，皆精解，唯至事數處不解。（原注：事數，謂若五陰[panca-skandhahs]、十二入[dvadasa-āyatands]、四諦[arya-satyanis]、十二因緣[dvadasa-pratītyasamutpādas]、五根[panca-indriyas]、五力[panca-balanis]、七覺[sapta-bodhyangas]之屬。）遇見一道人，問所籤，便釋然。[3]

原始佛教從釋迦牟尼的時代開始就強調分析「諸法」(Dharmas)。因此，在佛教的典籍中，都可以看到各種對人生和宇宙的名相範疇進行分析。這些分析的結果，就是所謂「法數」(categories of the Dharmas)，或稱「事數」。事實上，從漢末以降，講佛經已多依事數；到竺法雅、康法朗等講解佛經時，更進而系統地以經中事數(scriptural categories) 擬配（比配）中國思想概念，再以「子注」之例給佛徒講授。[4]竺法雅年輕時已熟習外典，年長以後更精通佛理，可說是最有資格以內典和外典進行相互比配以至研究的佛教學者。但他的門徒卻「並世典（按指中國固有的思想學問）有功，未善佛理」，則善誘之方，應在使門徒治世典以悟入佛理，所以

---

410 頁；（日）伊藤隆壽 (ITO Takatoshi)：〈格義佛教考——初期中國佛教の形成——〉，《東洋學報》（東京），71 卷 1、2 號（1989 年 12 月），57-89 頁；又參氏著：《中國佛教の批判的研究》（東京：大藏出版，1992 年），125-156 頁；徐民和：〈融通儒釋道之濫觴的六朝「格義」〉，《孔子研究》1991 年 4 期，54-57，73 頁；陸世全：〈試論「格義」在佛教與中國文化融合過程中的作用〉，《安徽大學學報》1993 年 2 期，37-42，48 頁；李幸玲：〈格義新探〉，《中國學術年刊》（台北）18 期（1997 年），127-157 頁；蔡振豐：《魏晉佛學格義問題的考察——以道安為中心的研究——》（臺灣大學中文研究所博士論文，1998 年 7 月）；劉立夫：〈論格義的本義及其引申〉，《宗教學研究》2000 年 2 期，76-82 頁；李志夫 (1929-)：《中印佛學比較研究》（北京：中國社會科學出版社，2001 年），291-293 頁。

② （梁）慧皎撰·湯用彤校注：《高僧傳》（北京：中華書局，1992 年），152-153 頁；又見《湯用彤全集》第六卷，127-128 頁。

③ 徐震堮：《世說新語校箋》（北京：中華書局，1984 年），131 頁。

④ 榮按：「為生解之例」一語，有不同的理解。陳寅恪〈支愍度學說考〉一文認為「生解」一詞可能是指夾注小字，即「子注」；又參見氏著：《陳寅恪集·讀書札記三集》（北京：三聯書店，2001 年）〈高僧傳初集之部〉「晉高邑竺法雅」條，94-98 頁。湯用彤〈論「格義」〉一文則把「生解」釋為「為了提高弟子們的充分理解，[自然]會舉出很多的事例。」現採陳寅恪說。

竺法雅用「格義」之法,「外典、佛經,遞互講說」。除竺法雅外,康世朗、道安、法汰皆是兼通內學和外學的僧人,他們講「格義」,是可以想見的。

竺法雅講「格義」時的具體情況,史無可徵。然而在漢晉之際的佛書中,用中國傳統思想中的「五行」概念來解釋印度「四大」(Mahābhūtas) 的觀念已很常見。因此,我們可以推說:可能在漢至三國時期,許多佛教的觀念已用這種格義擬配之法來解釋。如長安慧睿法師《喻疑論》中言及「格義」一段,亦頗可注意。

> 昔漢室中興,孝明之世,……當是像法之初。自爾以來,西域名人安侯之徒,相繼而至。大化文言,漸得淵照邊俗,陶其鄙俗。漢末魏初,廣陵、彭城二相出家,並能任持大照,尋味之賢,始有講演,而恢之以格義,迂之以配說。⑤

在此,「格義」與「配說」,當指同一種方法。

1.2 「格義」方法的起源

關於「格義」方法的起源,似可從兩方面加以討論。

首先,可從漢代思想看出「格義」的模式。在宇宙生成系列的系統性與構成統一性上,西漢儒家或道家學派喜歡將概念與概念相比配,如董仲舒(公元前197-公元前104)、京房(公元前77-公元前37)、孟喜、和劉安(公元前179-公元前122)都較多地借用古代哲學如陰陽家和黃老學派的思想——應用陰陽的二元原理 (the dual principles),與五行、四時、五音、八卦、八方、十二月、十二律、十天干、十二地支、十二辟卦、二十四節氣、七十二候等等成對地配合。到了西晉,出入於玄、儒、釋的學者仍襲用這種方式的學問及其思想方法,以講授經典。竺法雅和他的合作者也沒有放棄舊的漢代思想的模式。⑥

其次,「格義」方法的起源可能跟漢季時期佛學研究的性質有關係。漢桓帝

---

⑤ (梁) 釋僧祐:《出三藏記集》(蘇晉仁、蕭鍊子點校,北京:中華書局,1995年) 卷五,234頁。

⑥ 湯用彤:《漢魏兩晉南北朝佛教史》上冊 (北京:中華書局,1983年),第五章〈佛道‧漢晉講經與注經〉,80-83 頁;又見《湯用彤全集》第一卷,85-89 頁。

時，安息國僧人安清（字世高，安息王嫡后之子）來華，於洛陽譯經，譯出《安般守意經》（按，關於禪觀）、《陰持入經》（按：關於法數）、大小《十二門經》、《百六十品經》和撰有《阿含口解經》、《四諦經》、《十四意經》、《九十八結經》等。安世高的學問，釋道安（314-385）嘗言：

> 昔漢氏之末，有安世高者，博學稽古，特專《阿毗曇》(Skt.:Abhidharma; Pāli: Abhidhamma) 學。其所出經，禪數 (categories of the Dhyāna) 最悉。(〈《安般（守意經）》注序〉)

> 其所宣敷，專務禪觀。(〈《陰持入經》序〉)[7]

「阿毗曇」原意為「對法的解釋」或「關於法的議論」，亦多指「無上之法」（無上法、無比法）、「特別之法」（勝法、最勝法、增上法）。據上引文，可知安世高精於依據《阿毗曇》學中關於禪的「事數」或「法數」的系列次第再分部的安排方法（即所謂「本母」[mātrka] 安排）去講解佛經。如安世高所譯《陰持入經》的開首，即將佛法分成三部（下表作了部分省略）：

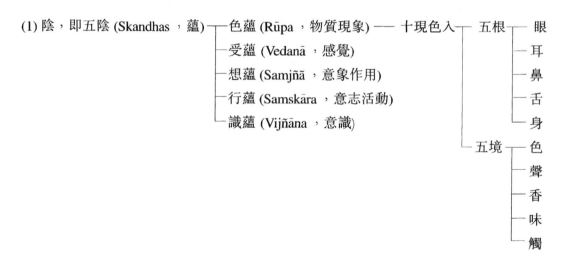

---

[7] 《出三藏記集》卷六，245 及 248 頁。關於道安對《阿毗曇》學的研究，參（日）宇井伯壽 (UI Hakuju, 1882-1963)：《釋道安研究》（東京：岩波書店，1956 年），79-83 頁；（日）松村巧 (MATSUMURA Takumi)：〈釋道安における佛教思想の形成と展開〉，《東洋文化》（東京大學），62 號（1982 年），61-98 頁。

(2) 持，即十八持 (Dhatus，界)

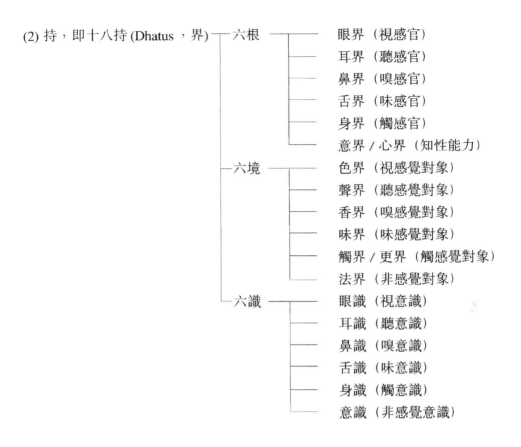

(3) 入，即十二入 (Ayatanas，處)

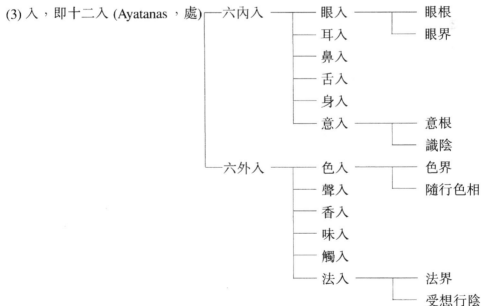

這便是漢季來華傳佛法的西僧們所慣常應用的方法。他們多按阿毗曇系統編排的方法，即一個接一個範疇（「事數」或「法數」），一分再分地依照印度課本所規定的，給中國佛徒進行口授。如三論宗創始人吉藏（549-623）《中觀論疏》卷十即載有關於外道或佛教內部其他宗派對「眼情」的多種不同解釋：

> 問：云何名於眼情？答：計於眼情凡有七種。一者，世俗之流，但云眼能見色，而不能窮究本末原由。二者，外道之人，云五塵生五大（按即地水火風空），五大成五根。但眼內火大偏多，故眼能見色。耳內空大偏多，故耳能聞聲。鼻根地大偏多，故鼻能聞香。舌根水大偏多，故舌能知味。身根風大偏多，故身能覺觸。意根既是心識，非五大所成。若是肉心，為地大所成也。三者，復有外道，謂但以一塵成一大，如色塵成火大，而火大成眼根，故眼能見色。聲塵成空大，空大成耳根，故耳能聞聲。味塵成水大，水大成舌根，故舌能知味。香塵成地大，地大成鼻根，故鼻能聞香。觸塵成風大，風大成身根，故身還覺觸。四者，《毗曇》人云，眼耳鼻舌四根，為十微共成。謂地水火風色香味觸，及眼根為九，而此眼根附著身根，故有十微。身根但有九微，無眼等四根。故論偈云，極微在四根。十種應當知。身根九餘八，謂在有香地。（五）者，《成實論》(Satyasidhiśāstra，鳩摩羅什 [Kumārajīva, 344-413] 於後秦姚興弘始八年 [406] 或十三年 [411] 漢譯) 云，四微成四大，四大成五根，五根是假名，無有實體。就三假辨者，四微是法假，五根為受假，眾生是名假。六者，犢子部 (Vātsīputrīya) 云，四大和合成眼，別有眼體異於四大。上來六部並云有眼。第七，方廣道人 (Vaipulya) 云，但見四大，無別總眼。總眼既大，亦無四大。故一切法空。……依《成實（論）》義，眼色和合生於眼識，識生想，想生受，受生行，次第取假實境。[8]

對「格義」之學別有體會的道安，雖曾於東晉穆帝永和七年（351）在山西飛龍山批評「先舊格義，于理多違」[9]，但他在融合《老》《莊》之說以解佛理時，亦襲用「格義」之法。道安《〈安般（守意經）〉注序》云：

> 安般者，出入也。道之所寄，無往不因；德之所寓，無往不託。是故安般寄息以成守，四禪寓骸以成定也。寄息故有六階之差，寓骸故有四級之別。階

---

[8] 吉藏：《中觀論疏》(台北：佛教出版社，1977年景印民國三年[1914]金陵刻經處本)，卷十,3頁下-4頁下、17頁下。又見《中觀論疏》(《大正新修大藏經》[東京：大正一切經刊行會，大正13 (1924) 年-昭和7年（1932)] 第42冊)，卷十，128頁上-129頁上、132頁中。

[9] 《高僧傳》卷五〈僧先傳〉，194-195頁；又見《湯用彤全集》第六卷，159-160頁。

差者，損之又損之，以至於無為；級別者，忘之又忘之，以至於無欲也。無為故無形而不因，無欲故無事而不適。無形而不因，故能開物，無事而不適，故能成務。成務者，即萬有而自彼。開物者，使天下兼忘我也。[⑩]

「安般」是梵語 anapana 的音譯。而 ana 是入息，吸之意；而 apana 是出息，呼之意。這裏的「安般守意」是講述有關禪定的修行法。「六階」是數息觀中「數」(ganana)、「隨」(anugama)、「止」(sthana)、「觀」(upalaksana)、「轉」(vivartana)、「淨」(parisuddhi) 等六個階序。「四級」是指第一禪、第二禪、第三禪、第四禪；而第一禪是從不淨觀開始的。歷經「階差」和「級別」，可達至「無欲」、「無為」。「無欲」「無為」二語皆出自《老子》，同時也指佛教的「涅槃」。「開物」「成務」二語出自《易‧繫辭傳》。據此，可知道安運用《老子》、《易經》二玄的句語比配以說禪定之法。[⑪]道安高弟廬山釋慧遠（334-416）亦襲用乃師之法，引《莊子》義以助解客難「實相」義。《高僧傳》卷六〈釋慧遠傳〉載：「年二十四，便就講說。嘗有客聽講，難實相義。往復移時，彌增疑昧。（慧）遠乃引《莊子》義為連類，於惑者曉然。是後安公特聽慧遠不廢俗書。」

1.3「都講」之制

此外，漢代儒家經師講經立「都講」之制。《後漢書‧侯霸傳》載「（霸）篤志好學，師事九江太守房元，治《穀梁春秋》，為元都講。」[⑫]又同書〈楊震傳〉亦載「有冠雀銜三鱣魚，飛集講堂前，都講取魚進。」[⑬]晉初佛家講經，亦有「都講」之人，《世說新語‧文學》載「支道林、許掾諸人共在會稽王齋頭。支為法師，許為都講。」[⑭]。蕭子顯（489-537）〈敍御講《般若經》義疏并問答〉載梁武帝（蕭衍，464-549，502-549 在位）於中大通七年（535）二月二十六日親幸同泰寺發講《金字摩訶般若波羅蜜經》，時枳園寺法彪為都講。[⑮]一般而言，佛家講經之制，南倡者為都講，北居者為法師，謝靈運（385-433）《山居賦》自注即記：

眾僧冬夏二時坐，謂之安居，輒九十日。眾遠近聚萃，法鼓頌偈華香四種，是齋講之事。析說是齋講之議。乘此之心，可濟彼之生。南倡者都講，北居者法

---

⑩《出三藏記集》卷六，244-245 頁。

⑪ 拙作：〈佛典の翻譯——特に中國思想からみた道安の佛典研究をめぐって〉（日本京都大學中國哲學史研究室研究報告，1986 年未刊稿），15 頁。

⑫（宋）范曄：《後漢書》（北京：中華書局，1965 年）卷二十六〈侯霸傳〉，901 頁。

⑬《後漢書》卷五十四〈楊震傳〉，1759-1760 頁。

師。山中靜寂，實是講說之處，兼有林木，可隨寒暑，恆得清和以為適也。[⑩]

而「都講」之制，似與按法教或事教（即範疇，Categories）教學的方法有關。

2. 從日本奈良興福寺藏《講周易疏論家義記殘卷》看六朝《周易》義疏學的發展

2.1 日本奈良興福寺藏《講周易疏論家義記殘卷》的流傳經過

從《講周易疏論家義記殘卷》（以下略稱《義記》） 現存部分觀之，其「咸卦」條題作「講周易疏論家義記釋咸第十」，知《義記》為書名。惟《義記》的鈔寫以至流傳經過則不易明瞭。日人狩野直喜 (KANO Naoki, 1868-1947) 〈《講周易疏論家義記殘卷》跋〉有扼要的敘述：

> 舊鈔本《講周易疏論家義記》、《經典釋文·禮記釋文》殘卷，奈良興福寺所藏。相傳二書東大寺舊物，天祿（970-972）、寬弘（1004-1011）間，興福寺有僧真興者，淹通釋典，尤通因明，著有《四種相違義斷略記》一卷、《因明纂要略記》一卷，後人合編，題曰《因明相違斷纂私記》，一時風行，紙價為貴。偶東大寺僧某欲寫之，即出所藏舊鈔二書，裁割卷子，顛倒表裏，裝作一冊，逐錄其上，是以《釋文》每葉兩邊失一、二行。後以真興故為興福寺所收，傳至今日云。夫《講周易疏論家義記》，隋、唐二志，佐世書目（按

---

⑭ 《世說新語·文學》，123頁。關於「都講」之制及其發講儀式，可參牟潤孫（1908-1988）：〈論儒釋兩家之講經與義疏〉，氏著：《注史齋叢稿》（北京：中華書局，1987年），239-302頁，特別是 260-266 頁。

⑮ （唐）道宣（596-667）：《廣弘明集》（上海：上海古籍出版社據宋磧砂版大藏經本景印，1991年）卷十九，243-246頁。

⑯ 謝靈運：《謝康樂集》（明萬曆年間焦氏刊本）卷一，17頁上。關於謝靈運參與佛教講經會的活動，參（日）荒牧典俊 (ARAMAKI Noritoshi, 1936-)：〈南朝前半期における教相判釋の成立について〉，（日）福永光司 (FUKUNAGA Mitsuji, 1918-) 編：《中國中世の宗教と文化》（京都市：京都大學人文科學研究所，1982年），293-413頁，特別是 381-384頁；（日）鵜飼光昌 (UKAI Mitsuaki, 1957-)：〈謝靈運と維摩經〉，荒牧典俊編：《北朝隋唐中國佛教思想史》（京都：法藏館，2000年），89-122頁。

即藤原佐世[FUJIWARA no Sukeyo]《日本國見在書目錄》)以下未見著錄，實為天壤間孤本。《釋文》則鈔本之先於宋刻者，以予所知，近年敦煌石室所出，僅有《周易》及《尚書》殘卷，今併之而三，亦足以稱驚人祕笈，而均埒於真興書而傳，則抱殘守缺，彼徒亦不為間接無功經籍，未得以妄割裂舊書為詬病也。⑰

根據日本學者藤原高男 (FUJIWARA Takao) 對《義記》所進行的版本研究，約在日本平安時代後期（11-12世紀）一條天皇（986-1011在位）寬弘七年（1010），奈良東大寺三論宗沙門宿夐為了鈔寫興福寺學僧釋真興的《四種相違義斷略記》(鈔本題作「因明四種及二相纂略記一卷」「因明義斷略記一卷」)，把原是卷子本《講周易疏論家義記》、《禮記音義》裁割顛倒，合成一冊。⑱《講周易疏論家義記》、《禮記音義》遂成為「紙背文書」而未被人知曉。直至後土御門天皇長享二年（1488）十月中旬，才被三論宗沙門英憲因修補文書而發現。卷前有「傳領蓮乘院經庫藏」的識語(按，蓮乘院約建於天文二十四年[1555]至天正元年[1573]之間)和享保三年（1718）「花入宗沙門性穴」[疑即華嚴宗沙門性空（《舍利講式》、《三論宗論義》等文書上有花押)]的署名。享保三年以後，《講周易疏論家義記》才為興福寺所收，直至現在。1935年，《講周易疏論家義記》被影印收入《京都帝國大學文學部景印舊鈔本第二集》之中。1955年，《講周易疏論家義記》被送到奈良正倉院修理，並恢復其原來為卷子本的面貌（縱9吋3分，長62呎）。

2.2 《講周易疏論家義記殘卷》的內容

關於此書內容，狩野直喜〈《講周易疏論家義記殘卷》跋〉謂：

> 此書存〈釋乾〉、〈釋噬嗑〉、〈釋賁〉、〈釋咸〉、〈釋恒〉、〈釋遯〉、〈釋睽〉、〈釋寒〉、〈釋解〉，凡九卦，而〈釋咸〉條題曰：「講周易疏論家義記釋咸第十」，知即書名，而卷數與撰人名氏則不可得而知矣。但見其獨詳於〈釋乾〉，〈噬嗑〉以下則轉為簡略，一書之體，不應如此，疑係節錄，

---

⑰ 狩野直喜：〈《講周易疏論家義記殘卷》跋〉，《京都帝國大學文學部景印舊鈔本第二集·第一種講周易疏論家義記殘卷》(京都：京都帝國大學文學部，昭和十年[1935])，1頁。

⑱ 藤原高男：〈《講周易疏論家義記》における易學の性格〉，《漢魏文化》(東京)，1號（1960年），42-43頁；又氏著：〈江南義疏家の二派に關する一考察〉，《日本中國學會報》，12集（1960年），17-31頁。

非其全本。又鈔胥無識，文字訛奪，無行無之，其難讀甚於《釋文》，是可惜也。此書釋義分設科段，布置詳整，如網在綱，有條不紊，頗類釋家疏論體，而書中往往用佛經中語。[19]

據筆者詳細查考，《義記》中的科段條目共158條，其中釋乾（包括爻辭、彖傳、象傳、文言傳合共94條）、噬嗑（3條）、賁（2條）、咸（17條）、恒（18條）、遯（1條）、睽（3條）、蹇（8條）、解（4條）等九卦的科段條目共150條。此外，《義記》又引用〈中孚〉（1條）、〈繫辭傳〉（15條）、〈序卦傳〉（6條）、〈雜卦傳〉（1條）、「京房」（1條）、「鄭玄注」（1條）、「王弼注」（7條）、「韓康伯注」（1條）、《周易略例》（2條）、《子夏傳》（5條）、「馬融」（1條）、「沈居士[沈麟士？]」（2條）、「劉先生[劉瓛？]」（3條）、「朱仰之」（1條）、「僕射[周弘正？]」（7條）。至於引用「道經／老子」、「莊子」及釋家語也不在少數。

2.3 《講周易疏論家義記殘卷》中所見六朝《周易》義疏學

2.3.1 孔疏「住內住外之空，就能就所之說」究何所指？

六朝人對《周易》、《論語》、《禮記》三書頗有研究，並為之作注疏。除皇侃《論語義疏》一書較通行外，六朝人的注疏各散見於唐李鼎祚《周易集解》、孔穎達（574-648）《周易正義》、《禮記正義》中。而其間與佛理比附最多者，亦多被刊落，無由考尋。孔穎達《周易正義・序》云：

> 江南義疏，十有餘家，皆辭尚玄虛，義多浮誕。原夫《易》理難窮，雖復玄之又玄，至於垂範作則，便是有而教有。若論住內住外之空，就能就所之說，斯乃義涉於釋氏，非為教於孔門也。既背其本，又違於注。[20]

又《禮記正義・序》云：

> 爰從晉宋，逮於周隋，其傳禮業者，江左尤盛。其為義疏者，南有賀循、賀瑒、庾蔚之、崔靈恩、沈重、范宣、皇甫侃等，北人有徐遵明、李業興、李

---

[19] 狩野直喜：《講周易疏論家義記殘卷》跋〉，1頁。

寶鼎、侯聰、熊安生等。其見於世者，唯皇、熊二家而已。熊氏違背本經，多引外義，猶之楚而北行，馬雖疾而去愈遠矣。[20]

以上兩段説話中，「住內住外」、「就能就所」都是佛學術語，其義不易明。[22]而「多引外義」是從儒家立場來説佛家，故指佛學為外義。《講周易疏論家義記殘卷》「第三釋結義」：

> 論曰：太易無外，故能生乾坤；有內，故能生萬法之象。可謂能生之理，必因自生之業。自生之業，必因能生之功。故自生之生，亦非自生所生，能生之能，承永非能生之能，並無宰主。因曰：無為本無生理，何物因生？[23]

《講周易疏論家義記殘卷》「乾卦第五釋文言三重／第一釋名／第二釋體／第三釋四番釋文（言）義」中的「第二釋體」先引京房，繼引王弼，末引「劉先生」：

> 第二釋體。案此文言釋義四番。京房云：「第一説德，第二説位，第三説氣，第四頌德。」即法四時也。王注云：「第一令以天氣明之」[榮按，王弼《周易注》〈乾卦‧文言傳〉「乾元用九，乃見天則」句云：「此一章全説天氣以明之也。」]前後二番，別無所言。劉先生云：「《乾文言》意，凡有四番：第一正解言下之旨，第二只明人事之狀，第三只明天明時之行，第四此旨妙深，復有蘊義，復為一章，總敘其致。故坤之文言，復如此例。」……今案《劉氏別

---

[20] （唐）孔穎達：〈《周易正義》序〉，《周易正義》[單疏本]（北平人文科學研究所 1935 年冬景印傅增湘雙鑑樓藏南宋監本），2 頁下；又見阮元校刻：《十三經注疏》（北京：中華書局，1980年），6 頁。

[21] 孔穎達：〈《禮記正義》序〉，《十三經注疏》，1222 頁。

[22] 參（日）吉川忠夫 (YOSHIKAWA Tadao, 1937-)：〈六朝末隋唐初の儒林と佛教〉，荒牧典俊編：《北朝隋唐中國佛教思想史》，427-455 頁，特別是 430 頁。榮按，關於「住內住外」，《涅槃經》卷十七〈梵行品〉有「十一空」的説法，即「內空、外空、內外空、有為空、無為空、無始空、性空、無所有空、第一義空、空空、大空」；唐玄奘譯《大般若波羅密多經》亦有「住內空」的説法。至於「就能就所」，《成唯識論》有言：「用為能相，體為所相」。王夫之：《尚書引義》（王孝魚點校，，北京：中華書局，1962 年）卷五〈召誥無逸〉云：「夫『能』、『所』之異其名，釋氏著之，實非釋氏昉之也。其所謂『能』者即用也，所謂『所』者即體也，漢儒之已言者也。所謂『能』者即思也，所謂『所』者即位也，《大易》之已言者也。所謂『能』者即

錄》自有其次：第一依文釋德／第二因配釋人／第三案氣釋天道／第四別章廣結／就第一番又判七重，前釋卦德後明六爻／又就第一釋辭又判二分／前釋四德／後明聖行／就前四德隨次四段／　第一釋元德者，謂「元者，善之長也。」《子夏傳》曰：「元，大德資生之理。」理開於無，無之為善，眾善之肇，故云善之長也。然則元是理性之始，遍通萬象，元為之善，故云善之長也。　　第二釋亨德者，謂「亨者，嘉之會也。」《子夏傳》曰「亨，通也，萬物資始。」自體能通所通之法，亨理相會，故亨者嘉之會也。且無生那得通，無通那得生，能所生，冥會誠嘉之理，故言嘉之會也。……第二別釋聖行，凡有四勾，境有四德，故聖有四智。第一釋仁／第二釋禮／第三釋義／第四釋貞　　第一君子體仁，是以長久。仁主東方，德配生育，是謂即目賢者之境也。……第二嘉會，是以合禮。禮主南方，德配盛長，禮別尊卑，樂和其正，心是賢者之境也。……問：境智冥會，本自相即，何故別稱相配耶？答：五常之性，性在理中……故答陳境智之狀，使會無異之旨耳。[24]

合以上兩段文字觀之，約有三點值得注意：

(1) 孔穎達所言「住內住外之空」、「就能就所之說」，可以在《義記》中找到具體的印證，如云：「太易無外，故能生乾坤；有內，故能生萬法之象。」或云：「能生之理，必因自生之業。自生之業，必因能生之功。故自生之生，亦非自生所生，能生之能，承永非能生之能，並無宰主。」或「劉先生」《劉氏別錄》云：「能通所通之法，亨理相會……能所生，冥會誠嘉之理。」

　　榮按，《義記》說「能生之理」、「能生之功」、「能生之能」、「自生所生」、「能所生」，也許受當時研治大乘中觀學派 (Mādhyamika) 論典「三論」——《中論》偈頌（又稱《根本中頌》[Mūla- Madhyamaka-kārikā]，龍

己也，所謂『所』者即物也，《中庸》之已言者也。」(122 頁) 又今人郭文夫嘗從比較哲學的立場討論「住內住空」之說，參氏著：〈從佛學精神評論孔穎達《周易正義·序》之誤謬〉（上）（下），《哲學與文化》，10 期（1974 年 12 月），23-32 頁；11 期（1975 年 1 月），25-36 頁。
[23]《講周易疏論家義記殘卷》，1 頁下。

馮錦榮 「格義」與六朝《周易》義疏學　**125**

樹[Nāgāruna, 150-250?]撰、青目[Pingala]注，鳩摩羅什於後秦姚興弘始十一年（409）漢譯）、《百論》(Śataśāstra，龍樹弟子阿梨耶提婆[Āryadeva, 170-270?]撰，鳩摩羅什於弘始六年[404]漢譯)、《十二門論》(Dvādaśamūkha- śāstra，龍樹撰，鳩摩羅什於弘始十一年[409]漢譯)——之佛教學者的影響。[㉔]當中以建業興皇寺法朗(507-581)及其弟子三論宗創始人吉藏的佛教教義學說最具可能。法朗，本姓周，徐州沛郡人，梁大通二年（528）於青州出家，遊學建業，初從大明寺寶誌禪師學習各種禪法，兼聽本寺象律師講律典本文，後又往南澗寺僧仙受小乘佛典《成實論》，竹澗寺靖公受小乘佛典《毗曇論》，就攝山止觀寺僧詮法師（著有《二諦章》）受「四論」（即《大智度論》、《中論》、《百論》、《十二門論》）及大乘佛典《華嚴》、《大品般若》諸經，陳武帝（陳霸先，557-559在位，503-559）永定二年（558）奉敕入住建康興皇寺。[㉕]此後，法朗即專弘龍樹宗風，其學說散見於吉藏的著作中。

吉藏《三論玄義》卷下對佛教經、論的「能」說和「所」說互相交織的關係有縝密的闡釋：

> 次明經論能所絞絡有四句不同：一者，經能為論所，二者經所為論能，三者論能為經所，四者論所為經能。……次明經所為論能者，經所即是二諦（按指真諦[Paramārtha-satya]、俗諦[Samvrti-satya])，能發生論主二慧故。佛之二諦為能生，論主二慧為所生也。……次會四句為二句，經若能若所並是能資，論若能若所皆是所資。又論若能若所悉為能申，經若能若所悉是為所申。故合成一能一所也。次泯一句以歸無句，以能而為所，則能非定能，以所而為能，則所非定所。以能非定能，是則非能；所非定所，是則非所。故非能非所，非經非論，非佛非菩薩，不知何以目之，故稱正法，強名中實也。[㉗]

(2)《義記》中引述了「劉先生」及其《劉氏別錄》之解《易》方法。這位「劉先

㉔《講周易疏論家義記殘卷》，10頁上 -11頁上。

㉕（日）平井俊榮 (HIRAI Shunei，1930-)：〈三論教學の歷史的展開〉，氏監修：《三論教學の研究》（東京：春秋社，1990 年），iii-xxvii 頁。

13

頁 32 － 137

生」，狩野直喜認為是南齊劉瓛（434-489）。[26]《隋書經籍志》著錄劉瓛的《易》學著作有三種：《周易乾坤義疏》一卷、《周易繫辭義疏》一卷、《周易四德例》一卷，惟三書已亡佚。竊疑《劉氏別錄》所載，可能為劉瓛《周易乾坤義疏》或《周易四德例》中之佚文。清人馬國翰（1794-1857）《玉函山房輯佚書》、王仁俊（1866-1913）《玉函山房輯佚書續編》及今人黃慶萱《魏晉南北朝易學書考佚》諸書已盡搜尋劉瓛易學著作佚文，然終失收《義記》所引《劉氏別錄》所載劉瓛解《易·乾文言》之科段及有關《易》說，《義記》之價值不言而喻矣。[27]

(3) 劉瓛解《易·乾文言》之科段，與前述佛家「格義」按阿毗曇系統編排的方法——即一個接一個範疇，一分再分地展開具體的觀念闡述——有相近處。再者，劉瓛述「仁配東方」、「禮配南方」之相配，亦為當時釋家「格義」之通說。隋智顗（538-597）《仁王護國般若經疏》卷二引《提謂波利經》（榮按，《提謂波利經》乃北魏曇靖於 454-464 年間所作偽經）之文云：

提謂（即帝梨富婆 Trapusa）、波利（即跋梨迦 Bhallika）等問佛，何不為我說四、六戒？佛答：五者，天下之大數；在天為五星，在地為五嶽，在人為五臟，在陰陽為五行，在王為五帝，在世為五德，在色為五色，在法為五戒；以不殺配東方，東方是木，木主於仁，仁以養生為義；不盜配北方，北方是水，水主於智，智者不盜為義；不邪淫配西方，西方是金，金主於義，有義者不邪淫；不飲酒配南方，南方是火，火主於禮，禮防於失也；以不妄語配中央，中央是土，土主於信，妄語之人乖角兩頭，不契中正，中正以不偏乖為義也。[30]

---

[26] 湯用彤：《漢魏兩晉南北朝佛教史》上冊（北京：中華書局，1983 年），第十八章〈南朝《成實論》之流行與般若三論之復興〉「興皇法朗及其門下」，563-567 頁；又見《湯用彤全集》第一卷，567-571 頁。又參湯用彤：《隋唐佛教史稿》（《湯用彤全集》第二卷），121-127 頁；韓廷傑（1939-）：《三論宗通論》（臺北：文津出版社，1997 年），53 頁。

[27] 吉藏：《三論玄義》（《大正新修大藏經》第45冊），7頁上-8頁上；又參吉藏著，韓廷傑校釋：《三論玄義校釋》（北京：中華書局，1987 年），149-151 頁。

[28] 狩野直喜：《〈講周易疏論家義記殘卷〉跋》，2-3 頁。榮按，陳鴻森：〈《隋志》所載劉先生《尚書義》作者考〉一文亦主「劉先生」即「南齊劉瓛」，文載《中央研究院歷史語言研究所集刊》，69本4分（1998年12月），827-839 頁。

北齊魏收（507-572）纂修之《魏書·釋老志》云：「故其始修心則依佛、法、僧，謂之三歸，若君子之三畏也。又有五戒，去殺、盜、淫、妄言、飲酒，大意與仁、義、禮、智、信同，名為異耳。」顏之推（531-約590）《顏氏家訓·歸心篇》亦云：「內外兩教，本為一體，漸積為異，深淺不同。內典初門，設五種禁；外典仁義禮智信，皆與之符。」[29]

2.3.2《講周易疏論家義記殘卷》中所引釋氏三論學之「境──智」說

《義記》釋「彖辭」之科段頗用佛家三論學之「境（visaya）──智」說。《義記》「乾卦第三釋彖辭三重」云：

第三釋彖辭三重／第一釋名德／第二釋四德／第三釋聖人體此德／案第一釋名又判四重／第一釋名／第二釋歎名／第三釋成用／第四釋相冥／　第一釋名。「彖曰」。《繫辭》云：「彖者，言乎象者也。」王（弼）注云：「彖，言二象之材，而論四德之意。」[榮按，此條不見於王弼《周易注》及《周易略例》，疑為王弼《繫辭傳注》之遺文。]韓（康伯）曰：「彖總一卦之德。」然則彖別卦象之意，開釋象中之理者也。……（第二釋歎名。「大哉乾元」）……第三釋德成用。「萬物資始」。沖德無為，神功無為，神功無名，本自湛寂，體終絕始，但變化之理，生滅之象，直在涅內，脫無出外，故因物終始，強名元德，既假元名，復物資元，資元始之物，故言「萬物資始也」。……第四相即義。「乃統天」。理象曰乾，事狀言天。設名不同，理即無二，復有元德，別歎其美，故三物之體，容論有別耳。故今則不然，混而為一，何則？天是色相之名，陰陰為形；乾為窈冥之象，無窮為自。《道經》云：「窈冥則是冥

---

[29] 馬國翰：《玉函山房輯佚書》（上海：上海古籍出版社，1990年），253-254頁；王仁俊：《玉函山房輯佚書續編三種》（上海：上海古籍出版社，1989年），21頁；黃慶萱：《魏晉南北朝易學書考佚》（台北：幼獅文化事業公司，1975年），556-576頁。

[30] 智顗：《仁王護國般若經疏》（《大正新修大藏經》第33冊）卷2，260頁下-261頁上。湯用彤：《漢魏兩晉南北朝佛教史》下冊，第十九章〈北方之禪法、淨土與戒律〉「五戒十善人天教門」，583-588頁；又見《湯用彤全集》第一卷，604-609頁。關於《提謂波利經》，參（日）塚本善隆：〈支那の在家佛教特に庶民佛教の一經典──提謂波利經の歷史〉，氏著：《支那佛教史研究：北魏篇》（東京：弘文堂，1942年），293-353頁，又收入《塚本善隆著作集》（東京：大東出版社，1974年）第2卷，187-240頁；（日）牧田諦亮（MAKIDA Tairyo, 1912-）：《疑經研究》（京都：京都大學人文科學研究所，1976年），149-150頁；（日）鎌田茂雄（KAMADA Shigeo, 1927-）：《中國佛教史》（東京：東京大學出版會，1990年）第4卷《南北朝の佛教（下）》，〈北朝の疑經〉「提謂波利經」，193-203頁。

窈，恍惚則是惚恍。」[榮按，《老子》二十一章云：「道之為物，惟恍惟惚。惚兮恍兮，其中有象；恍兮惚兮，其中有物，窈兮冥兮，其中有精。」]《莊子》云：「天之蒼蒼，其正色耶？」[榮按，語出〈逍遙遊〉]……穆夜翻云：「積空成色耳。」……第二釋四德／正明亨德，隨次三重／第四釋相即義／第二釋亨（德）。「雲行雨施，品物流形」。……第三釋利德。「大明終始，六位時成」。……第四釋貞德。「時乘六龍以御天，乾德變化，各正性命」。……第五釋四德相即義。「保合太和，乃利貞」。……第六釋聖人體四法義。「首出庶物，萬國咸寧」。……今釋云：前明四德，如釋為境，今明智體，首出庶物耳。[32]

榮按，自齊、梁以來，小乘經系的《成實論》最為風行，實三論學的論敵。梁天監十七年（518），昭明太子蕭統（501-531）於宮內別立慧義殿，專為法集之所，招引各地名僧，談論不絕，對「二諦」、「法身」諸義，並有探討。蕭統《解二諦義令旨》即云：

> 二諦理實深玄，自非虛懷，無以通其弘遠。明道之方，其由非一，舉要論之，不出境智，或時以境明義，或時以智顯行。至於二諦，即是就境明義。[33]

此文收錄了當時二十三位分屬不同學派的學僧就蕭統所提「二諦」義的問答。[34]是時，精通《成實論》、《涅槃經》和《法華經》的光宅寺法雲（梁武帝家僧，後任大僧正，著《成實論義疏》42卷，467-529）的諮議如下：

> 光宅寺法雲諮曰：「聖人所知之境，此是真諦。未審能知之智，為是真諦，為是俗諦？」令答曰：「能知是智，所知是境。智來冥境，得言即真。」又諮：「有智之人，為是真諦？為是俗諦？」令答：「若呼有智之人，即是俗諦。」又諮：「未審俗諦之人，何得有真諦之智？」令答：「聖人能忘於俗，所以得有真智。」[35]

事實上，《成實論》師亦言「二諦」義，惟把「二諦」作為「理」、「境」加以把

---

[31] 魏收：《魏書》（北京：中華書局，1974年），3026頁；王利器：《顏氏家訓集解》（上海：上海古籍出版社，1980年），339頁。

握，謂「教行境也」。吉藏《大品經游意》卷六云：

> ……波若是智慧也。……《成（實）論》師云：謂教行境也。何者？教能詮智，智能照境，境能發智，此皆波若之緣，故總名波若。㊱

《成實論》師又以有為俗諦，無為真諦；說有屬非有非無之有，說無屬非有非無之無，故有是俗諦中道，無是真諦中道。㊲三論學者法朗對此批評甚烈。吉藏《二諦

㉜《講周易疏論家義記殘卷》，2頁下-7頁上。榮按，一般認為，王弼沒有注釋過〈繫辭傳〉。惟梁蕭子顯《南齊書》（北京：中華書局，1972年）卷五十四〈顧歡傳〉云：「歡口不辯，善於著筆。著《三名論》，甚工，鍾會《四本（論）》之流也。又注王弼《易》二〈繫〉，學者傳之。」（935頁）（日）內野熊一郎 (UCHINO Kumaichiro，1904-) 亦據梁蕭吉《五行大義》引王弼注而推測王弼撰有《繫辭傳注》，參見氏著：〈《弘決外典抄》の經書學的研究（一）〉，《日本學士院紀要》，8卷1號（昭和25[1950]年3月），131頁。夷考王弼《繫辭傳注》之遺文，除《講周易疏論家義記殘卷》本引文外，尚分見於六朝隋唐典籍之中。茲列如下：

1. 晉韓康伯《周易‧繫辭傳注》「憂悔吝者存乎介」引「王弼曰：憂悔吝之時，其介不可慢也。」（《王弼集校釋》[樓宇烈校釋，北京：中華書局，1980年]，539頁。）又「大衍之數五十，其用四十有九」引「王弼曰：演天地之數，所賴者五十也。其用四十有九，則其一不用也。不用而用以之通，非數而數以之成，斯《易》之太極也。夫无不可以无明，必因於有，故常於有物之極，而必明其所由之宗也。」（《王弼集校釋》，547-548頁。）

2. 梁蕭吉《五行大義》卷一〈論數‧論五行及生成數〉云：「《易》上繫曰：天數五，（王[弼]曰：謂一三五七九也。韓[康伯]曰：五奇也。）地數五，（王曰：謂二四六八十也。韓曰：五偶也。）五位相得，（王曰：五位，金木水火土也。）而各有合。（王曰：謂水在天為一，在地為六，六一合於北。火在天為七，在地為二，二七合於南。金在天為九，在地為四，四九合於西。木在天為三，在地為八，三八合於東。土在天為五，在地為十，五十合於中。故曰：五位相得而各有合。）」（[日]中村璋八[NAKAMURA Shohachi，1926-]：《五行大義校註》[東京：汲古書院，昭和59（1984）年]，20-21頁。）

3. 隋杜臺卿《玉燭寶典》卷十二云：「《周易繫辭》云：『五歲再閏，（故）再扐而後掛。』王輔嗣注云：『凡閏，六歲再閏，又五歲再閏，又三歲一閏；凡十九歲七閏，為一章。』」（清黎庶昌輯：《影舊鈔卷子本玉燭寶典》，《古逸叢書》[揚州：江蘇廣陵古籍刻印社據黎庶昌校刊本景印，1990年]第三冊，570頁。）

4. 唐楊士勛《春秋穀梁傳正義》卷五「莊公三年」正義引「王弼云：一陰一陽者，或謂之陰，或謂之陽，不可定名也。夫為陰則不能為陽，為柔則不能為剛。唯不陰不陽，然後為陰陽之宗；不柔不剛，然後為剛柔之主。故無方無體，非陰非陽，始得謂之道，始得謂之神。」（阮元校刻：《十三經注疏》，2381頁上段。）

義》卷中引法朗説：

> （故師）解云：「……次斷鄭二諦相待義。彈他釋非，顯山門正義。彈他者，凡彈兩人：一者彈《成（實）論》，二斥學三論不得意者。彈《成（實）論》者，彼釋俗諦審是浮虛，此解定非。今不將三論難彼不學三論聞三論不信，今將《涅槃》經文以彈之。」[38]

法朗嘗作《中論疏》（又名《山門玄義》）、《二諦疏》，由倡「無所得義」，而得「二諦是教」之旨。這正是三論學者與《成實論》師諍論的重點之一。[39] 如吉藏《二諦義》卷上引法朗手本《二諦疏》云：

> 次明二諦是教義。攝嶺（按指僧詮）、興皇（按指法朗）已來，竝明「二諦是教」。所以山中師手本《二諦疏》云：「二諦者，乃是表中道之妙教，窮文言之極說，道非有、無，寄有、無以顯道。理非一、二，因一、二以明理，故知二諦是教也。」[40]

吉藏《二諦義》卷上又説：

> 所以明「二諦是教者」有二義。一者為對他，二者為釋經論。為對他明二諦是境。[41]

---

[33] 梁蕭統著，俞紹初校注：《昭明太子集校注》（鄭州：中州古籍出版社，2001年），130頁。

[34] 詳參郭朋：《漢魏兩晉南北朝佛教》（濟南：齊魯書社，1986年），625-642頁。

[35] 梁蕭統著，俞紹初校注：《昭明太子集校注》，138頁。關於法雲在《成實論》師的學系中的位置，參任繼愈主編：《中國佛教史》第三卷（北京：中國社會科學出版社，1988年），410-422頁；又參（日）鎌田茂雄：《中國佛教史》第4卷《南北朝の佛教（下）》，〈諸學派の興起と展開〉「成實學派」，349-363頁；又參姚衛羣：《佛教般若思想發展源流》（北京：北京大學出版社，1996年），315-320頁。

[36] 吉藏：《大品經游意》（《大正新修大藏經》第33冊）卷六，64頁中。

[37] 吉藏：《大乘玄論》（《大正新修大藏經》第45冊）卷一「對《成（實）論》師空有二諦，汝空有二諦是我俗諦，非空非有方是真諦，故有第二重二諦也。」（15頁下）又參廖明活（1947-）：《嘉祥吉藏學説》（台北：台灣學生書局，1985年）「吉藏對成實師和地論師判教系統的批評」，83-102頁；（日）荒井裕明（ARAI Yutaaki）：〈三論宗と《成實論》に關する一考察〉，《平井俊榮博士古稀記念論文集》刊行會編：《平井俊榮博士古稀記念論集：三論教學と佛教諸思想》（東京：春秋社，2000年），67-82頁。

復次，吉藏亦繼承乃師之志，續駁《成實論》師就「境」、「智」與「境」、「教」
的謬誤。吉藏《大品經游意》卷六說：

> 《成論》師云：謂教行境也。何者？教能詮智，智能照境，境能發智，此
> 皆波若之緣，故總名波若。……既是空境空智，是以言智不失境，言境不失
> 智，故知《成論》境智定異也。[42]

吉藏《二諦義》卷上又說：

> 次明稟二諦教發生二智教轉名境。何故作此語耶？亦為對由來（按指《成
> 實論》師）。由來云：真俗是天然之境，三假是俗境，四忘是真諦境，迷之即
> 六道紛然，悟之即有三乘賢聖，常有此境。若是智從修習生，境即常有，智即
> 始生。未有智時前已有境，境智非因緣義。今（按指三論學者）對此明真俗是
> 教，悟教生智，教轉名境，由智故境，由境故智。境能為智所，智能為境所，
> 境所為智能，智所為境能，境智因緣不二而二也。[43]

據此，知吉藏不但反對《成實論》師把二諦作為天然之境，把它作為常住不變之
理，智是隨著修習而生的主張，更對《成實論》師認為「境」、「智」沒有因緣
義的說法作出批評。他又說：

> 識教悟理，悟理即生權實二智。生二智時，空有之教即轉名境，故是轉悟
> 境也。[44]

又說：

> 今明，是境者，如來如行而說，如說而行。如說而行，即二智照空有境，

---

[38] 吉藏：《二諦義》（《大正新修大藏經》第45冊）卷中，102頁上。

[39] （日）伊藤隆壽：〈三論教學の根本構造——理と教〉，（日）平井俊榮監修：《三論教學の研
　　究》，51-80頁。

[40] 吉藏：《二諦義》卷上，86頁中。又參廖明活：《嘉祥吉藏學說》「吉藏的二諦觀」，125-162
　　頁；楊惠南（1942-）：《吉藏》（台北：東大圖書股份有限公司，1987年）「吉藏的二諦論」，
　　145-187頁。

[41] 吉藏：《二諦義》卷上，86頁中。

如行而説，即説二諦。㊺

合以上兩條引文而言，吉藏認為「悟」較「智」為先行，「智」沒有分析正邪之別的意圖，僅只是照鑑「空」與「有」之作用。「悟理」之時，即生權實二智，同時空、有之教在「般若智慧」觀照下而轉名為空、有之境。而「有境（妄境）」被智慧所斷，「空境（真境）」被智慧所證。這個由智慧所證得的「境」（即中道實相之境）就稱為「智境」。可見吉藏是在重視悟性的直觀之經驗主義的立場上作論述的。關於「境」、「智」的相互關係問題，吉藏在《三論玄義》卷下説：

中是智境，觀是境智。境不自境，因智故境。智不自智，由境故智。由智故境，境不自境，由境故智，智不自智。不自智則非智，不自境則非境，故是境盡於智，智盡於境。㊼

吉藏在《大乘玄論》卷四〈論境智門第四〉説得更詳細：

夫智不孤生，必由境發，故境為智本。境非獨立，因智受名，故智為境本。是以非境無以發智，非智無以照境，非境無以發智故。境為能發，智為所發，非智無以照境故。智為能照，境為所照。境為能發為智所照，即境能為智所。智為能照為境所發，則智能為境所。境之所照能發於智故，境所為智能。智之所發能照於境故，智所為境能。不得言境前智後，亦非智前境後。亦非一時，唯得名因緣境智也。㊼

事實上，《義記》以「境——智」説析解「象傳」，其論理形式較諸《周易正義》卷一〈乾卦象傳〉孔疏稱揚「於理稍密，依而用之」的「莊氏説」更為整嚴。茲製表如下：

㊷ 吉藏：《大品經游意》卷六，64頁上。

㊸ 吉藏：《二諦義》卷上，87頁下。

㊹ 吉藏：《二諦義》卷中，94頁上。

㊺ 吉藏：《二諦義》卷中，97頁中。

㊻ 吉藏：《三論玄義》（《大正新修大藏經》第45冊），14頁上；又參吉藏著，韓廷傑校釋：《三論玄義校釋》，251頁。

㊼ 吉藏：《大乘玄論》（《大正新修大藏經》第45冊）卷四，55頁中。

《講周易疏論家義記殘卷》說	釋境 — 德名釋一第				釋境 — 德四釋二第				釋智
	第一釋名	第二釋歎名	第三釋德成用	第四釋相即義	第二釋亨德	第三釋利德	第四釋貞德	第五釋四德相即義	第三釋聖人體四法義
彖傳	彖曰	大哉乾元	萬物資始	乃統天	雲行雨施，品物流形。	大明終始，六位時成。	時乘六龍以御天	乾德變化各正性命　保合太和乃利貞	首出庶物，萬國咸寧。
孔穎達《周易正義》所引莊氏說		總釋乾與元			釋亨之德	總結乾卦之德	申明乾元乃統天之義	更申明乾元資始之義　釋利貞	論聖人上法乾德生養萬物

2.3.3 《講周易疏論家義記殘卷》中所引「僕射——周弘正」的《易》説

孔穎達《周易正義》卷十四〈周易序卦第十〉引梁周弘正（陳尚書僕射，著有《周易講疏》十六卷，496-574）語云：

> 周氏就〈序卦〉以六門往攝：第一天道門，第二人事門，第三相因門，第四相反門，第五相須門，第六相病門。如乾之次坤、泰之次否等，是天道運數門也。如訟必有師、師必有比等，是人事門也。如因小畜生履、因履故通等，

是相因門也。如遯極反壯、動竟歸止等，是相反門也。如大有須謙、蒙稚待養等，是相須門也。如賁盡致剝、進極致傷等，是相病門也。⑱

夷考兩漢注經，重在訓詁章句，絕少就經中義理，別立條貫。⑲周弘正取經中事理，別為分類，以六門主攝，明是佛經注疏方法。《義記》「乾卦第三釋彖辭第六釋聖人體四法義」云：

> 「首出庶物，萬國咸寧」。夫首出之義，通有二種，第一僕射[疑即周弘正]等疏家義云：「首出庶物者，境也。四德之道，首出庶物耳。何者？前後而取，體居物前，故謂之首。廣使而論，道在物外，故謂之出。體此道者，是天下之主，故言萬國咸寧也。」⑳

又《義記》「賁卦第二釋次第」云：

> 《序卦》云：「物不可以（苟）合而已，故受之以賁。賁者，飾也。」此相反門。同任刑罰，物必拯。故刑罰之後，道準有文明之德。故刑罰之後，必有文之德也。……釋卦辭三段，釋名、釋德、別辭。第三釋別辭「小利有攸往」。僕射等通。夫罡健之性，理宜進求，文柔之體，事當退止，賁也。文德唯為沖靜，若其往也，不得大宜。以文靜居，還成聲行。今有攸往，故得少利耳。㉑

據此，可和《義記》所稱引「僕射」及其「相反門」的解釋，當是陳尚書僕射周弘正《周易講疏》中的經說。而周弘正《周易講疏》中所謂某門者，實非中國所固有。前述安世高曾譯大小《十二門經》各一卷，惟其書已佚。道安有《十二門經序》云：

> 十二門者，要定之目號，六雙之關徑也。定有三義焉：禪也、定也、空也。……四禪、……四等、……四空，……為十二門。㉒

由此知佛書中以「門」為分類之法，輸入中土甚早。又當時地論宗盛行於北方，西魏丞相宇文泰（505-556）即撰有《五門佛性義》，敦煌文書《融即相無相論》（北8420）卷末尾題載：

> 丞相王五門佛性義一卷。其五者何？第一佛性門、第二眾生門、第三修道

---

⑱ 孔穎達：《周易正義》[單疏本]卷十四，8頁上-8頁下。
⑲ 關於兩漢章句之學，參拙作：〈論蔡邕的學術思想〉，《中國哲學》（北京）第16輯（1993年），128-172頁；張寶三：〈漢代章句之學論考〉《臺大中文學報》第14期（2001年），35-76頁。
⑳ 《講周易疏論家義記殘卷》，6頁下-7頁上。
㉑ 《講周易疏論家義記殘卷》，34頁下。

門、第四諸諦門、第五融門。……夫融者，玄奧之靈海，沖秘之妙藏，莫二之靈寶，圓統之美號，斯乃可無礙之良津，通同之大鼓，亡彼我之一。㊿

周弘正於陳文帝（陳蒨，560-566 在位，?-566）天嘉元年（560）遷為侍中、國子祭酒，同年以「躬使」通聘北周武帝（宇文邕，560-578 在位，543-578），迎陳頊（即後來的陳宣帝[568-582在位，528-582]；梁元帝[蕭繹，553-554在位，508-554]承聖三年[554]西魏軍隊攻陷江陵，陳頊被俘至長安）回陳，惟周弘正與陳頊直至天嘉三年（562）才得以南返。㉓其間弘正嘗於宇文邕的宮殿上與雲居寺曇延（蒲州桑泉人，著有《大乘起信論義疏》二或三卷）對論問學，後並受菩薩戒。據道宣《續高僧傳》卷八〈曇延傳〉載：

（北周）太祖（按即宇文泰）以百梯（寺）太遠，諸省路艱，遂於中朝西嶺形勝之所，為之立寺，名曰雲居，國俸給之，通於聽眾。有陳躬使周弘正者，博考經籍，辯逸懸河，遊說三國，抗敘無礙，以周建德（榮按當作保定[561-565]）中年銜命入秦。帝訝其機捷，舉朝愿采，勅境內能言之士，不限道俗，及搜採巖穴遁逸高世者，可與弘正對論，不得墜於國風。時蒲州刺史中山公宇文氏，夙承令範，乃表上曰：「曇延法師器識弘偉，風神爽拔，年雖未立而英辯難繼者也。」帝乃總集賢能，期日釋奠。（帝）躬御禮筵，朝宰畢至。時周國僧望二人輪次登座，發言將訖，尋被（弘）正難，徵據重疊，救解莫通。帝及群僚一朝失色。延座居末，第未忍斯慚，便不次而起。帝曰：「位未至，何事輒起？」延曰：「若是他方大士，可藉大德相臨。今乃遠國微臣，小僧足堪支敵。」延徑昇高座。帝又曰：「何為不禮三寶？」答曰：「自力兼擬，未假聖賢加助。」帝大悅，正遂搆情陳難，延乃引義開關。而（弘）正頗挾機

㊿《出三藏記集》卷六，251-252 頁。

㉓ 黃永武主編：《敦煌寶藏》（台北：新文豐出版公司，1981-1986 年）110 輯，268 頁上。又參荒牧典俊：〈北朝後半期佛教思想史序說〉、（日）青木隆（AOKI Takashi, 1958-）：〈地論宗の融即論と緣起說〉，同收入荒牧典俊編：《北朝隋唐中國佛教思想史》，13-85、179-201 頁。

㊷ 關於西魏陷江陵事，參陳寅恪：《陳寅恪魏晉南北朝史講演錄》（萬繩楠整理，合肥：黃山書社，1987 年）「梁建業、江陵兩大士族集團的滅亡」，192-201 頁；氏著：〈梁譯大乘起信論偽智愷序中之真史料〉，《陳寅恪集：金明館叢稿二編》（北京：三聯書店，2001 年），147-152頁；氏著：《陳寅恪集：隋唐制度淵源略論稿、唐代政治史述論稿》（北京：三聯書店，2001年），57 頁；拙作：《中國中古史（單元四）：東晉南北朝時期的政治》（香港：香港公開大學，1999 年），23-30 頁。

調，用前殿後。延乘勢挫拉事等摧枯。因即頂拜伏膺，知歸之晚，自陳云：
「弟子三國履歷，訪可師之師，不言今日乃遇於此矣。」即請奉而受戒，晝夜
諮問，永用宗之。及返陳之時，延所著《義門》，並其儀貌，並錄以歸國。每
夕北禮以為曇延菩薩焉。[55]

據此，知周弘正通過曇延，當與聞《大乘起信論》及宇文泰《五門佛性義》。然周
弘正不用宇文泰「五門」義，而以六門主攝，蓋其欲有自立一新體系的規模。首二
者，天道門、人事門較近於自然世界和人類世界的普遍分類；後四者，相因、相
反、相須、相病則企圖解釋二元世界的互補機制。所以《陳書‧周弘正傳》謂：
「（宏正）特善玄言，兼明釋典，雖碩學名僧，莫不請質疑滯。」[56]

復次，吉藏《三論玄義》「顯正第二」嘗云：「難曰：『是有是無，名為兩是；
非有非無，名為兩非。既墮是非，還同儒、墨。』答：『本非二是，故有雙非。二
是既亡，雙非亦息，故知非是亦復非非。』」[57]吉藏又在《三論玄義》卷首「次排震
旦眾師（三玄之學）」的原注徵引：

　　　周弘政（當作周弘正）、張機（周弘正的學生，著有《周易義》三十卷、
　　《玄部通義》十二卷等）並斥《老（子）》有雙非之義也。[58]

據此，知吉藏以老莊有「雙非」之義，而也可以推說周弘正的佛學思想似與三論教
學有一定的關聯。

3. 餘　論

《講周易疏論家義記殘卷》所引漢魏以來「三玄」（即《周易》、《老子》、《莊
子》）之學和佛家「般若空宗」義以至三論教學「境——智」說，誠為研治六朝儒
經義疏學發展之重要文獻，尤其將之與孔穎達《周易正義》有關部分進行系統的比
較，當對了解南北朝末年至隋唐初年的思想以至經學發展有極大助益。

---

[55] 道宣：《續高僧傳》（《大正新修大藏經》第50冊）卷八，488頁中。
[56] （唐）姚思廉（?-637）：《陳書》（北京：中華書局，1972年）卷二十四〈周弘正傳〉，309頁。
[57] 吉藏：《三論玄義》（《大正新修大藏經》第45冊）6頁下-7頁上；又參吉藏著，韓廷傑校釋：《三論玄義校釋》，132頁。
[58] 吉藏：《三論玄義》（《大正新修大藏經》第45冊），2頁上；又參吉藏著，韓廷傑校釋：《三論玄義校釋》，33頁。

從趙翼《甌北詩話》論
李白樂府詩之對偶

韋金滿

（甲）、緒　論

　　唐代乃我國詩歌之黃金時期，詩人輩出，李白（青蓮居士）即其一也。李白志高才大，寄意詩歌，或感諷時事，以致其忠愛之忱；或託言遊仙，以抒其曠達之思。故自宋以來，歷代詩話論及李白詩歌者，不知凡幾。尤其有清一代，詩話更多至一百六十餘種。[①]在此芸芸詩話之中，吾嘗細觀清趙翼之《甌北詩話》。該書都十二卷，而卷一乃專論李青蓮詩者。[②]其中有云：

> 「青蓮集中，古詩多，律詩少。五律尚有七十餘首，[③]七律只十首而已。[④]蓋才氣豪邁，全以神運，自不屑束縛於格律對偶，與雕繪者爭長。然有對偶處，仍自工麗。且工麗中別有一種英爽之氣，溢出行墨之外。如『洗馬條支海上波，放馬天山雪中草。』[⑤]『天兵照雪下玉關，虜箭如沙射金甲。』[⑥]『邊

---

①　詳見劉德重、張寅彭著：《詩話概說》第三九二頁，（台北：學海出版社，民國八十二年十二月初版。）

②　詳見《清詩話續編》本，（上海：上海古籍出版社，一九八三年出版。）

③　根據本人判定，李白律詩共存一百十八首，其屬五律者，共一百一十首。詳見拙著：《古典文學論叢》第一六三頁。（台灣：高雄復文圖書出版社，一九九九年一月初版。）

④　近人郁賢皓認為李白七律僅八首，詳見《李白選集》第十九頁。（上海：上海古籍出版社，一九九○年十月第一版。）

⑤　詩見（戰城南）。

⑥　詩見（胡無人）。

月隨弓影，胡霜拂劍花。』⑦『笛奏龍吟水，簫鳴鳳下空。』⑧何嘗不研鍊？何嘗不精采？」

又云：

「李青蓮工於樂府，蓋其才思橫溢，無所發抒，輒借此以逞筆力，故集中多至一百十五首。」⑨

審乎趙氏之說，皆就李白樂府詩歌而言。近人郁賢皓有言：

「李白詩歌藝術成就最高的是樂府詩。在唐人選本中，入選的李白詩總是以樂府居多。詩人自己也認為擅長樂府，晚年在江夏還把古樂府之學傳授給好友韋冰的兒子韋渠牟。」⑩

由此想知，李白詩歌之藝術成就，以樂府詩為最高。惜乎趙氏此則所言，獨以李白樂府詩之風格而論，即其論及對偶，亦只摘錄四例，殆未能盡窺李白樂府詩對偶之全貌者也。竊以為對偶為詩之容色，亦為修辭之功。漢語文一字一型，一字一音，一字一義；其字型即天然而可以雙排並寫，無長短不齊之弊；其字音即天然而可以陰陽清濁，左右相應；其字義即天然而可以駕鴦鶼鰈，比翼聯鑣，此為中國文字天然而特具之美質。⑪故近體律絕詩歌，不惟使用對偶以盡其字義與色彩之美，即古風樂府，詩人亦嘗使用對偶者也。是以本文乃從趙氏之說，申論李白樂府詩之對偶，舉例詳析其使用之技巧，冀能既可補趙氏之不足，亦可領會李白樂府詩對偶之優劣所在也。

---

⑦ 詩見〈塞上曲〉。
⑧ 詩見〈宮中行樂〉。
⑨ 根據清王琦注《李太白全集》卷三至卷六，共存樂府詩一百四十九首。（北京：中華書局出版，一九七七年九月第一版。）
⑩ 語見郁賢皓《李白選集》第十五頁。（上海：上海古籍出版社，一九九〇年十月第一版。）
⑪ 參見先師何敬羣《詩學纂要》上編第十頁。（香港：遠東書局，民國六十三年九月初版。）

（乙）、李白樂府詩之對偶

根據清王琦注《李太白全集》，李白存詩一千零三十八首。[12]其卷三至卷六，樂府詩共一百四十九首，以數量而言，幾佔全部七分之一強，而李白使用對偶者，竟多達一百零三首，譬如：

（上雲樂）

金天之西，白日所沒。康老胡雛，生彼月窟。巉巖容儀，戌削風骨。碧玉炅炅雙目瞳，黃金拳拳兩鬢紅。華蓋垂下睫，嵩岳臨上唇。不覩詭譎貌，豈知造化神？大道是文康之嚴父，元氣乃文康之老親。撫頂弄盤古，推車轉天輪。云見日月初生時，鑄冶火精與水銀。陽烏未出谷，顧兔半藏身。女媧戲黃上，團作愚下人。散在六合間，濛濛若沙塵。生死了不盡，誰明此胡是仙真？西海栽若木，東溟植扶桑。別來幾多時，枝葉萬里長。中國有七聖，半路頹鴻荒。陛下應運起，龍飛入咸陽。赤眉立盆子，白水興漢光。叱咤四海動，洪濤為簸揚。舉足蹋紫微，天關自開張。老胡感至德，東來進仙倡。五色師子，九苞鳳凰。是老胡雞犬，鳴舞飛帝鄉。淋漓颯沓，進退成行。能胡歌，獻漢歌。跪雙膝，並兩肘。散花指天舉素手。拜龍顏，獻聖壽。北斗戾，南山摧。天子九九八十一萬歲，長傾萬歲杯。

詩中「巉巖容儀，戌削風骨」、「碧玉炅炅雙目瞳，黃金拳拳兩鬢紅」、「華蓋垂下睫，嵩岳臨上唇」、「不覩詭譎貌，豈知造化神」、「大道是文康之嚴父，元氣乃文康之老親」、「撫頂弄盤古，推車轉天輪」、「陽烏未出谷，顧兔半藏身」、「西海栽若木，東溟植扶桑」、「赤眉立盆子，白水興漢光」、「五色師子，九苞鳳凰」、「淋漓颯沓」、「能胡歌，獻漢歌」、「跪雙膝，並兩肘」、「拜龍顏，

---

[12] 清王琦注《李太白全集》，計有：卷之二，古風五十九首；卷之三至卷之六，樂府詩一百四十九首；卷之七至卷之二十五，古近體詩七百七十九首；卷之三十，古近體詩五十一首。（北京：中華書局出版，一九七七年九月第一版。）

獻聖壽」、「北斗戾，南山摧」等十五處，皆使用對偶者也。又如：

（出自薊北門行）

虜陣橫北荒，胡星耀精芒。羽書速驚電，烽火晝連光。虎竹救邊急，戎車森已行。明主不安席，按劍心飛揚。推轂出猛將，連旗登戰場。兵威衝絕幕，殺氣凌穹蒼。列卒赤山下，開營紫塞旁。孟冬風沙緊，旌旗颯凋傷。畫角悲海月，征衣卷天霜。揮刃斬樓蘭，彎弓射賢王。單于一平蕩，種落自奔亡。收功報天子，行歌歸咸陽。

詩中「虜陣橫北荒，胡星耀精芒」、「羽書速驚電，烽火晝連光」、「推轂出猛將，連旗登戰場」、「兵威衝絕幕，殺氣凌穹蒼」、「列卒赤山下，開營紫塞旁」、「畫角悲海月，征衣卷天霜」、「揮刃斬樓蘭，彎弓射賢王」、「收功報天子，行歌歸咸陽」等八處，皆使用對偶者也。又如：

（北上行）

北上何所苦？北上緣太行。磴道盤且峻，巉巖凌穹蒼。馬足蹶側石，車輪推高崗。沙塵接幽州，烽火連朔方。殺氣毒劍戟，嚴風裂衣裳。奔鯨夾黃河，鑿齒屯洛陽。前行無歸日，返顧思舊鄉。慘慽冰雪裡，悲號絕中腸。尺布不掩體，皮膚劇枯桑。汲水澗谷阻，採薪隴阪長。猛虎又掉尾，磨牙皓秋霜。草木不可餐，飢飲零露漿。嘆此北上苦，停驂為之傷。何日王道平，開顏觀天光？

詩中「馬足蹶側石，車輪推高崗」、「沙塵接幽州，烽火連朔方」、「殺氣毒劍戟，嚴風裂衣裳」、「奔鯨夾黃河，鑿齒屯洛陽」、「前行無歸日，返顧思舊鄉」、「尺布不掩體，皮膚劇枯桑」、「汲水澗谷阻，採薪隴阪長」等七處，皆使用對偶者也。又如：

（猛虎行）

朝作猛虎行，暮作猛虎吟。腸斷非關隴頭水，淚下不為雍門琴。旌旗繽紛兩河道，戰鼓驚山欲傾倒。秦人半作燕地囚，胡馬翻銜洛陽草。一輸一失關下

兵，朝降夕叛幽薊城。巨鼇未斬海水動，魚龍奔走安得寧？頗似楚漢時，翻覆無定止。朝過博浪沙，暮入淮陰市。張良未遇韓信貧，劉項存亡在兩臣。暫到下邳受兵略，來投漂母作主人。賢哲栖栖古如此，今時亦棄青雲士。有策不敢犯龍鱗，竄身南國避胡塵。寶書玉劍挂高閣，金鞍駿馬散故人。昨日方為宣城客，掣鈴交通二千石。有時六博快壯心，遶床三匝呼一擲。楚人每道張旭奇，心藏風雲世莫知。三吳邦伯皆顧盼，四海雄俠兩追隨。蕭曹曾作沛中吏，攀龍附鳳當有時。溧陽酒樓三月春，楊花茫茫愁殺人。胡雛綠眼吹玉笛，吳歌白紵飛梁塵。丈夫相見且為樂，槌牛撾鼓會眾賓。我從此去釣東海，得魚笑寄情相親。

詩中「朝作猛虎行，暮作猛虎吟」、「腸斷非關隴頭水，淚下不為雍門琴」、「秦人半作燕地囚，胡馬翻銜洛陽草」、「朝過博浪沙，暮入淮陰市」、「暫到下邳受兵略，來投漂母作主人」、「寶書玉劍挂高閣，金鞍駿馬散故人」、「三吳邦伯皆顧盼，四海雄俠兩追隨」、「胡雛綠眼吹玉笛，吳歌白紵飛梁塵」等八處，亦使用對偶者也。至如：

（東武吟）

好古笑流俗，素聞賢達風。方希佐明主，長揖辭成功。白日在高天，迴光燭微躬。恭承鳳凰詔，欻起雲蘿中。清切紫霄迥，優游丹禁通。君王賜顏色，聲價凌煙虹。乘輿擁翠蓋，扈從金城東。寶馬麗絕景，錦衣入新豐。依巖望松雪，對酒鳴絲桐。因學揚子雲，獻賦甘泉宮。天書美片善，清芬播無窮。歸來入咸陽，談笑皆王公。一朝去金馬，飄落成飛蓬。賓客日疏散，玉樽亦已空。才力猶可倚，不慚世上雄。閒作東武吟，曲盡情未終。書此謝知己，吾尋黃綺翁。

詩中「方希佐明主，長揖辭成功」、「恭承鳳凰詔，欻起雲蘿中」、「清切紫霄迥，優游丹禁通」、「寶馬麗絕景，錦衣入新豐」、「依巖望松雪，對酒鳴絲桐」、「天書美片善，清芬播無窮」、「賓客日疏散，玉樽亦已空」等七處，亦使用對偶者也。至如：

（少年行）

君不見，淮南少年游俠客，白日毬獵夜擁擲。呼盧百萬終不惜，報讎千里如咫尺。少年游俠好經過，渾身裝束皆綺羅。蘭蕙相隨喧妓女，風光去處滿笙歌。驕矜自言不可有，俠士堂中養來久。好鞍好馬乞與人，十千五千旋沽酒。赤心用盡為知己，黃金不惜栽桃李。桃李栽來幾度春，一回花落一回新。府縣盡為門下客，王侯皆是平交人。男兒百年且樂命，何須徇書受貧病？男兒百年且榮身，何須徇節甘風塵。衣冠半是征戰士，窮儒浪作林泉民。遮莫枝根長百丈，不如當代多還往。遮莫姻親連帝城，不如當身自簪纓。看取富貴眼前者，何用悠悠身後名？

詩中「赤心用盡為知己，黃金不惜栽桃李」、「一回花落一回新」、「府縣盡為門下客，王侯皆是平交人」、「男兒百年且樂命，何須徇書受貧病？男兒百年且榮身，何須徇節甘風塵」、「衣冠半是征戰士，窮儒浪作林泉民」、「遮莫枝根長百丈，不如當代多還往。遮莫姻親連帝城，不如當身自簪纓」等六處，亦使用對偶者也。至如：

（去婦詞）

古來有棄婦，棄婦有歸處。今日妾辭君，辭君遣何去？本家零落盡，慟哭來時路。憶昔未嫁君，聞君卻周旋。綺羅錦繡段，有贈黃金千。十五許嫁君，二十移所天。自從結髮日未幾，離君緬山川。家家盡歡喜，孤妾長自憐。幽閨多怨思，盛色無十年。相思若循環，枕席生流泉。流泉咽不掃，獨夢關山道。及此見君歸，君歸妾已老。物情惡衰賤，新寵方妍好。掩淚出故房，傷心劇秋草。自妾為君妻，君東妾在西。羅幬到曉恨，玉貌一生啼。自從離別久，不覺塵埃厚。嘗嫌玳瑁孤，猶羨鴛鴦偶。歲華逐霜霰，賤妾何能久。寒沼落芙蓉，秋風散楊柳。以此憔悴顏，空持舊物還。餘生欲何寄，誰肯相牽攀？君恩既斷絕，相見何年月。悔傾連理杯，虛作同心結。女蘿附青松，貴欲相依投。浮萍失綠水，教作若為流。不歎君棄妾，自歎妾緣業。憶昔初嫁君，小姑纔倚床。今日妾辭君，小姑如妾長。回頭語小姑，莫嫁如兄夫。

詩中「十五許嫁君，二十移所天」、「物情惡衰賤，新寵方妍好」、「掩淚出故房，傷心劇秋草」、「君東妾在西」、「嘗嫌玳瑁孤，猶羨鴛鴦偶」、「寒沼落芙蓉，秋風散楊柳」、「悔傾連理杯，虛作同心結」、「女蘿附青松，貴欲相依投。浮萍失綠水，教作若為流」等六處，亦使用對偶者也。

縱觀李白樂府詩使用對偶者，共二百四十八次，茲分九項舉例說明如下：[13]

一、工對——王力有云：「對仗可分為三類：第一類是工對，例如以天文對天文，人倫對人倫，等等。」[14]案：王氏此說，即日人遍照金剛所謂同對者也。日人遍照金剛嘗言：「同對者，若大谷、廣陵、薄雲、輕霧、此大與廣，薄與輕，其類是同，故謂之同對。同對者，雲霧、星月、花葉、風煙、霜雪、酒觴、東西、南北、青黃、赤白、丹素、朱紫、宵夜、朝旦、山岳、江河、台殿、宮室、車馬、途路。」[15]李白樂府詩集中屬此種者，共一百二十三次，其中：[16]

1、 天文對－共六次，如：

「畫角悲海月，征衣卷天霜。」（出自薊北門行）

「蘆枕嬌夕月，卷衣戀春風。」（怨歌行）

「春風正澹蕩，暮雨來何遲？」（相逢行）

---

[13] 對偶之體，言人人殊，莫衷一是，吾今此篇乃參照王力《漢語詩律學》第一章第十四節（對仗的種類）第一五三至一八〇頁之說。（上海：上海教育出版社出版，一九六二年十二月新1版。）

[14] 語見王力《漢語詩律學》第一章第十四節（對仗的種類）第一六六頁，（上海：上海教育出版社出版，一九六二年十二月新1版。）

[15] 詳見《文鏡祕府論》第一〇一頁，（台北：學海出版社，民國六十三年一月初版。）

[16] 本文分類，悉依王力《漢語詩律學》第一章第十四節（對仗的種類）第一五三頁，（上海：上海教育出版社出版，一九六二年十二月新1版。）

「邊月隨弓影，胡霜拂劍花。」（塞下曲六首之五）

「風催寒梭響，月入霜閨悲」（獨不見）

「陽烏未出谷，顧兔半藏身」（上雲樂）

2、 時令對－共六次，如：

「後庭朝未入，輕輦夜相過」（宮中行樂詞八首之四）

「曉吹員管隨落花，夜擣戎衣向明月」（擣衣篇）

「朝避猛虎，夕避長蛇」（蜀道難）

「朝作猛虎行，暮作猛虎吟」（猛虎行）

「曉戰隨金鼓，宵眠抱玉鞍」（塞下曲 六首之一）

「今日漢宮人，明朝胡地妾」（王昭君 二首之二）

3、 地理對－僅二次，如：

「登高丘，望遠海」（登高丘而望遠海）

「汲水澗谷阻，採薪隴阪長。」（北上行）

4、 宮室對－僅三次，如：

「玉樓珠閣不獨棲，金窗繡戶長相見」（雙燕離）

「繡戶香風暖，紗窗曙色新」（宮中行樂詞八首之五）

「春風開紫殿，天樂下珠樓。」（宮中行樂詞八首之六）

5、 器物對－共四次，如：

「金鞭遙指點，玉勒近遲迴」（相逢行）

「槌鐘速嚴妝，伐鼓啟重城」（鼓吹入朝曲）

「揮刀斬樓蘭，彎弓射賢王。」（出自薊北門之三）

「彎弓辭漢月，插羽破天驕」（塞下曲六首之三）

6、 文具對－僅一次，如：

「笛奏龍鳴水，簫吟鳳下空」（宮中行樂詞八首之三）

7、 草木花果對－共七次，如：

「昔日芙蓉花，今成斷根草。」（妾薄命）

「寒沼落芙蓉，秋風散楊柳」（去婦詞）

「花明玉關雪，葉暖金窗煙」（折楊柳）

「山花插寶髻，石竹繡羅衣」（宮中行樂詞八首之一）

「盧橘為秦樹，蒲桃出漢宮」（宮中行樂詞八首之三）

「宮花爭笑日，池草暗生春」（宮中行樂詞八首之五）

「寒雪梅中盡，春風柳上歸」（宮中行樂詞八首之七）

8、 鳥獸蟲魚對－共九次，如：

「各守麋鹿志，恥隨龍虎爭」（山人勸酒）

「趙瑟初停鳳凰柱，蜀琴欲奏鴛鴦絃」（長相思）

「趙瑟初停鳳凰柱，蜀琴欲奏鴛鴦絃」（少年行）

「弓摧南山虎，手接太行猱。」（白馬篇）

「鴛鴦綠蒲上，翡翠錦屏中」（長干行二首之一）

「鴛鴦綠蒲上，翡翠錦屏中」（長干行二首之二）

「玉樓巢翡翠，珠殿鎖鴛鴦」（宮中行樂詞八首之二）

「宮鶯嬌欲醉，簷燕語還飛」（宮中行樂詞八首之七）

「鶯歌聞太液，鳳吹遶瀛洲」（宮中行樂詞八首之八）

9、 人事對－共八次，如：

「恥涉太行險，羞營覆車粟。」（空城雀）

「寵極愛還歇，妒深情卻疎」（妾薄命）

「前行無歸日，返顧思舊鄉。」（北上行）

「笑春風，舞羅衣」（前有樽酒行）

「笑出花間語，嬌來燭下歌」（宮中行樂詞八首之四）

「艷舞全知巧，嬌歌半欲羞」（宮中行樂詞八首之六）

「物情惡衰賤，新寵方妍好。」（去婦詞）

「掩淚出故房，傷心劇秋草。」（去婦詞）

10、人倫對－共四次，如：

「將軍自起舞長劍，壯士呼聲動九垓」（司馬將軍歌）

「將軍分虎竹，戰士臥龍沙」（塞下曲六首之五）

「府縣盡為門下客，王侯皆是平交人。」（少年行）

「衣冠半是征戰士，窮儒浪作林泉民」（少年行）

11、代名對－共七次，如：

「我無為，人自寧」（春日行）

「掩妾淚，聽君歌」（夜坐行）

「君歌楊叛兒，妾勸新豐酒」（楊叛兒）

「拂彼白石，彈吾素琴」（幽澗泉）

「君邊雲擁青絲騎，妾處苔生紅粉樓」（擣衣篇）

「當君懷歸日，是妾斷腸時」（春思）

「君馬黃，我馬白」（君馬黃）

12、方位對－共十三次，如：

「日照新妝水底明，風飄香袂空中舉」（採蓮曲）

「前軍細柳北，後騎甘泉東」（上之回）

「上有六龍回日之高標，下有衝波逆折之回川」（蜀道難）

「水綠南薰殿，花紅北闕樓」（宮中行樂詞八首之八）

「北落明星動光彩，南征猛將如雲雷。」（司馬將軍歌）

「上有青冥之高天，下有淥水之波瀾」（長相思）

「握雪海上餐，拂沙隴頭寢。」（塞下曲六首之二）

「天兵下北荒，胡馬欲南飲」（塞下曲六首之二）

「兵氣天上合，鼓聲隴底聞」（塞下曲六首之六）

「不散東海金，何爭西輝匿」（君子有所思行）

「北斗戾，南山摧」（上雲樂）

「華蓋垂下睫，嵩岳臨上唇」（上雲樂）

「西海裁若木，東溟植扶桑」（上雲樂）

13、數目對－共十五次，如：

「生苦百戰役，死託萬鬼鄰」（門有車馬客行）

「天書美片善，清芬播無窮」（東武吟）

「五色師子，九苞鳳凰」（上雲樂）

「五花馬，千金裘」（將進酒）

「跪雙膝，並兩肘」（上雲樂）

「海陵三山，陸憩五岳」（來日大難）

「十步兩躍躍，三呼一交兵。」（東海有勇婦）

「十五許嫁君，二十移所天。」（去婦詞）

「三吳邦伯皆顧盼，四海雄俠兩追隨」（猛虎行）

「且樂生前一杯酒，何須身後千載名」（行路難）

「各有千金裘，俱為五侯客」（君馬黃）

「萬乘出黃道，千騎揚彩虹」（上之回）

「六鼇骨已霜，三山流安在」（登高丘而望遠海）

「萬里長征戰，三軍盡衰老」（戰城南）

「萬井驚畫出，九衢如紋直」（君子有所思行）

14、顏色對－共十四次，如：

「白雪關山遠，黃雲海戍迷」（紫騮馬）

「柳色黃金嫩，梨花白雪香」（宮中行樂詞八首之二）

「綠樹聞歌鳥，青樓見舞人」（宮中行樂詞八首之五）

「赤心用盡為知己，黃金不惜裁桃李」（少年人）

「素手青條上，紅妝白日鮮」（子夜吳歌）

「列卒赤山下，開營紫塞枝」（出自薊北門行）

「燕草如碧絲，秦桑低綠枝」（春思）

「人吹彩簫去，天借綠雲迎」（鳳台曲）

「寒螿愛碧草，鳴鳳棲青梧」（陌上桑）

「顧無紫龍寵，敢拂黃金床」（秦女卷行）

「生乏黃金枉圖畫，死留青塚使人嗟」（王昭君）

「羅袖灑赤血，英聲凌紫霞」（秦女休行）

「嘶青雲，振綠髮」（天馬歌）

「銀鞍白鼻騧，綠池障泥錦」（白鼻騧）

15、人名對－僅一次，如：

「岑夫子，丹丘生。」（將進酒）

16、地名對－共十二次，如：

「沙塵接幽州，烽火連朔方」（北上行）

「奔鯨夾黃河，鑿齒屯洛陽」（北上行）

「吳雲寒，燕鴻苦」（臨江王節士歌）

「欲渡黃河冰塞川，將登太行雪滿山」（行路難）

「胡兵沙塞合，漢使玉關回」（秋思）

「洗兵條支海上波，放馬天山雪中草」（戰城南）

「發憤去函谷，從軍向臨洮」（白馬篇）

「鐵騎若雪山，飲流涸滹沱。」（發白馬）

「能胡歌，獻漢酒」（上雲樂）

「胡雛綠眼吹玉笛，吳歌白紵飛梁塵」（猛虎行）

「漢下白登道，胡窺青海灣」（關山月）

「武安有震瓦，易水無寒歌」（發白馬）

17、聯綿字對－共五次，如：[17]

「清切紫霄迥，優游丹禁通。」（東武吟）
案：清切同屬清紐，故為雙聲字；優游同屬尤韻，故為疊韻字。

「長劍既照耀，高冠何艳赫。」（君馬黃）
案：照耀同屬嘯韻，而艳赫同屬陌韻，故為疊韻字。

「巉巖容儀，戍削風骨」（上雲樂）
案：巉巖同屬談韻，故為疊韻字；戍削同屬心紐，故為雙聲字。

「摧殘梧桐葉，蕭條沙棠枝。」（塞下曲六首之四）
案：摧殘同屬從紐，故為雙聲字；蕭條同屬尤韻，故為疊韻字。

「心寂歷似千古，松颼飀兮萬尋」（幽澗泉）
案：寂歷同屬錫韻，而颼飀同屬尤韻，故為疊韻字。

18、重疊字對－僅三次，如：

「蒼蒼雲松，落落綺皓」（山人勸酒）

「小小生金屋，盈盈在紫微」（宮中行樂詞八首之一）

---

[17] 本文聯綿字之聲紐與韻母，悉參照郭錫良《漢字古音手冊》，（北京：北京大學出版社出版，一九八六年十一月第一版。）

「碧玉炅炅雙目瞳，黃金拳拳兩鬢紅。」（上雲樂）

19、副詞對－僅三次，如：

「豈問渭川老，寧邀襄野童」（上之回）

「不覩詭譎貌，豈知造化神。」（上雲樂）

「虎可搏，河難馮」（公無渡河）

二、同字對──兩句或以上，句式相同，句意相對或相近，且同一位置有相同字，稱同字對。此種對偶法，本是作詩大忌，惟古體樂府等詩歌，則不受限制。李白樂府詩用同字對者，共十六次，譬如：

「一鳥死，百鳥鳴。」（上留田行）

「一獸走，百獸驚。」（上留田行）

「舉頭望明月，低頭思故鄉」（靜夜思）

「遊莫逐炎洲翠，棲莫近吳宮燕」（野田黃雀行）

「造天關，聞天語」（飛龍引）

「沐芳莫彈冠，浴蘭莫振衣」（沐浴子）

「懸胡青天上，埋胡紫塞旁」（胡無人）

「攀天莫登龍，走山莫騎虎」（笑篌謠）

「歌有聲，妾有情」（夜坐吟）

「洞庭之南，瀟湘之濱」（遠別離）

「君失臣兮龍為魚，權歸臣兮鼠變虎」（遠別離）

「大道是文康之嚴父，元氣乃文康之老親」（上雲樂）

「此時惜別詎堪聞，此地相看未忍分」（鳳笙篇）

「有耳莫洗潁川水，有口莫食首陽蕨」（行路難）

「動君心，冀君賞。」（白紵辭三首之二）

「草不謝榮於春風，木不怨落於秋天」（日出入行）

三、鄰對————王力嘗言：「對仗可分為三類：……第二類是鄰對，例如以天文對時令，以器物對衣服，等等。」[18] 又曰：「一般的鄰對，大約可分為二十類。」[19] 今試以王氏分類，得知李白樂府詩用鄰對者，凡十見。譬如：

「秋霜切玉劍，落日明珠袍」（白馬篇）
案：劍屬器物類，袍屬衣飾類。

「珠袍曳錦帶，匕首插吳鴻。」（結客少年場行）
案：珠袍屬衣飾類，匕首屬器物類。

「金石猶銷鑠，風霜無久質。」（長歌行）
案：石屬地理類，霜屬天文類。

「陣解星芒盡，營空海霧消」（塞下曲六首之三）
案：星芒屬天文類，海霧屬地理類。

「素女鳴珠佩，天人弄綵毬」（宮中行樂詞八首之八）

[18] 語見王力《漢語詩律學》第一章第十五節（對仗的講究和避忌）第一八二頁，（上海：上海教育出版社出版，一九六二年十二月新 1 版。）

[19] 仝上，第一七〇頁。此二十類：(1)、天文與時令；(2)、天文與地理；(3)、地理與宮室；(4)、宮室與器物；(5)、器物與衣飾；(6)、器物與文具；(7) 衣飾與飲食；(8) 文具與文學；(9)、草木花卉與鳥獸蟲魚；(10)、形體與人事；(11)、人倫與代名；(12)、疑問代詞及「自」「相」等字與副詞；(13)、方位與數目；(14)、數目與顏色；(15)、人名與地名；(16)、同義與反義；(17)、同義與連縣；(18)、反義與連縣；(19)、副詞與連介詞；(20)、連介詞與助詞。

案：珠佩屬衣飾類，綵毬屬器物類。

「笛奏梅花曲，刀開明月環」（從軍行）
案：笛為文具類，刀為器物類。

「鼓聲鳴海上，兵氣擁雲間」（從軍行）
案：海為地理類，雲為天文類。

「春天和，白日暖」（雉朝飛）
案：春天屬時令類，白日屬天文類。

「天秋木葉下，月冷莎雞悲。」（秋思）
案：木葉屬草木類，莎雞屬鳥獸類。

「殺氣毒劍戟，嚴風裂衣裳。」（北上行）
案：劍戟屬器物類，衣裳屬衣飾類。

四、寬對──王力亦云：「對仗可分為三類：……第三類是寬對，就是以名詞
　　　　對名詞，以動詞對動詞（甚或對形容詞），等等。」[20]細閱李白
　　　　樂府詩中屬此類者，共四十一次，譬如：

「猛虎落陷穽，壯士時屈厄。」（君馬黃）
案：猛虎屬鳥獸類；壯士屬人倫類。

「金雞忽放赦，大辟得寬賒。」（秦女休行）
案：金雞屬鳥獸類；大辟指死刑，屬人事類。

「相逢紅塵內，高揖黃金鞭。」（相逢行）
案：紅塵內指俗世，屬地理類；黃金鞭屬器物類。

「烏啼隱楊花，君醉留妾家。」（楊叛兒）

---

⑳ 仝上，第一六六頁。

案：烏屬鳥獸類，君屬人倫類。

「橫垂寶幄同心結，半拂瓊筵蘇合香」（擣衣篇）
案：寶幄屬器物類，瓊筵屬飲食類。

「廄馬散連山，軍容威絕域」（君子有所思行）
案：廄馬屬鳥獸類，軍容屬人倫類。

「鸕鶿換美酒，舞衣罷雕龍」（怨歌行）
案：美酒屬飲食類，雕龍屬文學類。

「螢飛秋窗滿，月度霜閨遲」（塞下曲六首之四）
案：螢屬蟲魚類，月屬天文類。

「選妓隨雕輦，徵歌出洞房」（宮中行樂詞八首之二）
案：妓屬人倫類，歌屬人事類。

「煙花宜落日，絲管醉春風」（宮中行樂詞八首之三）
案：煙花屬草木類，絲管屬文具類。

「遲日明歌席，新花豔舞衣」（宮中行樂詞八首之七）
案：遲日屬天文類，新花屬草木類。

「金陵控海浦，淥水帶吳京」（鼓吹入朝曲）
案：金陵屬地名類，淥水屬地理類。

「扶桑半摧折，白日沉光彩」（登丘而望遠海）
案：扶桑屬地名類，白日為天文類。

「芙蓉老秋霜，團扇羞網塵」（中山孺子妾歌）
案：芙蓉屬花卉類，團扇屬器物類。

「蕪然蕙草暮，颯爾涼風吹」（秋思）
案：草屬草木類，風屬天文類。

「將軍發白馬，旌節渡黃河」（發白馬）

案：將軍為人倫類，旌節為器物類。

「馬色雖不同，人心本無隔」（君馬黃）

案：馬色屬顏色類，人心屬人事類

「枯枝無醜葉，涸水吐清泉」（長歌行）

案：醜葉屬草木類，清泉屬地理類。

五、事類對——事類，又稱用典，或曰用事。據劉勰所謂：「事類者，蓋文章之外，據事以類義，援古以証今者也。」[21]李白樂府詩中用人事相對者，共十五次，如：

「堯幽囚，舜野死」（遠別離）

案：上句用堯德衰而為舜所囚事，典出《竹書》；下句用舜勤民事而死於蒼梧之野事，典出《國語·魯語》。

「將炙啖朱亥，持觴勸侯嬴」（俠客行）

案：以上兩句乃用戰國時魏信陵君竊符救趙事，典出《史記·魏公子列傳》。

「伊皋運元化，衛霍輸筋力」（君子有所思行）

案：上句兼用商湯宰相伊尹、舜名臣皋陶事，以喻美宰臣；下句兼用漢武帝名將衛青、霍去病事，以喻美將帥。

「李陵沒胡沙，蘇武還漢家」（千里思）

案：上句用李陵敗降匈奴之事，典出《史記·李將軍列傳》；下句用蘇武歸漢，為書與李陵，令歸漢，陵作書答之之事，典出《漢書》。

---

[21] 語見劉勰《文心雕龍·事類》第一六八頁，（台北：文史哲出版社印行，民國七十四年三月初版。）

「松子棲金華，安期入蓬海」（對酒行）

案：上句用赤松子游金華山自焚而化之事，典出《路史》；下句用安期生見秦始皇之事，典出《抱朴子‧極言篇》。

「善卷讓天子，務光亦逃名。」（設辟邪伎鼓吹雉子班曲辭）

案：上句用舜以天下讓善卷，善卷不受，於是去而入深山，莫知其處之事；下句用湯伐桀矣，讓務光，務光亦辭而負石自沉於盧水之事。二句皆典出《莊子‧讓王篇》。

「朝過博浪沙，著入淮陰市」（猛虎行）

案：上句用張良與客狙擊秦始皇於博浪沙之事，典出《史記‧留侯世家》；下句用韓信受飢而遇漂母之事，典出《史記‧淮陰侯列傳》。

「暫到下邳受兵略，來投漂母作主人。」（猛虎行）

案：以上兩句，乃用韓信都下邳，召所從食漂母賜千金之事。典出《史記‧淮陰侯列傳》。

「且醉習家池，莫看墮淚碑。」（襄陽曲四首之四）

案：上句用漢侍中習郁于峴山南作魚池之事，典出《世說新語‧任誕篇》；下句用晉羊祜死後，部屬建碑立廟，每年祭祀，見碑者莫不流淚之事，典出《晉書‧羊祜傳》。

「託交從劇孟，買醉入新豐」（結客少年場行）

案：上句用劇孟行大類朱家而好博，多年少之戲事，典出《史記‧游俠列傳》；下句用唐玄宗徙長安，以平生所好皆屠販少年，酤酒賣餅，鬥雞蹴鞠，議此為懽。高祖乃作新豐，移諸故人實之之事，典出《西京雜記》。

「飛燕皇后輕身舞，紫宮夫人絕世歌。」（陽春歌）

案：上句用趙飛燕事，典出《西京雜記》；下句用漢孝武李夫人

事，典出《漢書‧外戚傳》。

「淮陰市井笑韓信，漢朝公卿忌賈生」（行路難三首之二）
案：上句用韓信胯下受辱於淮陰屠中少年之事，典出《史記‧淮陰
侯列傳》；下句用賈誼受絳、灌、東陽侯、馮敬等忌害之事，典出
《史記‧屈原賈生列傳》。

「子胥既棄吳江上，屈原終投湘水濱」（行路難三首之三）
案：上句用伍子胥伏劍而死，吳王乃取子胥尸，盛以鴟夷之器，投
之於江中之事，典出《吳越春秋》；下句用屈原投汨羅江而死之
事，典出《史記‧屈原賈生列傳》。

「陸機雄才豈自保，李斯稅駕苦不早」（行路難三首之三）
案：上句用陸機受譖於成都王穎而遇害之事，典出《晉書‧陸機
傳》；下句用李斯壽宴之事，典出《史記‧李斯傳》。

「華亭鶴唳詎可聞，上蔡蒼鷹何足道」（行路難三首之三）
案：上句用陸機受譖於成都王穎而遇害之事，典出《晉書‧陸機
傳》；下用李斯臨刑之事，典出《史記‧李斯傳》。

六、錯綜對——王力有言：「對仗，自然以相當的字相對為正例；但是，詩人
偶然也用一種錯綜對，就是不拘位置，顛倒錯綜，以成對仗。
例如：『於今腐草無螢火，終古垂楊有暮鴉。』（李商隱隋宮）
以『螢』對『鴉』，以『火』對『暮』。」[22]李白樂府詩中屬
此種者，僅三次，如：

「雄巢漢宮樹，雌弄秦草芳」（白頭吟二首之一）

「雄巢漢宮樹，雌弄秦草芳」（白頭吟二首之二）

[22] 語見王力《漢語詩律學》第一章第十五節（對仗的講究和避忌）第一七七頁，（上海：上海教
育出版社出版，一九六二年十二月新1版。）

案：以上兩例重複。以「宮」對「芳」，以「樹」對「草」，故為錯綜對。

「昔時橫波目，今作淚流泉」（長相思）

案：以上一例，以「目」對「淚」，以「波」對「泉」，故為錯綜對。

七、流水對——王力嘗言：「普通的對仗，都是並行的兩件事物；依原則說，它們的地位是可互換的；即使出句換為對句，對句換為出句，意思還是一樣。但是，偶然有一種對仗，卻是一意相承，不能顛倒，這叫做流水對。」[23] 李白樂府詩中共十七次，譬如：

「每出深宮裡，常隨步輦歸。」（宮中行樂詞八首之一）

「悔傾連理杯，虛作同心結。」（去婦詞）

「忽逢江上春歸燕，銜得雲中尺素書。」（擣衣篇）

「賓客日疎散，玉樽亦已空。」（東武吟）

「恭承鳳凰詔，欻起雲蘿中。」（東武吟）

「願因三青鳥，更報長相思。」（相逢行）

「登鸞車，侍軒轅」（飛龍引二首之一）

「載玉女，過紫皇」（飛龍引二首之二）

「天馬呼，飛龍趨」（天馬歌）

「始聞鍊氣餐金液，復道朝天赴玉京。」（鳳笙篇）

「欲嘆離聲發絳脣，更嗟別調流纖指。」（鳳笙篇）

「重吟真曲和清吹，卻奏仙歌響綠雲。」（鳳笙篇）

「騰崑崙，歷西極」（天馬歌）

---

[23] 仝上，第一七九頁。

「鏗鳴鐘，考朗鼓」（夷則格上白鳩拂舞辭）

「拜龍顏，獻聖壽」（上雲樂）

「從軍玉門道，逐虜金微山。」（從軍行）

「本與鷦鷯群，不隨鳳凰族。」（空城雀）

案：以上各句，皆一意相承，而不能顛倒者也。

八、句中對——句中對者，即一句之中，詞彙自相對仗者也。王力有云：「這
　　　　　種句中自對……如係五言，往往是上兩字和下三字相　對；如
　　　　　係七言，往往是上四字和下三字相對。這樣，雖然在字數上不
　　　　　相等，在意義上卻是頗工整的對仗。」[24]試觀李白樂府詩中屬
　　　　　此種對偶者，共十九次，如：

「日慘慘兮雲冥冥」（遠別離）

「蒼梧山崩湘水絕」（遠別離）

「智者可卷愚者豪」（梁甫吟）

「東枝顦顇西枝榮」（上留田行）

「幽澗愀兮流泉深」（幽澗泉）

「雲想衣裳花想容」（清平調）

「磨牙吮血」（蜀道難）

「朝如青絲暮成雪」（將進酒）

「淋滴颯沓」（上雲樂）

「逆道違天」（日出入行）

「履胡之腸涉胡血」（胡無人）

「綠楊結煙桑裊風」（陽春歌）

㉔ 仝上，第一七九頁。

160　　　　　新亞學報第二十一卷

「筑中置鉛魚隱刀」（結襪子）

「北方佳人東鄰子」（白紵辭三首之一）

「且吟白紵停綠水」（白紵辭三首之一）

「攜糧負薪」（來日大難）

「苦口焦唇」（來日大難）

「一回花落一回新」（少年行）

「君東妾在西」（去婦詞）

九、隔句對——王力有言：「上一聯的出句和下一聯的出句相對，對句亦與對句相對，這種對仗叫做隔句對，《中原音韻》論曲時稱為扇面對。」[25]換言之，上下四句中，第一句與第三句對，第二句與第四句對，是為隔句對。李白樂府詩用此類凡四見：

「去年戰，桑乾源；今年戰，蔥河道」（戰城南）

「男兒百年且樂命，何須徇書受貧病？男兒百年且榮身，何須徇節甘風塵」（少年行）

「遮莫枝根長百丈，不如當代多還往；遮莫姻親連帝城，不如當身自簪纓」（少年行）

「女蘿附青松，貴欲相依投。浮萍失綠水，教作若為流。」（去婦詞）

案：以上四例，皆第一句與第三句相對，而第二句與第四句相對者也。

---

[25] 全[24]，第一七九頁。

（丙）、結　論

　　從上所述，蓋可想見李白樂府詩使用對偶之技巧矣。在此二百四十八次對偶中，其為寬對者，止四十一次而已。換言之，李白樂府詩使用對偶合乎工整者，多達二百餘次，佔全部百分之八十強，誠「研鍊」者矣。[26]且其對偶又能上下正正相對者，亦多達五十六次，譬如：[27]

　　「後庭朝未入，輕輦夜相過」（宮中行樂詞八首之四）

　　「曉吹員管隨落花，夜擣戎衣向明月」（擣衣篇）

　　「曉戰隨金鼓，宵眠抱玉鞍」（塞下曲六首之一）

　　「今日漢宮人，明朝胡地妾」（王昭君二首之二）

　　「金鞭遙指點，玉勒近遲迴」（相逢行）

　　「越鳥從南來，胡雁亦北度。」（獨漉篇）

　　「昔日芙蓉花，今成斷根草。」（妾薄命）

　　「拂彼白石，彈吾素琴」（幽澗泉）

　　「前軍細柳北，後騎甘泉東」（上之回）

　　「兵氣天上合，鼓聲隴底聞」（塞下曲六首之六）

　　「華蓋垂下睫，嵩岳臨上唇」（上雲樂）

---

[26] 王力有言：「鄰對雖比工對略遜一籌，也還算是近於工整的一方面的。」《漢語詩律學》第一章第十五節（對仗的講究和避忌）第一七〇頁，（上海：上海教育出版社出版，一九六二年十二月新1版。）

[27] 日人遍照金剛嘗言：「的名對者，正也。凡作文章，正正相對。上句安天，下句安地；上句安山，下句安水；上句安東，下句安西；上句安南，下句安北；上句安正，下句安斜；上句安遠，下句安近；上句安傾；下句安正。如是之類，名為的名對。」《文鏡祕府論》第八十四頁，（台北：學海出版社，民國六十三年一月初版。）

「不散東海金，何爭西輝匿」（君子有所思行）

「豈問渭川老，寧邀襄野童」（上之回）

「武安有震瓦，易水無寒歌」（發白馬）

「生乏黃金枉圖畫，死留青塚使人嗟」（王昭君）

「生苦百戰役，死託萬鬼鄰」（門有車馬客行）

「且樂生前一杯酒，何須身後千載名」（行路難）

「昔時橫波目，今作淚流泉」（長相思）

「虎可搏，河難馮」（公無渡河）

「人吹彩簫去，天借綠雲迎」（鳳台曲）

「嘗嫌玳瑁孤，猶羨鴛鴦偶。」（去婦詞）

以上各句，皆上下正正相對，不惟工麗，且工麗中別有對襯之妙，誠如趙翼所稱
「何嘗不研鍊，何嘗不精采」者也。[28]

雖然，李白使用對偶亦有不善不美之處。劉勰有言：「張華詩稱『遊雁比翼
翔，歸鴻知接翮』；劉琨詩言『宣尼悲獲麟，西狩泣孔邱。』若斯重出，即對句之
駢枝也。」[29]近人王力亦云：「在對仗上有一種避忌，叫做合掌。合掌是詩文對偶
意義相同的現象，事實上就是同義詞相對。」[30]吾觀乎李白使用對偶中，亦有犯
「駢枝」或「合掌」之疵類者。譬如：

「善卷讓天子，務光亦逃名。」（設辟邪伎鼓吹雄子班曲辭）

「伊皋運元化，衛霍輸筋力」（君子有所思行）

「飛燕皇后輕身舞，紫宮夫人絕世歌。」（陽春歌）

---

[28] 語見趙翼《甌北詩話》卷一，《清詩話續編》本。（上海：上海古籍出版社，一九八三年出版。）
[29] 語見劉勰《文心雕龍·麗辭》第一三四頁，（台北：文史哲出版社印行，民國七十四年三月初版。）
[30] 語見王力《漢語詩律學》第一章第十五節（對仗的講究和避忌）第一八十頁，（上海：上海教育出版社出版，一九六二年十二月新1版。）

韋金滿　從趙翼《甌北詩話》論李白樂府詩之對偶　　**163**

「將炙啗朱亥，持觴勸侯嬴」（俠客行）

以上四例，皆實「事異義同」，^㉛乃「駢枝」對之例證也。至如：

「西海栽若木，東溟植扶桑」（上雲樂）

「恥涉太行險，羞營覆車粟」（空城雀）

「沙塵接幽州，烽火連朔方」（北上行）

「嘶青雲，振綠髮」（天馬歌）

「欲嘆離聲發絳唇，更嗟別調流纖指」（鳳笙篇）

「燕草如碧絲，秦桑低綠枝」（春思）

「春天和，白日暖」（雉朝飛）

「府縣盡為門下客，王侯皆是平交人。」（少年行）

「各有千金裘，俱為五侯客」（君馬黃）

「跪雙膝，並兩肘」（上雲樂）

「寒螿愛碧草，鳴鳳棲青梧」（陌上桑）

「玉樓巢翡翠，珠殿鎖鴛鴦」（宮中行樂詞八首之二）

「綠樹聞歌鳥，青樓見舞人」（宮中行樂詞八首之五）

「春風開紫殿，天樂下珠樓。」（宮中行樂詞八首之六）

以上十四例，上下二句所用之字，意義近同，即犯「合掌」之病也。

　　總之，吾認為對偶之要，貴乎自然，慎莫求工太甚，雕琢麗辭，不然，終必弄致同義相對，近乎「合掌」或「駢枝」之病者。質言之，李白之樂府詩歌，縱然才氣豪邁，不屑束縛於對偶，然其運用對偶之處，亦有犯此等疵纇，是亦盡美而未盡善，猶瑜之有瑕，美中不足，此研究李白樂府詩歌者，不可不審知者也。

㉛ 語見劉勰《文心雕龍‧麗辭》第一三三頁，（台北：文史哲出版社印行，民國七十四年三月初版。）

景印香港新亞研究所《新亞學報》（第一至三十卷）

讀陳振孫《直齋書錄解題》札記

何廣棪

　　余近十年來均致力於陳振孫及其《直齋書錄解題》之研究，先後撰成《陳振孫之生平及其著述研究》、《陳振孫之經學及其〈直齋書錄解題〉經錄考證》、《陳振孫之史學及其〈直齋書錄解題〉史錄考證》、《陳振孫之子學及其〈直齋書錄解題〉子錄考證》、《陳振孫之文學及其〈直齋書錄解題〉集錄考證》五書。除第一、二種已出版面世外，其餘三種仍在細加校讎增訂，以備絡繹付印行世。今年初春，從香江省親返台北，課餘重溫《直齋書錄解題》，發現其間仍有不少餘義猶有待於深入鑽研與闡發者。爰用古人撰作讀書札記之體例，將一己之心得與研究成果，陸續寫就札記三十餘篇。凡所撰作，自信皆足補余前五書之未逮，亦有可匡正五書之失者。近日《新亞學報》第二十一卷籌備出版，辱承邀稿，謹選出所撰札記十二篇以應。不賢識小，敬祈學術界先進、目錄學同道不吝賜教。

　　民國九十年端午節，撰於華梵大學東方人文思想研究所。

一・「景獻」考

陳振孫《直齋書錄解題》卷一《易類》載：

　　「《易總説》二卷，端明殿學士永嘉戴溪肖望撰。每卦為一篇。嘉定初，為東宮端尹，作此以授景獻。」

考戴溪，《宋史》卷四百三十四《列傳》第一百九十三《儒林》四有傳。其《傳》載：

　　「戴溪字肖望，永嘉人也。少有文名。淳熙五年，為別頭省試第一，監潭

州南嶽廟。……召為資善堂説書。由禮部郎中凡六轉為太子詹事兼祕書監。景獻太子命溪講《中庸》、《大學》，溪辭以講讀非詹事職，懼侵官。太子曰：『講退便服説書，非公禮，毋嫌也。』復命類《易》、《詩》、《書》、《春秋》、《論語》、《孟子》、《資治通鑑》，各為説以進。權工部尚書，除華文閣學士。嘉定八年，以宣奉大夫、龍圖閣學士致仕。卒，贈特進、端明殿學士。理宗紹定間，賜謚文端。」

是戴溪嘗於景獻太子時任詹事，《易總説》二卷，乃溪類《易》為説以進，並授景獻者也。

景獻太子即趙詢。《宋史》卷二百四十六《列傳》第五《宗室》三載：

「景獻太子諱詢，燕懿王後，藝祖十一世孫也。初名與愿。寧宗既失克王，從宰執京鏜等請，取與愿養于宮中，年六歲，賜名曦，除福州觀察使。嘉泰二年，拜威武軍節度使，封衛國公，聽讀資善堂。……曦立為皇太子，拜開府儀同三司，封榮王，更名曮。詔御朝太子侍立，宰執日赴資善堂會議。尋用天禧故事，宰輔大臣並兼師傅、賓客。太子出居東宮，更名詢。嘉定十三年薨，年二十九，謚景獻。」

是景獻乃趙詢之謚號。年前，余撰《陳振孫之經經學及其〈直齋書錄解題〉經錄考證》一書，其「《易總説》二卷」條中竟誤以「景獻」為理宗廟號，疏舛殊甚，特撰此文以糾吾過，以誌吾愆。

至《解題》此條稱戴溪所任職為「東宮端尹」，蓋端尹乃詹事之別名。考《新唐書》卷四十九上《志》第三十九上《百官》四上「東宮官·詹事府」條載：

「詹事府 太子詹事一人，正三品；少詹事一人，正四品上。……隋廢詹事府。武德初復置。龍朔二年曰端尹府，詹事曰端尹，少詹事曰少尹。」

案：武德，唐高祖年號；龍朔，唐高宗年號。是振孫《解題》此條乃以唐代官稱以稱戴溪所任官。

二·《春秋二十國年表》撰人考

《直齋書錄解題》卷三《春秋類》著錄：

> 「《春秋二十國年表》一卷，不知何人作。周而下，次以魯、蔡、曹、衛、滕、晉、鄭、齊、秦、楚、宋、杞、陳、吳、邾、莒、薛、小邾。」

此條《四庫全書》本《解題》館臣有案語，曰：「《解題》自周而下所列止十八國，蓋有脫字。」余前撰《陳振孫之經學及其〈直齋書錄解題〉經錄考證》，乃據《通志堂經解》本《春秋二十國年表》所列出之二十國，考出「薛」下有「許」字；則《解題》所脫者為「許」字也。

有關《春秋二十國年表》之撰人為誰？《解題》謂「不知何人作」。朱彝尊《經義考》卷一百七十八《春秋》十一著錄此書，亦引《國史志》謂「不知撰人」。考王應麟《玉海》卷十五《地理·地理書》「《春秋二十國年表》」條載：

> 「《中書書目》：『《左氏春秋二十國年表》一卷，紹興中，環中撰。由周、魯而下二十國。』」

案：《玉海》所引之《中書書目》，應為《中興書目》之筆誤。《中興書目》即《中興館閣書目》之省稱。是則《春秋二十國年表》一書，《中興館閣書目》著錄作環中撰。

然環中此人，《宋史》及相關史籍均無傳，《中國人名大辭典》亦無其條目。故頗疑環中者，乃自號「環中居士」之胡坦，《中興館閣書目》著錄時或脫其姓氏。黃宗羲《宋元學案》卷三《高平學案》有「孫氏門人·教授胡環中先生坦」條載其生平曰：

> 「胡坦字德林，寧都人也。孫介夫弟子。方雅好古，端凝介特，講學于長春谷，藏書萬卷，自號環中居士。以八行薦，成政和八年進士，累官婺州教授。睦寇至，官吏遁去，先生嘆曰：『先世以勇顯，吾以八行起，豈可上負

朝廷，下慚先世！』城陷不降，舉家死之。事聞，官其從子二人。所著有諸
經講義。」

案：婺州，今浙江金華；睦州，今浙江建德縣。金人之寇睦，在宋高宗紹興時。是
則垤之殉國，亦必在紹興年間。垤為孫介夫弟子，介夫名立節，經學深醇，著有
《春秋傳》，其生平亦見《宋元學案》卷三《高平學案》。如環中即胡垤，則其所
撰之《春秋二十國年表》，正傳承其師孫介夫《春秋》經學者也。《中興館閣書目》
謂《春秋二十國年表》「紹興中」撰，應為約計之詞，胡環中之撰成此書，必在其
從容就義前也。是垤固深悉《春秋》君臣之大義者，故其踐履國難如此之堅決。

　　以上據《玉海》所引《中興館閣書目》，考出《春秋二十國年表》之撰人為環
中。余又頗疑環中即胡垤。所惜文獻不足徵，鄙論未能稱精鑿。姑存此疑，以俟續
考。

三·任貫小考

　　《直齋書錄解題》卷三《春秋類》著錄：

　　　　「《春秋會義》二十六卷，鄉貢進士江陽杜諤獻可撰。自《三傳》及啖、
　　　　趙諸儒迄於孫氏《經社》，凡三十餘家，集而繫之，時述以己意。有任貫者
　　　　為之《序》，嘉祐中人也。」

　　任貫，《宋史》、《宋史新編》、《宋史翼》、《四十七種宋代傳記綜合引得》
均無其傳記資料，余前撰《陳振孫之經學及其〈直齋書錄解題〉經錄考證》亦未能
考及其生平出處。近檢《宋會要輯稿》，於第一百七冊《選舉》二之九查出任貫資
料一條，迻錄如左：

　　　　「(嘉祐)六年四月二十二日，以新及第進士第一人王俊民為大理評事，
　　　　僉書武軍節度判官公事；第二人陳睦兩使幕職官；第三人廳將作監主簿王陟
　　　　臣為太常寺奉禮郎，簽書高郵軍判官廳公事；第四人任貫、第五人黃履並為
　　　　試銜知縣；第六人已下明九經及第，並為試銜大郡判司、大縣主簿尉。第二

甲至第四甲，並為試銜判司、簿尉。第五甲并諸科同出身，並守選。」

是則任貫於嘉祐六年考選一甲第四人，得任試銜知縣。《解題》謂任貫「嘉祐中人」，與此正可相參證。所惜貫所為《序》未之見，不悉四川大學古籍整理研究所編之《全宋文》有輯得否？

四 · 張九成與釋宗杲交游考

《直齋書錄解題》卷三《語孟類》著錄：

「《語孟集義》三十四卷，朱熹撰。集二程、張氏及范祖禹、呂希哲、呂大臨、謝良佐、游酢、楊時、侯仲良、周孚先凡十二家，初名《精義》，後刻於豫章郡學始名《集義》。其所言『外自託於程氏，而竊其近似之言，以文異端之說』者，蓋指張無垢也。無垢與僧宗杲遊，故云爾。」

案：《解題》此條所言之「張無垢」即張九成。九成自號無垢居士，有《張氏論語解》二十卷、《孟子解》十四卷，《解題》同卷《語孟類》已著錄，《宋史》卷三百七十四《列傳》第一百三十三有傳。九成與宗杲遊，前撰《陳振孫之經學及其〈直齋書錄解題〉經錄考證》一書未嘗考及其事，特補苴如下：

《宋史 · 張九成傳》載：

「張九成字子韶，其先開封人，徙居錢塘。游京師，從楊時學。……先是，徑山僧宗杲善談禪理，從游者眾，九成時往來其間。（秦）檜恐其議己，令司諫詹大方論其與宗杲謗訕朝政，謫居南安軍。……九成研思經學，多有訓解，然早與學佛者游，故其議論多偏。」

《宋史 · 張九成傳》所載此段文字，足與《解題》相參證。《解題》引朱子之言稱九成之解《論》、《孟》為「異端之說」，《宋史》亦評九成「早與學佛者游，故其議論多偏」；兩者所論，固相一致。

宗杲，《宋史》無傳，而羅濬《寶慶四明志》、潛說友《咸淳臨安志》與喻謙

新亞學報第二十一卷

《新續高僧傳》則有傳。《寶慶四明志》卷九《郡志》九《敘人》中《先賢事跡》下載：

> 「僧宗杲，賜號佛日大師，自稱妙喜庵。紹興辛酉忤秦檜，勒返初服，竄南中。丙子，檜死，被旨北歸，還其僧牒，乃受請廣校案：「請」疑作「詔」。住育王。參學之人，數常千百，叢林之盛，無與為比。」

紹興辛酉為紹興十一年（一一四一），丙子為紹興二十六年（一一五六）。宗杲之忤秦檜，返初服，竄南中，其後被旨北歸，得還僧牒，即在此十六年間。是則詹大方論九成「與宗杲謗訕朝政，謫居南安軍」，其年應在紹興辛酉。《寶慶四明志》所記，足補《宋史‧張九成傳》之未備。

潛說友《咸淳臨安志》卷七十《人物》十一《方外僧》載：

> 「宗杲字曇晦，本姓奚。丞相張浚命主徑山法席，學徒一千七百人，來者猶未已，敞千僧閣以居之，號臨濟中興。張九成與為方外交，秦檜疑其議己，言者論其誹謗朝政，動搖軍情，九成唱之，宗杲和之。紹興十一年五月，詔毀僧牒，置衡州。二十二年，移海州，四方衲子忘軀命往從之。二十五年，特恩許自便。明年，復僧伽梨，奉朝旨住阿育山。逾年，復居山。」

《咸淳臨安志》所載宗杲事跡，實較《寶慶四明志》為詳贍。

喻謙《新續高僧傳》卷第十二《習禪篇》第二之二《南宋臨安徑山寺沙門釋宗杲傳》載：

> 「釋宗杲字大慧，因居妙喜庵，又稱妙喜，宣州奚氏子，或云即雲峰悅之後身也。……（紹興）十一年五月，秦檜以杲為張九成黨，毀其衣牒，竄衡州。二十六年十月，詔移梅陽，不久復其形服，放還；十一月，詔住阿育王。二十八年，令再住徑山，大宏圓悟宗旨。辛巳春，退居明月堂，……委然而逝世，壽七十有五，坐五十八。夏，謐曰普覺，塔名寶光。」

據是，則宗杲之竄衡州，乃因「張九成黨」被牽連。其「奉朝旨住阿育山」，在紹興二十六年十一月。又「逾年，復居山」者，即指二十八年之再住徑山寺。《新續

高僧傳》所記，與《咸淳臨安志》所述，恰可相互補證。《新續高僧傳》謂宗杲卒於辛巳，壽七十五。辛巳為紹興三十一年（一一六一），由是上溯，則宗杲生於哲宗二年丁卯（一〇八七）。

九成與宗杲交游，忤秦檜，《宋史》卷四百七十三《列傳》第二百三十二《姦臣》三《秦檜傳》亦記其事，謂：

> 「張九成以鼓唱浮言貶，累及僧宗杲編配，皆以語忤檜也。」

然《秦檜傳》將此事繫於紹興十三年（一一四三），則所記顯誤。

厲鶚《宋詩紀事》卷九十三「宗杲條」，有宗杲小傳，另載其《寄無垢居士》一詩。其小傳曰：

> 「宗杲字曇晦，宣城奚氏子。住臨安徑山。與張子韶為友，觸秦檜怒，流衡州，後放還。示寂，孝宗賜號大慧禪師。」

《宋詩紀事》謂宗杲賜號大慧禪師，與《寶慶四明志》謂「賜號佛日大師」不同。據《新續高僧傳》所記，「大慧」乃宗杲別字，非賜號，厲鶚誤，否則或另有所本也。

至《寄無垢居士》一詩則曰：

> 「上苑玉池方解凍，人間楊柳又垂春。山堂盡日焚香坐，常憶毗邪杜口人。《徑山志》。」

此詩采自《徑山志》，揣首、二句詩意，約可推知其詩寫成於紹興二十七年（一一五七）春間，蓋其時秦檜已死，而九成、宗杲遇赦，得以放還未久也。是故「玉池方解凍」，「楊柳又垂春」云云，皆象徵比況語，殊非單純寫景之句。末句之「毗邪杜口人」，即指張九成無垢居士。毗邪，或譯作毗耶，乃城名，維摩詰所居之地。考《肇論》有句云：「釋迦掩室於摩竭，淨名杜口於毗耶。」斯即本詩末句所本。淨名乃毗摩羅詰之意譯，一譯作無垢，即維摩詰居士。宗杲有意將九成比作維摩詰，則其用典之圓融無礙，已達天衣無縫之上乘境界。

以上略徵引《宋史》、《寶慶四明志》、《咸淳臨安志》、《新續高僧傳》、

《宋詩紀事》諸書，考證九成與宗杲之交游，用補拙著之未備。然為文獻不足所限，所考容有未周之處，他日若獲新資料，當續考論之。

五·王長孺、王俅父子事迹小考

《直齋書錄解題》卷三《小學類》著錄：

> 「《嘯堂集古錄》二卷，王俅子弁撰。李邴漢老序之，稱故人長孺之子，未詳何王氏也。皆錄古彝器款識，自商迄秦凡數百章，以今文釋之，疑者闕焉。」

案：王俅與其尊翁長孺，《宋史》、《宋史新編》、《宋史翼》均無傳，而為俅書撰《序》之李邴，其傳則見《宋史》卷三百七十五《列傳》第一百三十四。《李邴傳》略謂：

> 「李邴字漢老，濟州任城縣人。中崇寧五年進士，累官為起居舍人，試中書舍人。……欽宗即位，除徽猷閣待制。……高宗即位，……四月，拜尚書右丞，未幾，改參知政事。……紹興五年，詔問宰執方略，邴條上戰陣、守備、措畫、綏懷各五事，……不報。邴閒居十有七年，薨于泉州，年六十二，謚文敏。有《草堂集》一百卷。」

據是，則邴乃徽、欽、高朝人。從紹興五年（一一三五）下移十七載，即為紹興二十一年（一一五一），是歲邴卒，年六十二。由是上推，則邴之生歲乃哲宗元祐五年（一〇九〇）。

邴所撰《嘯堂集古錄序》，全文俱存，據之可略考長孺父子生平事迹。前撰《陳振孫之經學及其〈直齋書錄解題〉經錄考證》未嘗徵引，茲不吝辭費，迻錄如次，俾便參證。

> 「秦李斯以新意變古科斗書，後世相沿，益復精好。自漢、唐以來，能者不可概舉，唯鍾鼎文間見於士大夫家，謂如《洗玉池銘》、《讀書堂帖》，

字既不多，往往後人依倣為之，殆無古意。青社趙公、東平劉公、廬陵歐陽公三家，收金石遺文，最號詳備，獨鼎器欵識絕少，字畫復多漫滅，不可考證；及得呂大臨、趙九成二家《考古圖》，雖略有典刑，辨釋不容無舛。晚見《宣和博古圖》，然後愛玩不能釋手，蓋其欵識雖自鼎器移為墨本，無毫髮差，然流傳人間者，纔一二見而已。近年好事者亦刻鼎文于石，重而辨釋，字既失真，而立說疎略，殊可怪笑。予方恨近時字學不修，秦、漢書法尤為壞斁，人皆出意增損，取美一時，略無古人渾厚之氣。一日，予故人開國長孺之子王俅子弁見過，出書二巨編，皆類鍾鼎字甚富，名《嘯堂集古錄》。且謂予曰：『俅不揆，留意於此久矣！自幼至今，每得一器，欵識必模本而投之篋。積三十餘年，凡得數篋，則又芟夷剪截，獨留善者編次之，其志猶以謂未足也。他日再獲古文奇字，即續於卷末，將示子孫，永為家寶。』予與長孺同師、同舍、同鄉關，又為同年進士，兩家契故甚密。子弁幼警悟，不類常兒；長年，好學工文，鄉先生皆稱異之；又精於古字，四方人士以絹素相求者，門無虛日。予既喜故人之有子，復熟觀此二編，大慰平昔所願欲而不得者。子弁欲予文傳信將來，予欣然為敘卷首而歸其書云。雲龕小隱李邴漢老序。」

據邴《序》，則長孺父子亦為濟州任城（今山東濟寧縣）人，長孺之中進士亦在崇寧五年（一一〇六），李、王兩家「契故甚密」也。至王俅則「幼警悟」，及長「好學工文」，又「精於古字」，四方來求者，「門無虛日」。而其所撰之《嘯堂集古錄》，「類鍾鼎字甚富」，讀之大慰平生。俅嘗求序於邴，邴「欣然為敘卷首而歸」之。

王俅事迹，另見曾機所撰《嘯堂集古錄序》。機字伯虞，號靜庵，吉水人。《宋史》無傳，《宋元學案》卷二十八《兼山學案·艮齋門人》有傳。機《序》曰：

「武王《戒書》、《鑑》、《矛》等銘，凡十有四，規警備至，成書具在，乃知古人一械一物必有欵識，非特文字刻畫之為諒也。呂、劉相嬗，日超便簡，器用淪圮，更百千載，如嶧山、火泗、石鼓、泥蟠，何可勝紀。先正歐陽文忠先生始集名碑遺篆而錄之，蓋精力斯盡，而所著無幾。逮元祐以

後，地不愛寶，穨堤、廢墓、埋鼎、藏敦，所觸呈露，由是《考古》、《博古》之書生焉。蓋盈編鱗次，而包羅莫究。王君子弁《嘯堂集古》最為後出，然而奇文名蹟，自商及秦，纍纍凡數百章，尤為精夥，初不曉其前晦而今見。意者天地之氣運必有與立於此，否則中原故物將有不得揖讓其間之歎者，此尤君子所深感也。余因得其鋟板，試摘所藏邵康節《秦權篆銘》較之，毫髮不舛，益信子弁衰類之不妄，敬書于後，且掇古人所為觸物存戒之意以告之，庶幾不徒字畫之泥，而古意之未忘也。淳熙丙申六月既望，盧陵曾機伯虞謹識。」

據是，則知曾機於俅之《嘯堂集古錄》推崇備至。既稱其所收富贍且精，「奇文名蹟，自商及秦，纍纍凡數百章，尤為精夥」，比之歐陽修《集古錄》之「所著無幾」，應夐乎遠矣；又謂其書「衰類之不妄」，持較機所自藏邵康節《秦權篆銘》，竟「毫髮不舛」。是故俅之書雖「最為後出」，若與呂大臨《考古圖》、黃伯思《博古圖說》相角，固不遑多讓。

俅之《嘯堂集古錄》，北京圖書館藏有宋刻本。《北京圖書館古籍善本書目·史部·金石類》著錄：

「《嘯堂集古錄》二卷，宋王俅撰。宋刻本。于文傳、翁方綱、阮元、黃紹箕、朱文鈞跋，滕用亨題款。四冊，白口左右雙邊。」

是則曾機作《序》，所謂「得其鋟板」；及陳振孫《直齋書錄解題》所著錄《嘯堂集古錄》二卷者，應同北圖所藏之宋刻本。

至長孺事迹，《宋會要輯稿》第一百八十九冊《方域》七之二七曾記一事，前撰《陳振孫之經學及其〈直齋書錄解題〉經錄考證》未考及之，茲謹錄如下，以識疏略。

「(大觀) 三年正月二十四日，詔胡耳西道蠻面慕納土，福廣校案：「福」應作「幅」，筆誤。員千里，宜有以鎮撫其俗，可令王子武同王長孺度地之要，據其腹心，建置一州，仍令長孺知州事。」

大觀，徽宗年號；三年，歲次己丑，乃西元一一〇九年。是則長孺於崇寧五年丙戌（一一〇六）既中進士，三載以後即有「度地」及「知州事」之任命，斯固有功於宋室者；而其子俅又能著書可傳世，立言以垂不朽；是則王氏喬梓二人，亦可謂無忝所生矣。

六·呂南公里籍考

《直齋書錄解題》卷四《正史類》著錄：

> 「《三國志》六十五卷，晉治書侍御史巴西陳壽承祚撰，宋中書侍郎裴松之世期注。……大抵本書固率略，而注又繁蕪，要當會通裁定，以成一家，而未有奮然以為己任者。豐、祐間，南豐呂南公銳意為之，題其齋曰『袞斧』，書垂成而死，遂弗傳。」

是《解題》以呂南公為南豐人。

然《宋史》四百四十四《列傳》第二百三《文苑》六《呂南公》載：

> 「呂南公字次儒，建昌南城人。」

則《宋史》本傳以南公為南城人。

南公另有《灌園集》三十卷，《解題》卷十七《別集類》著錄云：

> 「《灌園集》三十卷，鄉貢進士呂南公次儒撰。熙寧初，試禮部不利，會以《新經》取士，遂罷舉。欲修《三國志》，題其齋曰『袞斧』，書將成而死，其書亦不傳。」

《解題》著錄此條，與《正史類》「《三國志》六十五卷」條所載呂南公事，可相互參證。

南公之《灌園集》，宋人南豐符行中嘗序之，曰：

> 「劉夢得嘗稱瀟、湘間無土山，無濁水，民乘是氣，往往清慧而文。吾鄉

麻源地氣殊異，江山炳靈，視瀟、湘間為不足道。近時人物磊落相望，其位於朝，光顯者固多；而隱於韋布，卓立傑出如灌園先生者，世未必知之。曾子固獨愛重其文，謂『麻姑秀氣，世不乏人』，豈盧言哉！」

《序》末署「南豐符行中序」，是則符氏於此處固視南公為同鄉，為南豐人矣。

然符《序》又曰：

「元祐中，在朝諸公交口稱薦，欲命以官，而先生不幸蚤世，咸用盡傷。余先君昔與之遊，備知其賢，每嘆南城豪傑之士，如李泰伯、王補之及先生，其才皆有大過人者，而所享皆不永。泰伯、補之雖得卑位，則旋而死；先生且未及仕，造物者何奪之速，殆難以理推，蓋命也。」

據是，則符氏又稱南公為南城人，似前後所言頗不一致，易令人疑惘。

考譚其驤主編之《中國歷史地圖集》第六冊頁二十六「北宋・江南西路圖」，南城與南豐均隸建昌軍，南豐在南城之南，旴水流通兩地，而南城則建昌軍軍治所在地也。故南豐之與南城，顯非同為一地。

然檢《灌園集》卷十七《雜著》，有呂南公自撰《呂氏家系》，其文曰：

「開寶八年，王師加金陵，兵官樊若水至城下，晚請於帥以燔民廬，而吾家毀焉。曾祖王父君搶攘，挾其二子輕齎南遁。至江州，遇其故人有祿者，教以直走南豐，於是從之。明年，復遣次子返省金陵，且謀復舊居，而舍阯、券籍皆灰蕩不可理辯，遂定計為南豐人。有屋于縣郭之東，逐土宜為生。居二年，曾祖王父君卒，其長子是為大父。大父有二子，其季，先人也。先人生於祥符戊申，是歲大父君卒，先人生纔十月，家貧不能自存，大母棲以襁褓，挈而嫁南城人傅可忠。故先人養于傅氏，長因家焉。嘉祐九年正月丁巳，先君卒，有四子云。」

據是，則南公之先為金陵人。開寶八年（九七五），王師加金陵，走南豐，乃為南豐人。其後，大父卒，大母挈其父更嫁南城傅可忠，其父「養于傅氏」，乃為南城人。是故，南公之里籍，以祖籍計可稱金陵人。入宋後，以寄籍計，其初可稱南豐人，其後可稱南城人。陳振孫稱「南豐呂南公」，溯其寄籍之先也；《宋史》本傳

稱「建昌南城人」，言其後也。至符行中撰《序》，或言南豐，或言南城，亦非前後不一致，得讀呂南公《呂氏家系》，則可深悉行中所言之究竟矣。

七·蕭子顯非齊豫章王蕭嶷之孫辨

《直齋書錄解題》卷四《正史類》著錄：

> 「《齊書》五十九卷，梁吳興太守蕭子顯景陽撰。本傳稱六十卷。子顯者，齊豫章王嶷之孫也。」

案：蕭子顯，《梁書》卷三十五《列傳》第二十九附其兄《蕭子恪傳》。《蕭子恪傳》載：

> 「蕭子恪字景沖，蘭陵人，齊豫章文獻王嶷第二子也。」

又載：

> 「子顯字景陽，子恪第八弟也。幼聰慧，文獻王異之，愛過諸子。」

文獻王，即豫章文獻王蕭嶷，《解題》省稱作豫章王。考《南史》卷四十二《列傳》第三十二《齊高帝諸子》上《豫章文獻王嶷子子廉、子恪、子操、子範、子範子乾、子範弟子顯、子雲》載：

> 「豫章文獻王嶷字宣儼，高帝第二子也。」

又載：

> 「子顯字景陽，子範弟也。幼聰慧，嶷偏愛之。」

綜上所引《梁書》、《南史》資料，則悉子顯乃子恪、子範之弟，豫章文獻王蕭嶷之第八子。《解題》謂：「子顯者，齊豫章王嶷之孫也。」直齋以子作孫，顯誤。

八·《唐餘雜史》應稱《唐餘錄》

《直齋書錄解題》卷四《正史類》著錄：

> 「《新五代史》七十四卷，歐陽修撰。……然不為韓瞳眼立傳，識者有以見作史之難。案韓通之死，太祖猶未踐極也，其當在《周臣傳》明矣。惟王皞《唐餘雜史》以入《忠義傳》云。」

案：王皞，即王子融，王曾弟。《宋史》卷三百一十《列傳》第六十九附《王曾傳》。其《傳》載：

> 「子融字熙仲。初以曾奏，為將作監主簿。祥符進士及第，累遷太常丞，同知禮院。獻所為文，召試，直集賢院。嘗論次國朝以來典禮因革，為《禮閣新編》上之，以其書藏太常。……又集五代事，為《唐餘錄》六十卷以獻。……本名皞，字子融。元昊反，請以字為名。」

據是，則皞本字子融，後以字為名。其所著書稱《唐餘錄》，凡六十卷。本傳所記，與《解題》稱《唐餘雜史》異。

《唐餘錄》一書，晁公武《郡齋讀書志》、王應麟《玉海》、《宋史·藝文志》均有著錄。《郡齋讀書志》卷第六《雜史類》著錄：

> 「《唐餘錄》六十卷，右皇朝王皞奉詔撰。皞芟《五代舊史》繁雜之文，采諸家之說，倣裴松之體附注之。以本朝當承漢、唐之盛，五代則閏也，故名之曰《唐餘錄》。寶元二年上之。溫公修《通鑑》，間亦采之。」

蓋皞以五代為「閏」，故稱五代為「唐餘」，其書實效裴松之注《三國志》，以注薛居正《舊五代史》者。寶元，宋仁宗年號，二年（一〇三九），歲次己卯，其時歐陽修《新五代史》猶未出也。

《玉海》卷第四十七《藝文·雜史》「《唐餘錄》」條著錄：

> 「寶元二年十一月戊子朔，尚書刑部郎、直集賢院王皞上，六十卷。詔獎

諭。五代，閏也，故名《唐餘錄》，《通鑑》閏亦采之。《書目》：『六十卷，王皡荾《五代舊史》，旁採諸家小說，傚裴松之《國志》附見于注。』」

《玉海》所引之《書目》，即陳騤《中興館閣書目》。《中興館閣書目》此條所記，多據《郡齋讀書志》。

《宋史》卷二百三《志》第一百五十六《藝文》二《別史類》著錄：

> 「王皡《唐餘錄》六十卷。」

又《宋史·藝文志·傳記類》著錄同。

綜上所考，則《郡齋讀書志》、《玉海》、《宋史·藝文志》著錄王皡之書均稱《唐餘錄》，作六十卷，與《解題·正史類》稱「王皡《唐餘雜史》」不同。

考《解題》卷四《別史類》亦著錄王皡此書，云：

> 「《唐餘錄史》三十卷，直集賢院益都王皡子融撰。寶元二年上。是時惟有薛居正《五代舊史》，歐陽修書未出。此書有紀，有志，有傳，又博采諸家小說，傚裴松之《三國志注》，附其下方，蓋五代別史也。其書列韓通於《忠義傳》，且表出本朝襃贈之典，《新》、《舊史》皆不及此。《館閣書目》以入《雜傳類》，非是。皡，曾之弟，後以元昊反，乞以字為名，仕至集賢院學士。」

振孫《解題·別史類》著錄此書，其資料雖較《郡齋讀書志》、《玉海》、《宋史·藝文志》為詳贍，惟其稱此書為《唐餘錄史》，又作三十卷，與《讀書志》諸書不同，則恐均誤也。

九·《百官公卿表》一百四十二卷乃李燾所續撰考

《直齋書錄解題》卷四《編年類》著錄：

> 「《百官公卿表》十五卷，司馬光撰。……本入《職官類》，以《稽古錄序》所謂『建隆接于熙寧，臣又著之於《百官表》』，即謂此書，蓋與《通

鑑》相為表　，故著之於此。案晁氏《讀書志》有一百四十二卷，未詳。」

案：此《表》應入《職官類》，惟振孫以其與《資治通鑑》相為表　，故著之《編年類》。晁公武《郡齋讀書志》卷七亦著錄此書，即歸之《職官類》。《讀書志》云：

「《百官公卿表》一百四十二卷，右皇朝司馬光君實等撰。熙寧中，光以翰林學士兼史館修撰，建議欲據國史，旁采異聞，敍宋興以來百官除拜，效《漢書》作表，以便御覽，詔許之。光請宋敏求同修，及敏求卒，又請趙彥若繼之，歷十二年，書成奏御。」

是《解題》謂「晁氏《讀書志》有一百四十二卷，未詳」者，即指此也。

《讀書志》所著錄之《百官公卿表》一百四十二卷，究其實，乃李燾所續撰，燾有《續百官公卿表自序》云：

「司馬光以熙寧二年建議請撰《宋興以來百官公卿表》，元豐四年《表》成，凡十卷，詔送編修院，世莫知其書何如也。按《光集》有《百官公卿表總序》，文官知雜御史以上、武臣閤門使以上、內臣押班以上，其遷出咸表見之。初不紀其卷第，某家藏舊書有所謂《百官公卿表》者七卷：宰相、參知政事、樞密使、副為一卷，三師、三公、左右僕射、東宮三師、三少、賓客為一卷，使相宜徽節度、留後、觀察為一卷，尚書丞、郎、給諫、常侍為一卷，知開封府、三司使、學士、舍人、御史中丞為一卷，觀文、資政、端明、樞密侍講讀學士為一卷，十二衛、上將軍、六軍統軍為一卷。他官皆止天禧，惟宰相、執政盡熙寧，疑此《表》則光等所修也。然卷第此實錄所載尚缺其三，倫類往往顛倒紛錯，而《總序》所稱閤門使，及押班以上皆絕不見，豈三卷所缺即此《表》者，而傳寫偶失之歟？若然，則他官除拜俱當以元豐為限矣，不應自天禧以來遽絕筆，但詳於宰相、執政也。且當時修此《表》歷十二年乃成，其久如是，其疏略顧如是，是必不然，當某家舊藏不得其純全耳。某能薄，不堪世用，頗願盡力於史學，而本朝故事尤切欣慕。某既不自料，故追繼光作，將以昭明祖宗之盛德大業，使眾說咸會於一，不

敢鑿空架虛，熒惑視聽，固當事事謹其月日如古《春秋》，乃可傳信。彼百官沿革、公卿除拜，皆事之最大者也，年表又安可缺。因取舊七卷亟整治之，續編其年至宣和止，元符以前皆從實錄，治平而上又參諸正史，元符以後不免憑所傳聞。國書既非人間通有，辛苦求得之，脫簡誤字絕無他本可校，於先後次序諒多牴牾；但憑所傳聞，則宣和距元符二十五、六年茲不詳，此皆某之罪也。改而正諸，必有所待。《年表》舊止七卷，卷第不均，今釐析之，與某所續編者，總一百四十二卷，凡所增益倫類，具之目錄。其故事當別見續紀，此不重列。」

按燾此《自序》所記，則光所撰之《百官公卿表》本僅十卷，燾家舊藏者為七卷，缺三卷。其後燾續有所編，合舊之七卷，共成一百四十二卷。是則《讀書志》所著錄之一百四十二卷《百官公卿表》，乃燾所續撰，此事固較然著明者矣。陳振孫《解題》謂「未詳」，晁公武《讀書志》稱其書乃「司馬君實等撰」，兩者均有所失考也。

司馬光等所撰之《百官公卿表》，《解題》著錄作十五卷，李燾《續百官公卿表自序》則云十卷，然《玉海》卷一百十九《官制・官名》「《熙寧百官公卿表》」條引《中興館閣書目》，及《宋史》卷二百三《志》第一百五十六《藝文》二《職官類》所著錄此《表》均作十五卷，與《解題》同，是《解題》所著錄未必誤也。又蘇軾《東坡七集・正集》卷三十六《司馬光行狀》云此書凡六卷。是則此書之分卷蓋有六卷、十卷、十五卷三種，至三種內容是否有多寡之別已不可知。馬端臨《文獻通考》卷二百二《經籍考》二十九《史職官》亦著錄此書，惟作一百四十五卷，馬氏自注：《直齋書錄解題》作十五卷。則應為一百四十二卷之誤。馬氏並引李燾所撰《自序》，後有按語曰：

「按此《序》則溫公本書止十卷，巽巖廣棪案：巽巖・李燾別號。續編推而廣之，為一百四十二卷，晁氏所言乃巽巖續書，非溫公本書也。陳氏以為未詳者，是未見巽巖之書；然又以溫公之書為十五卷，則不知其何所本也。」

是端臨以一百四十二卷之《百官公卿表》為燾所續編，此說不誤；惟謂《解題》著錄作十五卷乃「不知其何所本」，則馬氏殆未檢《中興館閣書目》，此即《解題》所本也。

十·范祖禹乞賜劉恕家《資治通鑑》考

《直齋書錄解題》卷四《編年類》著錄：

> 「《通鑑外紀》十卷、《目錄》三卷，祕書丞高安劉恕道原撰。司馬公修歷代君臣事迹，辟恕為屬。嘗謂《史記》不及庖犧、神農，今歷代書不及威烈之前，欲為《前紀》，而本朝為《後紀》，將俟書成請於公。會道原病廢，絕意《後紀》，迺改《前紀》為《外紀》云。《通鑑》書成，恕已亡，范淳父奏恕於此書用力最多，援黃鑑、梅堯臣例官其子，且以書賜其家。」

案：有關范祖禹乞賜劉恕家《資治通鑑》事，余前撰《陳振孫之史學及其〈直齋書錄解題〉史錄考證》僅謂：「范淳父即祖禹，《宋史》卷三百三十七《列傳》第九十六附其從祖《范鎮傳》，然未記及上奏乞賜恕家《通鑑》事。」所考殊疏略，深覺愧怍，特重考如左：

檢范祖禹《范太史集》卷二十四、四川大學古籍整理研究所編之《全宋文》卷二一三九「范祖禹」二五有《乞賜故修書官〈資治通鑑〉劄子》，該文署年為「元祐八年正月二十一日」。其文曰：

> 「臣先與故秘書丞劉恕同編修《資治通鑑》，恕在職十餘年。臣昨受詔校定板本，奏御頒行，校對官皆蒙賜書。恕有子前池州華容縣尉義仲，見丁母憂，有書與臣，以不被賜為其先人之辱，欲臣奏請，義不可抑。臣檢會故中書舍人劉攽及恕皆自英宗朝開置書局，即預編修，不幸亡歿，不及受賜。伏望聖慈特降指揮下國子監，印造《資治通鑑》并《目錄》、《考異》二部，賜其家子孫，則澤及淵泉，存歿榮感，他人亦難以援例。取進止。」

何廣棪　讀陳振孫《直齋書錄解題》札記　　**183**

據是，則祖禹確於宋哲宗元祐八年正月二十一日上箚子，為劉恕家子孫乞賜《資治通鑑》并《目錄》、《考異》，《解題》「范淳父奏恕於此書用力最多」，「且以書賜其家」云云固不誤。然祖禹於其《箚子》中，則絕未言及「援黃鑑、梅堯臣例官其子」事，頗疑《解題》所記或有舛誤失實之處。

考司馬光《司馬公文集》卷五十三、《全宋文》卷一二〇六「司馬光」三五有《乞官劉恕一子箚子》一文，該文署年為「元祐元年上」。溫公《箚子》云：

> 「臣伏觀秘書少監劉攽等奏，故秘書丞劉恕同編修《資治通鑑》，功力最多。比及書成，編修屬官皆蒙甄錄，惟恕身亡，其家獨未霑恩。門戶單露，子孫并無人食祿，乞依黃鑑、梅堯臣例，官其一子。臣往歲初受敕編修《資治通鑑》，首先奏舉恕同修。恕博聞強記，尤精史學，舉世少及。臣修上件書，其討論編次，多出於恕。至於十國五代之際，群雄競逐，九土分裂，傳記訛謬，簡編缺落，歲月交互，事迹差舛，非恕精博，它人莫能整治。所以攽等以眾共推先，以為功力最多。不幸早夭，不見書成。未死之前，未嘗一日捨書不修。今書成奏御，臣等皆蒙天恩，褒賞甚厚，獨恕一人不得霑預，降為編户，良可矜閔。欲乞如攽等所奏，用黃鑑、梅堯臣例，除一子官，使其平生苦心竭力，不為虛設。取進止。」

觀是，「乞依黃鑑、梅堯臣例」官劉恕一子事，乃見司馬光所上《箚子》及《箚子》所引劉攽奏言，其事在元祐元年，《解題》以為祖禹所奏，乃振孫之失察也。

據《宋史》卷四百四十四《列傳》第二百三《文苑》六《劉恕傳》所載，恕有二子，長義仲，次和仲。其《傳》曰：

> 「（恕）死後七年，《通鑑》成，追錄其勞，官其子義仲為郊社齋郎。次子和仲，有超軼材，作詩清奧，刻屬欲自成家，為文慕石介，有俠氣，亦早死。」

是所官劉恕之子乃義仲。義仲初為郊社齋郎，在元祐元年；至祖禹元祐八年上《箚子》前，已改任池州華容縣尉。義仲亦具史才，有《太初曆》、《通鑑問疑》行世。

官義仲事，司馬光《箚子》及《解題》均言及「援黃鑑、梅堯臣例」，考黃鑑，

《宋史》卷四百四十二《列傳》第二百一《文苑》四有傳。其《傳》略謂：

> 「黃鑑字唐卿，⋯⋯少敏慧過人。舉進士，補桂陽監判官，為國子監直講。⋯⋯累遷太常博士，為國史院編修官。⋯⋯國史成，擢直集賢院。以母老，出通判蘇州，卒。」

《宋史・黃鑑傳》雖未載有官子事，然證以溫公《箚子》所言，似可推知鑑以撰成國史，其卒後亦必官其一子。是則溫公《箚子》「乞依黃鑑、梅堯臣例，官其一子」云云，足補《宋史・黃鑑傳》之闕略。

至梅堯臣，《宋史》卷四百四十三《列傳》第二百二《文苑》五有傳。其《傳》曰：

> 「梅堯臣字聖俞，宣州宣城人，侍讀學士詢從子也。⋯⋯用詢蔭為河南主簿，⋯⋯歷德興縣令，知建德、襄城縣，監湖州稅，簽書忠武、鎮安判官，監永豐倉。大臣屢薦宜在館閣，召試，賜進士出身，為國子監直講，累遷尚書都官員外郎。預修《唐書》，成，未奏而卒，錄其子一人」

據是，則堯臣亦以預修《唐書》，書成未奏而卒，因得錄其一子。溫公《箚子》所謂「依梅堯臣例」，即指此事。

綜上所述，余徵引《范太史集・乞賜故修書官〈資治通鑑〉箚子》一文，考出范祖禹於元祐八年正月二十一日，嘗上箚子乞賜劉恕家《資治通鑑》，此考足補拙撰《陳振孫之史學及其〈直齋書錄解題〉史錄考證》之疎略。惟《解題》以「援黃鑑、梅堯臣例官其子」一語乃祖禹《箚子》所言，則至為謬舛，余不獲已，特揭載司馬光《乞官劉恕一子箚子》以證其誤，陳振孫於此處實未免張冠李戴之失。至「援黃鑑、梅堯臣例官其子」云云，余亦引《宋史・黃鑑傳》與《梅堯臣傳》以證成其事。然《黃鑑傳》未明載官子事，溫公《箚子》所言，足補《宋史》之未及。

十一·何烈事迹續考

《直齋書錄解題》卷五《雜史類》著錄：

> 「《靖康拾遺錄》一卷，何烈撰。又名《草史》。」

案：有關何烈生平事迹，余前撰《陳振孫之史學及其〈直齋書錄解題〉史錄考證》僅云：

> 「廣棪案：烈，《宋史》無傳。《宋史》卷三百七十八《列傳》第一百三十七《衛膚敏》載：『會膚敏知貢舉，有進士何烈對省試策，謬稱「臣」，諫官李處遯乞正考官鹵莽之罪，以集英殿提舉洞霄宮。或謂膚敏在俊省論事，為黃潛善、汪伯彥所惡，故因事斥之。』烈之事迹，可考者僅此。」

其實，何烈之事迹，仍有可考者。近檢徐松《宋會要輯稿》，所記何烈事迹之資料共兩條，逐錄如次：

《宋會要輯稿》第一百冊《職官》七〇之六載：

> 「(高宗建炎二年二月)十八日，中書舍人汪藻、滕康、衛膚敏並罷。以中書後省試四方薦士，策第二名何烈乃用廷試體稱『臣』，藻、康、膚敏坐考試鹵莽，故有是命。」

同書第一百九冊《選舉》六之四二載：

> 「高宗建炎元年追復祖宗故事，於科舉之外，有文武傑特者，試而官之。時郡國薦士四人適至，命中書省各試策一道。何烈對策依廷試禮稱『臣』，上以其寒遠，一體推恩。既而有言其疎者，於是降充末名，補下州文學。考官汪藻等坐黜。」

據上引資料，則何烈對省試策事在建炎元年（一一二七），其後以鹵莽罪被罷之考官，除衛膚敏外，並有汪藻與滕康二人。汪等三人之坐黜，在建炎二年（一一二八）二月十八日。

考汪藻字彥章，饒州德興人。《宋史》卷四百四十五《列傳》第二百四《文苑》
七有傳。其《傳》載：

> 「高宗踐祚，召試中書舍人。時次揚州，藻多論奏，宰相黃潛善惡之，遂
> 假他事，免為集英殿修撰，提舉太平觀。」

此處所謂「遂假他事」者，乃指何烈對策坐考官疎失事也。

至滕康，字子濟，應天府宋城人。《宋史》卷三百七十五《列傳》第一百三十
四有傳。其《傳》載：

> 「知江州陳彥文用劉光世奏，錄其守城功，遷龍圖閣待制。康以光世所上
> 彥文功狀前後牴牾，閣而未下。宰相力主彥文，趣康行詞，康論不已，宰相
> 銜之。會布衣省試卷子不合式，康以其文取之，諫官李處遯論奏，遂以集英
> 殿修撰，提舉杭州洞霄宮。」

案：其時宰相即黃潛善。「會布衣省試卷子不合式」云云者，即指何烈事也。其餘
所記，與《汪藻》、《衞膚敏》二傳足相參證。

綜上所考，則知何烈於建炎元年對策省試，列名第二，後以策中錯用廷試體，
謬自稱「臣」，乃為諫官李處遯論奏，降充末名，補下州文學。處遯固宰相黃潛善
黨，考官汪藻、滕康、衞膚敏亦因是坐鹵莽罪黜官。汪，免為集英殿修撰，提舉太
平觀；滕、衞，則均以集英殿修撰，提舉杭州洞霄宮。余續考何烈事迹，所得僅如
此。

十二‧臧梓小考

《直齋書錄解題》卷五《雜史類》著錄：

> 「《呂忠穆勤王記》一卷，左宣教郎臧梓撰。記建炎復辟事。」

案：有關臧梓其人，前撰《陳振孫之史學及其〈直齋書錄解題〉史錄考證》僅云：

何廣棪　讀陳振孫《直齋書錄解題》札記　　187

「撰人臧梓，事蹟無可考。」

其實不然，茲撰小考如下：

徐松《宋會要輯稿》第九十五冊《職官》六〇之二九載：

「（紹興）五年五月十八日詔：『嚴州壽昌縣令臧梓，特與改合入宮，候任滿日再任。』以治績顯著，民惜其去，故有是命。」

是臧梓紹興五年五月十八日前仍任仍嚴州壽昌縣令。嚴州壽昌，今浙江省壽昌縣。

同書第八十冊《職官》四〇之八載：

「（紹興六年）四月四日，荊湖南路安撫制置大使兼知潭州呂頤浩言：『乞置參謀、參議、主管機宜文字各一員，幹辦公事五員，並從本司舉辟。今乞辟左朝奉郎、提舉洪州玉隆觀傅崧卿充參謀官，降授左朝請郎、主管台州崇道觀王次翁充參議官，左朝奉大夫、主管台州崇道觀范醇充主管機宜文字，右朝散郎、主管台州崇道觀王治，左宣教郎、知嚴州壽昌縣臧梓，武顯大夫、閤門宣贊舍人王繪並充幹辦公事』。從之。」

是紹興六年臧梓以左宣教郎、知嚴州壽昌縣，改充呂頤浩幹辦公事。頤浩諡忠穆，梓之《呂忠穆勤王記》一書，正為頤浩撰也。頤浩，《宋史》卷三百六十三《列傳》第一百二十一有傳，謂卒於紹興九年，是則梓之書必撰成於頤浩賜諡之後。

同書第一百冊《職官》七〇之二七載：

「（紹興十二年十二月）二日，直祕閣、前知秀州方滋落職。以臣僚言：滋為江東茶鹽提舉，所部縣宰臧梓姦贓，為監司所發，滋獨蔽之。嘉興知縣不法，有越訴於臺者，滋不容不知；知而縱之，實又蔽之，故有是命。」

是梓於紹興六年充頤浩幹辦公事，未幾則有嘉興知縣之調任，然以姦贓為監司所發，則梓殆非廉吏矣。惟其前治壽昌縣則以「治績顯著」聞，橘踰淮北而為枳，何其遷變之速也。嘉興，即今浙江省嘉興縣。至方滋，字務德，桐廬人。《宋史》無傳。宋韓元吉《南澗甲乙稿》卷二十一《墓誌銘》有《方公墓誌銘》，記其生平事

跡頗詳，足以知人論世。

《宋史》卷二百三《志》第一百五十六《藝文》二《史類‧故事類》著錄：

「臧梓《呂丞相勤王記》一卷。」

其與《解題‧雜史類》所著錄者應同屬一書。

《拍案驚奇》是否與凌氏
編纂初衷旨趣相違

蔡海雲

一

《拍案驚奇》的編者凌濛初與馮夢龍是同時代的文人，『初刻』刊行前，『三言』業已問世，且極暢銷。凌氏很推崇『三言』，說：「喻世等諸言，頗存雅道，時著良規，一破今時陋習，」他也本着這個宗旨編寫，因此書中反復說教，苦心一片，使「聞之者足以為戒」。開頭的〈凡例〉再三強調「是編矢不為風雅罪人，故回中非無語涉風情，然止存其事之有者」「絕不作肉麻穢口，傷風化，損元氣」，「是編主於勸戒，故每回中三致意焉」。可見他受『三言』的影響不淺。馮氏『三言』是集宋元以來的話本選輯而成，因此凌氏編纂『二拍』時，云可用的資料已被「蒐括殆盡」，他只能「取古今來雜碎事可新聽睹，佐談諧者，演而暢之」。他又提出了「奇」和「真」的文學論。認為文貴在題材新「奇」，事物「真」實，「奇」非「耳目之外，牛鬼補神」之「奇」，而是在「耳目之內，日用起居」求之，即所謂「無奇」之「奇」，「奇」而不失「真」，才能引起讀者的共鳴。《二刻拍案驚奇》〈小引〉說：

> 丁卯之秋，……偶戲取古今所聞一二奇局可紀者，演而成說，聊舒胸中磊塊，……同儕過從者，索閱一篇竟，必拍案曰：奇哉所聞乎。

前後兩刻每個故事，都有真實的成數，也有飾層的部分。凌氏之書既意存勸戒，每回之中又再三致意「絕不作肉麻穢口」，可是縱觀全書，不乏淫穢的描寫，特別是卷十七〈西山觀設籙度亡魂，開封府備棺追活命〉，卷二十六〈奪風情村婦捐軀，

假天語幕僚斷獄〉，卷三十二〈喬兌換胡子宣淫，顯報施臥師入定〉，卷三十四〈聞人生野戰翠浮庵，靜觀尼晝錦黃沙衖〉等篇褻穢程度，已達令人不忍聞的地步，這豈不是與原來旨趣，大相逕庭嗎？另一方面『二拍』每個故事都有出典，或據之譯成白話，或以之為藍本添加枝節。既有典籍可據，有資料可用，哪能說可用資料已被「蒐括殆盡」。本文主要從兩個角度着手：第一，《拍案驚奇》在凌氏眼中是否淫書？與當初編纂旨趣是否矛盾？筆者將從各方面着手探討，尋求解答。第二，擇取一些篇章與源流故事相對照，證明事出有典，非真正被人「蒐括殆盡」，而且還根據出典譯成白話。現在先從第一點說起。

二

要弄清在凌氏看來，本書是否淫穢這個問題，首先應了解編者所處的時代背景，才能判定。

作者處於明清之際，適值中國經濟漸趨發達時期，商業興盛，富人輩出，隨之而來的是社會風氣的萎靡，當時的地方志《博平縣志》就有這樣的記載：

> 由嘉靖中葉抵於今，流風愈趨愈下，慣習驕吝，互尚荒佚，以歡宴放飲為豁達，以珍味艷色為盛禮，其流至於市井販鬻，廝隸走卒亦多纓帽湘鞋，紗裙細褲，酒廬茶肆，異調新聲，泊泊浸淫，靡焉勿振。

書商為了迎合這些庸俗的平民，低級、無聊、色情穢褻的小說，充斥坊間，《拍案驚奇》〈序〉指出：

> 近世承平日久，民佚志淫，一二輕薄惡少，初學拈筆，便思污衊世界，廣摭誣造，非荒誕不足信，則穢褻不忍聞，得罪名教，種業來生，莫此為甚。而且紙為之貴，無翼飛，不脛走。有識者為世道憂之，以功令屬禁，宜其然也。

最令他痛心的是他那些「支言俚說，不足供醬瓿，而翼飛脛走」，可是「拈髭嘔血，筆塚研穿」的反而「不售」。他不肯投人之所好，堅持勸善之旨。雖如此仍擺

不了穢褻之嫌，《拍案驚奇》〈凡例〉説：

> 是編矢不為風雅罪人，故回中非無語涉風情，然止存其事之有者，蘊藉數語，人自了了。

他已明言書中有「語涉風情」但那是事實，他只不過寫真而已。且所佔篇幅不多。他又聲明是書「非迂腐道學態也」。事實上書中肉麻的文字，幾乎都集中在前舉四卷，而且只佔卷中一部分而已，從全體看來，比重不大，與當時流行的淫書相比，算是微不足道的了，可是卻遭到一般學者的垢病。

三

什麼叫淫書？以什麼尺度為標準？也是一個很難確定的問題，因為這與時代、地域、文化及個人的主觀都有密切的關係。時代不同，尺度也異，即使同一時代，或因地域文化的不同，或因各人看法的差異，基準也就不一樣，且看近人李田意、章培恒、陳邇冬等，整理《拍案驚奇》的態度，可見一斑。

（一）李田意輯校《拍案驚奇》的目的是為了完整存真，這在他的〈重印拍案驚奇原刊本序〉已清楚地交代過：

> 此次重印全書，完全以《拍案驚奇》的尚友堂原刊四十卷足本為根據，以期恢復全書的本來面目。[①]

（二）章培恒校點本，卻大刀闊斧地削去有「不好影響的詞句」，所謂不好影響是指褻穢的描寫。刊本〈校點説明〉道：

> 此次校點，即以尚友堂為底本，……並刪去了極少數會產生不好影響的詞句。[②]

[①]《拍案驚奇》凌濛初原著，李田意輯校，香港友聯出版社出版，一九六七年四月初版，一九八六年元月四版。

[②]《拍案驚奇》凌濛初著，章培恒整理，王古魯注釋，上海古籍出版社出版，一九八二年八月第一版。

從影響的角度着手，與李氏力求存真的態度迥異。

（三）陳邇冬等的整理本，與章氏立場相同，也是將污穢的文字刪去。刊本〈前言〉云：

> 我們這次整理本書，即採用日本游萬井書房……拍案驚奇影印本為底本，……至於較露骨的個別污穢文字，則酌予刪節。[3]

章、陳等校注的立場雖同，但他們的整理本卻有出入，主要是由於取捨的標準不同，章氏刪的比較多，換句話說，凡陳氏等整理本刪掉的，章氏本也刪去，但章氏刪去的，陳氏等未必全刪。譬如卷十七〈西山觀設籙度亡魂，開封府備棺追活命〉，章氏整理本刪節而陳氏保留之處，列舉如下，以見兩氏觀點的異同。

> 就伸隻手去吳氏腰裏亂摸，知觀喝道：我在此，不得無禮，吳氏被道士弄得爽快，正待要丟了。……
>
> 且把道童太清出出火氣，弄得床桯格格價響。……
>
> 說得動火，知觀便與太清完了事，弄得兩個小夥子興發難過，沒出豁，各放了一個統。真正弄得心滿意足，知觀對吳氏道：比尊夫手段有差池否？
>
> 吳氏啐了一口道：賊禽獸，羞答答的，只管提起這話做甚？……
>
> 伸手去摸，太素此物翹然，卻待要扯到床上，幹那話兒。……
>
> 你看得上，不要叫他來相伴，就是我來時節，兩三個混做一團，通用取樂，豈不妙哉。……淫興勃發，……床上，極意舞弄了，……
>
> 知觀弄了一火，已覺倦怠，吳氏興還未盡。那太素雖然已幹過了一次，他是後生，豈怕再舉？托地跳將上去，又弄起來。知觀坐在床沿上道：作成你這樣好處，卻不知已是第二番了。吳氏一時應付兩個，才覺心滿意足。
>
> 對知觀道：今後我沒了這小業種，此等樂事可以長做，再無拘礙了。

以上是章氏校點本所捨，而為陳氏等整理本所保留的。

上列各項，約佔章氏在該卷所刪的三分之二，陳氏已經聲明過，「較露骨」的

---

[3]《拍案驚奇》凌濛初著，陳邇冬、郭雋杰校注，人民出版社出版，一九九一年，北京。

「污穢文字」刪節。大概上面文字，在陳氏等看來並不「污穢」，沒有刪節的必要，章氏則絲毫不留地刪去了。兩校訂本出版年代，相差九載，算長不長，算短不短，而觀點卻有如此差距。當然這與他們所處的社會環境，大有關係，隨着社會的繁榮進步和變遷，倫理道德的尺度，也跟着放寬，不單是中國，世界各國也是如此。比方日本，尺度也是越來越寬，以影響比小説更大的電影來説吧，現在跟幾十年前，大有天淵之別，拙作《從艷星麥當娜的風靡，看日本性觀念的演變》曾討論過這個問題，茲將有關部分節錄於下，以佐論證：

> 數十年前接吻、擁抱的作品都被視作異端，遑論裸體，第一部出現「接吻」的電影，是一九四六年，叫《夜半香吻》，表現接吻的手法，只在銀幕上映「接吻」兩字而不見接吻場面。一九五六年放映的《太陽的季節》，是獲得芥川獎的作品，……戲中有擁抱鏡頭。PTA（學生家長、學校教師聯合會）擔心引起不良影響，要求「映倫」禁止上映。第一部被警方指為有猥褻嫌疑，在放映中命令中止的，是《肉體市場》，時在一九六二年……最引起注目的，是一九六五年的《黑雪》，戲中有一女郎在美軍基地中裸體奔跑，……公開的同時，便被控「猥褻圖畫公然陳列罪」，由於名作家三島由紀夫站在證言臺上為被告辯護，堅稱這是藝術，一時成為話題。片上印有「映倫」審查過的印章，一、二審都判無罪，可是以後又有問題。三十年後的今天，「映倫」的尺度卻寬大到令人難以置信，今天放映的一部法國片，竟容許陰毛露出，且達二十九處之多。④

可見性的觀念，淫穢的尺度，都是隨着時代及個人的主觀而變遷，古今中外，都無例外。凌濛初一再強調「絕不作肉麻穢口，傷風化，損元氣」。在他眼中，如此程度不算肉麻，不會妨礙勸戒之旨，與陳氏等看法相同。被垢為最淫穢的篇章中，仍然蘊藉着勸戒之旨，以因果報應作為立説的根據，全書各卷都本着這宗旨發展。善有善報，惡有惡報，至於善惡的標準，則從資料的取捨，人物的果報中表達

---

④ 拙稿《從艷星麥當娜的風靡看日本性觀念的演變》，《百姓》二七九期，一九九三年一月一日，香港。

出來。如卷十七〈西山觀設籙度亡魂，開封府備棺追活命〉是描寫那專做邪淫不法的道士，如何引誘良家婦女，弄得死於非命，使聞之者足以為戒，而達成勸善之旨。同卷「入話」的道士也是慘死，因見色心動，對神失敬而導致。

四

話分兩頭，現在再談談資料問題，是否果如所言，資料已「蒐括殆盡」。筆者把各篇與根據資料排列對照，結果顯出全書幾乎是原典的白話翻譯，這些翻譯，大概有三種情形；第一種，是作忠實的翻譯；第二種，是文中有翻譯的部分，也有擴展演變的地方；另外一種，是稍微改動而已，多數照錄原來的語詞，結果變成文白相混的狀態。現在舉幾個實例來說明。

首先以《拍案驚奇》卷六〈酒下酒趙尼媼迷花，機中機賈秀才報怨〉「入話」中的一段，與所根據的《說郛》卷第十一清尊錄原文并列，相互對應之段落，冠以數字，以便對照，則同異自彰。

	《說郛》卷第十一	《拍案驚奇》卷六
一	(1) 狄氏者，家故貴，以色名動京師。所嫁亦貴家，明艷絕世。	(1) 只說唐時有個婦人狄氏，其夫也是個大官，稱為夫人。夫人生得明艷絕世，名動京師。
	(2) 每燈夕及西池春游，都城士女謹集，自諸王邸第及公侯戚里、中貴人家，奔幕車馬相屬。雖歌姝舞姬，皆飾璿翠、佩珠犀，覽鏡顧影，人人自謂傾國。及狄氏至，靚妝卻扇，亭亭獨出。雖平時妒悍自衒者，皆羞眼。	
	(3) 至相忿詆，輒曰：「若美如狄夫人耶，乃敢凌我？」其名動一時如此。	(3) 京師中公侯戚里人家婦女，爭寵相罵的動不動便道：「你自逞標緻，好歹到不得狄夫人！乃敢欺凌我！」美名一時無比。

	(4) 然狄氏資性貞淑,遇族游群飲,淡如也。	(4) 卻又資性貞淑,言笑不苟,極是一個有正經的婦女。
		于時,西池春游,都城士女讙集,王侯大家,油車帟幕,絡繹不絕。狄夫人免不得也隨俗出游。

　　故事是敘述美貌的狄夫人,於春游時為少年滕生所見,驚為天人,思念不已,托老尼慧澄相助,以完夙願。此後夫人與滕生夜夜幽會,終被其夫發覺,防範甚嚴,兩人不能再見,夫人思念滕生成疾,不久身亡。

　　上表所列是故事開頭的部分,描寫女主角狄氏之長相、性格、及當時之風尚,兩相對照,不難看出內容,如出一轍,可以說是忠實的白話翻譯,唯次序稍有變動,原典之第(2)小段,《拍案驚奇》將它置於第(4)小段之後。又其中有很多語句和盤照錄,如「名動京師」、「明艷絕世」、「西池春游」、「都城士女讙集」、「資性貞淑」等等,大概這些詞語,言簡意賅,保持原貌的翻譯實在不易,只好照錄原詞。

　　接著下文則是以原典為枝幹,擴展引申。再列舉對比:

二	有滕生者,因出游,觀之駭慕,喪魂魄歸,悒悒不聊生。	有個少年風流,在京候選官的,叫做滕生,同在池上,看見了這個絕色模樣驚得三魂飄蕩,七魄飛揚,隨來隨去,目不轉睛。 狄氏也抬起頭來,看見滕生風流行動,他一邊無心的,卻不以為意。 爭奈滕生看得痴了,恨不得尋口冷水,連衣服都吞他的在肚裏去。問著旁邊人,知是有名美貌的狄夫人。
		車馬散了,滕生怏怏歸來,整整想了一夜。自是行忘止,食忘飱,卻像掉下了一件甚麼東西的,無時無刻不在心上。
三	訪狄氏所厚尚者,或曰:「尼慧澄與之習。」	熬煎不過,因到他家前後左右,訪問消息。曉得平日端潔,無路可通。滕生

		想道：「他平日豈無往來親厚的女眷，若問得着時，或者尋出機會來，仔細探訪。」 只見一日，他門裏走出一個尼姑來，滕生尾着去問路上人，乃是靜樂院主慧澄，慣一在狄夫人家出入的。
四	生過尼，厚遺之，日日往。	滕生便道：「好了，好了。」連忙跑到下處，將銀十兩，封好了，急急趕到靜樂院來。問道：「院主在否？」慧澄出來，見是一個少年官人，請進奉茶，稽首畢，便問道：「尊姓大名？何勞貴步？」滕生通罷姓名，道：「別無他事，久慕寶房清德，少備香火之資，特來隨喜。」袖中取出銀兩遞過來，慧澄是個老世事，一眼瞅去，覺得沈重，料道有事相央，口裏推托「不當！」手中已自接了。謝道：「承蒙厚賜，必有所言。」滕生只推沒有別話，表意而已，別了回寓。 慧澄想道：「卻不奇怪！這等一個美少年，想我老尼甚麼？送此厚禮，又無別話。」一時也委決不下。 只見滕生每日必來院中走走，越見越加殷勤，往來漸熟了。
五	(1) 尼愧謝問故。	(1) 慧澄一日便問道：「官人含糊不決，必有什麼事故？但有見托，無不盡力。」
	(2) 生曰：「極知不可，幸萬分一耳。不然，且死。」	(2) 滕生道：「說也不當，料是做不得的。但只是性命所關，或者希冀老師父萬分之一出力救我，事若不成，拼個害病而死罷了。」
	(3) 尼曰：「試言之。」	(3) 慧澄見說得尷尬，便道：「做得，做不得，且說來！」

	(4) 生以狄氏告。	(4) 滕生把西池上遇見狄氏，如何標緻，如何想慕，若得一了夙緣，萬金不惜，說了一遍。
	(5) 尼笑曰：「大難！大難！此豈可動耶？」具道其決不可狀。	(5) 慧澄笑道：「這事卻難。此人與我往來雖是標緻異常，卻毫無半點瑕疵，如何動得手？」
	(6) 生曰：「然則有所好乎？」	(6) 滕生想一想，問道：「師父既與他往來，曉得他平日好些甚麼？」
	(7) 曰：「亦無有。」	(7) 慧澄道：「也不見他好甚東西。」
		滕生又道：「曾托師父做些甚麼否？」
	(8)「唯旬日前屬我求珠璣頗急。」	(8) 慧澄道：「數日前托我尋些好珠子，說了兩三遍，只有此一端。」
	(9) 生大喜曰：「可也。」	(9) 滕生大笑道：「好也！好也！天生緣分我有個親戚是珠商，有的是好珠，我而今下在他家，隨你要多少是有的。」
	(10) 即索馬馳去。	(10) 即出門僱馬，如飛也似去了。
六	(1) 俄懷大珠二囊，視尼曰：「直二萬緡願以萬緡歸之。」	(1) 一會，帶了兩袋大珠，來到院中，把與慧澄看道：「珠值二萬貫，今看他標緻分上，讓他一半，萬貫就與他了。」
	(2) 尼曰：「其夫方使北，豈能遽辦如許償耶？」	(2) 慧澄道：「其夫出使北邊，他是個女人在家，那能湊得許多價錢？」
	(3) 生亟曰：「四五千緡，不則千緡，數百緡皆可。」又曰：「但可動，不願一錢也。」	(3) 滕生笑道：「便是四五千貫也罷，再不，千貫數百貫也罷。若肯圓成好事一個錢沒有也罷了。」
		慧澄也笑道：「好痴話！既有此珠，我與你仗蘇張之舌，六出奇計，好歹設法來院中走走。此時再看機會，弄得與你相見一面，你自放出手段來，成不成，看你造化，不關我事。」
		滕生道：「全仗高手救命則個。」
	(4) 尼乃持詣狄氏。	(4) 慧澄笑嘻嘻地，提了兩囊珠子，竟望狄夫人家來。

表中第二、第三、第四、三段都是跟着原文，擴展出來，譬如第四段，原文只有「生過尼，厚遺之，日日往。」九字，小說則演成一大段，如何演法？就以其中之「厚遺之」三字為例探看。

原文中的『厚』，究竟多『厚』？故事即據此補充，厚度是『銀十兩』，銀十兩不單厚，兼且『重』，因此當滕生向慧澄道明來意，從袖中取出銀兩遞過來，慧澄一眼瞅去，覺得沈『重』，口裏推托不當！手中已自『接』了。這一小節原文與故事各有千秋，原文簡潔，故事則生動，從一個厚字，演成厚重的十兩銀，顯出老尼貪婪的本性。

第五段起是一問一答的對話，又回到保持原貌的忠實翻譯。如此例子很多，再引一例為證。

卷三十二〈喬兌換胡子宣淫，顯報施臥師入定〉的入話，出典是《情史》卷三劉堯舉，內容敘述舒州秀才劉堯舉往秀州赴試的經過。茲將再者排列對照，看看凌氏是如何把它譯成白話。

	《情史》卷三	《拍案驚奇》卷三十二
一	劉堯舉字唐卿，舒州人也。淳熙末，父觀，官平江許浦，堯舉從之行。	宋淳熙末年間，舒州有個秀才劉堯舉，表字唐卿，隨父親在平江做官。
二	是時當秋薦，遂僦舟就試嘉水。	是年正當秋薦，就依隨任之便，僱了一隻船，往秀州赴試。
三	及抵中流，見執檝者一美少艾，可二八，	開了船，唐卿舉目向梢頭一看，見了那持檝的，吃了一驚。元來是十六七歲一個美貌女子，鬒髮嬋媚，眉眼含嬌，
	雖荊布淡妝，而姿態過人，真若海棠一枝斜映水也。	雖只是荊布淡妝，種種綽約之態，殊異尋常。女子當稍而立，儼然如海棠一枝，斜映水面。
	唐卿心動，因下訪之，知為舟人子。	唐卿觀之不足，看之有餘，不覺心動。在舟中密密體察光景，曉得是船家之女。

蔡海雲 《拍案驚奇》是否與凌氏編纂初衷旨趣相違　　199

	乃嘆曰：「有是哉！明珠出此老蚌耶？」	稱嘆道：「從來說『老蚌出明珠』，果有此事。」
	唐卿始礙其父，不敢頻矚，流連將午，情莫能已。	欲待調他一二句話，礙着他的父親同在梢頭行船，恐怕識破，妝做老成，不敢把眼正覷梢上，卻時時偷看他一眼。越看越媚，情不能禁。
	駕言舟夫行遲，促其父助縴。	心生一計，只說舟重行遲，趕路不上，要船家上去幫扯縴。
		元來這隻船上老兒為船主，一子一女相幫。是日兒子三官保先在岸上扯縴。唐卿定要強他老兒上去了，止是女兒在那裏當稍。
四	父去，試以眼撥之，少艾或羞或懼，絕不相怯，	唐卿一人在艙中，像意好做光了。未免先尋些閑話試問他。他十句裏邊，也回答着一兩句。韻致動人。唐卿趁着他說話，就把眼色丟他，他有時含羞斂避，有時正顏拒卻。
	及唐卿他顧，則又私戲流情，欲言還笑。	及至唐卿看了別處，不來兒搭了，卻又說句把冷話，背地裏忍笑偷眼斜盼着唐卿。
五	唐卿見其心眼相關，神魂益蕩。	正是明中妝樣，暗地撩人，一發叫人當不得，要神魂飛蕩了。
	乃出袖中羅帕繫以胡桃，其中綰同心結，投至女前。	唐卿思量要大大撩撥他一撩撥。開了箱子，取出一條白羅帕子來，將一個胡桃繫着，綰上一個同心結，拋到女子面前。
	女執楫自如，若不知者。	女子本等看見了，故意假做不知，呆着臉自當櫓。
	唐卿慌愧，恐為父覺，頻以眼示，竟欲令收取。女不為動。	唐卿恐怕女子真個不覺，被人看見，頻頻把眼送意，把手指着，要他收取，女子只是大刺刺的在那裏，竟像個不會意的。

六	其父收縴登舟，將下艙，而唐卿益躁急無措。	看看船家收了縴，將要下船，唐卿，一發着急了，指手劃腳，見他只是不動，沒個是處，倒懊悔無及。恨不得伸出一隻長手，仍舊取了過來。 船家下得艙來，唐卿面掙得通紅，冷汗直淋，好生置身無地。
	女方以鞋尖勾扐腳下，徐徐拾納袖中，父不覺也。 且掩面笑曰：「措大者亦踧踖如此耶！」	只見那女兒不慌不忙，輕輕把腳伸去帕子邊，將鞋尖勾將過來，遮在裙底下了。慢慢低身倒去，拾在袖中。腼着臉，對着水外，只是笑。
	唐卿方定色，然亦陰德之矣。	唐卿被他急壞，卻又見他正到利害頭上，如此做作，遮掩過了，心裏私下感他，越覺得風情着人。 自此兩下多有意了。

　　兩者的同異，一目了然，無可否認，故事是以原典為藍本，所不同的是偶爾加插一點兒人物的動態和心態的描寫而已。[5]

　　關於劉堯舉的資料，除上舉《情史》卷三以外尚有《國傳姚行可說》，《睽車志》卷一，《宋稗類鈔》卷七報應類，及《夷堅志》丁卷第十八劉堯舉，唯內容較簡略，譬如堯舉何以對舟女動情，在舟中如何與舟女調情，以及後來得諧私約的細節，全部省略，而這些正是通俗小說的引人處。《初刻》的「入話」，取《情史》而捨其他，原因大概在此。利用資料，既有選擇餘地，此點可為前文提出問題的另一佐證。

五

　　《拍案驚奇》能在中國文學史佔着重要的一頁，自有它自身的因素，最重要一點，是利用宋元以來的話本編纂翻譯成白話，這些白話接近今日的口語，在語學史上，是不可或缺的重要資料。雖然內中有語涉淫污之處，只能說是大醇小疵。

---

⑤ 故事與出典的對照，除了上舉以外，尚有其他部分，亦可茲參考。見拙稿：
　〈論拍案驚奇的表現技巧〉《中國學論集》，溪水社出版，一九九七年三月，日本。
　〈拍案驚奇是否凌濛初獨創〉《新亞學報》第二十卷，革新號，二〇〇〇年八月，香港。

《老子》所反映的天道觀與政治理想

鄧立光

　　自從帛本與竹簡本《老子》[①]出土之後，我們閱讀《老子》要面對三個時期的本子：戰國初中期的簡本、戰國晚期至漢初的帛本、東漢曹魏時期的王弼本。比較三個時期的本子，可見王本的章節排序基本上依帛本，同是八十一章，只有少數幾章的排序不同[②]，但將帛本的《德經》與《道經》的先後互易。帛書《老子》章序是現存最早而又最完整的。簡本文字只及《老子》原文的三分一，很難說簡本的章次劃分就是《老子》初本的原型，但與帛本、王本章節的對比，顯示了由簡本至帛本的發展過程中，《老子》章節的分合情形。簡本章句基本上包含老子思想的各方面，是精心的節選。

　　現存的《老子》三百多種注本之中，以王弼及河上公兩種注本為盛。傳世本雖然眾多，但分章一致，文字亦大同小異。本文所引《老子》原文以王弼本為準[③]，而比對簡本與帛本，標示異同，以求更接近老子思想的原貌，而引文內容以注釋形式加以說明，以免遺漏引文的重要意義。

　　《老子》在魏晉時期稱為《道德經》，這是合上下篇篇目（《道經》與《德經》）的名稱而成。《老子》上下篇的先後次序表現了不同的哲學思考模式，反映了哲人對天道與德（對天道的把握）之間何者為首出的不同體認。《德經》在前，表達以體道者為首出，對天道有所體認而後才能對天道有所述說的哲學方向。《道經》在前則體現了天道首出而後為人所體認的邏輯順序。本文從老子的天道觀開始，這是符合通行本《道經》在《德經》之前的哲學思想的。

---

① 1973年冬湖南長沙馬王堆漢墓出土的帛書《老子》甲乙本，屬漢初抄本。1993年冬在湖北荊門市郭店出土的楚墓竹簡，其中有《老子》抄本，依竹簡形制分為甲、乙、丙三本。

② 如24章放在21章之後；40章放在41章之後；80、81兩章放在66章之後。

③ 用樓宇烈：《王弼集校釋》，北京：中華書局，1987年2月。

《老子》雖沒有連用「道德」二字，但「道」與「德」是具有價值判斷與行為準則內涵的術語。老子所言的「道」，是宇宙的根源，而「德」從生命而言，有得於「道」便稱之為「德」，所以說「孔德之容，唯道是從」④，言大德之人的生命形態一依於「道」，大德之人呈現出《莊子·齊物論》所言「天地與我並生，而萬物與我為一」的最高境界。

老子為道修真，內而體認天道，外而種種行道的主張，由內至外，一以貫之；老子之學是名符其實的天人之學，本文即對老子此天人之學作一析論，其重點在老子的天道觀與政治觀，總而言之，即老子的「道術」⑤。老子體天行道而有術，「術」因「道」而生，是為「道術」。老子言道不言術，以道治國，以道取天下，如是而已。故言老子之道而術亦在其中。若只言術則不必有道，有術無道則離本，是為「權術」，如此用術即落入老子所言「用智」的範疇。老子之學不用術，故不能稱老子的學說為「老子術」。老子之學以體道而行道為其主旨，而老子對現實的關懷則表現為政治理想。

老子的天道觀

天道是價值的源頭，也是哲學所言的終極存在。哲人思考宇宙人生，其歸宿往往定在宇宙的開端。老子對天道的體認，是先秦以來表達天道內涵最深刻、最全面的。老子說天道之文雖多，但內容一貫，這是對宇宙根源有真切體認的反映。《老子》第一章⑥是從本體論角度言天道：

> 道可道，非常道；名可名，非常名。無名，天地〔帛本：萬物〕之始；有名，萬物之母。故常無欲，以觀其妙；常有欲，以觀其〔所〕〔依帛本補〕徼。此兩者，同出而異名，同謂之玄〔帛本：兩者同出，異名同謂〕。玄之又

---

④ 《老子》第二十一章。

⑤ 語出《莊子·天下》：「古之所謂道術者，果惡乎在？曰：『無乎不在。』曰：『神何由降？明何由出？』『聖有所生，王有所成，皆原於一。』」

⑥ 下文引用《老子》篇章只稱章次。

鄧立光 《老子》所反映的天道觀與政治理想　　**203**

玄，眾妙之門。⑦

本章是老子言天道的總綱，通篇是境界語，不涉現實。其重點在突顯體道的要訣，即處於虛靜境界，放下所有因理性而來的執著。「道可道，非常道」中的第一個「道」字是言一般道理，而「可道」之「道」作謂語，猶言說出來。「常道」是恆常不變的大道。可以用言辭加以說明的道，便不是恆常不變的大道。「名可名，非常名」中第一個「名」是事物的名稱；「可名」之「名」作謂語，稱名的意思。「常名」是永恆存在的名，指「道」之名。可作稱謂的名，不是永恆存在的名。常與不常的體認，背後是對形上理境與形下現實的分判。「無名，天地〔帛本：萬物〕之始；有名，萬物之母。」「無名」謂無以名之的階段。「始」是天地的開端。「有名」指存在已經為概念所指涉的階段。無以名之的階段稱為「始」，強為之名的階段稱為「母」。「天地」與「萬物」的內涵相同，天地之義即體現為萬事萬物，但統體而言稱天地，散殊現象稱萬物。「故常無欲，以觀其妙。」天道與萬物之間的關係，用一「妙」字來形容。「妙」是精微的意思。「常無欲」是體道的要求，道妙只能在虛靜的狀態才可體會。恆常無欲，虛靜己心，以玄鑒（直觀、冥契、直覺把握）天道的妙運。「常有欲，以觀其所徼。」「徼」有方向、歸終的意思。道與萬物有所關聯而後能言「道妙」，故《周易·說卦傳》有言「神也者妙萬物而為言也」。「妙」則產生向度，此即「徼」之所指。道與萬物有所關聯，則體道者的道境亦隨之而然，由此而言「有欲」，非真有欲望，否則玄鑒消失，道境亦冥。「此兩者，同出而異名，同謂之玄〔帛本：兩者同出，異名同謂〕。」「兩者」意為「無」與「有」（亦可指始與母、無名與有名、常無欲與常有欲）。「同出」指一根而發。「異名」是指謂不同，因「無」、「有」二者而別，但同樣謂之玄。（依帛本則言「無」與「有」皆一根而發，名稱雖異，而所指謂的內容相同。）「玄之又玄，眾妙之門。」「玄」所指謂的是天道生化萬物（所謂眾妙）的關鍵，但凡言玄，必深奧綿密。大道妙運，可直觀而難言詮，所以說「玄之又玄」，言深奧至極。「門」是

---

⑦《老子》引文以王弼《老子》注本為底本（簡稱王本），而參照馬王堆帛書《老子》甲、乙本（簡稱帛本）本及郭店楚墓竹簡《老子》（簡稱簡本）。王本與帛本、簡本用字或句式的差異，若不影響文義的理解則置之不改，如語助辭等虛字。

3

出入的地方，用以指謂天道生化萬物的關鍵所在，以回應「始」與「母」之所指。

有關道的本體特徵完全是從虛靜境界中體認出來的，而道與宇宙的關係，就屬於宇宙論的範圍，第二十五章云：

> 有物混成，先天地生。寂兮寥兮，獨立而不改，周行而不殆〔簡本、帛本皆無此句〕，可以為天下母，吾不知其名，字之曰道，強為之名曰大。大曰逝，逝曰遠，遠曰反。故道大，天大，地大，王亦大。域〔簡本：國〕中有四大，而王居其一焉。人法地，地法天，天法道，道法自然。

本章言「自然」的特徵，天、地、人各有其道，而同稟受於「自然」。「道」就其自身而言無名可稱，故稱為「自然」，「自然」就是「道」的本然狀態。「有物混成，先天地生。」「物」用以足語法，是道的代稱；「混成」指大道唯恍唯惚的形態；「生」是存在的意思。「道」先乎宇宙萬物而存在，除了表示「道」是宇宙萬物的根源之外，亦表示「道」存在於六合以外的形上領域。「寂兮寥兮，獨立而不改。」寂靜的、空虛的，大道無所依傍而其運行不變。寂靜則耳無聞，空虛則目無見；言大道雖非耳目等所能感知，但在形上理境中不斷運行，而且恆常如此。「周行而不殆」一句，簡本與帛本俱無，為後加之文。句意謂大道周遍運行而不止，反映「道」無所不在的特徵。「可以為天下母。」「母」是根源之義。有「道」之名而稱「母」。如無「道」之名則只體認為一個開始。（見第一章）「吾不知其名，字之曰道，強為之名曰大。」我不知宇宙根源的名稱，就用字稱吧！稱其字為「道」。既有字稱，便不能無名稱（古人有了名才有字），勉強起名，就稱作「大」吧！老子就是這樣的變化語言與文化的成規，無名而有字，因字而溯名，以表達出大道只可體認，難以言詮的特徵。「大曰逝，逝曰遠，遠曰反。」「大」是勉強對道的稱名；「大」有「逝」的涵義，「逝」是離去的意思，因此說「逝」有「遠」的涵義，「遠」有長距離的意思，有距離則可以往反言之，因此說「遠」有「反」的涵義，「反」有回復的意思。「大」涵有逝、遠、反的意義，是對「道」周遍運行的體認而言。「故道大，天大，地大，王亦大。」「大」是道之名，亦涵有道的活動義。所以，「道大」謂道的循環往復，「天大」謂天的晝夜往復，「地大」謂地的四時往復，「王大」謂有道之君的歸根復命。「域〔簡本：國〕中有四大，而

王居其一焉。」道、天、地無界域之分,王者雖各居其國,然王者之道,即無為之治,則適用於天子與侯王,依然無界域之分。在一國之中,道、天、地皆表現出「自然」的內涵,而人亦可以如此。「人法地,地法天,天法道,道法自然」這組層遞句表達了天道與宇宙萬物之間的一體關係。「法」只是譬況之詞,實言相合,並非效法之意。道、天、地、人皆有其道,俱表現出循環往復的特徵,就此而言「法」。「人法地」言人道(歸根復命)合於地道(四時往復);「地法天」言地道合於天道(晝夜輪轉),《太一生水篇》[8]言「太一生水,水反輔太一,是以成天。天反輔太一,是以成地」,故知天在地先,而有「地法天」之說;「天法道」言蒼天合於天道的逝遠反;「道法自然」,「自然」即先天地生的宇宙終極存在,從無以名之的角度而言,這當然是首出的,「道」是對「自然」的稱名,當然在「自然」之後,「道」合於「自然」,其實二者是異名同謂的。

　　天道之於萬物,是實實在在的有所影響,但人必須到達體道境界才能對此有所體認。第五十一章云:

　　　　道生之,德畜之,物形之,勢〔帛本:器〕成之。是以萬物莫不尊道而貴德。道之尊,德之貴,夫莫之命〔帛本:爵〕而常自然。故道生之,德畜之,長之育之,亭之毒之,養之覆之。生而不有,為而不恃,長而不宰,是謂玄德。

本章是老子對天道生化萬物的體會。「道生之,德畜之。」天道作為宇宙的開端而生化萬物,天道不但是萬化的源頭,而且寄寓其中而成為萬物的德性。「物形之,勢〔帛本:器〕成之。」物因道而有其形,器皿因道而成其體。「是以萬物莫不尊道而貴德。」此所以萬物以道與德作為他們存在的最高價值而尊貴之。「道之尊,德之貴,夫莫之命〔帛本:爵〕而常自然。」道如此尊高,德如此貴重,不是因外在的判斷獎賞造成的,而是本來如此,恆常如此。「故道生之,德畜之,長之育之,亭之毒之,養之覆之。」所以道作為萬物的共同源頭而化生萬物,同時亦內存

---

[8] 見荊門市博物館:《郭店楚墓竹簡》北京:文物出版社,1998年5月。《太一生水篇》學術界有言是老子的著述,可作參考。

於萬物而成為萬物的德性，萬物由此而有長育、成熟、覆養的過程。「生而不有，為而不恃，長而不宰，是謂玄德。」天道雖然生化萬物，但生之而不佔有，為之而不執恃，長之而不宰制。天道對萬物有「生」、「為」、「長」的主宰性作用，但萬物卻能自生自長自變自成，而不顯道的作用，表現了天道「不有」、「不恃」、「不宰」的特徵。天道這種內在於萬物的特徵就稱為「玄德」。「玄」這種深奧非由玄鑒不能知悉，而「玄德」就是處於虛靜的體道境界才能把握到的萬物的德性。

老子用了橐籥、車轂、器皿、房室四個比喻以言天道對萬物所起的主宰性作用。第五章云：

> 天地之間，其猶橐籥乎？虛而不屈，動而愈出。

「橐籥」是冶金用的鼓風機，機體中空而不屈曲，愈動則空氣愈出，而火燄更為熾烈，以此冶礦成金。「天地之間」是萬物存在的界域，以此言萬物，天道的生化猶如橐籥的鼓風，使生命永續不息。「虛而不屈，動而愈出。」有故不屈，言天道雖然虛空不可見，但它畢竟是存在的，不是虛無的。愈動橐籥則空氣愈出，比喻天道持續的生化作用。萬物生機繁茂，生生不已，便是這個看不見的道體在起作用。第十一章云：

> 三十輻共一轂，當其無，有車之用。埏〔帛本：燃〕埴以為器，當其無，有器之用。鑿戶牖以為室〔帛本無此三字〕，當其無，有室之用。故有之以為利，無之以為用。

「三十輻共一轂，當其無，有車之用。」「當」指對著、就著；「無」指虛空，用以喻道。車輪的輻條同輳於車轂之上，輪輻間的虛空處消減了行車時的震盪。以此比喻道對物所起的作用。「埏〔帛本：燃〕埴以為器，當其無，有器之用。」器皿是摶土和合而成〔依帛本則是燒土而成〕；器皿因中空而能盛物，以器皿中空處喻道對物所起的作用。「鑿戶牖，當其無，有室之用。」開鑿門窗而成房室，使房室有可供住宿的條件。以房室的空間比喻道對物所起的作用。上述四喻，都用以表述道之於物，是起著本質與關鍵作用的；而車轂、器皿、房室三喻同用「當其無，有某物之用」作結，是用空間比喻道的存在，以說明道對萬物的影響無時不在，無所不

在；此三喻明言「虛無」（比喻道）是物有其用的關鍵。「故有之以為利，無之以為用。」有具體之物，便可從中得到利益，而不可見的道，是物產生作用的形上原因。物之利因用而生，物之用因「無」而有；器物的用途帶出利，這是器物的價值所在。利之所以生，表面觀之，是器物自身所具的效用，這一點人所共知，但用因「無」而有，則非體道者不能知。因此，道於萬物不止於虛涵，而有起現萬物之利之用的作用。道不止是一種形上的理境，而且是實存的，但人要體道，便需要達到虛靜玄鑒的境界。

玄　鑒⑨

玄鑒之「玄」表示鑒照（直接觀照）是要透過虛靜之境才生起的。玄鑒是處於虛極靜篤狀態時的體道功能，而天道亦只能以玄鑒來體認，由玄鑒體認宇宙的生生之流，就是天道周行而不殆的過程。靜坐是使精神達至虛靜的重要途徑，老子就是在靜坐中起現玄鑒，而對天道產生深刻的體認。第十六章云：

> 致虛，極；守靜，篤。萬物並作，吾以觀復。夫物芸芸，各復歸其根。歸根曰靜，是謂復命。復命曰常，知常曰明。不知常，妄作凶。知常容，容乃公，公乃王，王乃天，天乃道，道乃久；沒身不殆。

簡本云：

> 至虛，恆也；守中，篤也。萬物旁作，居以須復也。天道員員（圓圓），各復其根。

本章言玄鑒體道的過程。「致虛，極；守靜，篤。」精神集中，進入虛無，這是最高的境界。簡本說「恆」，言進入虛無，是一種恆常的體道狀態。「守靜」是持守安靜，簡本言「守中」，是持守於虛空。能守中虛自然是守靜，因此守靜或守中，

---

⑨ 第十章云：「滌除玄覽（鑒），能無疵乎？」謂洗滌心念，起現玄鑒，能否因而除去雜念（瑕疵）？

都是指持守於沖（盅）虛的境界。「篤」指深微；能如此守靜守中，便入於甚深甚微的靜定狀態。「萬物並作，吾以觀復。」萬物生機勃發，造成現象上的紛然淆亂。我則容止有定，安靜其心，以觀宇宙的大本。日往月來，寒往暑來，而萬物生死相續，不出春生夏長、秋收冬藏這種無往不復的模式，這就是「復」的深意。簡本言「萬物旁作，居以須復也。」「旁」義為並；「居」指居息；「須」為等待。句意是萬物一同生長發育，而體道者安靜其心以待道境的出現。「夫物芸芸，各復歸其根。」萬物紛紛芸芸，在玄鑒中皆歸其根本而顯出道性。簡本言「天道圓圓，各復其根。」言天道圓轉，則周而復始，回歸其根本。「歸根曰靜，是謂復命。」體道者在虛靜的狀態中體認出天地之本、宇宙之源，這本源稱為「靜」。《禮記‧樂記》言「人生而靜天之性也」中的「靜」，亦是對性分的指謂。「命」定在根源處，不是指氣命。命是性的意思。[10] 復命即是復性。復性是照見自己的形上之性（即後來儒家所言的義理之性、天命之性）。「復命曰常，知常曰明。」到達「復命」的境界叫作「常」。對道的恆常不變有所體認則稱為「明」。「不知常，妄作凶。」知常則行無為之政。不知常即對道無所體認，就會有「有為」與「用智」的「妄作」，如此則身不能免於災禍。「知常容，容乃公，公乃王，王乃天，天乃道，道乃久；沒身不殆。」能體驗大道的永恆不息自會寬容，寬容則公平無偏，公平無偏則能領導天下，能領導天下則如上天的覆蓋天下，能如天的涵容則化於道，以道治國自能長久不變。這時，天下太平，為政者終身不會有禍患。這已經是道術的應用了，因此第七十三章云：

> 天之道，不爭〔帛本：戰〕而善勝，不言而善應，不召而自來，繟然〔帛本：坦然〕而善謀。天網恢恢，疏而不失。

---

[10]《左傳》成公十三年〔公元前578年〕三月劉康公說：「吾聞之，民受天地之中以生，所謂命也。是以有動作禮義威儀之則，以定命也」。「天地之中」的實義應理解為「天地之心」或「天地之性」，這 的「心」與「性」義同。「民受天地之中以生，所謂命也。」言人的存在是因為稟受了這個生育萬物的「天地之心」的內容，因此稱之為命，所以「命」的含義是帶著某程度上的形上內容。蒙文通先生謂古之言命即性，言性即情。見《古學甄微‧儒家哲學思想之發展》，成都：巴蜀書社，1987 年 7 月。

本章言天道的理則。「天之道，不爭〔帛本：戰〕而善勝。」「善」字凸顯圓滿的意思，圓滿是就其不露痕跡而言。天道生物最大的功德就是讓萬物自遂其生，所以天道是生而不宰，為而不恃，無為而成的。常情以戰爭取勝，有道之君則以不戰（爭）取勝。「不言而善應。」常情是出言答應，有道之君則不言而能應。「不召而自來。」常情是有請而來，有道之君則不請而自來。「坦然而善謀。」常情是有心而謀，有道之君則無心而能謀。「天網恢恢，疏而不失。」天網喻天理（天道的理則）。天道的理則非常簡單，就是無為；用於人事則成為謙虛、不敢（為天下先）、因循、以柔勝剛、以弱勝強等處事原則。所以「天網」雖然只有這麼幾個理則，看似疏落，但這幾個理則是必然起作用而不會有錯失的。

無為之治

天道於萬物的生生有其實實在在的作用，但天道不可見，可見者只是「天地變化草木繁」的現象，天道隱而不彰，此所以言天道「無為」。天道如此，有道之君（即聖人）體認玄遠的天道，並以此為行事的理則，此即「無為」的形上根據。老子以「無為」作為最高的治道，自然以廓然大公之心為之。「無為」表現為因循的政治，其精神是效法大道生而不有，長而不宰的特徵；在因循之中，為政者引導百姓而不讓百姓知悉，而在現實上則提供一個安穩而開放的政治環境，因勢利導，不強制，不干預，讓百姓對自己的生活完全負責，這是尊重百姓的表現，也是民本思想的最高體現。

政府暗地引導社會以形成風氣，然後再依據這些風俗來立法，這就是「因循」的實義。因此，法家貴因，如果沒有「無為」作基礎，則社會只會走向庸俗和浮濫。孔子所說的「民可使由之，不可使知之」[11]，原文是：

> 尊仁、親忠、敬壯、歸禮，行矣而無違，養心於慈良，忠信日益而不可知也。民可使道之，而不可使知之。民可導也，而不可強也。[12]

---

[11] 《論語‧泰伯》。
[12] 見《郭店楚墓竹簡》中之儒家文獻《尊德義》。此篇有學者認為是孔子的作品，可作參考。

這兩句話的實意是不要讓人民以為他們自己被引導;可以引導百姓,但不能強迫他們。百姓在這樣平和的政治環境中被引導,而無半點被迫與勉強的感受。導民而不使民知,其效果是「百姓皆謂我自然」[13],這就是無為之治的理想,「無為」實在是積極有為。孔子對無為之治的體認與老子一致,這種治道為儒道二家所共許。《論語》有關章節,關涉「無為」思想的亦當作如此理解。[14]孔子的導民思想與老子的無為思想對百姓的尊重實有異曲同工之妙。老子、孔子這種尊民思想,加上孟子的「民貴君輕」之說,突顯了中國古代民本思想的高貴本質。

無以尚之的世道,能讓百姓自暢其生,用「正言若反」[15]的方式表達,就是「聖人不仁,以百姓為芻狗」[16]的「不仁」,這正是仁之至。讓百姓在無壓力的環境下生活,實在是對百姓最大的尊重。百姓生活在這樣的社會,沒有感受到政府半點的限制,都能開展自己的理想,發展自己的事業,但對生活又能淡然自足。如果在上者有為而治,以智治國,則會出現以機巧相勝的局面,而國家由此多事。老子所言去智而後反樸歸真,是針對當時的世道人心而言的[17]。反樸歸真、知足常樂是一種生活態度,也表現了一種追求心靈境界的方向與價值,這不是今天的知識分子所容易了解的。

老子體道而治國的道術,表現為謙虛持下的無為而治。第三十九章云:

昔之得一者:天得一以清,地得一以寧,神得一以靈,谷得一以盈,萬物

---

[13] 《老子》第十七章。

[14] 子曰:「巍巍乎!舜禹之有天下也而不與焉!」(《泰伯》)子曰:「大哉堯之為君也,巍巍乎!唯天為大,唯堯則之。蕩蕩乎!民無能名焉。巍巍乎!其有成功也;煥乎!其有文章。」(《泰伯》) 子曰:「無為而治者,其舜也與?夫何為哉?恭己正南面而已矣。」(《衛靈公》)

[15] 《老子》第七十八章。

[16] 《老子》第五章。

[17] 《老子》第六十五章云:「古之善〔帛本無此字〕為道者,非以明民,將以愚之。民之難治,以其智多〔帛本:也〕。故以智治國,國之賊;以不智治國,國之福。」自古以來,有道之君都不想百姓緇銖必較(用智),而是使百姓淳良質樸(這是「愚」的實義,不是使民蒙昧無知)。百姓之所以難於治理,是因為他們計較太多(用智)。因此,人君不應察察為明,緇銖必較,如此上下相效,實在是國家的禍害。「以不智治國」是言以不計利益,只問應當與否的方式治國,這自然是國家的福氣了。

得一以生〔帛本無此句〕，侯王得一以為天下貞〔帛本：正〕。其致之，〔謂〕〔依帛本補〕天無以〔帛本：已〕清將恐裂，〔謂〕地無以〔已〕寧將恐發，〔謂〕神無以〔已〕靈將恐歇，〔謂〕谷無以〔已〕盈將恐竭，萬物無以生將恐滅〔帛本無此句〕，侯王無以〔已〕貴〔以〕〔依帛本補〕高將恐蹶。故〔必〕〔依帛本補〕貴以賤為本，〔必〕高以下為基，是以侯王自謂孤寡不穀。此非以賤為本邪？非乎？故致數輿（譽）無輿（譽）。〔是故〕〔依帛本補〕不欲琭琭如玉，珞珞（落落）如石。

修訂本：

昔之得一者：天得一以清，地得一以寧，神得一以靈，谷得一以盈，侯王得一以為天下正。其致之，謂天無已清將恐裂，謂地無已寧將恐發，謂神無已靈將恐歇，謂谷無已盈將恐竭，侯王無已貴以高將恐蹶。故必貴以賤為本，必高以下為基，是以侯王自謂孤寡不穀。此非以賤為本邪？非乎？故致數譽無譽。是故不欲琭琭如玉，珞珞（落落）如石。

本章言天地萬物因道而生旺暢順，失道則壞亂衰敗。人君應效法天道善導化人而不居功自炫，此即無為而治的意思。「昔之得一者：天得一以清，地得一以寧，神得一以靈，谷得一以盈，侯王得一以為天下正。」「昔」函有由始以來，至於今日之前的時間，是「一直以來」的意思。「一」喻道，「得一」即「得道」，實指道潛存於萬物。天因道的潛存而天朗氣清，地因道的潛存而大地安寧，精神因道的潛存而得以虛靈，河谷因道的潛存而得以充盈，侯王以道充身而為世人範式以正天下。「其致之，謂天無已清將恐裂，謂地無已寧將恐發，謂神無已靈將恐歇，謂谷無已盈將恐竭，侯王無已貴以高將恐蹶。」「其」指上述各項的體會；「致之」指得出有道則生，無道則亡的道理。「已」是停止的意思，「無已」即不止，是有過於的意思。此謂天不止於清朗（失道），恐怕會烏雲密布，雷電交加（裂）；地不止於安寧（失道），恐怕會地動山搖（發）；精神過渡使用而不知止，則失卻虛靈（失道），恐怕會衰敗不靈（歇）；河谷盈滿則高，然水向低流。此謂河谷不止於充盈，則有成山之勢（失道），河水自不能流注，故恐怕會有乾枯（竭）之患；侯王

不止於自身的高貴而更有所作（失道），恐怕會有顛覆之禍（蹶）。止與不止，便是「無為」與「用智」的分別。「故必貴以賤為本，必高以下為基，是以侯王自謂孤寡不穀。此非以賤為本邪？非乎？」所以，一定要以賤作為貴的根本，以卑下作為尊高的根基。此所以統治者用「孤、寡、不穀（僕）」來貶稱自己，不就是以賤為根本的一種表現方式嗎？「故致數譽無譽。是故不欲琭琭如玉，珞珞（落落）如石。」因此，不斷要求他人讚賞自己，最後會失去所有名譽。此所以有道之君不想自比於罕而貴的堅玉，而想自比為多而賤的石頭。

老子的政治思想有濃厚的時代特色，而其政治理想，是周天子號令天下的世道，天子是理想中的聖人，而諸國亦有守道之君，如此則天下太平。這就是太上有道之世。第十七章云：

> 太上，下知有之；其次，親而譽之〔簡本、帛本：親譽之〕；其次，畏之；其次，侮之。信不足焉，有不信焉〔簡本、帛本：信不足，安有不信〕，悠兮〔簡本：猶乎〕其貴言。功成事遂，百姓皆謂我自然〔簡本：成事遂功，而百姓曰我自然也；帛本：成功遂事，而百姓謂我自然〕。

本章就政治良窳而言無為之治的太上之世及其下的三個世道。「太上，下知有之。」太上之世是是無以尚之的社會，百姓僅知上面有位君主而已，這正是日出而作，日入而息，鑿井而飲，耕田而食，帝力於我何有哉！」[18]的最佳寫照。百姓不受政治干擾，是因為有道之君行無為之治。實現太上之世必須具備三個前提，其一是百姓有高文化水平，其二是經濟穩定，其三是政治穩定。在這個充滿理想的太上之世裡絕無專制，百姓生活其中，自生自化，成事遂功，皆謂靠自力而成。所以，老子的理想社會是最安逸、最自由的社會。「其次，親譽之。」其次的社會是儒家的理想世道，君行仁政，百姓對君主親愛而讚譽。「其次，畏之。」再下的社會政刑繁重，律令嚴苛，百姓時常畏懼觸犯法紀的社會，社會風氣變質沉降。「其次，侮之。」最下的社會屬於政治失序，君臣失位的危亂之邦，傀儡之君，失其神器，故為百姓所輕蔑。老子對現實政治的批評，反映了他身處的時代，就是春秋末年。「信不足，安有不信。」「安」作「於是」解。不足取信，於是有所不信。這是對「太

---

[18] 〈擊壤歌〉，見沈德潛《古詩源》，北京：中華書局，1984 年 7 月。

鄧立光 《老子》所反映的天道觀與政治理想　　**213**

上下知有之」而言的，既然百姓只知有君，則難言有所信；至於親而譽之、畏、侮等等，都是百姓有所信而符合願望與否的結果。不足取信正反映「百姓皆謂我自然」的結果。「猶乎其貴言。」「猶」是猶豫，「貴言」是以言為貴。實意是不隨便出令以煩擾社會，反映了無為之治。「功成事遂，百姓皆謂我自然。」「自然」在這裡是扣緊百姓的生活，表達百姓自己如此的意思。百姓做事有成，都說這是他們自己努力的成果。這反映了太上之世的百姓生活，是何等的恬淡純樸。

　　老子的政治理想仍以周朝盛世列國林立的封建制度為藍本，但列國所指應該是小國；小國寡民，是封建制度下諸國的典型，因小國無侵人之力。至於《經》言大國，是因為現實使然。在上是有道天子，在下是守道方伯。小國寡民的理想生活圖式，是天下的縮影，此相當於今日樓宇買賣的示範單位，觀其一即可概其餘，故言小國即等同於言天下。第八十章云：

> 小國寡民，使有什伯〔帛本：什伯人〕之器而不用，使民重死而不遠徙〔帛本：遠徙〕。雖有舟輿，無所乘之；雖有甲兵，無所陳之。使人復結繩而用之。甘其食，美其服，安其居，樂其俗，鄰國相望，雞犬之聲相聞，民至老死不相往來。

「小國寡民，使有什伯〔帛本：什伯人〕之器而不用。」在地小人少的國家，舟輿、兵器等什伯人之器是全用不上的。「使民重死而不遠徙〔帛本：遠徙〕。」使百姓重視生命，安土重遷，而不遷遠方〔依帛本則是遠離遷徙之事〕。「雖有舟輿，無所乘之；雖有甲兵，無所陳之。」各國人民自安其生，雖有車船備用而不必乘搭，雖有戰備物資而不用設陣陳兵。「使人復結繩而用之。」使百姓回復結繩記事的簡樸生活。「甘其食，美其服，安其居，樂其俗。」百姓以粗食為甘，以惡衣為美，陋室而安居，俗醇而悅樂。「鄰國相望，雞犬之聲相聞，民至老死不相往來。」遠眺鄰國風光好，近聞里巷雞犬聲，百姓自給自足，生活優閒安逸。帶出了太上純樸之世的景象，老子以此說明理想社會的形態。

　　老子的政治觀點反映了春秋時代的實際政治環境。老子言「天下」，是春秋時代列國林立的反映，言「取天下」並非一統天下，而是指作為天下盟主，猶如春秋五霸之類，但不以霸力為之。侯王治國而能守道，則可以為天下的表率。第六十一

章云：

> 大國者下流，天下之交。天下之牝〔帛本此兩句位置互易〕，牝常以靜勝牡，以靜為下〔帛本：為其靜也，故宜為下〕。故大國以下小國，則取小國；小國以下大國，則取〔於〕〔依帛本補〕大國。故或下以取，或下而取。大國不過欲兼畜人，小國不過欲入事人。夫兩者各得其所欲，大者宜為下。

春秋末年，政治上仍然是封土建國的周朝舊制，但列國之間如何在周天子失控的情況下，維持國際社會的穩定？本章所言，是大國與小國的外交政策應以行謙（道術的理則之一）為指導原則，國際間便有望長久和平。「大國者下流，天下之牝。」大國應如江河的下流，卑下自處，不主動攻伐別國，以表現「天下之牝」的形態。「天下之交，牝常以靜勝牡，為其靜也，故宜為下。」天下之間的種種交往、以牝為代表的靜總勝過以牡為代表的動。因靜是動的基礎，因此靜宜處下。「故大國以下小國，則取小國。」所以大國以謙下的外交政策與小國交往，便可取得小國的歸附。「小國以下大國，則取於大國。」小國以謙下的外交政策來入事大國，便可獲得大國的接納。「故或下以取，或下而取。」所以大國以行謙德而取兼小國（下以取），小國以行謙德而取容於大國（下而取）。「大國不過欲兼畜人，小國不過欲入事人。」大國不過想獲得他國的歸附，而小國不過想入事大國。「夫兩者各得其所欲，大者宜為下。」不論大國還是小國，都可達成自己的願望，但大國宜處於卑下之位。

　　春秋時代，大國有實力者為霸主，充當天下盟主，以維持國際間的安定和平，禁止國與國的攻伐與兼併。因此，老子所言大國與小國的願望，正反映了霸政時代的政治格局。老子認為大國與小國互以謙德相待，則霸政的格局亦可以維持天下的和平與安定。但這種局面都不易維持，而有每況愈下之勢，究其原因，實在是統治者的「有為」與「用智」，而其實意都是圖一己之私。第七十五章云：

> 民之饑，以其上〔帛本：取〕食稅之多，是以饑。民之難治〔帛本：百姓之不治〕，以其上之有為，是以難〔帛本：不〕治。民之輕死，以其求生之厚，是以輕死。夫唯無以生為者，是賢於貴生。

本章言「有為」之治的後果。「民之饑,以其上〔帛本:取〕食稅之多,是以饑。」
百姓的饑餓,是因為統治者收取太多稅〔依帛本則是所拿取的糧稅太多〕,所以百
姓饑餓。「民之難治〔帛本:百姓之不治〕,以其上之有為,是以難〔帛本:不〕
治。」百姓之所以難於治理〔依帛本則是百姓之所以不能治理〕,是因為統治者的
有為造作,以窮一己之私欲,所以難治〔不治〕。「民之輕死,以其求生之厚,是
以輕死。」百姓輕於死亡,是因為他們到了快餓死的地步,求生便成為最重要的事
情(求生之厚);為了生存,迫於無奈,只好鋌而走險,犯法身死而不惜。以此而
言百姓輕於死亡。「夫唯無以生為者,是賢於貴生。」人君清靜恬淡,知足常樂的
生活,比重視口體之養的「貴生」更能體現出德性的涵養。

結 語

老子的天道觀玄遠而切近,天道人事似不相及,但可一以貫之,基礎就在於行
道術。由玄鑒即可體道而知玄德。天道之於萬物,有生化畜育之功而無束縛拘禁之
限。老子由此體認而開出高尚的無為思想。無為之治是天人一貫的反映。天道生而
不有,為而不持,長而不宰的特徵,即表現為人道的謙虛持下,柔善若水,善利萬
物而不爭的治道。無為之治的精神,對比於今日的民主社會的自由價值,更有過之
而無不及。老子學說雖古,而於今日的治道實有所發明,至於天人合一的道術,其
所以凌駕於法術與權術,就在於行道術者的大公無私,而行權術者則私意甚濃。因
此,治人之道本於天,敬天而後能愛民,這是成就有道之世的不二前提。今日,我
們讀古人書,須發掘古人精神,心領其意,而融入現實,這是我們復興自己傳統文
化的重點與責任。

景印香港新亞研究所《新亞學報》（第一至三十卷）

明代江西役法之改革

張偉保

前　言

　　從數字上研究近代中國以前的經濟生活，存在很大的困難。其中，資料欠缺連貫性應是最大的限制。明代中葉距今已逾500年，其間保存的資料不但十分零散和不完備，其可信性也常受到學者的質疑。十多年前筆者隨全漢昇先生研習中國經濟史，以明代為主要範圍。對中國經濟史研究素有認識的學者，當然深知梁方仲先生對明代經濟史有開拓性的研究，其論文已成為入門必讀書籍。在細讀《梁方仲經濟史論文集》、《續集》、《補編》和《明代糧長制度》後，筆者深嘆梁先生的功力深湛，是卓有成就的史家。在梁先生的基礎上，開始以〈明代江西役法之改革〉為研究課題。其時，日人山根幸夫、岩見宏、栗林宣夫及唐文基、樊樹志等先生於明代役法研究，均各有建樹，各種明代方志亦紛紛複印出版，加上本所收藏珍貴的微型膠卷，對筆者的工作，幫助極大。隨着研究工作的展開，發現現存明代方志及政書中，江西臨江府四個縣（清江、新淦、新喻、峽江）在嘉靖、隆慶、萬曆一百年間，保存了一系列連貫的數字，足以提供一個較長時段的考察。這個發現對筆者來說實在是不曾夢想過的。因此，在這個基礎上，便寫成了一篇以數字為骨幹的明代經濟史論文。簡單而言，本文首先利用《明實錄》、《大明會典》等重要史料分析明代初期役法的各種缺點，並探究其初步改革的內容，再利用《嘉靖臨江府志》、《隆慶臨江府志》、《萬曆江西省大志》、《江西賦役全書》等資料，把嘉、隆、萬約一百年間江西臨江府徭役負擔的變化加以量化研究。研究的結果充份證明一條鞭法對抑制不斷膨脹的徭役數額，產生鉅大的良好效果。雖然，江西共有十三個府，本文僅以臨江府為例，容或有取材過狹的毛病，但鑑於現今所保存之資料較為零散，這種嘗試希望能為推動明代經濟史研究工作，作出微薄的貢獻。

1

第一章　明代江西徭役制度之初步改革

第一節　明初徭役制度的缺點

明初的黃冊制度，是明太祖管理民政的基礎。太祖用了十多年的時間，把這制度屢次修改，使之臻於完備。到了洪武二十六年，頒發《諸司職掌》，對黃冊制度作出種種規定，以便官員永遠遵守。[1]黃冊制度一方面是戶籍制度，另一方面是對全國的田賦和徭役有全面性的指引作用。黃冊的內容包括冊內人戶的人、丁、事、產四個部分，是明政府徵收賦稅和僉發徭役的主要依據。但是，這種制度存在一些缺陷，年代愈久，問題愈大。

首先，它不管原來居住情況，又不照顧一百一十戶中間距離的遠近和民族、宗教信仰方面的問題，一律以一百一十戶編成一里，即使在明初也是很勉強的。[2]

其次，黃冊既是賦稅和徭役的根據，人戶為了減少賦稅額和逃避徭役，不惜以身試法，試圖把它破壞。有些官吏里書，為了貪圖利益，「團局造冊，科斂害民」或「通同人戶，隱瞞作弊。」[3]太祖雖然用嚴刑來禁止作弊，[4]但由於利之所在，它的效果仍屬有限。人戶隱漏田地，一方面可減低稅糧的負擔，更重要的，是為了逃避徭役的負擔。[5]這種情況在明初已十分普遍，對於徭役的編審，自然會產生不公平的現象。此外，由於明初之官、民田科則甚繁，高下相差極大，官吏們受財納賂，田則高下，往往與田土的肥瘠相反。[6]這亦引致徭役負擔的不公平。

第三，明初僉點徭役的方式，除了少量固定的役目如馬戶按照當役者之糧額僉定外，一般的雜泛差役，都「照（人戶）所分之等，不拘一定之制，遇事而用，事

---

[1] 洪武二十六年的規定，是總結性的。其細節仍當依二十四年的條例。參見《萬曆大明會典》，卷20，〈戶口、黃冊〉條，總頁357-358。

[2] 參考韋慶遠《明代黃冊制度》，頁49。

[3] 同注[1]。

[4] 同注[1]。

[5] 《明太祖實錄》，卷180，總頁2726，「洪武二十年二月戊子條」。

[6] 見《皇明經世文編》（中華書局影印明平露堂刊本，1962），冊一，卷12，王叔英〈資治策疏〉，頁87。

已即休。」[7]這種方式，會產生兩種弊端：第一，差役是臨時安排的，遇上需要，人戶便要立刻應當。這對應役者容易引起不便，甚至使應役者的生計受到嚴重影響，其中尤以服務時間較長，和在農忙的季節為然；第二，由於編役不拘一定之制，編僉徭役的大權，完全落在地方衙門的胥吏和書手上，而官員對他們的監督，一般十分微弱[8]。這種情況，容易造成里胥作弊接受賄賂和囑託，放富差貧。此即所謂「雜役則出入於里胥之手」[9]，沒有統一遵守的辦法，其弊病顯然易見。

第四，攤稅的問題。丘濬曾經指出逃戶遺下的稅額，一般是由餘下里甲人戶攤賠。[10]其實，其他差役與物料之攤派，也依照稅糧攤賠的方法，而不可以縮減的。因此，由於天災人禍而出現的戶口流亡，其損害里甲制度之完整運作，是不容忽視的。明代因有攤賠之害，故其時之逃戶極眾，嚴重影響社會之穩定和發展。

第五，明代實行優免制度，亦是形成里甲間賦役不均的主要因素。明代規定軍戶[11]、官員和功臣之家[12]，例得優免雜役。明代的軍戶和官員、功臣人數不少，按照規定，他們自身所佔有的田地，固然不須擔當雜泛差役，問題在於平民為了逃避差役，往往把田土詭寄於優免戶內，使承擔雜役的田土日益減少。

以上五項之中，以第三項最容易引起問題，因為徭役沒有定額定量，便沒法限制其需求之增加，對應役者造成極大之不便和負擔的不斷增加。明代徭役的改革，最先便與這方面有關。梁方仲先生指出，明代歷朝對於役法進行的各種改革方案，莫不以「定額稅制」為中心課題。江西的均徭法，在正統（1436-1449）年間出現，正是標誌著役法全面改革的第一步。

---

[7] 丘濬《大學衍義補》(《丘文莊公叢書》，上冊，丘文莊公叢書輯印委員會，1972)，卷31，〈制國用傳算之籍〉，頁359。

[8] Charles O.Hucker, *The Traditional Chinese State in Ming Times, 1368-1644*, The University of Arizona Press, 1961, pp. 58-60.

[9] 《康熙盂縣志》，〈賦役〉下，轉引自韋慶遠《明代黃冊制度》，頁184。

[10] 張萱《西園聞見錄》(哈佛燕京學社，1940，據舊抄本排印)，卷32，頁6。

[11] 《萬曆大明會典》，卷20，總頁364。

[12] 同上。

第二節　江西均徭法和銀差的產生

明代徭役制度在執行上既有很多缺陷，要求改革的建議，早在洪武晚年已經出現。在洪武二十七年（1394），江西樂平縣民方處漸曾就一些可以會計的役目，提出預先定役的要求[13]。這次建議的內容，並沒有為明太祖所接納，但它顯示了江西人民要求改革役法的聲音。

洪熙、宣德（1425—1435）年間，柯暹知江西永新、吉水二縣，任內曾對雜役作出新的安排，對明代中後期的徭役制度，有重大的影響。著名的均徭法，便是由他首先創於江西，然後經僉事夏時奏行於全國。

對於夏時何年奏進柯暹所撰的《教民條約》和《均徭冊式》，史文有兩種不同說法。一說在正統四年（1439），一說在正統八年（1443）。前說見《嘉靖海寧縣志》卷2，其文云：「正統四年，以江西按察僉事夏時言天下徭役不均，戶部行令：里甲除正役照賦役黃冊應當外，又別編造《均徭文冊》，查勘實在丁糧多寡，編排上中下戶，量計雜泛輕重等第僉定，挨次輪當。」[14] 後說見於《明英宗實錄》「正統十年十二月」條。文中言「均徭本以便民，今（夏）時所奏，施行未及三年，身先犯之，誠非經久之計」[15]，以正統八年為均徭法施行之始。二說未易折衷，筆者從前說，理由如下：〔1〕正統八年，夏時已為參議而非僉事[16]，與《明史‧夏時傳》言「僉事夏創行於江西」[17]之記載不合。〔2〕《嘉靖海寧縣志》言「戶部行令」云云，是現存最準確記錄《均徭文冊》之內容，編者應有確切的文獻依據，絕非只憑憶記。同時，它與《明史、夏時傳》言「進……《均徭冊式》，刊為令」[18]的記載，十分吻合。所謂「刊為令」應指「戶部行令」。

無論如何，當夏時「奏准各處造均徭冊，令民均當徭役」後，他積極把此法推

---

[13]《明太祖實錄》，卷231，總頁3381，「洪武二十七年二月丁亥」條。

[14]《嘉靖海寧縣志》（膠卷R411，新亞研究所藏），卷二，〈徭役〉。

[15]《明英宗實錄》，卷136，總頁2697-2698，「正統十年十二月乙巳」條。

[16]《明史》，卷161，〈夏時傳〉。

[17] 同上。

[18] 同上。

展至江西全省。在夏時升為江西左參議後,「行部至臨江府,編本府糧戶為布、按二司隸兵」。此時,掌臨江府事江西右參政朱得拒絕合作。他認為夏時「多以上等糧戶為隸兵,意在逐年取用,未免害民」,又「多增數十人」。夏時因此親自到臨江府索取,朱得堅拒之。為了解決這次爭執,江西右布政使張棐曾私下寫信給朱得,希望他能順應夏時的要求,朱得不答應。為此,巡按監察御史李璽連同布、按二司官員以朱得老病為由,上奏把朱得罷黜。朱得不服氣,乃赴京乞罷均徭法,並告發其事。在正統十年十二月,朝廷認為均徭法「非經久之計」,決定罷行,並委任一名新的巡按監察御史調查此事。到了正統十二年(1447)四月,巡按「覆得其互相姦利,請俱罪之」。最後,英宗決定罰夏時等人俸祿有差,並安排朱得致仕,作為了結。⑲

由於受到朱得的阻撓,均徭法便暫時停罷。但是,均徭法實際上對一般百姓有利,因此,要求恢復的聲音很快便出現。在景泰元年(1450)十一月,禮科給事中金達上言二事,其中一項是要求恢復推行均徭法。他認為「安民莫先於均徭」,祇是因為被朱得「懷忿構誣奏沮」而不能實行。最後他要求「重將均徭之法舉行」。金達的請求終於得到景泰帝的批准,於是均徭便再次在各地施行。⑳

首先恢復均徭法的地方仍然是江西省,推行的是名宦韓雍。在解除對均徭法的禁令不久,他立刻重新推行均徭法,「編冊輪役,一勞九逸,」㉑「均平十排年之力役,歲驗朋編役,役畢,九年無擾」。㉒當時協助韓雍推行均徭法的有江西左布政崔恭,史稱其作均徭法,酌輕重,十年一役,任一歲之勞者,有九年之逸,民甚便之,遂為定例。㉓

經過十多年的時間,均徭法終於在江西展開。它與早期僉點雜役方式的不同之處,約有三項:〔1〕原先是「臨期量力差遣」,均徭法是「以民間稅糧多寡為差,

---

⑲ 參見《明英宗實錄》卷136,「正統十年十二月乙巳」條,總頁2697-2698及卷152,「正統十二年四月乙未」條,總頁2975。

⑳ 《明英宗(景帝)實錄》,卷198,頁4202,「景泰元年十一月乙巳」條。

㉑ 《雍正江西通志》(商務印書館影印文淵閣四庫全書本,1983),冊515,卷58,總頁37。

㉒ 《嘉靖廣東通志》(大東圖書公司影印明刻本,1977),冊3,卷50,〈韓雍傳〉,總頁1317。

㉓ 《雍正江西通志》,卷58,頁39及《明史》,卷159,〈崔恭傳〉。

分上中下三等，預先定其徭役。」[24]〔2〕早期由里長編僉，均徭法則把編僉之權，歸之有司。〔3〕原先是依據黃冊上的記錄，均徭法是從新依照實在丁糧，制訂《均徭文冊》。

《均徭文冊》的出現主要是針對官司僉發徭役完全沒有定額定量的缺點。由於社會的不斷發展，加上朝廷的科派日繁，無論是里甲正役和雜泛差役的負擔，漸漸加重。一些地方更出現了人戶逃亡的現象，嚴重威脅社會的穩定和里甲制度的運作。柯暹的《均徭文冊》，正是對黃冊制度的一個調整。歷來雜役的僉派，都是根據黃冊上人戶的人丁事產的記錄而進行的。由洪武二十四年至正統初年，已達四十餘年，其間人丁之消長不一，事產之變動恒有，故當時黃冊上的資料已不能準確的反映里甲人戶的實際情況。[25]此外，明代的優免制度，主要是對雜泛差役而言，而每年優免的戶數人數亦不同。[26]故此，另行編訂文冊以為僉發雜泛差役的根據，是有客觀上的需要的。[27]

均徭冊除了以實在丁糧數為依據外，最重要的是把人戶「編排上中下戶，量計雜泛重輕等第僉定，挨次輪當」。[28]分編人戶為上中下三等，是黃冊制度的一貫做法。所不同的是《均徭文冊》所編定的戶等是依據最新查勘的丁糧數，較能反映人戶的實際情況。其次，均徭法是十年一編的，人戶除了被編定等第外，它是配合里甲正役十年一役安排。人戶在十年之內，只充當一年之役。[29]《均徭文冊》現已不存，但明人筆記中有一種叫做《龍頭蛇尾冊》的。它記載的內容，是明代較後期的一種記錄。它與《均徭文冊》是同實異名的東西。其中，將徭役名色算量輕重，在相應人戶內僉派。[30]其實，明代役制中，把役目分輕分重，早在洪武初期便實行

---

[24] 同注 [14]。

[25] 明代黃冊，雖然十年一編，但很快已成虛文，參考韋慶遠《明代黃冊制度》，頁129-133。

[26] 關於明代的優免制度，可參看《萬曆大明會典》，卷20，〈黃冊、優免〉條，總頁364-366。

[27] 後期的均徭法，規定「審編徭役，先查歲額各項差役若干，該用銀若干。黃冊實在丁糧，除應免品官、監生、生員、吏典、貧難下戶外，其應役丁糧若干」（《萬曆大明會典》，卷20，〈黃冊、賦役〉，總頁363）反映了優免制度在前後期都要另外安排，不算在均徭法內。

[28] 同注 [14]。

[29] 參見注 [21] 及 [22]。

[30] 王世茂《仕途懸鏡》卷一，原書未見，轉引自唐文基〈明代的均徭法〉，載於《平準學刊》第四輯下冊（光明日報出版社，1989），頁597。

了。《均徭文冊》保留這種安排，是可以防止官吏從中作弊，胡亂填注的毛病。[31]關於分編戶等以充當相應之差役，嘉靖末年王宗沐曾指出審編的工作一定要非常謹慎，否則遺害很大。[32]

綜合而言，均徭法是柯暹據其在江西永新、吉水施政所總結經驗而制訂的。[33]正統初年，由江西按察使僉事夏時奏進，由戶部下令推行。不久，由於受到朱得的阻撓，均徭法暫停推行。到了景泰初年，朝廷應禮科給事中金達的請求，同意把均徭法恢復推行。不久，韓雍便在江西再次推行，深得百姓歡迎。均徭法改變了徭役臨期量力差遣的做法，預先分編人戶的等則和徭役的輕重，挨次輪當，免除了吏書作弊、放富差貧的情況。均徭一詞的原意，原來就是均平徭役。《均徭文冊》的出現，可以視為明代役制改革的一個重要步驟。

江西實行均徭法，初期並不十分順利。到了景泰初年，韓雍恢復推行均徭法，受到江西人民歡迎。可是，隨著時間的推移，均徭法內所含的徭役的項目不斷膨脹，江西永豐人羅倫曾指責役目的不斷增加，使其鄉人戶吃不消。[34]此外，均徭法基本上是十年一編的，但由於不同的地區，人戶的數目多寡不一。大縣的人民可以十年輪役一次；小縣的輪役次數則較頻密。以江西瑞金縣為例，十年之間，人民要四次充當，徭役獨繁。[35]

此外，吏書作弊的情況仍是難以根絕，日子一久，又故態復萌。其時，均徭法「以十里之人戶，定十年之差徭，官吏里書乘造冊而取民財，……（又）丁之消長不一，只憑籍冊，漫定科差，孤寡老幼，皆不免差，空閑人戶，亦令出銀」，引致給事中邱宏之評擊，要求重新查勘，三年一次通審，以確保勞逸適均。[36]

---

[31] 朱得反對均徭法之理由，就是指夏時「多以上等糧戶為隸兵，意在逐年取用。」《明英宗實錄》卷 136，總頁 2698，「正統十年十二月乙巳」條。

[32] 王宗沐《萬曆江西省大志》（萬曆二十五年（1597）重刻本，八卷）卷二，頁六十八。

[33] 柯暹的《均徭文冊》是否曾在永新、吉水二縣施行，各種有關的方志與正史皆沒有提及。為了謹慎起見，筆者只把《均徭文冊》視為柯氏行政經驗之總結。

[34] 羅倫〈與府縣言上中戶書〉，載於《皇明經世文編》，卷 84，頁 746-747。

[35] 《嘉靖瑞金縣志》（天一閣藏明代方志選刊，上海古籍出版社影印，1961）卷一，頁 15。

[36] 欽定《續文獻通考》冊一，卷 16，〈職役、二〉，頁 2915。

前言「空閑人戶，亦令出銀」，是成化二年（1466）的情況。當時雖沒有銀差之名，但已具銀差之實。所以，到了弘治元年（1488），戶部下令各地編審均徭，要「查照歲額差使，於該年均徭人戶，丁糧有力之家，止編本等差役，不許徵銀及額外濫設聽差。」[37] 說明了均徭之走向銀納化之情況，但表面上政府仍未正式批准。

到了弘治七年（1494），均徭役目下的馬夫一項，正式准許改折為馬夫銀。它規定「布按二司及各府官馬夫於所屬州縣各僉中等三丁人戶十戶，共出銀四十兩，解送掌印官處分，給各官自行買馬餧養。」[38] 明代官俸極低，安排馬夫以銀代役實際是增加官員的現銀津貼。這類直接為官員服務的役目如皂隸、馬夫、齋夫、膳夫也是明代最早的一批銀差役目。[39] 隨著工商業的發展和白銀的全面流通，銀差、力差之分別，在正德初年便正式出現。[40]

可見，均徭法最初幾乎全屬人力的徵發，到了後來，部分項目轉為徵銀，因此，役目便分為銀差、力差兩大類。但是，由於各地雜役之名目繁多，雜役中那些是銀差，那些是力差，也沒有統一的規定。江西均徭法的情況，似乎較上述發展稍為緩慢。據正德（1506—1521）年間刊行的兩種江西府志，仍未出現銀差、力差的分別。[41] 但是，最值得注意的，是《正德建昌府志》，卷四，〈徭役〉項下，已附帶一批徵銀的項目。

[37]《中國歷代食貨典》，第130卷，〈賦役部〉，頁644。

[38] 前揭書，頁646。

[39]（日）岩見宏《銀差の成立》，載於氏著《明代徭役制度の研究》頁164-165。又差徭銀納化實際與北宋王安石之免役法相近。

[40]《明武宗實錄》，卷19，正德元年十一月。

[41]《正德建昌府志》，卷四，〈徭役〉，頁28-30；《正德袁州府志》，〈徭役〉，頁13-14。

張偉保　明代江西役法之改革

表1 正德年間江西袁州府與建昌府役目表

地區 / 役目	袁州府				建昌府			
	宜春	分宜	萍鄉	萬載	南成	南豐	新城	廣昌
皂隸	X	X	X	X	X	X	X	X
祇候	X	X	X	X				
弓兵	X	X	X	X	X	X	X	X
馬夫	X	X	X	X	X	X	X	X
門子	X	X	X	X	X	X	X	X
庫子	X	X	X	X	X	X	X	X
看倉老人	X	X	X	X				
斗級	X	X	X	X	X	X	X	X
禁子	X	X	X	X		X	X	
膳夫	X	X	X	X	X	X	X	X
防夫	X	X		X		X		
管夫	X	X						
巡欄	X	X	X	X	X	X	X	X
鋪司	X	X	X	X				
驛司	X	X	X	X				
鋪兵	X	X	X	X	X	X	X	X
齋夫		X	X	X	X	X	X	X
渡子		X	X	X	X	X	X	
館子					X			
解戶					X	X	X	

資料來源：《正德袁州府志》，〈徭役〉，頁13-14；《正德建昌府志》，卷四，〈徭役〉，頁28-30。

「X」代表該地設立的役目。

表2 正德年間建昌府徭役附帶征銀數表

（單位：兩）

征銀項目	南城	南豐	新城	廣昌	共
編補里甲料價銀	169.75	262.27	130.15	13.45	575.62
新舉人牌坊	25	20	20		65
本府歲貢盤纏銀	50	25	20	25	120
縣貢	25				25
齎表布政司委管顧船	12				12
布政司書手工食銀		10			10
合共	281.75	317.27	170.15	38.45	807.62

資料來源：《正德建昌府志》，卷4，〈徭役〉，頁28-30。

　　由此可見，正德年間江西雖未在徭役項目下分為力差、銀差，但隨著補編里甲料價，地方科舉之支出等等的出現，均徭折銀的趨勢，已十分明顯。所以到了嘉靖初年，均徭法出現了新的安排，以嘉靖三年（1524）刊行的《嘉靖東鄉縣志》為例，它的上卷〈力役〉項記載均徭的役目（表3），包括了柴薪、馬夫兩役折納銀兩的數目，反映江西省均徭法正式出現銀差的役目，開啟後來全面力役折銀的先河。直至劉光濟在隆慶年間推行一條鞭法，把均徭法的各項役目，全部改為納銀代役，而與其他的里甲、驛馬、民壯三項合而為一，總計各項差役的全部支出，一條鞭法征收，便成為晚明徭役改革的主流。

張偉保　明代江西役法之改革

表3　嘉靖三年（1524）東鄉縣均徭役目表

役目：		人數	共銀（兩）
皂隷：	柴薪	9	108
	直堂	10	
	答應	20	
	典史廳	2	
馬子		40	160
門子		16	
庫子		4	
禁子		6	
斗級		3	
弓兵		110	
巡欄		4	
齊夫		6	
膳夫		6	
舉人牌城銀		25	
歲貢盤纏銀		50	
表盤纏銀		20	
布政司委官雇舡		4*	
解戶		1	

資料來源：《嘉靖東鄉縣志》，上卷，頁41-42。

* 每次雇舡計。

第三節　里甲歲辦法和里甲均平的出現

　　明代的里甲制度，除里甲正役外，還要負擔物料的上供。明初里簡事均，對以土貢形式出現的上供物料，要求不大。但是，到了後來物料供應的劇增[42]，是引致里甲出銀辦納的主因。江西在景泰初年恢復推行均徭法時，同時「又行歲辦里甲，公貯銀兩，有役則估費，召戶領解。」[43]至於每里出銀之數，則為六兩，非全里者為三兩。由於輕重適均，故官府與人戶皆以為善。[44]

　　韓雍推行「里甲歲辦」法，主要是解決里甲人戶無法應付不斷增加的派辦物料。為免當役者難以支持而逃亡，韓雍的辦法是里甲集體出銀應役。此法已實際打破了一里一甲單獨應支各項徭役的辦法，而走向通府縣混一派徵的方向。為了方便說明里甲銀在景泰至嘉靖初年的增加趨勢，我們先以江西臨江府為例，計算一下據韓雍的方法在臨江一府所籌集得的里甲銀數目。

　　臨江府原額坊廂里分合共1,124里，後來人口流移，有些里分是不全的，有些則歸併了。[45]景泰初年，大約有1,086里或稍多一點。[46]以每里派銀六兩計算，臨江府一年可得的銀子約為6,516兩。韓雍利用這些銀子來應付現年的上供物料和公費。後來，由於上供物料和公費不斷增加，每里六兩銀子不足支應，於是出現「隨事加派」的情況，甚至有一里「增至十二、三兩者」；里甲負擔不了，便出現了逃亡和拖欠等現象[47]。江西官員因此急謀改善的方法，以免情況惡化。在正德八年（1513），他們決定「以近額每里九兩五錢為率，查照丁糧，通融均派。」[48]這次改

---

[42] 關於上供物料之增加量，資料很多。栗林宣夫先生曾列出數條，可參考。見氏著《里甲制の研究》頁99，注26。

[43] 《雍正江西通志》，卷58，頁37。

[44] 《正德建昌府志》卷四，頁三十。

[45] 臨江府原來的里數為1,124里，是據《嘉靖臨江府志》卷四，〈田賦、里糧〉條所記錄。

[46] 1,086里是天順五年（1461）成書的《大明一統志》（三秦出版社影印天順原刻本，1985）卷55所載之里數。據林燊祿的研究，此《一統志》因刊於天順五年，故志內所記里數「當是景泰三年（1461）或以前的數據。」見氏著〈九種書刊所載明代里數的考察〉，收於《薪火集：傳統與近代變遷的中國經濟——全漢昇教授九秩榮慶祝壽論文集》（稻鄉出版社，2001），頁502。

[47] 《嘉靖東鄉縣志》卷上，頁四十。

[48] 同上。

革雖然仍是每里攤派，但卻初次以丁糧數目，作為里甲人戶分擔多寡之基準。所謂「通融均派」，是指人戶隨其丁糧數目多寡而定其輸銀之額。正德八年距離景泰初年約六十年，每里的額數由六兩增至九兩五錢，後者約為前者之158%強，即每里負擔額增加超過58%。但是，由於各府縣的里數有減少的情況出現，實際每府縣的負擔額須略作調整。以江西建昌府為例，我們根據《大明一統志》與《正德建昌府志》的記錄，計算出由天順（1457-1464）至正德年間，各府縣的里甲銀數和每里的平均增加數。

表4　江西建昌府（天順至正德）里數對照表

	大明一統志里數	正德建昌府志里數	共減里數	與原里數之比較
建昌府	523	442	81	84%
南城縣	284	243	41	85%
南豐縣	139	113	26	81%
新城縣	76	70	6	92%
廣昌縣	24	16	8	66%

資料來源：《大明一統志》卷五十三；

　　　　　《正德建昌府志》卷四，頁三十。

表5　江西建昌府里甲銀數表

	正德年間之里數	正德八年新定額數（兩）	合共（兩）
建昌府	442	9.5	4,199
南城縣	243	9.5	2,308.5
南豐縣	113	9.5	1,073.5
新城縣	70	9.5	665
廣昌縣	16	9.5	152

資料來源：《正德建昌府志》卷四，頁三十。

根據以上兩表，我們知道由天順至正德年間，建昌府的里數約減少 16%。而以整個建昌府而言，里甲銀總額約增加 33% 左右，平均每里的增加數則為 58%。

我們再根據《正德建昌府志》，分析建昌府的支出項目。

表 6　江西建昌府正德八年里甲銀支出數目表（單位：兩）

建昌府	額辦項目	銀數	歲辦項目	銀數	共
南城縣	祭祀	167.34	淺船	300	
	鄉飲	20	水牛底皮	350.2	
	孤貧	161.34	柁木等銀	150.75	
	弓張	900	預備派料銀	203.87	
共		1,248.68		1,004.82	2,253.5
南豐縣	祭祀	150.64	淺船	100	
	鄉飲	12	供應器械銀	126.8	
	孤貧	9			
	弓張	675			
共		846.64		226.8	1,073.44
新城縣	祭祀	150.24			
	鄉飲	12			
	孤貧	9			
	弓張	450			
	預備派料銀				
		44			
共		665.24			
廣昌縣	祭祀	92.05			
	鄉飲	12			
	孤貧	6			
	弓張	66			
共		176.5			
四縣合共		2,937.06		1,231.62	4,168.68

資料來源：《正德建昌府志》，卷 4，頁 30。

根據表6，各縣的支出項目可分為兩大類：額辦和歲辦。[49]其中新城、廣昌兩縣只有額辦而無歲辦。但是，新城縣的額辦項內，已經出現了預備派料銀，其性質已屬歲辦的範疇，雖然只有44兩，但已足以反映歲辦之擴大情況。此外，額辦項目粗略地分為四項：祭祀、鄉飲、孤貧、弓張，而沒有仔細地記錄下每項支出的內容，反映編纂方志者對支出的細目不重視。

由於里數之縮減，各里的平均負擔額自然增加，對於不曾遷徙的人戶構成強大的壓力。此外，上供物料的科派沒有固定的數目，而地方公費的支出亦只增不減，里甲人戶對雙重的科派，卻沒有任何辦法可以壓抑其數量上之增加。里甲人戶在無法支撐下，便會私下尋求改善的辦法，以免坐以待斃。其中一種常見的方法是把自己的田地詭寄於優免戶內，甚至全家投靠大戶，以求蔭庇。第二種方法是遷徙他處，以避差徭。明初雖有限制人民自由離開所居地的規則，到了明中葉以後，這種規限已大為鬆弛。

無論出現那一種情況，對留在原居地的里甲人戶而論，總是增加他們的負擔，漸漸形成惡性循環。[50]江西大吏盛應期為了改善這種情況，便著手改革里甲銀的斂派方法，對江西一條鞭法的出現，產生了催化作用。

盛應期是嘉靖初年出任江西巡撫的。在他的安排下，里甲銀斂派由原來按里徵銀的辦法，改變為「將一府丁糧，分作十年，每年每石派銀三錢五分，名曰里甲均平，正所以革偏重之弊」。[51]由於缺乏記載，我們無法得知當時的「丁」數的計算方法，故其徵銀的總數亦不可知。但這次改革是極具重要性的，它開展了明代徭役的新的斂派方法，把原來按里斂派改為按丁糧額派徵銀兩若干。日後的一條鞭法便完全依據「丁」、「糧」數目作為基準，再根據估出之總數，折算出丁、糧每單位所應負擔的銀額。這種方法，表面上與國初依據丁糧多寡、產業厚薄的斂編原則相同，但實際上卻有根本分別。國初的丁糧額數，是要編定人戶等則，作為直接安排

---

[49] 東鄉縣把歲辦稱為歲派，但內容是相同的，可見這些名詞沒有統一。見《嘉靖東鄉縣志》頁四十。

[50] 唐龍〈均田役疏〉，載於陳子壯《昭代經濟言》（商務印書館，1936），卷3，頁41-42。

[51] 《雙江文集》、〈前‧記事〉；轉引自栗林宣夫《里甲制の研究》，頁112。

輕重差役的標準。嘉靖初年的方法，卻以實編丁糧數直接計算出每戶應負擔的納銀數目。舉例來說，如某戶有丁三丁，糧二石，政府計算後規定每丁折糧一石，每石負擔里甲銀 0.5 兩，則該戶之負擔額合共為 2.5 兩。

與此同時，由按戶編僉改為 按丁糧僉派的方法，代表納稅單位由「戶」為主改變為以「丁」、「糧」為主。以「戶」為徭役基礎的重要性遂被「丁」所取代，此後以戶為納稅單位不再成為主流。（按：這是指南方的情況）

最後，「糧」作為里甲的計算項目之一，表示徭役部分地攤入田地的情況，正式開始。田地分攤里甲銀，反映稅項負擔由人丁轉移入田地的趨勢。[52]

---

[52] 關於把徭役負擔分攤在田地上，是直接增加了田賦的數量。這種附加稅在北方引起了較大的爭論，其中葛守禮的言論最為引人注意。可參考《葛端肅公文集》，載於《皇明經世文編》，冊四，頁 2948。

第二章 明代江西役法的全面改革——一條鞭法與四差（上）

第一節 徭役的急劇膨脹和負擔不均

明中葉以後，徭役繁重、上供物料劇增與田糧飛詭的情況，對江西人戶構成極大的壓力。政治上之混亂，是上述問題的根源。成化（1465-1487）以來，宦官干政，愈來愈嚴重，加上皇莊的盛行，請乞無厭，「冗食太多，冗費太廣」。[①]當時官於戶部的何瑭，對於科差繁重的情況，有極之深入之論述，可以代表正德年間人民困於徭役的情況。其〈民財空虛疏〉說：

> 「仰惟國朝使民之法，除里甲正辦外，如糧長、解戶、馬頭、船頭、館夫、水夫、馬夫、祇候、弓兵、皂隸、門禁、廚斗之數，無所不役，固已多矣。近年以來，常役之外，雜派紛紛而出，如砍柴拾柴、修河修倉、運料接遞、站夫、鋪夫、閘夫、淺夫之類，因事編僉，蓋有不可略數之勢者。」[②]

徭役負擔不斷增加，人民日陷於水深火熱之中。同時何氏更指出物料的加派亦有增無已。他說：

> 「國朝取民之法，除田土稅糧外……皮角、翎毛、油漆、竹木之類，無所不取，固已重矣。近年以來，額徵之外，雜派物料，又紛紛而出，如供用庫物料、甲丁庫顏料、光祿寺廚料。南京則又供用器皿物料、太常寺牲口料，隨時坐派，蓋有不可勝數者。」[③]

對於上述情況，何瑭要求朝廷宜予以限制。他認為「雜派夫役既不可免，惟編之有數，用之有時，庶可少寬民利」，「令將鄰近州縣夫，通融協濟」，「遠者出銀，近者出力」。至於上供物料方面，則「宜仍照國初舊例，係遠方州縣產者，或

[①] 陳子壯《昭代經濟言》，卷四，頁64。
[②] 前揭書，同卷，頁65-66。
[③] 前揭書，同卷，頁66。

令稅糧折納、或以該徵稅課鎬鈔收買，差人解京，……其不急物料，量為裁減」④。何氏的言論，的確可以反映一般關心民瘼的官員的意見。但由於何氏的職位低微，沒有得到上級的支持，其影響相當微弱。

除了何瑭的言論外，正德十六（1521）二月，巡按江西御史唐龍上〈均田役疏〉，直指江西田糧之弊端。由於田產是徭役科派的基準，詭寄田糧便形成徭役負擔的不公平。唐氏說：

> 「江西有等巨室，平時置買田產，遇造冊時，賄行里書，有飛灑見在人戶者，名為活灑；有暗藏逃絕戶內者，名為死寄；有花分子戶，不落戶限者，名為畸零帶管；有留在賣戶，全不過割者；有全過割者，不歸本戶，有推無收，有總無撤，名為懸掛掏回者；有暗襲京官方面，進士舉人腳色，揑作寄莊者。在冊不過紙上之揑，在戶尤皆空中之影，以致圖之虛以數十計，都之虛以數百計，縣之虛以數千萬計。遞年派糧編差，無所歸者，俱令小戶賠償；小戶逃絕，令里長；里長逃絕，令糧長；糧長負累之久，亦皆歸於逃且絕而已。由是流移載道，死亡相枕，戶口耗矣。……大抵此弊惟江西為甚，江西惟吉安為甚，臨江次之。」⑤

唐龍的言論，對我們了解江西人戶所面對的問題，極有幫助。唐氏指出田糧飛詭之弊，「惟江西為甚」。唐氏並建議「弊深者，挨田丈量，輕者挨戶清理」。唐氏雖然努力改善，使之「稍有規正之漸」，但不是一時之間、一人之力可以全部解決。⑥故此，江西田土與徭役問題，仍有待更全面之改革。

第二節　四差之一：里甲銀

一條鞭法的出現，標誌著明代役法之全面改革。它在嘉靖（1522-1566）初年出現，到了隆慶（1567-1572）、萬曆（1573-1620）間，條件成熟，改革才算初步成

---

④ 同注③。
⑤ 前揭書，卷3，頁41。
⑥ 前揭書，同卷，頁41-42。

功。其中，江西一條鞭法的出現和發展，較為特別的是「四差」説。「四差」是指里甲、均徭、驛傳和民壯四種差役。[⑦]由於一條鞭法是唐代兩税法後，中國賦税史上又一次最重要的改革，而江西是一鞭法推行得比較成功的省分[⑧]，因此，對江西四差作深入之研究，似可增加我們對一鞭法的認識。

「四差」之中，首先探討的，是里甲。前面説到，韓雍在景泰初年推行歲辦法的時候，臨江府大約要負擔里甲銀6,516兩，到了嘉靖十五年（1536），臨江府里甲銀的支出約為9,117.146兩，大約較景泰年間增加40%。

表7　嘉靖十五年臨江府里甲（額辦、坐派、雜辦）銀額數

（單位：兩）

	額辦	坐派	雜辦	（共）
清江	741.343	1,197.903	865.173	2,804.419
新淦	744.237	875.887	256.522	1,876.646
新喻	656.085	1,402.221	216.522	2,274.828
峽江	590.835	1,313.896	256.522	2,161.253
（共）	2732.5	4,789.907	1,594.739	9,117.146

資料來源：《嘉靖臨江府志》，卷4，〈田賦志〉「里甲額辦」、「坐派」、「雜辦」。

它的派辦方法，是「通計一縣丁糧，均作十分，就額辦數（按：坐派、雜辦方法皆相同。）每年派徵一分」[⑨]。這種安排與盛應期的方法完全吻合，可見盛氏提出的方法為江西所沿用，不差分毫。只是《嘉靖臨江府志》沒有記載計算糧額和實

---

⑦ 秦鏞《崇禎清江縣志》卷四，〈賦役，四差説〉：載「四差之説，惟江省有之。考自弘〔治〕、嘉〔靖〕以來，尚無定例。嘉靖己未，臬台公宗沐著七書，以税糧、里甲作賦書，以均徭作均書。而均徭內又分銀差、力差、驛傳、機兵為四款。後人祖其説，因并均書為三則，而合里甲為四差，遂為定例。」

⑧ 張棟〈國計民生交絀敬伸末議以仰裨萬一疏〉，載於《皇明經世文編》，冊六，《張給諫集》，頁4795。

⑨ 《嘉靖臨江府志》，卷四，〈賦役志〉。

編人丁的原則，我們無法知道當時每丁糧一石派銀之額數。

　　如果由景泰初年至嘉靖15年里甲銀的40%增幅，已經令里甲人戶吃不消，那麼，由嘉靖中至隆慶（1567-1572）初年，無論是物料科派或役目，都在倍增，更令人戶困疲極了。據《萬曆南昌府志》，卷8，〈差役〉條記載，當時里甲各項役目大增，加派不斷出現，引致部分里甲役目（歲派、加派、坐派）不得不撥入秋糧項下帶徵，以減輕里甲的直接負擔。此後，里甲項下役目只餘額辦、雜辦和上司公費三大項目。[⑩]但是，這種調節實際上對江西人戶的總負擔額並沒有減少。張居正在萬曆初年，上〈歲賦出入疏〉，曾經提及嘉靖、隆慶年間的財政情況。他說：「嘉、隆之間，海內虛耗，公私貯蓄，殊可寒心。」[⑪]所以到了嘉靖末年，周如斗巡撫江西，「稔知民困差役，創議行條鞭法，以勞瘁卒。」[⑫]到了隆慶元年（1567）十月，劉光濟巡撫江西，首輔徐階諭試行條鞭法。明年初他與撫州府同知包大燿計議三月，先定南昌、新建二縣條鞭法。不久，再把此制擴至全省。[⑬]是年底，劉光濟呈上〈差役疏〉，痛陳民間疾苦，力陳條鞭之利。到了隆慶四年，戶部正式批准施行。[⑭]

　　《隆慶臨江府志》是隆慶六年出版的，現收入天一閣藏明代方志選刊第35冊，它記錄了當時臨江府的實編「丁」數。「丁」數作為於一個的納稅單位，是指一個十六歲以上，六十歲以下的男子。同時，《隆慶臨江府志》也記錄了隆慶五年（1571）的戶口數。有了這些數字，我們便可以評估準確一條鞭法推行初期在江西臨江府的確實狀況和它的影響。

---

⑩ 《萬曆南昌府志》，卷8，頁9-11。

⑪ 張居正〈看詳戶部進呈揭帖疏〉，《張文忠公文集二》，載於《皇明經世文編》冊四，頁3473。

⑫ 《雍正江西通志》，卷58，〈名宦：二〉，頁28。

⑬ 前揭書，卷234，〈田賦，附、條鞭法緣由〉。

⑭ 劉光濟〈差役疏〉載於《雍正江西通志》冊5，卷117，〈藝文〉，頁71。關於江西推行一條鞭法推行的情況，參看梁方仲〈明代江西一條鞭法推行之經過〉（載於《梁方仲經濟史論文集》，頁180-200）和〈跋《洞陽子集》——兼論明隆萬間泗西一條鞭法推行之維過〉，載於氏著《梁方仲經濟史論文集補編》（中州古籍出版社，1984）頁143-151。

張偉保　明代江西役法之改革　　237

表 8　隆慶五年臨江府各縣戶口數目表

	戶數	口數	每戶平均口數
臨江府	135,108	464,702	3.43 (+)
清江縣	34,060	132,734	3.89 (+)
新淦縣	36,640	133,393	3.64 (+)
新喻縣	38,220	118,039	3.08 (+)
峽江縣	26,188	80,185	3.06 (+)

資料來源：《隆慶臨江府志》，卷7，頁1-2。

根據表8，臨江府的人戶數目為135,108，而口數則為464,702。我們再根據府志的資料，編成隆慶五年臨江府里甲編銀表。

表 9　隆慶五年臨江府里甲編銀表

	實編人丁 (石／丁)	實編民米 (石)	丁米合共 (石)	每碩派銀 (兩)	編銀 (兩)
清江	14,847	39,552.7	54,399.7	0.1446 +	7,867 +
新淦	12,324	36,039.8	48,417.8	0.0757 +	3,665.22 +
新喻	10,488	49,394.1	59,882.1	0.0722 +	4,323.48 +
峽江	8,751	30,048.6	38,799.6	0.0910 +	3,530.76 +
(合計)	46,410	155,089.2	201,499.2	平均每石：0.0958 +	19,396.9 +

資料來源：《隆慶臨江府志》卷7，〈賦役志〉，頁15-24。

根據表9，隆慶五年臨江府實編人丁數為46,410丁，只及原來口數的10%。可見，實編人丁的丁數決不單純指成丁男子，而只是被視為一個納稅單位，與實際的人口數字沒有直接的關係。[15]

---

[15] 關於人口數與丁數的關係，可參考何炳棣《明初以降人口及其相關問題，1368-1953》（葛劍雄譯，三聯書店，2000年）。

其次，實編人丁所分攤的里甲銀，例不優免，其折率為每丁折米一石，故臨江府丁數共折為46,410石。田糧方面，官米因科則遠較民米為重，歷來安排官米不需負擔各項差役，故在計算里甲銀時，只以民米計算。民米項下，對沙逃米或逃移荒蕪另作安排外，其餘以稅糧一石為一納稅單位；以臨江府而言，實編民米合共155,089.2石，所以丁、糧兩項合共201,499.2石。但是，由於每縣歷來分攤公費、物料和力役的數目各自不同，故各縣丁糧每石的負擔額亦異。這一方面，反映一條鞭法基本上以「縣」作為單位，故在同一個府內，便出現了不同縣分的丁糧，所負擔的銀數不同的現象。以臨江府清江縣和新喻縣而論，每丁、糧一石，前者為0.14461644兩，後者為0.072269632兩，前者為後者的二倍，差異頗大。

前面說到嘉靖十五年臨江府的里甲銀為9117.146兩，到了隆慶五年，里甲銀驟增至19,396.9兩，增幅逾112%，若加上撥入秋糧的「帶徵里甲」5,498.93兩，則里甲的總支出共24,895.83兩，增幅逾173%。[16]這個增幅，正好說明一條鞭法產生的實際原因。嘉靖中葉以後，物料之增加與公費之膨脹，對里甲人戶的負擔構成沉重之壓力。一條鞭法的目的在「縮民供，縮民供莫如一條鞭法便。」[17]減少人民的負擔固然是最直接的辦法，但以明代地方行政經費的安排與上供物料的隨意科徵而論，較為可行的手段是對於兩者的無限制性加以約束，其方法就是制訂財政支出的預算。

明代地方的經費與中央部門科徵，不斷增加，地方官員接到通知，便須要加以措辦。這種制度，引致需求無限地膨脹。地方府縣的負擔，有增無已。一條鞭法的產生，其中一個重要的原則，是對各項支出，加以預算。總計每年各項之支費後，便將每縣的丁糧總數，平均分攤。為了減低里甲等役十年輪差，應役之年人戶負擔驟增的問題，新方法改為各項支出，總計十年內的總支，再平均為每年的支出數，由全縣丁糧攤出，（按：四差攤分各有不同的計算方法，里甲銀之攤分方法已見上文，均徭、驛傳、民壯則見於下文）。官員們用以壓抑公費與物料增長的方法，是

---

[16] 《隆慶臨江府志》，卷7，頁5-11。

[17] 萬恭《洞陽子集》、《初集》卷6〈贈王新建序〉，轉引自梁方仲〈明代江西一條鞭法進行之經過〉，頁15-23。

把當時各項支，詳細記錄下來。上文提及《正德建昌府志》只把里甲銀的支出粗略地分為四項：祭祀，鄉飲，孤貧，弓張。到了《隆慶臨江府志》，各縣開列支出項目分別為：清江38項，新淦41項，新喻36項和峽江39項。[18]編者詳細開列各項細目的原因十分明顯，他是希望以此限制項目的膨脹和減少吏書作弊的機會。

若要了解一條鞭法的意義，其中一個方法就是考察它的實際效果。在萬曆二十五年（1597）修訂的《萬曆江西省大志》，記錄了臨江府里甲銀的支出情況。

表 10　萬曆 25 年臨江府里甲銀數表

（單位：兩）

里甲銀　　臨江府	額辦	雜辦	合共
清江縣	698.53	5,831.96	6,530.49
新淦縣	770.01	3,457.21	4,227.22
新喻縣	678.43	4,134.62	4,813.05
峽江縣	593.17	3,058.67	3,651.84
合共	2,740.14	16,482.46	19,222.60

資料來源：《萬曆江西省大志》，卷 2，〈均書〉，頁 13-15。

根據表 10，當時的里甲銀為 19,222.60 兩，加上秋糧項下的帶徵里甲 5,302.37 兩，共為 24,524.97 兩[19]，較隆慶五年的數目減少 1.5% 左右。換言之，一條鞭法施行了二十六年後，里甲銀的支出大致維持穩定，顯示出實行一條鞭法對抑壓公費與上供物料的膨脹方面，收到相當好的效果。[20]

到了萬曆三十九年（1611），江西布政使司編纂了《江西賦役全書》，其中記載當時臨江府各縣里甲銀的支出數目。

---

[18] 各細目見《隆慶臨江府志》卷 7，〈賦役志〉頁 15-23。

[19]《萬曆江西省大志》，卷 1，頁 12。

[20] 另一個証明江西一條鞭法成功是其他省分的仿效。見徐希明〈平賦役序〉，載於《中國歷代食貨典》卷 151，〈賦役部〉頁 745。

表 11　萬曆三十九年臨江府里甲銀支出表

（單位：兩）

臨江府	里甲銀
臨江縣	21,463.28
清江縣	7,866.69
新淦縣	4,501.19
新喻縣	5,138.06
峽江縣	3,963.34

資料來源：《江西賦役全書》〈臨江府總〉，頁 1056；〈清江縣〉，頁 1099；〈新喻縣〉，頁 1150-1151；〈新淦縣〉，頁 1202；〈峽江縣〉，頁 1248。

　　若再加上秋糧項下的帶徵里甲 3,208.44 兩[21]，則兩者合共 26,671.72 兩。據此，臨江府里甲總數較十四年前增加近9%強。這個增加率雖不太大，但較萬曆初年的穩定情況，已有變化的跡象。

　　為了準確把握一條鞭法的效果，現再將嘉靖至萬曆年間臨江府里甲銀的四項資料，編成圖 1。

---

[21]《江西賦役全書》，〈臨江府總〉，頁 1050-1052。

圖1 嘉靖至萬曆年間臨江府里甲銀增長趨勢表
（單位：兩）

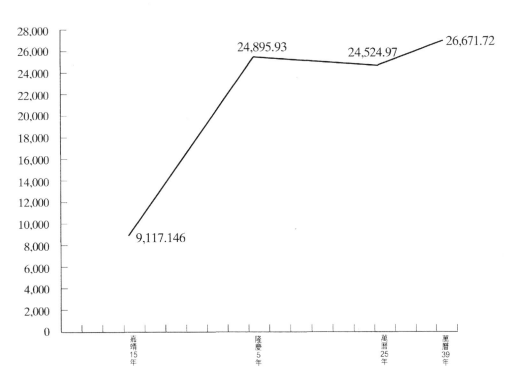

資料來源：表8；表10；表11；表12；《隆慶臨江府志》，卷7，頁5-11；《萬曆江西省大志》，卷1，頁12和《江西賦役全書》，〈臨江府總〉，頁1050-1052。

　　根據圖1，我們清楚地得知：隆慶年間推行的一條鞭法對於里甲銀在嘉、隆年間的急劇增長趨勢，產生了抑制作用，效果鮮明。

第三節　四差之二：均徭銀

江西均徭銀在嘉靖、隆慶 (1522-1572) 期間完成以下三個轉變階段：1.銀差、力差的完全劃分；2.力差的全部折銀；3.四差合併征收。首先以嘉靖十五年刊行的《嘉靖贛州府志》為例，它把役目分為銀差、力差兩種，其額數見表12。

表 12　嘉靖 15 年　贛州府均徭額

贛州府	銀差（兩）	力差（人）
府總	4,887.6666	1822
贛縣	897.6666	385
雩都	351	185
信豐	351	125
興國	669.6666	253
會昌	187	169
安遠	147	122
寧都	1,230.8666	271
瑞金	351	127
龍南	351	90
石城	351	95

資料來源：《嘉靖贛州府志》卷四，〈食貨、庸調〉，頁 24-25。

大約在同一時間，臨江府採用十段錦的方法，把均徭銀差、力差全部折銀計算。其編派方法，」通計一縣丁糧，均作十分，就一縣差目，每年編僉一分。」[22]現把臨江府四縣均徭額，作成表 13。

---

[22]《嘉靖臨江府志》，卷 4，〈均徭〉，頁 51。

表 13　嘉靖 15 年臨江府均徭額數表

（單位：兩）

均徭＼臨江府	銀差		力差		合共	
	役目	銀額	役目	銀額	役目	銀額
清江縣	61	1,079.6466	229	927.3	290	2,006.9466
新淦縣	68	1,092.3566	239	904.8	304	1,997.1566
新喻縣	67	1,087.3866	223	909.2	290	1,996.5866
峽江縣	64	915.6266	181	696.4	245	1,612.0266
合共	260	4,175.0164	869	3,437.7	1,129	7,612.7164

資料來源：《嘉靖臨江府志》，卷四，〈均徭〉，頁 51-57。

據表 13，臨江府的所有役目，均已用銀折算。前面曾說，正德年間的袁州府和建昌府，仍未有銀差、力差之別，而嘉靖十五年的贛州府，銀、力二差已完全劃分，但仍完整地保存二者之分別。可是，同年的臨江府，已率先採用十段錦法，並把力差全部用銀折算，反映同屬江西地區，各府之發展仍參差不齊，故其力役折銀之程度便有實際的分別。

隆慶年間，劉光濟在江西推行一條鞭法，臨江府均徭的編審方法是減除優免人丁後，每二丁折米一石，再加上民糧之數目，再根據其縣之支出，計算出每石所負擔之銀額。現據《隆慶臨江府志》編成表 14。

表 14　隆慶五年臨江府均徭編銀表

	實在人丁	優免	實編丁	每二丁折一石	民米實編	丁米合共（石）	每石派銀兩	共銀（兩）
清江	14,847	908	13,939	6,969.5	37,970.3	44,939.8	0.0709	3,186.23
新淦	12,324	484	11,840	5,920	35,192.3	41,112.3	0.0745	3,062.86
新喻	10,488	688	9,800	9,800*	48,128.8	57,928.8	0.0520	3,012.29
峽江	8,751	412	3,339	4,169.5	29,221	33,390.5	0.0702	2,344.01
合共	46,410	2,492	43,918	26,859	15,0512.4	177,371.4		11,605.39

資料來源：《隆慶臨江府志》，卷七，〈賦役〉頁 24-40。

* 此數字疑誤，但因編銀額仍以 9,800 石計算，故不改之。

現再根據表13和表14，比較均徭銀在此段期間的增幅。

表 15 嘉靖 15 年與隆慶 5 年臨江府均徭比較表

（單位：兩）

	嘉靖 15 年	隆慶 5 年	增幅
清江縣	2,006.9466	3,186.23	59%
新淦縣	1,997.1566	3,062.86	53%
新喻縣	1,997.5866	3,012.29	51%
峽江縣	1,612.0266	2,344.01	45%
合共	7,612.7164	11,605.39	52%

資料來源：表 13；表 14。

據表15，嘉靖、隆慶年間，臨江府均徭銀的增幅平均約52%，即原額之一倍半左右。

表 16 萬曆 25 年 臨江府均徭銀數表

（單位：兩）

	均徭銀額			與隆慶 5 年比較之百分比
	（銀差）	（力差）	（合共）	
臨江府	6,412.351	4,634	11,046.3510	95
清江縣	1,677.3094	1,667.4	3,344.7094	105
新淦縣	1,612.8047	1,055.8	2,668.6047	87
新喻縣	1,595.0505	1,239	2,834.0505	94
峽江縣	1,527.1864	671.8	2,198.9864	94

資料來源：《萬曆江西省大志》，卷 2，〈均書〉，頁 13-15；又表 14。

據表16，萬曆25年臨江府均徭銀的總數平均減幅為5%左右，與里甲銀在同一時期的趨勢相同，只是它的幅度更大而已。幅度更大的原因，大約與均徭銀主要的支出項目以地方為主有關。

到了萬曆39年，根據《江西賦役全書》中關於臨江府均徭銀額的數量，可再與萬曆25年的額數，作一比較。

表17　萬曆39年臨江府均徭銀數表

	萬曆39年均徭銀數	與萬曆25年比較之百分比
臨江府	11,224.2119	102
清江縣	3,535.1322	106
新淦縣	2,678.9338	100
新喻縣	2,808.1620	99
峽江縣	2,201.9838	100

資料來源：《江西賦役全書》，〈臨江府總〉，頁1066；頁1160-1161；頁1212；頁1259。又表16。

萬曆中期以後，江西臨江府均徭銀的平均增幅接近2%，可以說明十分穩定。由此亦更能反映嘉靖、隆慶年間52%的增幅，是非常鉅大。為了更好地說明明代中葉以後，均徭銀數之增長趨勢，我們把嘉靖15年至萬曆39年（1536-1611）間的均徭銀額，編成圖2。

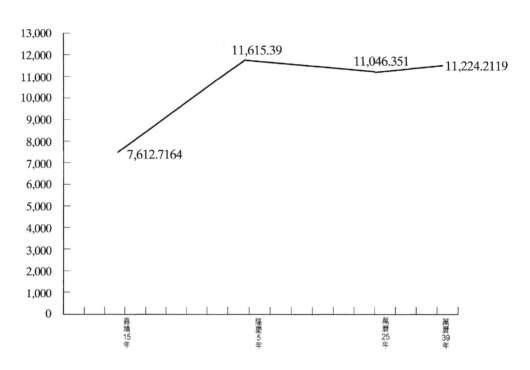

圖 2　嘉靖至萬曆年間臨江府均徭銀增長趨勢表
（單位：兩）

資料來源：表 13；表 14；表 16；表 17。

　　由圖2得知：均徭銀額在隆慶五年實施一條鞭法後，其數量稍為下降，所得之結果與里甲銀的增長趨勢大致相近。

第三章　明代江西役法的全面改革——一條鞭法與四差銀（下）

第一節　四差之三：驛傳銀

　　四差之中，驛傳銀的發展，比較複雜。明初有糧僉馬戶和市民馬戶兩種。由於負擔額大，很早便形成了朋充的方式，即以一些殷實人戶為馬頭，以其餘單丁貧戶為貼戶。貼戶一般以錢銀代役，協助頭戶購買馬匹和供應糧草等工作。遇到馬匹倒死，貼戶亦需要負責分攤購買和運送另一匹馬的開支。這種方法一直維持到正德年間，也沒有多少變化。到了嘉靖三年盛應期在江西議行改革驛傳事宜，當年刊行的《嘉靖東鄉縣志》記載了改革之原因和內容，極具參考價值。編者首先解釋原來驛傳的安排和它的問題所在。他說：「先是，驛傳編差，或糧多而出銀數少，或糧少而出銀數多，如 紅舡，站舡，舊編不滿五十石，每歲計費九兩七錢零。馬舡舊編糧一佰餘石，每歲所費不滿十兩。且以隔遠都圖人戶幫貼，多被詭類相欺，苦樂不均，」[1]當時撫州府通判秦鎰把原來編僉驛傳的方式，改為「照糧科銀，以銀編差，……順都順里幫貼。」[2]經過這次改革後，效果良好。

　　到了嘉靖15年，臨江府的編僉驛傳銀的方式，仍沒有改變。《嘉靖臨江府志》記載當時的驛傳支出共9,606.08兩。它包括糧僉外省各驛馬價、南京衛、江淮衛、南康遞運所和臨江府的驛遞各人夫、船隻、鋪陳、料價工食等項。現據《府志》，把各項支出分為五大項目，開列於下：

(1) 北直隸永定等縣驛上馬58匹，中馬4匹，下馬6匹，每匹編頭夫4名，每名分別編糧160石、130石和105石，每名編銀分別為42兩、38兩和35.33兩。

---

① 《嘉靖東鄉縣志》，上卷，頁43-44。
② 同上。

各縣負擔	上馬	中馬	下馬	編銀（兩）
清江	15	1	1	703.33
新淦	18	1	2	864.66
新喻	15	1	2	738.66
峽江	10	1	1	493.33
合共	58	4	6	2,799.98

資料來源：《嘉靖臨江府志》，卷4，〈田賦志〉，頁78-80。以下2.3.4.5各項同。

（2）南京江淮衛水夫175名，每名編糧130石，每年徵料價銀5兩。

各縣負擔	水夫	編銀（兩）
清江	50	250
新淦	60	300
新喻	25	125
峽江	40	200
合共	175	875

（3）南康遞運所水夫80名，每名編糧120石，每年徵船鋪工食銀8.16兩。

各縣負擔	水夫	編銀（兩）
清江	40	326.4
新淦	10	81.6
新喻	20	163.2
峽江	10	81.6
合共	80	652.8

（4）蕭灘、金川、羅溪、玉峽四驛水夫、打船、鋪陳、站船成造、維修鋪陳各項合共1,920兩。

（5）清江遞運所水夫440名，每名編糧90石，每年工食銀7.2兩，打船鋪陳銀0.4325兩，合共7.6325兩。

各縣負擔	水夫	編銀（兩）
清江	102	778.515
新淦	39	297.6675
新喻	272	2,076.04
峽江	27	206.0775
合共	440	3,358.3

到了隆慶年間，實行一條鞭法，驛傳的編派方式亦改為論丁糧僉派。與均徭銀相同，每二丁折糧一石，再加上扣除優免役的民米額，計算出每石之派銀數目。現據《隆慶臨江府志》，編成表18：

表18　隆慶五年臨江府驛傳編銀表

	人丁	實編人丁	每丁淮米五斗，派銀（兩）	民米實編	派銀每碩（兩）	驛傳銀（兩）	備註
清江	14,847	11,300	0.0311	37,970.3	0.0622	2,717.0	a.民米 b.沙米 折半
新淦	12,324	10,254	0.0287	35,192.4	0.0574	2,316.7	
新喻	10,488	8,460	0.0340	a.47,751.4 b.　186.2	0.0681 0.0340	3,567.2	
峽江	8,751	7,837	0.0257	29,221.0	0.0515	1,701.8	
合共	46,410	37,851		150,512.4		10,308.7*	

資料來源：《隆慶臨江府志》，卷7，〈賦役志〉，頁40-43。

* 原文為10,326.9兩，較此數多18.2兩。今仍據各縣總和。

表19　萬曆25年臨江府驛傳編銀表

	驛傳銀數（兩）
府總	6,431.7995
清江	1,651.446
新淦	1,624.9647
新喻	1,989.724
峽江	1,165.6648

資料來源：《萬曆江西省大志》，卷2，〈均書〉，頁13-15。

根據表19，臨江府驛傳銀在嘉、隆年間祇增加約7%，是四差銀中增幅較少的一項差役。

到了萬曆25年，臨江府的驛傳銀額為6,,431.7995兩，是原額的62%左右，跌幅較大。十四年後，臨江府的驛傳銀為 5,156.79 兩，較萬曆 25 年的額數大幅降低20%，其中清江縣的減幅竟達43%。

表20　萬曆 39 年臨江府驛傳編銀表

	驛傳銀數（兩）	與萬曆 25 年比較的百分比
府總	5,156.79	80
清江	936.44	57
新淦	1,466.3647	90
新喻	1,759.324	88
峽江	994.6649	85

資料來源：《江西賦役全書》，〈臨江府〉，總頁 1076，1123，1222，1170，1266及表 19。

總結一下嘉靖以來驛傳銀的發展，把各項資料編成圖 3。

圖3 嘉靖至萬曆年間臨江府驛傳增長趨勢表
（單位：兩）

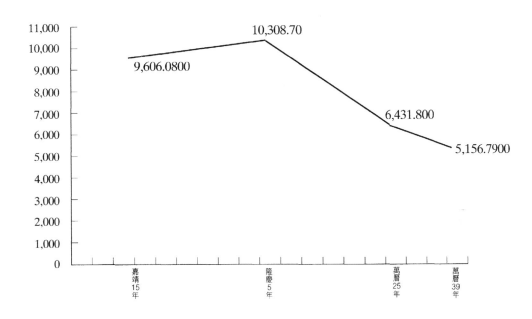

資料來源：《嘉靖臨江府志》，卷4，頁78-80；表18、19、20。

據上圖，臨江府驛傳銀在嘉、隆年間升幅較里甲銀、均徭銀為少。到了萬曆初年，張居正曾努力整頓驛站。由於相當見效，[3]故驛傳銀之跌幅便十分顯著。

---

[3] 參考蕭少秋《張居正改革》（求實出版社，1987），頁135-140。

第二節 四差之四：民壯銀

四差之中，民壯是最後出現的。洪武初年，曾立民兵萬戶府，選民間勇武之人，稍加訓練，有事用以征戰，無事則復還為民，有功的人則一體陞賞。[④]此乃屬於民兵的一種，以輔助正規軍隊。此種民兵與後來的民壯是略有差別的。[⑤]到了英宗正統十四年 (1449) 發生土木之變，英宗北狩，明政府遂令各處招募民壯，就令本地官司率領操練，遇警調用，事定仍復為民。[⑥]天順元年 (1457)，再令招募民壯，凡鞍馬器械等物，俱從官給，若本戶有糧者，免五石，又免戶下二丁，以資供給，更規定民壯若有事故者，不許勾補。[⑦]

民壯初期的性質以臨時招募為主，到了弘治七年 (1494)，改以僉編為主。政府希望有一定的民壯數目，以補充已日形頹敗的衛所制度，保障地方的安寧。同時，政府為減低開支，索性把各項招募費用取消，改為向州縣人戶征發。[⑧]它更規定凡「選取民壯，須年二十以上，五十以下精壯之人，州縣七、八百里者，每里二名；五百者，每里僉三名；三百里者，每里僉四名；一百以上者，每里僉五名。」[⑨]而僉取民壯，當於每里中財產丁口最多之戶內抽丁充應。[⑩]

民壯既以人戶的丁糧為據，故其僉編，不久便規定每十年通行審民壯一次，遇有身故疾病者，悉與僉換，不許仍於本戶內勾丁。[⑪]到了正德年間，江西仍然規定民壯「論丁糧僉充，十年一次……通計 (江西) 41,145 名。」[⑫]當時袁州府曾奉例增設民壯數目，並規定「除宜春附郭外，其分宜、萍鄉、萬載各發一半回縣操守，

[④]《嘉靖江西通志》(影印明刊本)，卷一，〈藩省、民壯〉條，頁 15-16。

[⑤] 梁方仲〈明代的民兵〉，載於氏著《梁方仲經濟史論文集補編》(中州古籍出版社，1984)，頁172。

[⑥] 同注 ④。

[⑦] 同注 ④。

[⑧] 同注 ⑤。

[⑨] 同注 ④。

[⑩] 同注 ⑤。

[⑪] 同注 ⑤，頁 173。

[⑫] 同注 ④。

一半編成甲隊，分三班輪流同宜春班隊操練新製堅利器械。」[13]此法是否通行江西全省，就不知道了。

到了嘉靖三年，為了減少人戶的負擔，規定每縣民壯名額在「四百名以上者量減四分之一」，並加強訓練，嚴禁包占、差遣之弊。當時臨江府額設民壯數目為四千，但各縣編僉年分多寡不一，故沒有詳細的紀錄。[14]

嘉靖十五年，臨江府的機兵（按：民壯）共3,032名，它的僉編方法是「十年一編，丁糧相兼，每名編糧有定，人丁各計縣數，多寡不一，每年工食銀七兩二錢。」[15]現據《嘉靖臨江府志》，編成表21。

表21　嘉靖15年臨江府民壯銀表

	民壯數目	每人編糧 （石）	人丁 （丁）	共銀 （兩）
清江	816	40	12	5,875.2
新淦	800	40	7	5,760
新喻	816	40	8	5,875.2
峽江	600	40	9	4,320
合共	3,032			21,830.4

資料來源：《嘉靖臨江府志》，卷4，頁80。

到了嘉靖四十二年（1563），江西建昌府進賢縣曾「奉議隨糧帶徵，照項給解」，並把民壯分為精兵和常兵二種，給予精兵較多的工食銀。[16]隆慶年間，江西行一條鞭法，臨江府的民壯銀約為21,549.6兩（見表22）。

---

[13] 《正德袁州府志》，卷二，頁14-15。
[14] 同注④；又卷22，〈臨江府〉，頁7。
[15] 《嘉靖臨江府志》，卷四，80頁。
[16] 《嘉靖進賢縣志》，卷3，〈賦役〉，頁9。

表22 隆慶五年臨江府民壯銀額表

(單位：兩)

	每丁派銀	每米一石派銀	共銀	備 註
清江縣	缺	缺	5,875.2*	*原額缺，現以嘉
新淦縣	0.0772	0.1545	6,230	15年計算。
新喻縣	0.0693	0.1387	7,262.4	
峽江縣	0.0329	0.0658	2,182	
合共			21,549.6	

資料來源：《隆慶臨江府志》，卷7，頁45。

比較表21和表22，我們發現兩者非常接近，反映民壯銀較為平穩。正如進賢縣所顯示，民壯的改革早在嘉靖末年出現，它以重新分配原來資源為主，故其數額自然較其他差役銀穩定。

到了萬曆25年，臨江府的民壯銀降為15,319.192兩，降幅約29%（見表23），反映民壯銀進一步降低。

表23 萬曆25年臨江府民壯銀額表

(單位：兩)

臨江府	民壯銀
府總	15,319.1921
清江	4,445.0947
新淦	4,015.7727
新喻	5,076.9409
峽江	1,781.3838

資料來源：《萬曆江西省大志》，卷二，〈均書〉，頁13-15。

到了萬曆39年，臨江府民壯銀為14,979.13兩，較萬曆25年稍減2%左右。

表24 萬曆39年臨江府民壯銀表

（單位：兩）

臨江府	民壯銀	與萬曆25年比較的百分比
府總	14,979.13	98
清江	4,333.69	97
新淦	3,983.72	99
新喻	4,980.84	98
峽江	1,690.88	95

資料來源：《江西賦役全書》，〈臨江府〉，頁1077-1098，頁1125，頁1225，頁1173，頁1268。

總結嘉靖至萬曆年間民壯銀之變化（見圖4），整體支費一直向下調低，其中隆慶5年至萬曆25年降幅近三成，最為顯著。

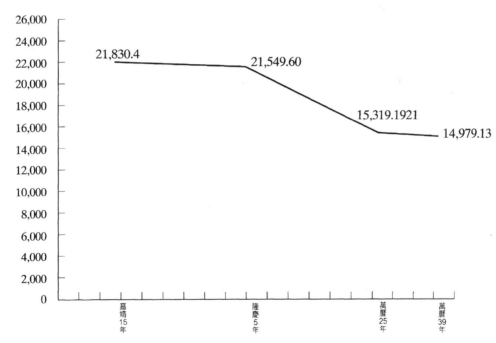

圖4 嘉靖至萬曆臨江府民壯銀增長趨勢

（單位：兩）

資料來源：表21-24。

第三節　江西一條鞭法之評價

一條鞭法發軔於嘉靖初年，至隆慶、萬曆間始盛行，萬曆中葉以後施行範圍幾已遍及全國。它是當時在歷史上和地域上的一種發展趨勢，在各時各地的辦法並不完全一樣。梁方仲先生指出一條鞭法的特點有四：其一、役與賦的合併；其二、往日里甲十年內輪充一次，今改為每年一役；其三，賦役徵收解運事宜，往日向由人民自理的，今改為官府代辦；其四，賦役各項普遍地用銀繳納，而實物與勞力的提供反居次要的地位。[⑰]

由於各地的情勢不同，推行的效果亦因地而異，故社會上便出現激烈的辯論。[⑱]其中反對條鞭最力的是葛守禮，他認為山東「地瘠民貧，故禹貢列兗州為下下，今以北方各省例之，已自不倫，若概以江南之法，窮民止有逃與死爾。」[⑲]葛氏最主要的論據是南、北地力差異極大，南方田土可以負擔較多之徭役，北方則不能，故反對把部分差銀由田賦分擔的辦法。可是，在崇禎六年（1633）年刊刻的《崇禎歷乘》，指出山東地區在推行一條鞭法時，收到良好的效果。編者在卷七，〈賦役考〉總結出「條鞭之法有十利：通輕重苦樂於一里十甲之中，則丁糧均而徭戶不苦難，一也；法當優免者不得割他地以私蔭，二也；錢輸於官而需索不行，三也；又折閱不賠累，四也；合銀、力二差并公私諸費，則一人無叢役，五也；去正副二戶則貧富平，六也；且承稟有制而侵漁無所穴，七也；官給銀於募人，而募人不得反覆抑勒，八也；富者無弛擔而貧者無加額，九也；銀有定例，則冊藉清而詭寄無所容，十也。」[⑳]

由此可見，就算是同一地區也會出現截然不同的論調，所以，正確評估一條鞭法的貢獻，是十分困難的。同時，由於在隆慶、萬曆年間，首輔張居正曾致力推行一條鞭法，他曾說：「條鞭之法，近旨已盡事理，其中不便十之一二耳。法當宜民，政以人舉。民苟宜之，何分南北？」[㉑]於是，張居正在萬曆九年，下令全國推廣一條鞭法。由於張居正身後被抄家，他在萬曆初年一系列的政治改革，也隨之而付之東流。加上張居正死後，政治漸趨腐敗，一條鞭法雖仍有推行，但它的規制頓紊，出現條鞭之外，復有條鞭和條鞭雖已折差役，而里徭之科派不止等現象，[㉒]增加我們對一條鞭法評價的困難。

---

⑰ 參考梁方仲〈明代一條鞭法的論戰〉，載於氏著《梁方仲經濟史論文集》，頁 307-308。

⑱ 參考前揭文，頁 301-367。

⑲ 葛守禮〈與沈對陽方岳論賦役〉，載給《皇明經世文編》，卷278，〈葛端肅公文集〉，頁2948。

⑳ 轉引自樊樹志〈一條鞭法的由來與發展〉，載於《明史研究論叢》第一輯（江蘇人民出版社，1982），頁 147-148，注 ㉓。

㉑ 張居正〈答總憲李漸庵言驛遞條編任怨〉，載於《張太岳集》，卷 29。

㉒ 參考樊樹志《中國封建土地關係發展史》（人民出版社，1988），頁 476-482。

因此，筆者希望藉著江西臨江府在嘉靖、隆慶、萬曆期間，四差銀的增加趨勢，來說明江西一條鞭法的實際效果和歷史意義[23]。

表25 嘉、萬（1522-1611）間臨江府四差增長表

（單位：兩）

臨江府	嘉靖15年	隆慶5年	萬曆25年	萬曆39年	資料來源
里甲銀	9,117.146	24,895.83*	24,524.97*	26,671.72*	圖1
均徭銀	7,612.7164	11,605.39	11,046.351	11,224.2119	圖2
驛傳銀	9,606.08	10,308.7	6,431.7995	5,156.79	圖3
民壯銀	21,830.4	21,549.6	15,319.192	14,979.13	圖4
合　共	48,166.3424	68,359.52	57,322.3125	58,031.8519	

＊包括「帶徵里甲」銀。

我們現在根據表25的總數，編成四差銀增長趨勢圖（圖5）。

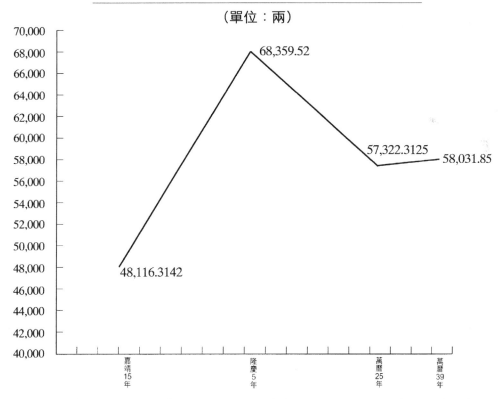

圖5 嘉、萬(1522-1611)間臨江府四差銀增長趨勢圖

（單位：兩）

筆者相信，圖5正好客觀地反映江西一條鞭法的效果。從正德、嘉靖間起江西

負擔徭役的數額不斷膨脹，導致民力幾竭。當時江西大吏，曾對平均賦役之法，講議逾三十年，迄無成效。劉光濟在隆慶元年（1567）出任江西巡撫，得到里居兵部侍郎萬恭力贊及一些府縣官員的協助，才創立「里甲條鞭法」，試行於南昌、新建二縣，明年，復立「坊甲條鞭法」和「禁約舖行法」，又把條鞭法遍行於全省。[24]圖5明顯地反映江西臨江府推行一條鞭法的成效：第一，它説明對不斷膨脹的徭役負擔產生遏止的作用，並進一步把它的總開支削減。所以，到了萬曆39年，四差銀的總支出中較隆慶五年（（1571）減少了15%以上，這反映一條鞭法在江西非常成功，它的效果無容置疑。第二，王宗沐説：「民所以病，非獨額也，而其弊不可勝數。其大者，初派時，在糧額有輕重，而戶、工部歲派或然，加增無定準，派官不一察則算人悉散其重而執其輕，縣（懸）空數以市於民，而二部下檄布政司每省一分，則或每府一分，而其入，吏與部輸者分之，官不知也（按：此即以一科十之弊）。」[25]現在一條鞭法把「各項差役遂一較量輕重，係力差者，則計其代當工食之費，量為增減；係銀差者，則計其扛解交納之費，加以增耗。通計一歲共用銀若干，依照丁糧編派。開載各戶由帖，立限徵收，其往年編某為某役，某為頭戶、貼戶者，盡行查革。」[26]一條鞭法在革除吏弊方面，貢獻尤大。由於一條鞭法把各項支出，詳細開列，目的就是使徭役支出和各項物料供應制度化，以抑制其膨脹。由於項目分明，吏胥作弊的機會便大大減低。同時，人戶只根據由帖上的數目，依期納銀，完全解決了從前代役者追呼工食之害。

最後和最重要的，就是一條鞭法把徭役之各項支出制度化，打破了歷來「人存政舉，人亡政息」的傳統觀念。上文指出，張居正在萬曆九年（1581）推廣一條鞭法，可是，一條鞭法並不因張居正逝世而終止。相反地，它在萬曆年間仍然發揮壓抑徭役需求、穩定地方公費的功能。儘管當時的政治趨於腐敗（如神宗不聽朝和礦稅之害），四差銀在萬曆中、後期只略為調高（以萬曆39年為例，只較25年增加1%左右），無復在嘉靖年間大幅增加的情況。筆者相信這點最能説明一條鞭法在江西的實際效果和歷史意義。

---

[23] 這祇從徭役項目來計算的，是政府徵收的額數，人戶的實際負擔可能稍高於此。根據江西省是推行一條鞭法較為成功的省分【據張棟言：「臣按：條鞭之法，雖概行於東南，而行之稱善者莫過於江右（即江西）。」（見張棟〈國計民生交訕敬陳末議以仰裨萬一疏〉，《皇明經世文編》，卷438）】，故兩者相差，不致太大。

[24] 參考梁方仲〈明代江西一條鞭法推行之經過〉，載於氏著《梁方仲經濟史論文集》，頁190。

[25] 《萬曆江西省大志》，卷一，〈賦書〉，頁64。

[26] 《萬曆大明會典》，卷20，〈賦役〉，頁15。

第四章　結　論

　　明代的社會經濟狀況，出現了不少改變。明初，承接元末大亂的局面，工商業大為停滯，整個社會帶有非常濃厚的自然經濟色彩。明太祖在訂定各種政策時，都受到這種時代背景的制約。例如，在洪武十四年，他把全國人戶分配成以一百十戶為單位的里甲制之下，作為對人戶徵發賦役的最基層單位。明太祖意圖利用里甲制度來管治全國。在里甲制度下，每里有里長十名，甲首百名，每年役里長一名，甲首十名，負責一里之公務。其餘里長、甲首，排年應役，十年一周，這是里甲正役。除此之外，又有雜役。雜役是包括里甲正役以外的所有徭役，範圍相當廣泛，而各地亦有因其特殊的需要，有所不同。以明代而言，徭役可分為四大役目：里甲正役、均徭、驛傳、民壯，後三者是由雜役系統分化而成的。

　　江西省在明代是一個經濟發展較佳的地區，由於里甲制度本身的缺點，江西首先出現均徭法。均徭法是針對明初雜役臨時差遣的缺點，容易引致吏書作弊和里甲科派徭役不公平的現象。均徭法把一里內的人戶，按照其丁產之多寡，預先安排各項徭役的僉派。人戶祇要完成指定的工作。就不再被臨時徵調作其他工作。因此，均徭法是包含徭役僉派制度化和固定化的性質。

　　隨著白銀的普遍流通和使用，工商業的不斷發展，江西的各項徭役都趨向於以銀代役。首先是人戶出資雇人代充徭役，其後是由官府衙門代為收集工食銀，然後雇人充役。此外，一些直接隸屬於官員的徭役如柴薪皂隸和馬夫，更是最早的一批銀差役目。這種情況，當然與白銀成為主要貨幣，關係最大。

　　明代中葉以後，徭役需求不斷膨脹。由於中央政府沒有充裕的地方行政經費，一般官員的做法是把地方政府的各項開支，全部由里甲人戶攤分。再者，江西在景泰初年推行的里甲歲辦銀法，是為了應付不斷增加的上供物料和公費的科派。其後，由於政治日趨腐敗，上供物料和公費不斷上升，形成里甲銀的數額急刻增加，由景泰至正德（1450-1521）年間，人戶在這方面的負擔大幅提高58%。所以，嘉靖初年，江西大吏開始對里甲制度下的徭役作出新的安排。原來由各里出辦里甲銀的方法，改為由一縣丁、糧分作十份，每年一份，以分攤全縣整個年度的各項支

出。這種方法，不但包括原來的里甲銀，也包括均徭、驛傳、民壯三大役目，只是各項的具體安排稍有不同，如里甲銀例不優免，均徭銀可以優免等等。十分明顯，這和一條鞭法的精神，十分配合，只是形式上保留里甲制十年一役的安排。日後各項賦役改為一條鞭徵收，其淵源就在這裡。江西省在嘉靖初年已推行此新方法，反映它在明代徭役改革中的特殊地位。

到了嘉靖、隆慶年間，徭役需求進一步膨脹，人戶幾乎到了無法負擔的程度。除了役目和公費的不斷增加外，吏治的敗壞更令人戶對各種科索難以支應。中人之家一經應當解戶、庫子、斗級等重役，無不破家。江西的官員不斷尋求解決的辦法，都未能改善這種情況。到了隆慶二年，劉光濟得到首輔徐階的支持，毅然在江西推行一條鞭法。

一條鞭法的主要目的在均平徭役，減少人戶的負擔。它的特點，主要有五：(1) 賦與役的合併徵收；(2) 完全取消徭役的定名指派；(3) 賦役全部銀納化，全面實行雇役法；(4) 徭役部分由田賦分攤；(5) 改十年輪役為一年一役。

此外，一條鞭法是一種量出為入的理財方法，它總計各項支出後，把一縣丁、糧平均分攤。這方面是需要較精確的會計技術。同時，由於推行一條鞭法的官員十分注意抑制支出的增加，他們不厭其繁地把各項開支詳細開列，並詳細記錄各項支費變化的情況，目的是要把支出制度化和穩定化，以減低吏胥作弊和中央任意加派上供物料等情況。

梁方仲先生在〈一條鞭法〉一文中，指出「一條鞭法的產生，它的最直接的原因還是因為要改革役法。一條鞭法施行的過程，變動最劇烈是役法而不是賦法。」[1]據筆者對明代江西臨江府在嘉靖、隆慶、萬曆 (1522-1620) 三朝近一百年的徭役額的仔細比較後，證明梁氏的說法是有根據的。從江西的情況而言，一條鞭法是成功的，它在抑制不斷膨脹的徭役額上，確有顯著的功效。我們比較隆慶五年 (1571) 和萬曆三十九年 (1611) 臨江府的四差銀額，四十年間下降了 15% 以上。這個研究結果，更能說明江西一條鞭法的貢獻和價值。

---

[1] 梁方仲〈一條鞭法〉，載於氏著《梁方仲經濟史論文集》，頁 45。

清末民初的實業救國浪潮，1895-1913

李木妙

一、引 言

十七世紀以後，首由英國發生的工業革命（Industrial Revolution），隨即影響歐陸的法國、德國等各國工業化（Industrization），這股工業化浪潮同時衝擊北大西洋對岸的美國，並湧向遠東的日本、中國，掀起人類社會經濟的歷史性大變革。工業革命的特點：是以動力代替畜力、機器代替人工操作，使工業生產效率提高，規模擴大、速度劇增、產量增多。正因此之故，十九世紀以英國為首的西方資本主義列強，將大量的商品傾銷到中國。

清道光廿（1840）年鴉片戰爭以前，清廷採取限關政策，外國工業產品僅能通過設在廣州的十三行才可轉售於內地。英商極力希圖廢除中國這些束縛貿易的閉關政策，特別是陋規惡習叢生的十三行制度，以適應英國高速的工業發展，曾多次遣使向中國當局要求實現「自由貿易」，卻一再遭到清廷的拒絕。英國的商品叩不開中國緊閉的門戶，惟有訴諸武力，這樣便直接導致中英鴉片戰爭（1840年）等的接連爆發。其結果中國戰敗，被迫簽訂不平等的屈辱條約，予以割地、賠款、開埠、最惠條款求和；從此，外國商品輸入激增，中國市場備受奪佔，終使傳統手工業亦遭侵害。及後又有太平天國之亂（1851-1864年），內憂外患相迫交侵，當時士大夫及有識之士有見及此，乃有「師夷之長技以制夷」主張，曾國藩、李鴻章便從事「富國強兵」的洋務自強運動（1861-1894年），積極籌辦軍事工業，模仿、移植西方工業生產技術，揭開中國近代工業化的序幕。

光緒二十（1894）年中日甲午之役戰敗，中國再次被迫簽訂屈辱不平等的「馬關條約」（1895年），日本因而獲得空前的權益：取得中國的賠款 2 萬萬銀兩（另遼東半島的贖費 3 千萬銀兩）、控制朝鮮、割台澎列島、開沙、重、蘇、杭四埠、

在華設廠權等。促使西方列強更加覬覦中國，此後數年間，列強紛至沓來，藉著政治性、經濟性借款等，強迫中國簽訂不平等條約，加緊對華掠奪利權，操控中國海關、財政，強佔沿海港灣、攫取築路採礦權、開設工廠、設立租界，劃分勢力範圍，企圖瓜分中國，導至「亡國滅種」的民族危機日益深重，終於喚起當時中國人的醒覺；於是他們在政治上掀起維新變革思潮、立憲與革命運動的同時，經濟上亦湧現了設廠自救、振興實業的救國新浪潮。戊戌維新前後，特別是甲午戰爭後至辛亥革命十九(1895-1913)年間，中國的工業發展取得相當的成就；與甲午以前辦廠的情況比較，在這段時期中有較大的波幅，其中於 1895-1900 年、 1901-1908 年、1909-1913年曾先後出現三次設廠的高潮，而中間則為低谷，這可從歷年建廠的統計中顯示出來；而這三次創辦實業的高潮，對當時幼稚的中國民族工業具有很大的推動作用，使得民營資本在繅絲業、麵粉業、棉紡業、火柴業等部門站穩了腳跟，遂奠下了與外資競爭的基礎。

二、實業救國浪潮產生的背景

清末民初(1895-1913年)的實業救國浪潮之產生，主要基於列強經濟的侵略、洋務未竟的教訓、甲午戰敗的刺激、戊戌維新的反響和商戰思潮的掀起等五方面，茲簡述如下：

（一）列強經濟的侵略

十九世紀初，以英國為首的歐美列強先後完成產業革命之後，工業發展迅速，商品生產規模遠超國內需求，紛紛謀求開闢海外市場；英國為打破中國限關貿易的政策，藉口中國禁煙而停止雙方貿易，並於道光二十(1840)年發動侵華的武裝挑釁。滿清政權在鴉片戰爭中失敗，被迫簽訂喪權辱國的不平等〈南京條約〉(1842年)，割地、賠款、開埠、關稅優惠等條件以求和；稍後又簽訂中英〈五口通商章程〉、善後條款〈中英虎門條約〉(1843年)、〈中美望廈條約〉(1844年)和〈中法黃埔條約〉等，其他如葡萄牙、比利時、瑞士、挪威、荷蘭、西班牙等國也援例

於道光廿三至廿七（1843-1847）年間與中國簽約。這些不平等條約的簽訂，使列強得以常據香港，以及在廣州、廈門、福州、寧波、上海等五個口岸通商和侵奪中國的領事裁判等特權，並把鴉片等商品無限制地輸入，掠奪中國廉價的原料。為了在華獲得更多的政、經特權，咸豐六（1856）年又發動英法聯軍之役；戰爭的結果，滿清政權再次被迫與英、法、美、俄分別簽訂〈天津條約〉和〈北京條約〉。在短短的十餘年間，中國一再戰敗而被迫簽訂一系列的不平等條約，增加列強對華的經濟侵略，這主要表現在外貨輸入的激增與對華投資的擴大。

首先就外貨輸入而言，隨著〈南京條約〉的簽訂，開闢廣州、廈門、福州、寧波、上海等五個通商口岸，外人在這些商埠開設洋行，從事自由貿易；其後簽訂的〈天津條約〉（1858年）、〈北京條約〉（1860年）等不平等條約，進一步擴大了外人所攫取的經濟特權，又繼續增闢通商口岸，至十九世紀九十年代初，遍佈全國十八省的商埠諸如：廣州、廈門、上海、寧波、福州、伊犂、潮州（汕頭）、天津、牛莊（營口）、喀什噶爾、鎮江、庫倫、漢口、九江、登州（芝罘）、淡水、打狗（即高雄）、台南、瓊州、宜昌、蕪湖、溫州、北海、肅州、吐魯番、哈密、烏魯木齊、古城、拱北、九龍、龍州、蒙自、重慶、亞東等三十五處[1]從十九世紀七十年代開始，外商在華所設的商行迅速增加，由1872年的343家增加到1894年的552家。許多洋行在上海設立總行，並在天津、漢口及其他的通商口岸設立分行，以便作為向中國沿海、長江沿岸及華南、華北等地區擴張經濟侵略的據點。隨著外國商行的增設，列強的工業產品開始湧進中國市場，這可從中外貿易的發展顯示出來。甲午戰前三十餘（1864-1894）年間，中國出入口貿易總值增長逾2倍；其中洋貨進口淨值增長約2.5倍，國貨出口總值則增長約1.6倍。洋貨入口的增長遠超國貨出口的增長，由同治三（1864）年的貿易順差 2,444,081 兩，至光緒二十（1894）年貿易逆差多達33,998,389兩；從而使十九世紀六十年代保持出超的局面，到了七十年代則變成入超局面，而且入超的幅度越來越大，貿易順、逆近14倍，[2]這反映出外國商品對中國市場的操控程度。進口洋貨主要為鴉片、棉布、棉紗、棉花和糧食等消費品，歷年平均約佔輸入總額的 70% 左右；出口國貨則以茶、絲等農產品為大

---

[1] 中平等編：《中國近代經濟史統計資料選輯》（北京：科學出版社，1957年），頁41-44。

[2] 姚賢鎬編：《中國近代對外貿易史資料》第三冊（北京：中華書局，1962年），頁 1,591。

宗，歷年平均約佔出口總額的 70% 以上。[③] 列強對華的商品傾銷與原料掠奪的結果，導致中國自然經濟結構的逐漸瓦解；是故每進口一種機製工業產品，就打擊一種手工行業，進口的外來商品越多，則對中國手工業的打擊越大。

其次就外資輸華而言，截至甲午戰前（1894年），列強在中國的投資總額，據不完全的估計約 119,433,689 美元；主要包括銀行業、保險業、航運業、商業、貿易、工業和政府借款等方面。其中外國資本非法在華設立的工廠至少已有 100 家，當中英商約 63 家、美商約 7 家，俄、德、法商等共約 33 家，總投資估計 14,245,128 美元（折約 279,914,000 元），約佔外國總投資的 11.93%，居第三位。主要包括船舶修造、磚茶製造業、機器繅絲業、一般輕工業、其他進出口加工業和公用事業等。[④] 而外國資本在華所投資的各個行業之比重，在金融、航運、商貿等項的投資，約佔投資總額的 80% 弱，[⑤] 反映在這階段列強對中國商品侵略的特徵。

（二）洋務未竟的教訓

中英鴉片戰爭、英法聯軍之役以及太平天國之亂相繼爆發，在這內憂外患相迫交侵的情況下，不少有識之士如林則徐、龔自珍、魏源、馮桂芬、張之洞、鄭觀應等先後提倡「經世致用」、「師夷制夷」、「中體西用」、「借法自強」和「商戰」等主張；而當時以曾國藩、李鴻章、左宗棠、張之洞等為首的洋務官僚眼見西洋「船堅炮利」，常勝、常捷軍洋槍隊助剿太平軍的卓著成效，使用購買洋槍洋炮，又體驗到精良的「西洋火器」「甚為得力」；遂於同治年間展開「強兵」、「富國」的洋務運動。可是洋務的內容非常龐雜，涉及軍事、政治、經濟、外交等方面，其中興辦近代新式企業的活動為主要方面，它同時仿造、引進了西方的機器和企業管理，為「近代中國產業革命的開始」，亦揭開了中國近代工業化的序幕。

大體上，由曾、李等所倡導的洋務運動，是以購買西方新式武器、船艦，創辦近代軍用工業作為發端，進而發展到近代民用工業的初步建立。從時間上考察，在

[③] 《歷年海關報告》，轉引自嚴中平等編《中國近代經濟史統計資料選輯》，頁 76。

[④] 孫毓棠等編：《中國近代工業史資料》第一輯上冊（北京：科學出版社，1957年），頁 247。

[⑤] 吳承明等主編：《中國資本主義發展史》第二卷，頁 133。

李木妙　清末民初的實業救國浪潮，1895-1913　　**265**

七、八十年代以前，它大致側重於官辦軍用工業，以製械、造船為重心，配合操練新軍，購買炮、艦；當時由清廷直接撥款或各省督撫自籌經費，先後籌辦規模大小不同的近代軍用企業24個，包括安慶軍械所、上海洋炮局、蘇州洋炮局、江南製造局、金陵製造局、福州造船廠、天津機器局、西安機器廠、福建機器廠、蘭州機器廠、廣州機器局、廣州火藥局、山東機器局、湖南機器局、四川機器局、吉林機器局、金陵火藥局、浙江機器局、神機營機器局、雲南機器局、山西機器局、廣東機器局、台灣機器局和湖北槍炮廠等。[6]洋務派從咸豐十一（1861）年開始興辦軍用工業，至光緒二十（1894）年為止，三十多年間動用資金大約 50,000,000 兩以上；其中以江南製造總局、金陵機器局、福州船政局、天津機器局和湖北槍炮廠的規模較大，這些企業主要分佈於全國十八個省市。

　　然則六十年代洋務官僚創辦的陸、海軍和若干重點軍用工業，迫切需要原料、燃料動力工業和交通運輸的配合，尤其是清廷財政枯竭，軍工生產經費問題需要大量資金；李鴻章且說：「開財源之道，當效西法，開煤鐵、創鐵路、興商政。」因而喊出「必先富而後能強」的口號，為「自強」而「求富」。從七十年代初便開始創辦近代新式的民用工礦、交通運輸工業，並採取官辦、官督商辦和官商合辦等三種形式經營。這批甲午戰前創辦的近代新式民用企業計有：一、採煤業如磁州煤礦、廣濟興國煤礦、基隆煤礦、開平煤礦、荊門煤礦、金州駱馬山煤礦、貴池煤礦、西山煤礦、淄川煤礦、大冶王三石煤礦、江夏馬鞍山煤礦；二、金屬礦冶鐵業如磁州鐵礦、外科爾沁山鉛礦、後壟石油礦、承德府平泉銅礦、徐州利國驛鐵礦、承德府三山銀礦、平度金礦、青溪鐵廠、淄川鉛礦、土糟子、遍山線河鉛銀礦、雲南銅礦、漠河金礦、漢陽鐵廠、大冶鐵礦；三、紡織業如蘭州機器織呢局、上海機器織布局、湖北織布局、華新紡織新局、湖北紡紗局、湖北繰絲局、華盛紡織總廠；四、交通運輸如輪船招商局、電報總局、中國鐵路總公司、北洋官鐵路局、台灣鐵路等。[7]

---

[6] 毓棠等編《中國近代工業史資料》第一輯（上冊），頁565-566；張國輝著：《洋務運動與中國近代企業》（北京：中國社會科學出版社，1991年），頁24。

[7] 孫毓棠編：《中國近伐工業史資料》第一輯（下冊），頁1,166-1,169；嚴中平等編：《中國近代經濟史資料選編》，頁96-99。

綜合以上，甲午戰前，洋務派創辦的軍事企業24個，民用工礦企業如煤礦11個、金屬礦12個、銅鐵廠2個、紡織企業7個；還有一批交通運輸新式企業，擁有近50,000噸的商輪20餘艘、鐵路300餘里，電報和郵政通達全國各主要行省。然而洋務派在80年代由「圖強」轉向「求富」，從軍事工業朝民用工礦業發展的過程中，已逐步改變官方壟斷的經營策略，而採取「官商合作」或「官督商辦」的方針，盡量鼓勵私人投資近代新式企業，並加以種種的保護，藉以倡導。這批在「強兵富強」口號下創辦的洋務企業，成績未必令人滿意，但其引進西方先進的生產技術和設備，「師夷長技以制夷」的大膽嘗試，對於推動中國近代工業的發展卻起了積極的啟導作用，諸如培養一批近代工業所需的技術人才、產業工人和工業經營管理經驗，並為爾後的民營企業創辦起刺激、示範作用。

至於同時期陸續商辦的民營工礦企業，根據不完全的統計，甲午戰前規模大小不一我國商辦的民營企業已逾136家，資本總額多達10,303,040兩以上，從業人員超過53,870人，涉及機器修造、採礦、紡織、麵粉、造紙、玻璃、火柴、製糖、榨油、印刷等行業，對於抵制外貨起一定的作用。這些企業中亦有小部由官辦的洋務企業轉化而來，而在70年代的八年中，創辦的民營企業的約有16個，平均每年僅有2個廠出現；80年代逐漸增多，十年中創辦的民營企業80多個，平均每年新增工廠8個以上；90年代前五年中，創辦的民營企業多達50多個，則平均每年增辦10個企業。同時，相對規模較大的工廠也越來越多；資本在100,000兩以上的工礦企業，70年代只有1個，80年代有9個，90年代的前五年中就有11個；[8]這種發展趨勢，表明我國商辦民營工業在逐漸成長壯大中，更顯示民間投資新式工業的熱情在高漲中；因而使甲午戰前十多年間，私商投資官督商辦企業一度非常踴躍，並形成了一股興辦新式實業的熱潮。

（三）甲午戰敗的刺激

論者有以「甲午戰爭」為洋務運動「強兵富國」政策的全面考驗。在這次的較

---

⑧ 孫毓棠編：《中國近伐工業史資料》第一輯（下冊），頁1,166-1,169；吳承明等編：《中國資本主義發展史》第二卷，頁478。

量中，滿清政權遭到比「英法聯軍之役」更慘重的失敗，而朝中洋務派三十多年慘淡經營的海軍艦隊幾乎毀於一旦，喪師、割地、開埠、賠款求和，損失超過「鴉片戰爭」以來歷次外禍的總和；[9]特別是戰後，中國面臨列強瓜分之勢，亡國滅種危機迫在眼前，誠如近人趙琪在《膠澳志》中說：「洎自甲午中東之役，中國一戰而敗，於是四周之高氣壓乘勢壓迫，倡言瓜分，毫無忌憚。」[10]甲午之役雖是一次深重的民族災難，但它給國人帶來精神上的新刺激，促成了自鴉片戰爭以還前所未有的民族覺醒，新會梁任公曾說：「吾國則經庚申『圓明園之變』，再經甲申『馬江之變』，而十八省之民，猶不知痛痒，未嘗稍改其頑固囂張之習，直待台灣既割，二百兆之償款既輸，而鼾息之聲，乃漸驚起。」[11]可見國人普遍意識到民族危亡的重要性與責任感。

光緒卅一（1895）年，中日簽訂〈馬關條約〉，中國除割讓遼東半島（後來在俄、德、法三國干涉下，清廷得以 30,000,000 銀兩贖回）、台灣和澎湖列島予日本，賠償日本軍費 200,000,000 銀兩，承認日本對朝鮮的控制權等之外，更宣佈了戰後中日兩國間戰前簽訂的和約失效，規定彼此將重新締結通商航海條約，給予日本以「最惠國待遇」以及其他經濟等方面的事項。在新訂的不平等條約中，第六款第一條列明：「現今中國已開通商口岸之外，應准添設下開各處，立為通商口岸，以便日本臣民往來僑寓，從事商業、工藝製作。所有添設口岸，均照向開通海口或向開內地鎮市章程一體辦理，應得優例及利益等亦當一律享受：一、湖北省荊州府沙市，二、四川省重慶府，三、江蘇省蘇州府，四、浙江省杭州府。」第四條明文規定：「日本臣民得在中國通商口岸、城邑，任便從事各項工藝製造，又得將各項機器任便裝運進口，只交所訂進口稅。」又「日本臣民在中國製造一切貨物，其於內地運送稅、內地稅、鈔課、雜派，以及在中國內地沾及寄存棧房之益，即照日本臣民運入中國之貨物一體辦理，至應享優例豁免，亦莫不同……」[12]按照「利益均

---

⑨ 茅家琦、虞曉波：「甲午戰爭與中國近代化」，《甲午戰爭與中國和世界》(北京：人民出版社，1995 年 12 月)，頁 153。

⑩ 趙　琪：《膠澳志》(膠澳：膠澳商埠書局，民國 17 年)，頁 426。

⑪ 梁啟超：〈戊戌政變記〉，《飲冰室合集》專集一，頁 113。

⑫ 王鐵崖編：《中外舊約章匯編》(北京：三聯書店，1959 年)，頁 616。

霑」的片面最惠國待遇，西方的英、俄、美、法、德等列強援例都可在中國各「條約口岸」投資設廠。

甲午戰前，列強藉武力或不平等條約迫使中國開放的通商口岸約35處；甲午戰後至歐戰爆發前夕，新開商埠諸如蘇州、杭州、沙市、河口、思茅、梧州、三水、吳淞、南京、三都、南澳、秦皇島、鼓浪嶼、騰越、江門、長沙、濟南、濰縣、周村、江孜、鐵嶺、新民屯、通江子、法庫門、南寧、吉林、長春、哈爾濱、滿洲里、綏芬河、安東、大東溝、齊齊哈爾、鳳凰城、遼陽、愛琿、奉天（瀋陽）、昆明、香洲、公益埠、三姓、龍井村、局子街、頭邊溝、百草溝、琿春、寧古塔、海拉爾和浦口等48處。[13]總計當時全國所開放的通商口岸多達83處，其中有部份開放的口岸已非根據不平等條的規定，而是應外國公使、領事以至海關洋人的要求開放的，亦有個別係中國當局自我開放者。是時開闢的商埠多數與列強勢力範圍有關，尤以東北、山東、福建、兩廣、雲南、西藏等地所開的商埠是如此；從地域上考察，特出的約有24個商埠（佔總數的50%）集中在東北，奠定此後中國對外貿易的格局[14]。正因以之故，中國除了作為列強商品競相傾銷的市場之外，又成為列強資本輸出的場所。

（四）戊戌維新的反響

甲午戰後，中國敗於蕞爾的日本，列強紛紛在華進行勢力劃分。俄、法、英、德、日本列強藉著戰債、政治性借款，進一步加緊對中國關稅的控制，又通過修築鐵路、開採煤鐵礦等項貸款或投資，不僅掠奪修路、開礦的權利，而且攫取路礦附近的軍事上、政治上和經濟上特權。

中日〈馬關條約〉簽訂後，由於滿清政權必須舉債償還對日巨額賠款200,000,000兩，於是對華貸款成為列強壟斷財團激烈競爭的對象。俄、德、法三國出面干涉，迫使日本交還遼東半島予中國，惟中國須支付還遼「酬報費」庫平銀30,000,000兩；而該事件使清廷誤以為俄國可作中國的盟友投靠於沙俄，於是在沙俄財政大臣

---

[13] 嚴中平等編：《中國近代經濟史統計資料選輯》，頁44-47。
[14] 吳承明等編：《中國資本主義發展史》第二卷（北京：人民出版社，1990年9月），頁520。

維特（Witte）的指使下，聖彼德堡和巴黎的十家俄法銀行，首先組成一個專門貸款財團，中國因而獲得償付甲午賠款和還遼費用的優先貸款，為數多達400,000,000法郎，可是俄、法兩國卻因此而取得了參予中國海關行政管理的特權。以後兩次的甲午賠款、還遼費用以及威海衛駐軍費等，則以英資匯豐銀行和德華銀行聯合組成的英德財團的借款償付，即所謂「英德借款」及「英德續借款」，各獲16,000,000英鎊。如此僅於光緒二十至廿四（1894-1898）年間，清廷所借甲午戰費、賠償借款，合計約庫平銀350,000,000兩，比甲午戰前所借總額超過6.6倍。[15]

列強通過鐵路的建築與經營，進而霸佔「租借地」，德國強租山東青島的膠州灣、法國強租廣東的廣州灣、俄國強租東北遼東半島的旅順大連、英國強租山東半島的威海衛；同時又把鐵路所在地區劃分為其「勢力範圍」，則長城以北屬於俄國的勢力範圍、長江流域屬於英國的勢力範圍、山東屬於德國的勢力範圍、雲南兩廣屬於法國勢力範圍、福建則屬於日本的勢力範圍。列強掀起上述的割地狂潮，使中國面臨列強瓜分之勢，民族危機嚴重，維新派奔走呼號，積極主張立憲變法、籌謀發展經濟，展開救亡圖存。他們譴責官府壟斷工業的政策，批評官督商辦、官商合辦企業，名為保商實則剝商；要求准許民間廣為設廠製造，「縱民為之」，力為保護，毋得以官權侵之。在維新派策動下，光緒帝也發佈了若干保護和獎勵工商業的政策，命各省督撫就各省會成立「商務局」，又擬定了「振興工藝給獎章程」；還三令五申地飭令各省督撫迅速妥籌建商會，便具有承認投資者的合法地位和利益的意義，並允許企業家或投資者在有關切身利益和社會重大問題上，可以發表意見，或向政府提出建議和要求等等。這便使民間資本創辦企業活動獲得了初步合法的地位，它對於1895-1898年間出現的振興實業熱潮無疑具有推動作用。

（五）商戰思潮的掀起

中國傳統的經濟思想是以「重農輕商」等觀念為基礎，它導源於春秋戰國時代的法家，東周顯王十（360）年秦孝公用商鞅變法，以「耕戰」致國富強，始皇執

---

[15] 徐義生編：《中國近代外債史統計資料，1853-1927》（北京：中華書局，1962年10月），頁28-68。

行這種經濟政策進而吞併韓、趙、魏、楚、燕、齊等六國一統天下，而定為立國精神，因之歷代朝廷奉行「重農抑商」政策；[16]然而自鴉片戰後，西方列強經濟入侵，使這些政策受到很大的衝擊，從而引起士大夫等有識之士觀念的轉變。[17]清同治元（1862）年，曾國藩首次提出「商戰」的概念，他在〈致湖南巡撫毛鴻賓函〉中曾說：

> 至秦用商鞅以耕戰二字為國，法令如毛，國祚不永；今之西洋以商戰二為國，法令更密於牛毛，斷無能久之理。然彼自橫其征，而不禁虯國之權稅；彼自密其法，而此不禁中國之稽查。則猶有恕道焉。[18]

至光緒四（1878）年，御史李璠即引曾氏成說，析述中西通商新局面時且說：

> 泰西各國，謂商務之盛衰關乎國運，故君民同心，利之所在，全力赴之。始而海濱，繼而腹地，既蝕人之資財，並據人之形勢，盤踞已久，遂惟所欲為。古之侵人國也，必費財而後闢土；彼之侵人國也，既闢土而又生財，故大學士曾國藩謂：「商鞅以耕戰，泰西以商戰」誠為確論，此洋人通商弱人之實情也。[19]

而稍後薛福成亦由中國古代商鞅「耕戰」政略，伸論當時西方列強工商競勝大勢，他說：

> 昔商君之論富強也，以耕戰為務；而西人之謀富強者也，以工商為先。耕戰植其基，工商擴其用也。然論西人致富之術，非工不足以開商之源，則工又為其基，而商為其用。邇者英人經營國事，上下一心，殫精竭慮。工商之務，蒸蒸日上，其富強甲於地球諸國，諸國從而效之，迭起爭雄。泰西強盛

---

[16] 李陳順妍：〈晚清重商主義〉，《近代史研究叢刊》第三期上冊（台北：中央研究院近代史研究所，民國67年），頁207-211。

[17] 王爾敏：〈商戰觀念與現實主義〉，《中國近代思想史論》（台北：華世出版社，民國66年4月），頁235-237。

[18] 參看《曾文正公書札》卷十七，頁44。

[19] 參看「李璠奏」，《洋務運動》第一冊，頁165。

之勢,遂為亘古所未有。[20]

同治、光緒年間李璠、薛福成先後引曾氏成説進一步加以闡述之後,西方重商思想逐漸被士大夫所認識;到了十九世紀八十年代,鄭觀應再加以發揮,他在〈盛世危言〉中更明確地提出「商戰」的口號。他指出:

> 西人以商為戰,士農工為商助也,公使為商遣也,領事為商立也,兵船為商置也。國家不惜鉅貲備加保護商務者,非但布益民生,且能為國拓土開疆也。昔英法屢因商務而失和,英迭為通商而滅人國。初與中國開戰,亦為通商致用。彼既以商來,我亦當以商往。若習故安常,四民之業,無一足與西人頡頏。或用之未能盡其長,不論有無歷練,能否勝任,總其事者皆須世家科甲出身,而與人爭勝,戛戛乎其難矣。[21]

又説:

> 夫兵戰之日起,商戰之日長。兵戰之亡速而有形,譬如風吹燈滅;商戰之亡緩而無形,譬如油盡燈滅。有形者易備,無形者難防。而人反畏兵戰而不長商戰。吾知二十世紀因商戰之敗而亡國者,必較兵戰為尤甚。兵戰恃船堅炮利,火器巧捷猛烈,為戰勝品。商戰之制勝品則在擴充實業,振興商務,推廣製造,以維持國貨也。我國士大夫闇於世界之趨勢,而不知以此為重,仿效改良,雖日受外人欺侮,仍然泄泄沓沓,苟且偷安。甚至割地求和,恬不知恥。初則學商戰於外人,繼則與外人商戰。欲挽利權以塞漏巵。惟志大才疏,未酬夙願。[22]

此外,汪康年於光緒廿二(1896)年在《時務報》發表「商戰論」,論述中外商務之勝敗關鍵。他説:

> 國立於地球之上,咸以戰爭自存者也;以戰自惕罔不興,以不戰逸罔不亡。

---

[20] 薛福成:〈籌洋芻議〉,《薛福成集》(瀋陽:遼寧人民出版社,1994年),頁10。

[21] 鄭觀應:《盛世危言正續編》卷二,頁38。

[22] 鄭觀應:《盛世危言後編》卷七,頁28。

戰之具有三：教以奪其民，兵以奪其地，商以奪其財。是故未通商之前，商
與商自為戰；既通商之後，則合一國之商，以與他國之商戰。然則商之持籌
握算，以與他國較錙銖，猶其被甲執戈而為國家效力於疆場也；其貨物，則
其兵也，其貲本，則其餱糧也。……㉓

他以為對外爭競勝負，商戰尤優於兵戰。他又說：

今夫農盡力田畝，或植林木，以出地中之所產，然非商則不能運而致之遠；
工取五行之精繁，而製為器用，非商則不能術於肆，以得他人之貲。且商之
為事常，兵之為事暫；商之為事繁，兵之為事寡；商所赴之地多，兵所赴之
地少。兵者備而不必用者也，商者無日不用者也。然則國家之當加意於商，
豈不甚矣哉。㉔

中日甲午戰後，商戰主張逐漸成為當時士大夫間重視的經濟觀念，徐勤、汪康
年、譚嗣同、麥孟華、嚴復、張謇等均紛紛闡發有關重商言論；這些主張當時雖得
不到朝中掌權者的響應，卻在戊戌維新的經濟政策中有所體現，造成一種有利工商
業投資的社會輿論，更能激起中國的重商意識，對爾後實業救國浪潮的興起，產生
積極的促進作用。

三、實業救國浪潮發展的經過

十九世紀六十年代至九十年代初，三十多（1861-1894）年間，滿清政權中的洋
務官僚首先興辦一批近代新式軍事企業和工礦、交通運輸企業，把西方先進的生產
技術與機器設備移植進入中國，成效雖不很大，卻開創興辦實業的風氣。甲午戰
敗，中國被迫再度簽訂喪權辱國的〈馬關條約〉（1895 年），正式允許外人在華設
廠，於是列強對中國的資本輸出急劇增加，外資在華開設的工礦企業與年俱增；同
時，隨之而來的是列強對路權、礦權的爭奪和劃分勢力範圍，企圖瓜分中國，「亡
國滅種」的危機意識激起中國人的醒覺，強烈的民族情緒鼓動起收回利權、抵制外

㉓ 汪康年：〈商戰論〉，《時務報論說彙錄》（光緒廿二），頁 14。
㉔ 同上註。

貨和設廠自救的運動。於是在清光緒二十一（1895）年至民國二（1913）年間，先後掀起三次的民間籌資創辦實業的救國新浪潮。

甲午戰後十九(1895-1913)年間，我國商辦民營工礦企業發展迅速，歷年投資萬元資本以上的各行業工礦企業約有549個，資本總額為120,288,000元，平均每年設廠近29個、投資額為6,330,947.3元，見下表111-2.4；其中除了商辦企業之外，還包括官辦、官督商辦和官商合辦企業86個、資本約29,496,000元，後兩者仍屬民間投資，而官辦企業約48家、資本1,7131,000元，僅佔資本總額的14.2%，且主要為礦業方面。

表111-2.4　甲午戰後各大城市創辦新式工礦企業統計，1895-1913

年份	總計 廠數	總計 資本(千元)	上海 廠數	上海 資本(千元)	廣州 廠數	廣州 資本(千元)	武漢 廠數	武漢 資本(千元)	天津 廠數	天津 資本(千元)	杭州無錫 廠數	杭州無錫 資本(千元)	其他 廠數	其他 資本(千元)
1895	17	3,307	5	1,015	——	——	——	——	——	——	——	——	12	2,292
1896	20	4,343	3	1,091	1	60	——	——	——	——	1	80	15	3,112
1897	23	5,776	1	210	——	——	1	420	——	——	3	1,289	18	3,857
1898	20	4,384	2	610	——	——	1	1,200	1	769	——	——	16	1,805
1899	11	1,910	1	130	——	——	——	——	1	350	——	——	9	1,430
1900	13	3,304	8	2,997	——	——	1	110	——	——	1	70	3	127
1901	6	145	——	——	——	——	——	——	——	——	——	——	6	145
1902	20	4,059	4	2,757	4	200	1	69	1	90	1	50	12	893
1903	12	622	1	30	——	——	——	——	——	——	2	20	9	472
1904	26	6,121	4	2,000	——	——	2	979	1	50	1	150	18	2,942
1905	60	8,138	9	1,402	2	105	3	720	2	1,050	2	40	42	4,821
1906	68	22,901	6	744	3	2,888	5	6,157	3	941	2	242	49	11,929
1907	58	14,058	8	2,220	3	470	3	1,050	3	222	2	225	39	9,871
1908	52	16,122	7	2,810	2	1,520	1	1,439	3	600	2	294	35	9,459
1909	36	6,638	2	68	——	——	4	692	1	42	2	83	27	5,753
1910	32	7,398	4	1,229	3	538	2	4,364	——	——	4	141	18	1,126
1911	16	2,087	1	600	——	——	——	——	1	105	——	——	14	1,382
1912	17	2,104	3	414	——	——	——	——	——	——	——	——	14	1,690
1913	25	3,049	2	220	1	10	——	——	——	——	2	190	20	2,629
不詳	17	3,822	12	3,332	——	——	——	——	——	——	——	——	4	450
總計	549	120,288	83	23,879	16	5,791	28	5,791	17	4,219	25	2,974	380	66,185

資料來源：汪敬虞等編《中國近代工業史資料》第二輯（下冊），頁654。
説　　明：其中杭州與無錫兩地廠數及資本合計。

13
頁 32 － 285

又據上表反映出，新式工廠企業多數設在上海、廣州、武漢、天津、杭州、無錫、寧波、鎮江、重慶、成都、長沙、開封、北京、濟寧、太原、西安、瀋陽、福州等大城市，而前六大城市已擁有工礦企業169家、資本54,103,000元，分別約佔總數的30.8%及44.9%；其中在上海投資設廠的有83家、資本23,879,000元，分別約佔總數的15.1%和19.9%左右。其大致在全國的地理分佈則見下圖所示：

圖 111-2.1　甲午戰後中國新式工礦企業地理分佈示意圖，1895-1914

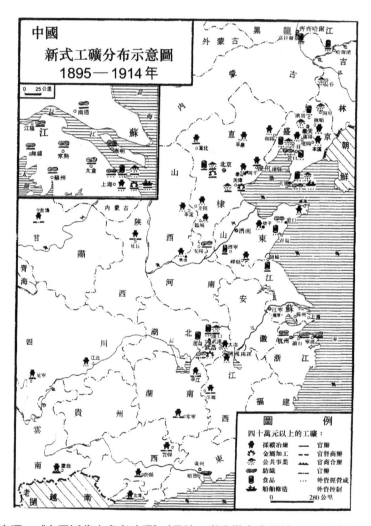

資料來源：《中國近代史參考地圖》（長沙：湖南教育出版社，1984年9月），頁37。

甲午戰後至民國二(1895-1913)年，中國近代新式工業發展情況和趨勢，參看下圖111-2.2、圖111-2.3。

圖 111-2.2　甲午戰前歷年設立的廠礦趨勢，1895-1913

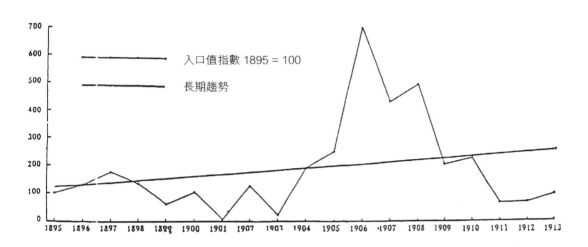

資料來源：汪敬虞等編《中國近代工業史資料》第二輯（下冊），頁650。
說　　明：- - - - 為資本額指數　1895 = 100，──── 為長期趨勢

圖 111-2.3　甲午戰前歷年進口機器趨勢，1895-1913

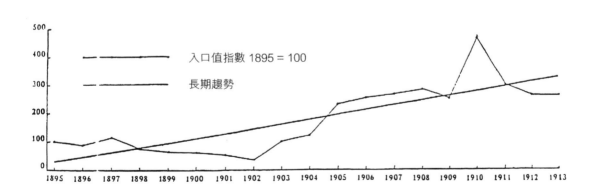

資料來源：汪敬虞等編《中國近代工業史資料》第二輯（下冊），頁653。
說　　明：- - - - 為資本額指數　1895 = 100，──── 為長期趨勢

據以上兩圖歷年廠礦資本額、入口機器總值和指數中，可以看出當時中國工業的變動和發展的總趨勢；這段時期工礦企業的設立，明顯可以光緒廿六（1900）年、卅四（1908）年為界線，劃分為前、中、後三個設廠的高潮階段。

（一）第一波實業投資浪潮，1895-1900

本階段由甲午戰後訂立〈馬關條約〉（1895年）起，至八國聯軍入京之役（1900年）止，前後的六年。由於甲午戰後，滿清政權被迫簽訂〈馬關條約〉，正式允許外商在華設廠，於是列強由洋貨傾銷轉為資本輸出，外資在華開設新式工礦企業急劇增加；面對列強經濟侵略的新形勢，舉國上下一致大為震動，設廠自救的呼聲囂於塵上。維新派等曾提出「藏富於民」，發展民間工商業以與列強外商「爭利權」的主張；康有為在〈上皇帝書〉中寫道：「機器廠可興作業，小輪舟可便通達，今各省皆為厲禁，致吾技藝不能日新，制作不能日富，機器不能日精，用器兵器皆多窳敗。徒使洋貨流行，而禁吾民制造，是自蹙其國也。」[25]可見在列強大量輸出資本的刺激下，准許民間設廠製造的呼聲更加強烈起來。同時，甲午戰敗無形宣告洋務運動中所推動的局部改革破產，洋務官僚推行的「官辦」和「官督商辦」政策受到各方面的非議，加上戰債及外債累累、國庫枯竭等財政困難，這便迫使滿清政權不得不對商辦企業放鬆控制，並實行倡導、獎勵工商業的新措施。如此甲午戰前已經成長的商辦民營企業，在這些新因素的刺激下，開始有了明顯的發展，各地的民營企業紛紛建立，於是出現了中國近代史上第一波的實業投資浪潮。

在這一階段中，各行業新辦10,000元資本以上的工礦企業約有104家、投資額23,024,000元（還未包括鐵路交通等方面的投資），平均每年設廠約17.3家、投資額約3,873,333.3元，比較甲午戰前平均每年設廠約10家、投資額約1,184,092元（原為838,200兩），前者明顯增加達73%，而後者則增長327%。又其中新建的礦冶工業25個、投資額5,934,000元，金屬加工業1個、投資額20,000元，水電工業1個、投資額70,000元，紡織工業59個、投資額12,057,000元，食品工業12個、投資額3,304,000元，其他工業6個，投資額11,649,000元，見下表111-2.5所示：

---

[25] 康有為：〈上清帝第二書〉（康有為奏議），《戊戌變法文獻彙編》第二冊（台北：鼎書局，民國62年9月），頁141。

李木妙　清末民初的實業救國浪潮‧1895-1913　　　277

表 111-2.5 甲午戰後中國民族資本工礦企業統計，1895-1913

年份	總　　計		紡　織　業		食　品　業		礦　冶　業		水　電　業		其　　他	
	廠數	資本(千元)	廠數	資本(千元)	廠數	資本(千元)	廠數	資本(千元)	廠數	資本(千元)	廠數	資本(千元)
1895	17	3,307	12	1,766	1	1,000	2	461	—	—	2	80
1896	20	4,343	12	1,913	1	60	7	2,370	—	—	—	—
1897	23	5,776	8	2,828	2	420	11	1,968	—	—	2	560
1989	20	4,384	12	1,630	3	860	4	1,125	—	—	1	769
1899	11	1,910	8	1,756	2	144	1	10	—	—	—	—
1900	13	3,304	7	2,164	3	820	—	—	1	70	2	250
1901	6	145	2	58	1	42	—	—	1	14	2	31
1902	20	4,059	6	318	5	709	4	296	1	1,818	4	918
1903	12	622	1	30	3	264	3	169	—	—	5	119
1904	26	6,121	5	726	4	430	3	818	4	1,160	10	2,987
1905	60	8,138	15	1,704	20	2,430	5	744	4	730	16	2,530
1906	68	22,901	17	3,875	16	2,812	8	4,237	8	8,297	19	3,681
1907	58	14,058	12	3,880	13	2,499	8	1,978	3	1,190	22	4,511
1908	52	16,122	8	2,829	13	1,471	10	4,433	5	5,052	16	2,337
1909	36	6,638	9	537	5	1,225	9	2,733	3	450	10	1,693
1910	32	7,398	9	364	8	1,533	3	348	3	260	9	4,893
1911	16	2,087	1	40	7	365	2	283	4	694	2	705
1912	17	2,104	3	388	7	586	1	100	2	580	4	450
1913	25	3,049	2	284	11	1,205	—	—	7	1,285	5	275
不詳	17	3,822	11	3,156	—	—	—	—	—	—	6	666
合計	549	120,288	160	30,246	125	18,885	81	22,073	46	21,600	137	25,494

資料來源：汪敬虞等編《中國近代工業史資料》第二輯（下冊），頁657。
説　　明：上述統計包括萬元以下的商辦、官督商辦、官商合辦和極少數的官辦廠礦。

　　甲午戰後，列強的商品較刪更大規模地湧進中國，光緒廿一（1895）年，入口總值約171,696,716兩，光緒廿五（1899）年增至264,748,456兩；這些如潮水般洶湧而來的外國商品，給予中國幼稚的民族工業很大的壓力，尤其是此後日貨大力傾銷，使我國的民族工業的發展更加困難叢叢。另一方面，光緒廿四（1898）年，市場已屆飽和程度，於是使工業產品滯銷，盈利下降，投資熱降溫，民營企業同整個中國工業一樣，進入蕭條的維谷；故此從光緒廿五至廿七（1899-1901）年，三年僅設立廠礦30家、資本額約5,359,000元左右，至光緒廿八（1902）年才有起色，到了光緒三十（1904）年才真正復蘇。

（二）第二波實業投資浪潮，1901-1908

本階段始於八國聯軍後訂立〈辛丑和約〉（1901年），而迄於光緒卅四（1908）年清廷宣佈九年預備立憲，前後約九年。光緒廿六（1900）年以後，由於外國進口商品和在華外資工廠競銷產品的壓迫，設廠高潮不久便減退下來。到了光緒卅一（1905）年左右，一方面因「日俄戰爭」的關係，中國的麵粉、棉布等產品一時大為暢銷；另一方面由於同時期發生美國禁止華工入境，國內爆發了「抵制美貨運動」；卅四（1908）年初，又因廣東緝獲日輪二辰丸號私運軍火事件，又爆發了另一次「抵制日貨運動」。這樣，國內振興實業與「挽回利權運動」，比以前更加深入而廣泛了。滿清政權從其切身利益，為挽救垂危的國運，在利權運動中收回一些礦山，並實行了獎勵工商的做法，因此激起了民間第二波的實業投資浪潮。在這一階段中，新辦工礦企業約有 302 家、投資額 72,166,000 元，平均每年設廠近 37.8 家、投資額約 9,020,750 元；設廠較甲午戰前增長 278%、投資額則增長 661.8%，參見前表 111-2.5，工礦發展趨勢參看上圖 111-2.2、圖 111-2.3。

同時，自光緒廿七（1901）年清廷設立商部，推行工商企業注冊以來，中國新式工業漸能見諸統計。由光緒廿九至卅四（1903-1908）年間，在商部注冊的新式工業計有 127 家、資本共 37,001,489 元；其中以棉紡織工業、機器製造業、電氣工業、麵粉工業、土木建築、榨油工業、繅絲工業、玻璃工業、碾米工業、煙草工業、火柴工業等較為發達。各類工業分類統計見下表 111-2.6 所示：

李木妙　清末民初的實業救國浪潮，1895-1913

表 111-2.6　清末商部注冊工廠分類統計，1903-1908

工 業 類 別	總計公司	有限合資	有限合資	無限公司	獨資	資 本 額	所佔%
1. 繅 絲 廠	5	2	2	—	1	1,081,670 元	2.9%
2. 紡 織 廠	24	20	3	—	1	8,906,617 元	24.0%
3. 麵 粉 廠	12	11	1	—	—	2,199,179 元	5.9%
4. 陶 瓷 廠	11	9	2	—	—	1,869,990 元	5.0%
5. 捲 煙 廠	11	10	—	—	1	832,390 元	2.2%
6. 踱 米 廠	5	4	—	—	1	819,470 元	2.2%
7. 電 燈 廠	7	7	—	—	—	4,061,180 元	10.9%
8. 榨 油 廠	9	8	—	—	1	1,524,010 元	4.1%
9. 製 燭 廠	6	6	—	—	—	95,780 元	0.2%
10. 火 柴 廠	3	2	1	—	—	578,990 元	1.6%
11. 玻 璃 廠	2	2	—	—	—	1,041,750 元	2.8%
12. 建 築 土 木	6	5	1	—	—	1,542,900 元	4.2%
13. 機 器 製 鐵	3	3	—	—	—	10,486,150 元	38.3%
14. 雜　　業	14	7	1	—	6	1,961,413 元	5.3%
合　　　計	127	98	17	1	11	37,001,489 元	100%

資料來源：襲駿編《中國新工業發展史大綱》，頁 73-75。

説　　明：1 銀兩 = 1.389 銀元折算，1 串 = 1.333 元折算。表中所列商部注冊工廠僅示大概，「租界」內、外未注冊者為數不少，故實際必超過表中所列統計。

據上表可見，光緒廿九至卅四 (1903-1908) 年間，商部注冊工廠分類統計中，紡織廠、麵粉廠、捲煙廠、陶瓷廠、電燈廠、榨油廠和製燭廠合計 63 廠，佔注冊各廠總數的 64.3%，而其中機器製造、紡織廠和電燈廠的投資額多達 23,453,947 元，約佔注冊各廠投資總額約 63.4% 左右。

（三）第三波實業投資浪潮，1909-1913

　　本階段始於宣統元（1909）年清廷宣佈九年預備立憲後，而終於民國二（1913）年歐戰爆發前夕。然而辛亥革命，成功地推翻滿清異族皇朝，結束了中國數千年的君主專制，締造五族共和的中華民國，同時提高工、商階層的政治地位；如《中華民國臨時約法》規定：「中華民國之主權屬於國民全體」，而且「中華民國人民一律平等，無種族、階級、宗教之區別」[26]。工、商階層從此不再像以前那樣僅處於「四民之末」，長期以來為受歧視、被壓迫的一群；他們可以推選代表進入政府最高立法、行政部門和國會等國家的決策機構，直接參預政事，為切身爭取利益！《中華民國臨時約法》又規定：「國民有結社、言論、出版的自由。」[27]較之清季「無論為朝廷之事，為國民之事，甚至為地方之事，百姓均無發言與聞之權」[28]，則民間能夠比較自由地從事各種實業活動，發表振興實業的演說，出版各種實業刊物，提出振興實業的主張與要求。《中華民國臨時約法》還規定：「人民的身體，非依法律不得逮捕、拘禁、審問、處罰」；「人民之家宅，非依法律不得侵入或搜索」；「人民有財產及營業之自由。」「人身及其財產之安全」[29]得到法律的承認和保證，於是從事工商的人士基本上得到國家憲法的保障。這些民主、自由、法治的新觀念廣泛地深入人心，因而對當時我國民族工業的發展起積極的促進作用。

　　與此同時，南京革命臨時各級政府制定並採取一些鼓勵發展實業的法例。如南京臨時政府財政部擬定「商業銀行條例」，鼓勵民間開辦銀行；實業部擬定「商業注冊章程」，准許各類商號自由注冊，取消前清規定的注冊費用，以示保護提倡；內務部編定「禁止買賣人口暫行條例」，規定以前所結買賣契約悉予解除，又奉國父　孫中山先生之命，制訂保護人民財產令五條。[30]各地方政府並發布一些保護工商業的通令和政策，如湖北起義軍曾公告：「虐待商人者，斬！擾亂商務者，斬！

---

[26] 參看《中華民國臨時約法》，轉引自李劍農《戊戌以後三十年中國政治史》，頁 146-147。

[27] 同上註。

[28] 孫中山：〈倫敦蒙難記〉，《國父全書》（台北：國防研究院，民國 58 年 8 月），頁 373-387。

[29] 同 [26] 註。

[30] 《臨時政府公報》，第 8 號。

李木妙　清末民初的實業救國浪潮，1895-1913　　281

關閉店鋪者，斬！繁榮商業者，獎！」[31]上海革命軍政府發佈「勸用土貨」的通令。
湖北、上海、杭州、寧波、溫州、福建、廣州等地方政府均先後宣佈過廢除厘金、
苛稅，不少縣政府亦發佈減賦、免稅的通告。

　　對於中國的產業發展，中華民國臨時大總統國父　孫中山先生除了頒佈了一系
列有利工商企業發展的政策之外，當時他認為：「以前為清政府所制，欲開發則不
能，今共和告成，措施自由，產業勃興蓋可預卜。」[32]北洋政府農商總長張謇亦確
信：「觀政改共和，決不至如前腐敗」，「一切實業、教育之保障，漸可解
除。」[33] 又發表〈實業政見書〉等文告，提出「棉鐵主義」[34]；他就任後，即督促
屬員先後制定農工商法案如：〈公司保息條例〉、〈商人通例〉、〈公司條例〉、
〈礦業條例〉、〈公司註冊規則〉、〈礦業註冊規則〉等以及有關的條例施行細則；
同時實行整頓金融機構、裁撤厘金常關、獎勵民辦實業、改官辦企業為民營等。在
政府及領袖人物的號召和倡導下，各種實業團體紛紛崛起，據統計，僅民國元
(1912)年成立的實業團體就有40多個，遍及全國22個省市區中；其中較具影響力
者如：「中華民國工業建設會」、「中國實業會」、「中國實業共濟會」、「直隸
實業促進會」、「黑龍江省實業總會」等，這些實業團體均以「振興實業」、「富
強國家」等為宗旨。同時期，各類實業報刊亦大量湧現，據統計：民元至四(1912-
1915)年間創辦的實業報刊多達50餘種，分佈全國18省區，均以喚起民眾興辦實
業、灌輸實業知識、調查實業情況、研究實業政策、促進實業界大聯合、敦促政府
勵行實業政策為宗旨，廣泛宣傳實業救國思想。

　　基於上述政府的倡導和投資環境的改善，辛亥革命前後的中國再度掀起第三波
的實業投資浪潮。據前表111-2.5統計，宣統元至民二 (1909-1913) 年間，新辦萬
元資本以上的企業約有 126 個、投資總額 21,276,000 元，平均每年新設企業約 25
個、投資額約 4,255,200 元；則設廠較甲午戰前增加 150%、投資額增長 259%。但
據吳氏調整後的估計，民國二 (1913) 年各行業較具規模的工礦企業總數約 706

---

[31]《漢口中西日報》1911 年 10 月 11 日。

[32] 孫　文：《總理全書》演講，上冊，頁 51。

[33] 張　謇：〈政聞錄〉，《張季子九錄》第二卷，頁 20。

[34] 張　謇：〈實業政見宣言書〉，《張謇全集》第二卷，頁 161-164。

家、投資總額約1,177,520,000元，其中以棉紡織業、繅絲業、麵粉業、榨油業、煤礦業和其他製造業為主，約有508廠，佔總數的72%，投資額約1,006,620,000元，佔總額的85.4%，見下表111-2.7所示：

表111-2.7 民初商辦新式工礦企業投資估計，1913

項　　　目	汪敬虞統計		吳承明調整數		資金結構的比重%
	廠數	資本額（元）	廠數	資本額（元）	
1. 棉紡織業	18	925,400	16	10,185,000	8.6
2. 繅絲業	97	1,158,400	141	11,333,000	9.6
3. 麵粉業	53	862,220	57	9,075,000	7.7
4. 榨油業	28	475,200	50	8,500,000	7.2
5. 火柴業	25	340,000	64	3,605,000	3.1
6. 金屬加工業	13	228,700	99	2,297,000	2.0
7. 水泥業	2	142,000	2	3,270,000	2.8
8. 其他飲食品業	15	311,100	15	3,711,000	3.1
9. 水電業	45	2,134,900	57	27,200,000	23.1
10. 煤礦業	31	718,000	31	8,369,000	7.1
11. 金屬礦業	18	420,600	18	4,206,000	3.6
12. 其他製造業	156	2,600,100	156	26,001,000	22.1
合　　　計	501	103,166,000	706	117,752,000	100.00

資料來源：汪敬虞等編《中國近代工業史資料》第二輯（下冊），頁870-819；
吳承明等編《中國資本主義發展史》第二卷，頁680。

辛亥革命前後，清末民初中國政府均先後制定一系列鼓勵民營工業的政策，私人資本的投資環境得到改善，市場亦因收回利權運動、抵制外貨運動等進一步擴大，銀行金融業的興起、交通運輸的逐漸改善、對於當時工業的全面發展提供了有利的條件。

四、餘 論

甲午之役，貫來自稱天朝大國的滿清皇朝竟敗於「蕞爾島夷」的日本，中國被迫再次簽訂屈辱不平等的「馬關條約」，日本獲得空前的權益：控制朝鮮、割讓台澎列島、賠款2萬萬銀兩、開闢沙市、重慶、蘇州、杭州四商埠和在華設廠權等優惠；從而助長了列強進一步覬覦中國的野心，他們紛至沓來，在華掠奪利權，藉口強租港灣、設立租界、劃分勢力範圍，使中國面臨列強瓜分的局勢，「亡國滅種」的民族危機日益深重。國人又眼見外貨傾銷、利權外溢，為「救亡圖存」，於是紛紛從事工廠的興辦、發展實業，以挽救國家民族於危亡。

清末民初（即十九世紀末葉至二十世紀初期）近二十（1895-1913）年間，我國民間所掀起的實業救國浪潮實為經濟民族主義的重要環節，它先後於甲午戰後的發展高潮階段分三個梯次遞進；其特點是：發展速度較快、小規模經營，分佈地點多偏向中國沿海、沿江城市地區，且傾向紡織工業、繅絲工業、麵粉工業和火柴工業等民生日常必需消費性輕工業個別發展。當然民間的自覺、商會的倡導、政團的鼓吹、政府的獎勵和法制的保障，實對運動的發展起一定的促進作用，而外資輸入的刺激、收回利權運動的促使、洋務企業的啟導和示範作用亦功不可沒。但它亦遭遇到不少的困難和阻力，諸如當時的投資環境未如理想、資金短缺、技術設備落後需從國外引進、企業經營管理的經驗不足、市場上須與外資企業激烈競爭、傳統地方勢力的阻礙等是。然而這一經濟民族主義運動——興辦實業救國的浪潮影響深遠，它除了促進我國的工業建設之外，還起抵制外貨堵塞外漏、刺激收回路礦利權、加速立憲推進革命等作用，增強國家經濟實力而達成實業救國的時代使命。

景印香港新亞研究所《新亞學報》（第一至三十卷）

粵北韶城粵語形成的歷史地理背景[①]

馮國強

一 引 言

「韶城」，是明清時期韶州、曲江縣的政治中心。那時的韶城，祇限於今天韶關中州半島範圍。

曲江縣城於1964年3月20日，經廣東省省人委批准遷移馬埧。[②]1966年2月，曲江舊縣城由韶關改遷到馬埧鎮。[③]1977年1月，韶關市升格為省轄市，轄曲江為郊區縣，市府駐地依然在中州半島。[④]

韶關一名，起初專指韶州一地的稅關，其後成為地名。今天的韶關市區範圍，比昔日「韶城」管轄範圍大，這是城區經濟長期發展的結果。

明、清時期，曲江是韶州府的首縣，[⑤]其府治及縣治在五代後梁乾化（911—915年）初年已經遷到今天韶關市區的中州半島位置。[⑥]羅香林《客家研究導論》將通行客家方言的縣分為純客住縣和非純客住縣，曲江為韶州府的非純客住縣，屬於一級住縣，客家人口佔全縣人口百分之八十。[⑦]今天，曲江還是以客家話為主，客家話以外，還通行一種屬於當地土著方言的粵北土話（當地稱為虱婆聲），而城區一帶則流行粵語。[⑧]

粵語曾經一度差不多遍及韶關。1938年，日軍為切斷中國對外經濟聯繫，迫使中國政府投降，在大亞灣登陸，進侵廣州。同年10月18日，廣州淪陷，廣東省政府、第四戰區司令部、駐廣東的第十二集團軍總部遷到韶關，韶關成為廣東的臨時省會。1941年12月25日，香港淪陷，逃到韶關的人不少。自廣州淪陷後，戰時的韶關成為廣東戰時省會，是政治、軍事、文化中心，地位也顯得更重要，韶關人口由原來的六萬多人猛增至二、三十萬人。[⑨]抗戰期間，難民紛紛出現在東西河對岸的郊區，從北門至五里亭，從小皇崗至十里亭、烏蛟塘、大皇崗、鏡湖村及金鳳

坪、靖村、河邊廠、犂市等地，⑩市區一度出現繁華景象。1941 年 10 月，韶關市區有大小商店七千間。此時，來自廣州的商民很多，商業的把持者為廣府人，而農貿市場，多為曲江、仁化等農民進城出售大米、柴炭、蔬菜、三鳥、魚類等。⑪戰爭結果釀成粵語加速移入韶關。

　　1966 年至 1975 年為第三、第四個五年計劃時期，根據「戰備疏散」的方針，韶關被選作廣東的「戰略後方」，國家將部分本建於廣州的重工業遷往韶關，韶關因而成為華南重工業基地，中央和省在韶關市先後興建了一批工廠。⑫隨著工業生產規模迅速擴大，物資運輸量急劇增加，促進了交通運輸業的發展。⑬韶關因工業的發展，經濟地位再次提升，公路、水路得到長足擴展，鐵路更是重要的運輸工具，京廣、滬廣線的特快火車，選韶關為中途站，可見其地理位置之重要。⑭

　　工業、交通工具的發展，加速珠江三角洲跟韶關互相接觸，加速粵語進入韶關的社會群體。自改革開放後，穗港粵語廣播媒體直接打入韶關的每家每戶，香港影片、粵語流行歌曲直接深入韶關當地的社會群體當中。⑮

　　粵語在乾隆年間已經出現韶城，距離今天將近 250 年。⑯下文從北江水系、大庾嶺配套工程的整治，稅關與通商政策對曲江社會經濟形態的影響，曲江人牢不可破的自然經濟思想三方面作出探討。⑰

二　北江水系、大庾嶺配套工程的整治

　　為了有效經略嶺南及快捷通過嶺南地交換商品，歷朝政府先後直接或間接對北江水系航道作出配套整治。

　　東漢（25—220 年）先後有衛颯、⑱鄭宏⑲與周憬⑳整治北江險灘，開鑿新道、嶠道，以便官府公差及商旅往來。這些工程對日後北江能夠成為重要商道有密切影響。

　　唐（618—907 年）宋（960—1279 年）時期，廣州已發展為全國最大的海港城市和外貿中心，大量絲綢由此運輸到海外。為了發展航運業，先整治嶺南水道或沿江棧道的工程，但仍未能滿足官府公差、使者、商旅往來需要，唐開元四年

（716年），張九齡奏請在大庾嶺隘口較低，坡度較緩的地方開鑿新道。[21]

自從大庾嶺開鑿新道後，北江水道的使用進入新的歷史階段，對嶺南的開發發揮重要作用。另一方面，由於走北江水道者只需要跨過坡度低的山坳口梅嶺路，便可以繼續從水道上路，比取道西江較為快捷，結果，北江水道取代西江出嶺北的主導地位，西江降為次要水道。[22]北江水道支流中的武水、連江、湞水三者之中，湞水一段又為主幹水道。[23]在北江主航道確立後，促進了廣州舶來品的流通，也加速了粵北的開發，為廣東內河運輸業的發展奠下了深遠的基礎。

大庾嶺開鑿新道後，粵北韶州成為唐後期僅次於廣州的嶺南大郡。唐武宗會昌大中七年（公元853年），許渾監察御史一職秩滿，[24]東歸故里京口。是次東歸由廣州出發，[25]抵韶州後曾寫下一首〈韶州驛樓宴罷〉七律詩，當中一句為「簾外千帆背夕照」，[26]「千帆」雖然是誇張之詞，但也可以見到開鑿新道後，引發北江出現異常繁忙的運輸景象。

宋代的韶州依然是嶺南大郡。[27]宋人認識到北江沿路及大庾嶺道有重大的經濟價值，宋真宗（998—1022年）與仁宗（1023—1063年）在位年間，便先後進行整治北江的配套工程。

宋真宗咸平（998—1002年）末、景德（1004—1007年）初，由於原有「廣、英路自吉河趣板步二百里」的陸道，「當盛夏時瘴起，行旅死者十八九」，廣州知州凌策奏請「由英州大源洞伐山開道，直抵曲江」。開鑿新路後，「人以為便」。[28]仁宗嘉祐五年（1060年），廣東轉運史榮諲為英德湞陽峽開鑿新棧道，廣韶間的交通運輸一再改善，[29]運輸力比較以前增加了「數十百倍」。[30]

自此以後，歷朝地方官都在大庾嶺道上進行種植松梅來鞏固路段，以便商旅利用湞江、北江往返南北。

張九齡開鑿大庾嶺路後，商旅走湞水為主，進入湖南的貨物，還有不少行走武江瀧水一段。明萬曆四十八年（1620年），知府吳運昌復開瀧路，以利船隻安全通行。[31]這次復開瀧路，距離東漢建武二年桂陽郡太守衛颯鑿山通道五百餘里前後將近1600年。清嘉慶二十三年（1818年），樂昌縣舉人鄧蔚錦[32]〈新開崎門瀧涯路碑〉一文指出李超儒赴昌（樂昌）至此武江瀧水，目擊心惻，決定以關險就平為己任，慷慨捐輸約二千金，命匠自穿峰坳過九峰水口至崎門十餘里，一路上進行砌

石，把險阻傾仄缺陷移除，[33]武水險道由是改善，並幫助北江的運輸量作出整體提升。

大庾嶺經過多次修治，為北江水運體系加強運輸南北商貨的能力。北江水道的充分改善，對明清年間發展成為手工業城市的佛山，對珠江三角洲城鄉商品經濟發展及商人的貿易活動，均提供了有利條件。在廣州、佛山及珠江三角洲的城鄉工商業進一步發展刺激下，帶動曲江在清朝的乾、嘉、道年間（1736—1850年）也起步發展手工業和經濟作物的種植，粵語於是透過珠江三角洲商人沿北江水道到曲江設鋪經營而逐漸滲入韶州府城商業活動區。

三 韶城社會經濟形態的轉變

珠江三角洲經過宋、元政府不斷新修堤圍，擴大耕地面積，實行深耕細作，到了16世紀前半葉，南海的一些高產田年產已達十石，[34]廣東進入初步的開發期。[35]到了明代（1368—1644年）中葉，珠江三角洲改變了自給自足的自然經濟，農業逐漸趨向商品化。[36]

明清時期廣州、佛山兩大城市工商業的發展和流動人口的增長，促成鄰近城鎮出現為非農業人口服務的專業化農業區域。一些城鎮出現專業性的蔬菜生產區、專業養魚、蠶、桑的農業區域、栽種果木的專業區域，以及種香、葵、蔗、桑、水草等經濟作物的農業區域。商品性農業的發展，促使加工業從家庭中分出去，農業便先後分出手工業部門、包裝、運輸行業。[37]

在佛山手工業的發展下，珠江三角洲鄉鎮所生產手工業原材料不足以應付佛山生產所需，佛山便從西江、北江及嶺北地區輸入手工業原材料，[38]北江水運於是出現高度繁榮的景象，曲江的自然經濟也由此出現變異。

明嘉靖末年，佛山人霍與瑕在〈上吳自湖翁大司馬〉指出：「兩廣鐵貨所都，七省需焉，每歲浙、直、湖、湘商人腰纏過梅嶺者數十萬，皆置鐵貨而北。」[39]霍與瑕為嘉靖己未（嘉靖38年，公元1559年）進士，〈上吳自湖翁大司馬〉所指出的現象，必定是指1559年以後的現象。明末清初顧炎武（1613—1682年）《天下

郡國利病書》指出：「北貨過南者悉金帛輕細之物；南貨過北者悉皆鹽鐵麤重之類。過南者，月無百馱；過北者，日有數千，過北之貨偏多。」[40]數十萬不是一個小數目，這裡還沒有包括經由險灘特多的武水進入珠江的商賈船隊。顧炎武所稱輕細之物，是指佛山所需的棉花。乾隆（1736—1795年）年間上海人褚華[41]《木棉譜》敘述「閩粵人於二、三月載糖霜來（筆者按，指來上海）賣，秋則不買布，而止買花以歸。樓船千百，皆裝布囊累累。」[42]這是廣府商賈通過售出糖霜後，從松江府用船運回棉花，北江因此出現繁忙熱鬧景象。褚華所描述是商人在秋天從北江運回棉花的情況，其他季節則從上海運布回去出售。

大量通過梅嶺下北江抵廣州的貨物還有絲綢、茶葉。乾隆二十二年（1757年）十一月宣佈凡歐美各國「赴浙之船必當嚴行禁絕……此地向非洋船聚集之所，將來止許在廣東收泊交易，不得再赴寧波。如或再來，必令原船返棹至廣，不准入浙江海口……如此辦理，於粵民生計，並贛、韶等關均有裨益。」[43]這是針對歐美各國的一口通商政策。一口通商政策除了國防安全的原因外，也是為了獲取更多稅收，於是作出規定，由江浙運往廣東的貨物，必須在江西九江關、廣東韶關納稅，另外須加腳費。反之，外洋進口貨物運到內地，也需要納同樣的費用。這種限制在廣州進行一口貿易的體制，一直延續到道光二十二年（1842年）不平等的《中英南京條約》前。這段期間，廣州成為歐美貿易的唯一口岸，而北江則成為南北商路的樞紐，中央政策除了規定洋船必須停舶廣州，北上的洋貨必須走北江水路外，還規定「內地各省販賣茶葉、湖絲、綢緞，不准由海載運」到外國。[44]由於北方各省貨物只能取道粵北以達廣州，北江水系一時進入其商業水運的歷史高峰期。

自乾隆開始，直至嘉慶、道光年間，珠江三角洲受惠於這種獨特政策，經濟因而鼎盛，出現了不少工商業市鎮和嶺南中心市場。同期間，曲江的社會商品性經濟開始起步，這個起步是來自珠江三角洲的成熟經濟發展後，為加強原材料的來源，廣東腹地粵北曲江成為他們重要拓展地區之一，曲江經濟模式因此開始轉型。[45]曲江經濟轉型，又與當時海運政策有密切關係。

除了鹽、鐵、棉花、布、糖、絲綢、茶葉以外，大量通過北江南運到廣州及佛山的貨物還有米穀。[46]珠江三角洲缺乏米穀自明末起，「人多務賈與時逐，……農者以拙業，力苦利微，輒棄末耜而從之。」[47]由此可見，這是由於當地人多從事經

濟作物，疏忽了糧食作物的種植，讓成糧食短缺。「廣州望縣，人多務賈，……而天下游食奇民，日以輻輳，……增至數千百萬，咸皆以東粵為魚肉，恣其噬吞……而生之者十三，食之者十七，奈之何而穀不仰資於西粵也。」[48]不單廣西提供米糧給廣東，乾隆二十九年春夏間，「大庾縣因與廣東接壤，該省商民多東販買。」[49]北江、西江的米糧運輸非常繁忙，廣東巡撫尚安講到乾隆四十七年底（1782年）「西、北兩江穀船啣尾而至，民食充裕，糧價有減無增。」[50]乾隆五十五年（1790年），廣東巡撫孫士毅提到：「四月下旬大雨時行，西、北江潦水驟長，穀船未能連檣而至，又值青黃不接，鄉穀出糶較少，糧價長落不齊。」[51]這都說明北江水運對保證以廣州、佛山為核心地區的米糧供應有一定作用。另一方面，從「穀船啣尾而至」、「穀船……連檣而至」可以知道在廣東鄰省米糧豐收時，如果江河沒有潦水，北江水道是如何繁忙，穀船隊伍的往來是如何壯觀。單是穀米運輸已是如此繁忙，航道上的五金、木材、農產品、山貨等商貨運輸還未計算在內。

韶城的東南端為北江，西端為武水，東端為湞水。早關設在郡城北門，[52]「收取落地稅」。[53]在武水一端為遇僊橋，明嘉靖二十六年（1547年）始稅商舶，清順治九年（1652年）設稅廠。「遇仙橋，即西關，係湖廣通粵要津。」[54]清康熙九年（1670年），遷移原設在南雄的太平橋到韶州曲江湘江門外，乾隆三年（1738年），移建九皇宮前。[55]太平橋在湘江門外里許，即東河浮橋。[56]「太平橋，即東關，係江西入粵要津。」[57]這三條橋徵收銅價、貨稅、鹽引、鹽稅、鹽包等商稅，湖絲稅銀則由廣州江海關代為徵收。[58]太平橋又徵收出關的檀香、鉛、錫等貨物的稅餉。[59]咸豐十一年（1861年），曲江白土鎮設立分關，嚴查私鹽。白土設立了稅關後，[60]出現了九個由大石塊砌成的階梯碼頭。這九個碼頭分別是雙鐘廟碼頭、下鄉碼頭、李屋碼頭、公昌碼頭、恆昌大碼頭、關帝樓大碼頭、流水坑大碼頭、上碼頭、中鄉碼頭，今天依然存在。[61]

韶城東關碼頭的建立數目及規模，應該不在白土之下。韶城的碼頭，分佈在北門、南門和東門。當中部分還是頗具規模的「大碼頭」，位於東關一帶。[62]東關一帶還有一些規模較細小的古碼頭，位於太平關稅廠前附近。[63]

遷太平橋到韶城後三年，即康熙十二年（1673年），韶城迅速出現一個「烟火千家」的小市區。[64]府城一向為消費地，軍政人員及其家眷在此聚居，商賈也在這

些政治中心區域設店經營。「烟火之家」當中，商民集居數目應該不少。

乳源是韶州府中較為落後的地方，直到今天還是貧困縣。康熙二年（1663年）《乳源縣志》指出當時乳源縣西一百五十里的管埠市「異省商民集居，五百餘家，水陸通郴、桂各處……商多粵西人。」㊷韶城設有三個稅關，其城外商戶怎會比乳源為少！至於韶城得以發展後，東河一帶也因太平關稅廠在東河一端，在道光八年，東河一帶發展成「人煙繁雜」的地方。㊸那時候，韶城大概已經發展成萬戶的城鎮，㊹城內再無地方容納更多人口，東河一帶便成為城市人口擴散的對象。

簡單而言，稅關的遷移，促使曲江韶城因地利因素，貨物運輸業特別發達。獨口通商特殊政策，直接促使珠江三角洲經濟鼎盛，韶城經濟因珠江三角洲的成熟經濟向腹地拓展而得到間接受惠。

北江水道的傳統運輸結構簡單，不外是運輸兵防的軍旅輜重、驛道傳郵、官差、使者、鹽鐵權利和供應統治階層的消費奢侈品，商品運輸在整體運輸結構所佔的比例較少。到了乾、嘉、道年間，一口通商特殊政策與珠江三角洲的起飛經濟配合，北江水道便發揮商品營運的功能。大時代下，韶城的經濟特點是充分發揮其水路交通要津的地理優勢，再配合南雄太平關遷移到韶州的政策，運輸業明顯益加發達，充分達到《清高宗實錄》所云：「於粵民生計，並贛、韶等關，均有裨益。」由於設立了稅關，方便檢查及上落貨物，這裡有許多碼頭及大碼頭，而東關外的碼頭更具特點。當年韶州府城東關外是廣府人集中經商和居住的地方，位於今天韶關城區東堤北路，湞江水邊一帶。這些沿江的店鋪，最下一層可以通往湞江碼頭，停泊貨船，載卸商品。中間一層是貨倉，可以容納大批貨物，最上一層與街道平行，接待客商。㊺清咸豐五年（1855年），韶州府城東關外七街，單是經營起運碼頭貨物的廣店，最少還有14家，㊻這是珠江三角洲成熟經濟向腹地拓展最為清晰的顯示。

由此看來，廣府人進入韶城經營的時間，可能始於康熙九年（1670年）自南雄遷橋至韶城湘江門外，遲則在乾隆年間。咸豐八年（1858年）《韶州碼頭碑》中顯示籮夫腳價自乾隆年間曾經與廣府人開設的運輸行有一次腳價的協議，這說明乾隆年間廣府人已經在韶城進行設店經營。若果從康熙九年算起，韶城白話已經出現接近330年。嚴格根據文獻碑刻材料計算，應該從乾隆年間算起，韶城白話在250年

前左右已經出現。⑩

北江水道功能的變異，的確給歷來重農輕商的曲江一個變異機會。但歷來重農輕商的曲江人並沒有把握商機，結果給外地商人一個發展機會。曲江的經濟改變，最為觸目發展是韶城所在的中州半島，尤其臨近湞水的府城東關外七街一帶，舖戶最少有一百五十間。⑪這段街道，不是經營運輸百貨，就是從事「營造制器」的手工業，這些營造制器者及商邑，是從外地遷居來的「客戶」。⑫1849年，雲南人陳徽言因為兄長在廣東寶安逝世，到廣東奔喪，路過韶州曲江，發現當時「（曲江）城中居肆者強半廣州人。」⑬粵方言便是通過珠江三角洲商人到韶城進一步開拓其事業之際，伴隨商人進入這個中州半島的。

四　曲江人牢不可破的自然經濟思想

康熙九年遷移南雄太平橋到韶州城湘江門外，乾隆二十二年指定廣州為一口通商的貿易窗口，曲江得著這個契機，經濟起了變異。

《曲江鄉土志》綜述了光緒二十八年以前的曲江經濟，清楚顯示曲江已經出現一點兒商品經濟活動，祇是工業與農業大半還未分開，只有榨油業出現部份工業者與農業者分離的情況，韶城商人會前來採買花生榨油。⑭從表一中，可以看見自乾、嘉、道以來，曲江一些小片地方出現為非農業人口服務的小型專業化農業區域，種植以落花生、油菜、蔗、香菇、草菇、紅瓜子為主。總的來看，曲江經濟作物的種植還是不普及。不過，由於部分土地已作他用，出現多餘人手，部分農民便從事一些手工業或任職運輸腳夫。

表二顯示曲江經濟命脈主要是運輸業、販鹽業、典當業。運輸業基本上由廣府人完全操縱，主要從事南貨北上分流的運輸，也從事收購曲江的菇類、油類、碳、紅瓜子、生麩、菜麩、樟木、雜柴、銻礦，然後運往省佛一帶。鹽不是一般商人可以沾手的行業。⑮表二的鹽商，大概是在本地分銷鹽的商人，鹽埠商是把經由韶城的鹽分包轉運到各地的鹽商。那個年代，當商是起著金融機構的作用，又兼做存款放款的業務，可以簽發銀錢票據。有清一代，皆「以鹽、當、票號為最大」。⑯若

果把曲江跟珠江三角洲地區、韓江三角洲地區作比較，曲江的經濟作物種植情況還不普遍，商品貨幣關係對農村基層社會的影響不如東莞、新會、番禺、南海、三水、廣州、佛山、順德等地區深入。[⑦]

表一顯示本地生產的物產以自用為主，可以運出曲江本境外銷的只有生油、菜油、生麩、菜麩、黃糖、草紙、堅炭、香粉、草菇、香菇、紅瓜子、樟木、雜柴、錦礦、藥材、茶油一類的商品。從外地輸入的也不是珍貴之物，基本上是日常生活所需的商品及部分韶城官商要人所用的洋貨、洋紗、綢緞等。

簡言之，曲江最大的發展是運輸業、典當業。工業方面祇有採煤、榨油（生油、菜油、茶油）、製紙（草紙、重桶紙）、製糖、輾米、製碳、磨粉、竹器工藝等手工業。明嘉靖《韶州府志》稱曲江：「土俗重耕稼，少商賈，習尚簡樸，不事紛華，山谷之民至今有老死不見官府者，大抵土曠民稀，流移褰處。」[⑱]清康熙《曲江縣志》引《圖經》指出：「（曲江）其習樸而不褰，淳而不漓。」又云：「商不富，賈不巨，工不良，技不巧。」同卷又指出：「曲江路當孔道，土瘠民貧，地無高山大川可產貨物，民自耕種而外，亦無他營。前志所稱農不勤，商不富，工不良，技不巧，誠實錄也。」[⑲]同治《韶州府志》重引《圖經》云：「（曲江）商不富，賈不巨，工不良，技不巧」。[⑳]光緒《曲江縣志》稱曲江人「營生越思者寡。」[㉑]宣統《曲江鄉土志》描述「曲江人不善經商，市面皆為廣州人所把持。居肆之家，多非土著」，更直接了當表示曲江人「營造制器，悉資外匠，故雖謂全邑皆農業家可也。」[㉒]這反映自康熙九年遷橋後，除了韶城或周邊墟地外，曲江人改變其自然經濟思想者可說不多，這表明曲江人的自然經濟思想牢不可破。

韶城的運輸業、手工業經濟皆落在外人手上。這些外人就是從珠江三角洲遷來的廣府人，白話也就由於曲江經濟發展而出現於韶城了。

五 小 結

粵方言是通過珠江三角洲商人到韶城進一步開拓其事業之際，伴隨商人進入這個中州半島的。乾隆年間，韶關粵語就在曲江韶城東關外七街形成，日後粵語也由此商業區街道向外擴散出去。

表一　曲江縣城（韶城）物產銷售情況

物產	產地	本銷	外銷	轉銷
生油	本境。繁殖田家。[83]		省佛等處	
菜油	本境。出產以西水埧為多。[84]		省佛	
茶油	本境。[85] 出產則以屬山之處為多。[86]		珠江三角洲	
生麩	本境		本省	
菜麩	本境		本省	
黃糖	本境[87]		江西、湖南	
草紙	本境		本省	
堅炭	本境。山區。[88]		省佛、南順、江門	
草菇	本境。馬埧、沙溪、狗耳嶺得曹溪水者為佳。[89]		省佛等處	
香菇	本境。產靈溪、黃坑、小坑、楓灣等墟深山之內。[90]		省佛等處	
紅瓜子	本境。出產以南水、白芒最多。[91]		省佛等處	
樟木	本境		省佛等處	
雜柴	本境		省佛等處	
玻璃料[92]	本境		省佛	
銻礦	本境。在南水馬鞍山、曹洞蜜蜂徑亦有。[93]		省城	
香粉[94]	本境	本境	本省	
洋紗	省城輸入			（由水運而去）
藥材	本境、本省	本境	省佛等處	乳源、仁化
故衣	省城輸入	本境		乳源、仁化
豬	湖南	本境		省城
重桶紙[95]	本境、南雄、仁化	本境		
穀米	本境	本境		
豆	本境	本境		
麥子	本境	本境		
冬筍	本境	本境		
落花生	本境。出產以西水為多。[96]	本境		
李果	本境	本境		
甘蔗	本境。以大橋西水埧、東西兩河埧為多。[97]	本境		
毛竹	本境	本境		
缸瓦	佛山	本境		
磁器	江西	本境		
洋貨	省城輸入	本境		
綢緞	省城輸入	本境		
麻	江西	本境		
葵扇	新會	本境		
棕屐	連灘（廣東）	本境		
土藥	湖南	本境		
煙葉	南雄	本境		
杉木	本境			
石炭	本境			
竹器	本境			
雞鴨	湖南			
海味	省城輸入			

　　除「茶油」、「玻璃料」兩條材料根據同治《韶州府志》卷十一〈輿地略・物產〉（頁 28b；頁 32b）外，全部材料根據《曲江鄉土志・商務門》整理。

馮國強　粵北韶城粵語形成的歷史地理背景　　**295**

表二　曲江城關行業類別

主要據清同治十三年林述訓等纂《韶州府志》及咸豐八年《韶州碼頭碑》有關曲江縣城的行業材料分類如下：

行業		位置		《韶州府志》	卷，頁
煤商		西水（陳慶萬）		建置略・書院	十八・七下
		東水（王駿發）		經政略・田賦	二十一・九下
		南水		經政略・田賦	二十一・十二上
押商[38]	開源押	城內	溫開源（十八・八上）	經政略・賓興經費	二十三・十一上至十二上
	元豐押		曾元豐（十八・八上）		
	永興押				
	同盛押				
	韶泰押				
	裕成押				
	大生押	城外		經政略・賓興經費	二十三・十二上
	太和押		東關	武備略・兵事	廿四・四十七下
	福安押	城內？		經政略・積儲	二十二・十二上
	□□押(新押)	城外？	建於咸豐十一年	經政略・賓興經費	二十三・十二上
銀號(於同治初歇業)		太平關		經政略・積儲	二十二・十一下
穀、米、油、豆貨店		城外[39]		武備略・兵事	廿四・四十六下
油號		城外東關		武備略・兵事	廿四・五十六下
石灰店		北門外地		武備略・兵事	廿四・四十七上
缸瓦店		南門		武備略・兵事	廿四・四十七下
餉號（五間）		城內？城外？		經政略・防韶經費	廿三・九下
鹽商		城內？城外？		武備略・兵事	廿四・五十六上
鹽埠商		城內？城外？		光緒《曲江縣志》〈食貨書・鹽政〉	十二・十四下
泰新店		城外		武備略・兵事	廿四・四十七下
集興店		城外		武備略・兵事	廿四・四十七下
市舖六間		城內（街民蕭有元等）		建置略・府學	十七・十五下
舖屋		南門沙洲尾		建置略・書院・曲江	十八・十四上
運輸業	逢昌店	城外東關外七街		《韶州碼頭碑》	
	和昌店				
	恆安店				
	義豐德店				
	永興隆店				
	同興生昌店				
	萬利禾店				
	怡安店				
	裕成店				
	茂興店				
	聯聚店				
	廣孚店				
	大興店				
	張隱堂				

11

註　解

① 韶城是文獻上的習慣地名用語。

清·秦熙祚纂修《曲江縣志》（康熙二十六年抄本）卷之三〈觀止第九上·文〉，明·商輅〈河堤記〉，頁44a。

清·林述訓等纂《韶州府志》（臺北：成文出版社據同治十三年刊本影印、民國五十五年十月臺一版）卷十五〈建置略·城池〉，明·符錫〈修築東河堤記〉，頁3-4b。

同治《韶州府志》卷十九〈經置略·壇廟〉，道光二年（1822年）知府金蘭原〈重修文昌廟記〉，頁4a。

同治《韶州府志》卷十九〈經置略·壇廟〉，同治十一年（1872年）〈忠惠廟錄異考〉，頁11a。

② 韶關編輯部《韶關年鑑》（韶關編輯部，1986年11月24日）頁180：「據1975年11月國務院188號文件，曲江縣劃韶關市管轄。歷代縣治均駐韶州（今韶關市）。縣城於1964年3月20日，經省人委批准遷移馬埧。」

③ 參董坪申〈試述曲江縣城的變遷〉《曲江文史》（廣東曲江縣政協文史資料委員會編，1990年3月）第十五輯，頁64。

廣東省農業委員會、廣州市社會科學院編《廣東鄉鎮》（廣東：廣東人民出版社，1991年9月）頁126；韶關市地名委員會、韶關市國土局編《韶關市地名誌》（廣東：廣東省地圖出版社，1993年）頁40。

董坪申主編《曲江縣誌》（北京：中華書局，1999年）頁59。

④ 秦熙祚《曲江縣志》卷之三，明·周嘉謨〈曲江縣儒學記〉頁65b：「昔人謂中州清淑之氣至嶺而窮，楊文僖則以南州清淑之氣自嶺而始。」同卷中，清康熙年間韶州府知府馬元〈新建東嶽廟記〉頁88a云：「客又進曰，中州淑氣實始於韶。」

⑤ 清·張廷玉《明史》（臺北：藝文印書館據清乾隆武英殿刊本景印，民國四十七年）卷四十五，地理志第二十一，廣東下記，頁12a：「韶州府，元韶州路，屬廣東道宣慰司，洪武元年為府，領縣六⋯⋯曲江，倚⋯⋯」；趙爾巽《清史稿》（北京：中華書局，1976年7月第一版。）卷七十二，地理志十九，總頁2276，〈廣東下記〉：「韶州府，韶連道治所，領縣六：曲江，倚⋯⋯。」

⑥ 韶州古城第三次遷到湞武間之中洲，稱中州舊城。建城時間多謂在南漢白龍二年（926年）。但據光緒《曲江縣志》卷五，頁1a〈輿地書三〉：「（後）梁乾化初，錄事李光冊移州治於武水東，湞水西，筆峰山下。五代南漢白龍二年，刺史梁裴始築州城。」從遷州治來看，應在五代後梁乾化（911—915年）初年，比南漢要早，南漢只在遷治後築州城。

⑦ 羅香林《客家研究導論》（上海文藝出版社，1992年1月據希山書藏1933年11月初版影印）頁95。

⑧ 韶關市北江區市中心虱婆聲人口為1,000人左右。

（1998年底）韶關市區虱婆聲人口分佈及人口數字表 ❶

區	鎮	村委會	虱婆聲村民組（自然村）	人 數	
北江區	十里亭鎮	灣頭	盧屋、李屋、彭屋、高第街、姜屋	約 1,200 人	約 5,400 人
		蠟石	塘頭、小門頭、鍾屋、沖尾	約 1,000 人	
		靖村		約 2,000 人	
		良村	沙頭	約 200 人	
	市中心	南門辦事處、和平辦事處、太平辦事處		約 1,000 人 ❷	
武江區	西河鎮	向陽		約 800 人	約 10,220 人
		朝陽	上窰	約 700 人	
		什石園	什石園	約 600 人	
		村頭		約 900 人	
		大村	上胡、下胡	約 1,200 人	
		塘寮	麥屋	約 400 人	
	西聯鎮	西聯	田心、上巷、三腳下、新聯、老何屋、新何屋、李屋、焦沖、五夫田	約 1,380 人	
		車頭	胡屋	約 1,200 人	
		下胡		約 880 人	
		赤水		約 480 人	
		甘棠		約 1,680 人	
湞江區	新韶鎮	石山	石陂、鄧屋、蔣屋、劉屋	約 700 人	約 7,250 人
		水口	劉屋、新劉塘、老劉塘、歐屋、曾屋	約 200 人	
		黃浪水	朱屋	約 50 人	
		黃金村		約 300 人	
	樂園鎮	花梨園	鶴沖 村頭	約 600 人	
		長樂	中村 華屋 東垻、西垻（兩垻共 2,000 人）	約 3,600 人	
		新村	新村 高頭	約 600 人	
		六合	六合村	約 1,200 人	
水道	虱婆聲船民			約 1,000 人左右 ❸	
虱婆聲人口合共				約 23,870 人 ❹	

❶ 市中心（北江區島內）的方言人口由筆者自行調查，其餘材料是直接向當地鎮書記、村委會書記、治保主人、市中心辦事處直接採訪整理出來的，數據提供者不少還會操虱婆聲。

❷ 表中市中心虱婆聲人口數字，是根據劉伯盛（1922年生於韶關市，虱婆聲人）、成為儀（韶師退休老師，1925年生於韶關市）、古茂蘭（退休老師，1913年生於韶關市，丈夫是虱婆聲人）、鄭愛芬（退休老師，1927年生於韶關市）、黃兆群（高中老師，1948年生於韶關市）、顧細財（韶關市幹部，1950年生於韶關市，水上居民）各人的估計而評估出1,000人。曲江縣志辦公室主任董坪申先生曾協助筆者核對韶關北江區島內會說虱婆聲人口是否祇有1,000人左右，作了一次小調查，結果跟筆者相同。

❸ 資料提供人為韶關水運公司駱金福（幹部）。他指出1999年操虱婆聲的船民（連家屬包括在內），韶關、樂昌總數將近4,000人，樂昌要比韶關多一點。樂昌2,500人以上，韶關也有1,000人左右。

❹ 韶關市區曲江虱婆聲特點準確人口要比23,870人還要少一點，這個數字未把非虱婆聲的嫁入婦女剔除開去，資料提供者無法提供，筆者也無法再進一步準確計算。

⑨ 參林鈴〈經濟學家趙元浩與韶關市商會〉，《韶關文史資料》第九輯（韶關市：中國人民政治協商會議廣東省韶關市委員會文史委員會編印，1987年3月30日）頁142。抗戰時期，韶關人口是否曾經由六萬多人猛增至二、三十萬人，很難稽考，韶關、曲江的文史資料一般用此數字。香港中文大學地理系陳正祥教授《廣東地誌》（香港：天地圖書有限公司，1978年5月）頁142：「1939年廣東省政府為避敵遷此（筆者按，指韶關），人口由五萬多人突增至十二萬餘。」

⑩ 參黃開光〈抗日戰爭時期韶關見聞〉，《韶關文史資料》第一、第二輯合訂本（韶關市：中國人民政治協商會議廣東省韶關市委員會文史委員會編印，1986年1月25日重版），頁112。

⑪ 參賴灝〈解放前的韶關市場〉，《韶關文史資料》第十二輯（韶關市：中國人民政治協商會議廣東省韶關市委員會文史委員會編印，1988年8月），頁44。

⑫《韶關年鑑》（韶關編輯部，1986年11月24日）頁64。

⑬《韶關年鑑》頁82。

⑭ 馮國強《韶關市區粵語語音的特點》（上冊）（新亞研究所碩士論文，1991年6月）頁112-113。

⑮ 馮國強《韶關市區粵語語音的特點》（上冊）頁114-115。

⑯ 咸豐八年（1858年）《韶州馬頭碑》：

署曲江縣正堂加十級，紀錄十次張，　為重定章程，出示勒石，以垂永久事：照得案據東關外七街廣府客民逢昌店、和昌店、恆安店、義豐德店、永興隆店、同興生昌店、萬利和店、怡安店、裕成店、茂興店、聯聚店、廣孚店、大興店、張隱堂呈稱俱等廣店起運貨物，上下馬頭，籮夫腳價自乾隆年間至咸豐五年，迭奉

各前憲按照遠近輕重明定章程，給示勒石，不得增減在案。惟今湘江門籮夫頭廖石秀等以差務為詞，希圖加增，將其中貨物從前章程未經列入者，致發腳價，間有參差。茲因籮夫等再四央告，用特仰體　憲衷，於循照舊章之中，仍寓優恤小民之意。當經傳集籮夫頭等，當眾妥議，略為加增。由湘江門、子城門至東北關等處，並上下馬頭各項貨物腳價若干，逐一備列。其餘別項雜貨，或未有列章者，俱按照每百斤給腳價錢若干。至店中日逐買賣之貨，力能自運及

衣箱等件，仍照舊章，店伴自行挑運，籮夫不得攔阻。伏查籮夫腳價，於乾隆年間舊章，每百斤計，一里給錢十文。迨道光年間，逐漸加增，今復酌量遞加，比之舊章，實多數倍。自此次定議之後，永遠遵照，籮夫等無得再行議增，客民等亦不得故口減少。理合粘抄重定章程，聯名叩乞，俯准諭示勒石，曉諭各門籮夫等，遵照奉行。計粘《重定籮夫腳價章程》十紙等口到縣。據此當批：據稟爾等七街廣店，起運貨物，上下馬頭，籮夫腳價，久經議定章程，勒石遵守，自不容該籮夫藉詞索増。茲爾等既經公同查明，其中貨物從前章程多有未經列入者，爰是公議，酌量加増，另行釐定章程，洵屬公允。口口如議，永遠遵行，不准該籮夫等再行藉口議增，侯給示曉諭，勒石遵守，粘單附在案。除批揭示外，合行給示勒石。為此示諭該籮夫及廣府客民人等知悉：爾等各門籮夫，起運上下馬頭貨物，務宜遵照現經公議重定章程收取腳價，毋得藉口議增；而廣客民等，亦遵行給發腳價，不得故意減少，致滋爭端。各宜凜遵。特示。　計開重定籮夫腳價章程臚列於後。

咸豐八年十二月十六日示

告　　示　　　　曉諭

⑰ 關於這方面的材料，筆者的碩士論文所述不多。

⑱ 范曄《後漢書》（臺北：藝文印書館據清乾隆武英殿刊本景印，民國四十七年）卷一〇六〈循吏列傳・衛颯〉，列傳第六十六，頁2a-b。

⑲ 范曄《後漢書》卷六十三〈鄭宏列傳〉，列傳第二十三，頁13a-b。

⑳ 宋・洪適《隸釋》（同治十年曾國藩署檢洪氏晦木齋集貲摹刻樓松書汪氏本皖南）卷第四，東漢・郭蒼〈桂陽太守周憬功勳銘〉，頁14a-b。

㉑ 張九齡《曲江集》（上海古籍出版社據文淵閣《四庫全書》影印，1992年11月第一版）卷十七〈開鑿大庾嶺路序〉，頁130-131。

㉒ 葉顯恩《廣東航運史（古代部份）》（北京：人民交通出版社，1989年6月）頁53。

㉓ 葉顯恩《廣東航運史（古代部份）》頁52-53。

㉔ 宋・計有功（約1211—1261年）《唐詩紀事》（四部叢刊據上海涵芬樓景印明嘉靖間錢塘洪氏刊本原書）卷五十六頁15a：「大中三年（公元849年），任監察御史，以疾迄東歸。」
宋・王欽若等撰《冊府元龜》（臺北：中華書局據明刻初印本影印，中華民國六十一年十一月臺二版）卷六二九銓選部頁17a：「凡居官以年為考，六品以下，四考為滿。」
後晉・劉昫《舊唐書・職官志》卷四十四，志第二十四，職官三，頁2b載：「監察御史十員，正八品上。監察掌分察巡按郡縣。」
由此知道許渾在大中七年（公元853年）因監察御史一職秩滿而東歸故里京口。

㉕ 從許渾所寫〈南海府罷歸京口經大庾嶺贈張明府〉一詩，可以知道是次東歸是由廣州出發。見清・曹寅等奉敕編《全唐詩》（揚州書局原刊本，康熙四十六年）卷十一，許渾七，頁4b。

㉖ 清・曹寅等奉敕編《全唐詩》卷十一，許渾八，頁3b。

㉗ 清・董誥等奉敕編校《全唐文》（內府原刊本，嘉慶十九年）卷六百八十六，皇甫湜〈朝陽樓記〉，頁4b：「嶺南屬州以百數，韶州為大。」
余靖《武溪集》（《廣東叢書》，廣州：粵東編譯公司據常熟瞿氏藏明成化本影印附排印，民國

二十年）卷十五〈韶州新修望京樓記〉，頁 7a：「廣之旁郡一十五，韶最大。」

㉘ 脫脫《宋史》（臺北：藝文印書館據清乾隆武英殿刊本景印，民國四十七年）卷三百七〈凌策列傳〉，列傳第六十六，頁 12b。

㉙《宋史》卷三百三十三〈榮諲列傳〉，列傳第九十二，頁 12b。

㉚ 清嘉慶・阮元《廣東通志》（上海：商務印書館據同治三年重刊本影印，中華民國二十三年九月）卷二百六，〈金石略〉八，宋・張俞〈廣東路新開峽山棧路記〉，頁 3711。

㉛ 清同治・徐寶符等纂《樂昌縣志》（臺北：成文出版社據同治十年刊本影印，民國五十六年）卷三〈山川志〉，頁 8b。

㉜ 同治《樂昌縣志》卷八〈選舉志〉，頁 16b。

㉝ 同治《樂昌縣志》卷十一〈藝文志〉，頁 89ab-90a。

㉞ 參葉顯恩、譚棣華〈明清珠江三角洲農業商業化與墟市的發展〉，《明清廣東社會經濟研究》（廣州：廣東人民出版社，1987 年 6 月），頁 58-59。

㉟ 參葉顯恩〈序言〉，《明清廣東社會經濟研究》，頁 1。

㊱ 參葉顯恩、譚棣華〈明清珠江三角洲農業商業化與墟市的發展〉，頁 59。

㊲ 參葉顯恩、譚棣華〈明清珠江三角洲農業商業化與墟市的發展〉，頁 57-66。

㊳ 汪宗準修，洗寶幹纂《（民國）佛山忠義鄉志》（缺出版機構名稱，缺重印日期。據民國十二年版影印，無標點，線裝本）卷六〈實業志〉，頁 1a-28b。

㊴ 陳子龍等編《皇明經世文編》（臺北：國聯圖書出版有限公司據國立中央圖書館珍藏明崇禎間平露堂刊本影印，民國五十三年）《霍勉齋集》卷之二，頁 6a。

㊵ 顧炎武《天下郡國利病書》（光緒己卯蜀南桐華書屋薛氏家塾修補校正足本）卷八十二，〈江西四〉，頁 12a-b。

㊶ 全漢昇〈雅片戰爭前江蘇的棉紡織業〉原載臺北民國四七年九月《清華學報》新第一卷第三期，今收入《中國經濟史論叢》（香港：香港中文大學新亞書院、新亞研究所，1972 年 8 月出版）第二冊，頁 664，註五。

㊷ 褚華《木棉譜》（上海：商務印書館據藝海珠塵匏集聽彝堂藏版排印，民國二十六年）頁 15a。

㊸ 偽滿洲國務院輯《清高宗實錄》（臺北：華文書局據臺灣大學圖書館藏輯者影印本印，中華民國五十三年十月）卷五百五十，頁 24b-25a。

㊹ 文慶纂《籌辦夷務始末》（道光朝）（近代中國史料叢刊，臺北：文海出版社，民國五十五年十月）第五十六輯，卷六十七，頁 44b。

㊺ 參陳忠烈〈清代粵北經濟區域的形成與特點〉，《廣東社會科學》（廣州：廣東社會科學編輯部，1988 年 8 月）第三期，頁 77-79。

㊻ 陳春聲《市場機制與社會變遷——十八世紀廣東米價分析》（廣州：中山大學出版社，1992 年 5 月）頁 80：「當時廣州居民和流動人口在 50-100 萬之間。18 世紀的佛山雖非政治中心，但作為一個手工業和商業高度發達的城市，當地居民和流動人口也對糧食供應形成很大壓力。」

㊼ 清・屈大均《廣東新語》（臺北：臺灣學生書局據清康熙三十九年木天閣刊本景印，中華民國五十七年四月初版）卷十四〈食語・穀〉，頁 1b-2a。

(48)《廣東新語》卷十四〈食語．穀〉，頁 1b-2b。

(49) 乾隆二十九年五月廿八日江西巡撫輔德奏。見台北故宮博物院編緝《宮中檔乾隆朝奏摺》（臺北：國立故宮博物院，1982年版）第二十一輯，頁605-606。

(50) 檔案：錄副：乾隆四十七年十二月二十日尚安奏。未見原奏摺，今轉引陳春聲《市場機制與社會變遷——十八世紀廣東米價分析》，頁 69。

(51) 檔案：朱批：乾隆五十五年十一月十二日孫士毅奏。未見原奏摺，今轉引陳春聲《市場機制與社會變遷——十八世紀廣東米價分析》，頁69。（筆者按：陳氏原註把乾隆五十五年錯寫成乾隆二年，今按該書正文資料改成「乾隆五十五年」。）

(52) 同治《韶州府志》卷二十二〈經政略〉，頁 1a。

(53) 同治《韶州府志》卷二十二〈經政略〉，頁 3b〈同治五年巡撫蔣益澧奏案〉：「旱關一處，收取落地稅。」

(54) 同治《韶州府志》卷二十二〈經政略〉，頁 1a：「征稅分設三處，一名太平橋，即東關，係江西入粵要津；一名遇仙橋，即西關，係湖廣通粵要津。」

(55) 同治《韶州府志》卷十四〈輿地略〉，馬元〈重修大石橋路徑銘〉，頁 9a-b。

(56) 清．張希京修《曲江縣志》（臺北：成文出版社據光緒元年刊本影印，民國五十六年）卷七〈輿地書五．橋〉，頁 12b。

(57) 同治《韶州府志》卷二十二〈經政略〉，頁 1a。

(58) 同治《韶州府志》卷二十二〈經政略〉，頁 1b-2a。

(59)《軍機處錄副奏摺》關稅類，乾隆二十四年（1759年）李侍堯摺。兩廣總督李侍堯說：「緣太平關口岸，一出南雄，一通湖廣，進關貨物以浙茶湖絲為重，而出關貨物，以檀香、鉛、錫等項為多，而進出之貨總與洋船交易，故每年稅餉之盈縮全視洋船到廣之多寡。」未見本摺，今轉引劉志偉、戴和〈明清時期廣東士宦開海思想的歷史發展〉《學術研究》（廣州：廣東人民出版社，1986年）第三期，頁 75。

(60) 同治《韶州府志．武備略．兵事》卷二十四〈韶州府守城紀略〉，頁46a：「（咸豐四年，即1854年）五月，吳昌壽來知府事，旋駐軍英德，時紅賊煽亂省佛郡境，匪同蠢動，始聚仁化、江口，轉聚龍歸墟，開賭場，設白土水口私稅廠，氣燄甚盛。提督崑發兵毀其廠。」由此可知白土為何要在咸豐十一年（1861年）設立稅廠。

(61) 這是筆者在白土進行方言調查時所發現，後由一位年長姓羅的街道幹部為筆者一一指出碼頭名稱。

(62) 同治《韶州府志》〈武備書．兵事〉卷二十四，頁47b：「北門墟坪，南門沙洲尾，東關大馬頭。」《韶州馬頭碑》：「由湘江門、子城門至東北關等處，並上下馬頭各項貨物腳價若干，逐一備列……俯准諭示勒石，曉諭各門籮夫等，遵照奉行……為此示諭該籮夫及廣府客民人等知悉：爾等各門籮夫，起運上下馬頭貨物，務宜遵照現經公議重定章程收取腳價，毋得藉口議增。」關於此碑的名稱，1987年一位當地年過九十的老籮夫（居於北門派出所對面），稱當地有一塊籮夫碑，記錄一些收取腳價準則，就是韶關博物館所藏的碑貼。籮夫碑是民間流傳的稱呼，筆者認為此碑記錄了當地經濟基建——碼頭，宜稱為「韶州碼頭碑」。

㉓ 光緒《曲江縣志》卷六〈輿地書四・廟〉，頁18b：「忠惠廟即太傅廟，在太平關稅廠前，俗名津頭廟。」

㉔ 同治《韶州府志》卷十四〈輿地略〉，馬元〈重修大石橋路徑銘〉，頁10a。

同書卷二十九〈宦績錄〉，頁6b：「馬元……累官湖廣按察使。康熙九年（1670年），遷守韶州。」

又卷五〈職官表・文職〉頁6b指出康熙九年馬元為韶州府知府。

㉕ 裴秉銛纂修《乳源縣志》（康熙二年，廣東省中山圖書館傳抄本）卷四〈街市〉，頁5a。

㉖ 光緒《曲江縣志》卷五〈輿地書三・城池〉，頁5b。

㉗ 光緒《曲江縣志》卷四〈輿地書二・山〉，頁7b：「清人陸世楷詩：雙川縈玉帶，萬戶壓金隄。」陸世楷未見於康熙秦熙祚《曲江縣志》，或許是光緒年間人。光緒年間韶城有萬戶是可信的。利瑪竇、金尼閣著，何高濟等譯《利瑪竇中國札記》（北京：中華書局，1983年3月第一版，1997年4月北京第三次印刷）頁236-240：「1589年，利瑪竇於聖母升天節（筆者按，即8月15日）離開肇慶……赴韶州城……韶州城坐落在兩條通航的河流之間，兩河即在此處匯合……鎮上大約有五千戶人家。」而康熙《曲江縣志》卷之四，頁78a：「（符錫詩）筆峰孤起鳳來亭，蓬島遙傳浪得名，碧嶂遠開千里目，寒江中抱萬家城。」明符錫纂《韶州府志》成書於嘉靖21年（1541年），利瑪竇到韶關為1589年8月15日，比符錫描寫韶州「寒江中抱萬家城」要後四十多年，韶城人口不會急降一半，足見符錫所言「萬家城」是誇張之詞。

康熙九年（1670年）馬元〈重修大石橋路徑銘〉稱韶城「烟火千家」，看來利瑪竇、馬元所言較接近事實。

㉘ 李國偉《韶關鄉土歷史》（韶關第一中學史地科，缺出版日期），頁47-48。《韶關鄉土歷史》，筆者於1988年8月在韶關博物館購得。

這些舊房子今天還有不少依然存在，住在這些房子的卻不是當年廣店後人。

㉙ 咸豐八年《韶州馬頭碑》。

㉚ 參謝昌壽〈旅居韶關外地人的職業情況〉，《韶關文史資料》（韶關市：中國人民政治協商會議廣東省韶關市委員會文史編委會編印，1988年8月）第十二輯，頁113：「在外地人中，人數最多的要數來自珠江三角洲一帶的番禺、南海、中山、順德、東莞等地，韶關本城人一貫稱他們為廣府人。這些廣府人遷來韶關定居，可追溯到明朝和清朝。」謝先生並無說明史料出處，不知道他是根據甚麼材料說廣府人在明朝已經遷來韶關定居。

㉛ 清・秦熙祚《曲江縣志》（康熙二十六年抄本）卷之三，頁92a：「當時所為市肆百五十……舟車輻輳、腫接肩摩，攘攘熙熙，林林總總。」

同治《韶州府志・武備書・兵事》卷二十四〈韶州府守城紀略〉，頁46b：「（咸豐四年六月）東關子城門外火延燒舖戶百餘間，竟夜乃熄。」

㉜ 光緒《曲江縣志》卷三〈輿地書・風俗〉，頁7a：「工少奇巧，居肆之家，多非土著，凡營造制器，悉資外匠，邑人即學一技，亦近樸拙。商邑當四達，百貨雲集，營利居奇，多係客戶，至鄉里儉約，逐末者少。舊志云：市井貿易，日用飲食之外，珍奇之貨不售焉，故負販謀生，鮮有巨賈。」

⑦ 陳徽言撰、譚赤子校點《南越游記》(廣州：廣東高等教育出版社據中山圖書館藏咸豐七年[1857年]章門重刊本，1990 年) 卷一〈山水、古跡、異聞〉，頁 158。

此書著於道光庚戌年 (1850 年)。校點者譚赤子在此書頁 153〈校點説明〉交代「陳徽言在江西東鄉因抗拒太平軍而身亡，時年尚未足三十歲。」此書與張渠《粵東見聞錄》合刊。

⑦ 《曲江鄉土志·物產門》：「落花生……邑內繁殖……商人採買榨油……出產以西水為多。」頁 63。

⑦ 參龔紅月〈清代前中期廣東榷鹽的兩個問題〉，《明清廣東社會經濟研究》(廣州：廣東人民出版社，1987 年 6 月) 頁 319。

⑦ 光緒二十年九月初一日《山東巡撫李秉衡折》。未見原折，今據宋秀元〈從檔案史料的記載看清代典當業〉《故宮博物院院刊》(北京：紫禁城出版社，1985 年) 第 2 期，頁 30。

⑦ 陳春聲《市場機制與社會變遷——十八世紀廣東米價分析》(廣州：中山大學出版社，1992 年5 月) 頁 57-58。

⑦ 明嘉靖·符錫等纂《韶州府志》(新亞研究所圖書館館藏顯微膠片，國立北平圖書館據明嘉靖間刻本影印) 卷之一〈風俗〉，頁 8b。

⑦ 康熙《曲江縣志》卷之一〈分土第一〉，頁 19b-20a，又頁 27b。

⑧ 同治《韶州府志》卷十一〈風俗〉，頁 22b。「商不富，賈不巨，工不良，技不巧」一語乃轉引宋人楊祐《圖經》(《韶州圖經》已佚，《韶州圖經》早於宋趙伯謙所纂《韶州新圖經》。趙伯謙，紹熙中知軍州事)。

⑧ 光緒《曲江縣志》卷三〈輿地書·形勢氣候〉，頁 6b。

⑧ 清宣統年間·呂甫庚、梁朝俊等纂修《曲江鄉土志》(廣東省曲江縣地方志編纂委員會辦公室據中國科學院圖書館抄本排印，1987 年 12 月)，頁 141。

《曲江鄉土志》僅於中國科學院圖書館存有抄本，鄉土志敘事至光緒二十八年 (1902 年)，今重印本按原書直行排列鉛印，並加校點。

⑧ 同治《韶州府志》卷十一〈輿地略·物產〉，頁 38b-39a：「落花生蔓生……繁殖田家，煮食充饑或和鹽水炒為口果，商人採賣為油，亦農之一大利也。」

⑧ 《曲江鄉土志·物產門》：「油菜……其子可以榨油……出產以西水埧為多。」見頁 68。

⑧ 《珠江三角洲農業志》(初稿) (佛山：佛山地區革命委員會《珠江三角洲農業志》編寫組，1976年)，頁 65。

⑧ 《曲江鄉土志·物產門》：「茶子樹……出產則以屬山之處為多。」見頁 55。

⑧ 同治《韶州府志》卷十七〈建置略·學田〉，頁 14a：「糖灣，糖寮上下共地六塊，載種一石五斗。糖寮下地二塊，載種五斗。」

⑧ 《曲江鄉土志·物產門》：「堅炭……從前年出千萬有奇，近山廠日少，僅出五六百萬斤。」見頁 21。

⑧ 《曲江鄉土志·物產門》：「貢菇，俗稱稈菇，又名草菇……惟馬埧、沙溪、狗耳嶺得曹溪水者為佳。」見頁 66-67。

⑨ 《曲江鄉土志·物產門》：「香菇，產靈溪、黃坑、小坑、楓灣等墟深山之內。」見頁 67。

㉑《曲江鄉土志‧物產門》：「紅瓜子……出產以南水、白芒最多。」見頁 61。

㉒ 同治《韶州府志》卷十一〈輿地略‧物產〉，頁 32b。

㉓《曲江鄉土志‧物產門》：「在南水馬鞍山……曹洞蜜蜂徑亦有。」見頁 101。

㉔ 同治《韶州府志》卷十一〈輿地略‧物產〉，頁 42b：「石膠木，其木有膠，可舂香粉。」

㉕ 重桶紙是上等書寫紙。見莫古黎（F.A.Maclure）著，黃永安譯〈廣東的土紙業〉，《嶺南學報》
（廣州：嶺南大學，1929 年 12 月）第一卷第一期，頁 46。

㉖《曲江鄉土志‧物產門》：「商人採買榨油……出產以西水為多。」見頁 63。

㉗ 同治《韶州府志》卷十一〈輿地略‧物產〉，頁 38a：「蔗……取汁熬糖。」
《曲江鄉土志‧物產門》：「茅蔗可取汁熬糖，以大橋西水埧、東西兩河埧為多。」見頁 63。

㉘ 同治《韶州府志》卷二十一〈經政略‧田賦〉，頁 12b〈乾隆四十八年嚴禁府屬六縣私開小押案
略〉：「今訪得韶郡六邑城廂內外小押竟有五十餘間。」本文開列的押店，實屬大押。小押店名
稱，縣志及府志並沒有交代。
押店商人稱「押商」，見同治《韶州府志》卷二十三〈經政略‧賓興經費〉，頁 11a；押店商人
又稱「當商」，見同治《韶州府志》卷十八（建置略‧書院‧曲江），頁 8a。

㉙ 同治《韶州府志》卷二十四〈武備略‧兵事〉，頁 56b：咸豐四年到十年期間太平軍曾先後多次
圍郡，官府認為「郡城為全屬根基，百貨雲集，宜先曉諭商賈各貨務要搬運入城。」

蘇軾詩法不相妨說初探

劉衛林

一、緒　言

　　宋人論詩每喜與禪相提並論，學詩如參禪、以禪喻詩，甚至詩禪無別等說法，在宋人詩論之中往往在所多見。[1] 然而在以禪說詩，以禪喻詩大行其道的同時，對於詩之與禪，兩者究竟是否可以相通；以至禪人又是否應該從事文藝創作等問題，提出質疑的亦在所多有。[2] 事實上詩與禪兩者間的關係，與僧人應否參與藝術創作等問題，不獨在宋時富於爭議，而且更是自佛教流行中土，深入影響藝術創作以來，對於文林或禪林中人來說，一直都極具爭議的大問題。對於詩之與禪，究竟是否可以彼此相通，抑或彼此相牴牾的問題，早在北宋時蘇軾已對此有具體深刻的闡述。在〈送參寥師〉一篇中，蘇軾明確地提出了「詩法不相妨」的說法，[3] 對於上述圍繞詩禪以至詩僧問題的種種爭議，提供了一套深入而獨到的看法。事實上蘇軾所提出的「詩法不相妨」之說，不但牽涉到歷來有關詩禪關係的釐清，與在文學上或宗教上對於詩僧地位的確立等重大問題，而且對了解蘇軾的論詩主張、藝術創作

---

[1] 宋人之好比學詩於學禪，參見錢鍾書《談藝錄》(補訂本)(北京：中華書局，1984年)，頁257補訂一，及頁576至579所述。

[2] 如劉克莊即指「詩家以少陵為祖，其說曰：語不驚人死不休；禪家以達摩為祖，其說曰：不立文字。詩之不可為禪，猶禪之不可為詩也。」以為詩禪異道，而質疑以禪作詩之說。其說見於《後村先生大全集》(四部叢刊本)，卷99，〈何秀才詩禪方丈〉一文中。此外曉瑩《羅湖野錄》(大正藏本)卷上，記潼川府天寧則禪師以〈滿庭芳〉調作〈牧牛詞〉，稱其「以禪語為詞」，而遭時人「譏其徒以不正之聲，混傷宗教」。均可反映宋時不乏對詩禪相通之說，以至僧人染指文翰做法的質疑。

[3] 蘇軾著，王文誥輯註，孔凡禮點校：《蘇軾詩集》(北京：中華書局，1992年)，卷17，〈送參寥師〉，頁907。

觀念，以至哲學思想等問題，都具有極大的參考價值。故此倘若能夠闡明蘇軾「詩法不相妨」這一見解的話，無論對於研究文學上的詩禪問題，抑或有關詩僧問題來說；甚至對於研究蘇軾本人文藝理論與哲學思想而言，都可說是相當必要，而且又具有重大意義的一項工作。

二、詩法不相妨說的提出

蘇軾「詩法不相妨」之說，見於其贈與詩僧道潛的〈送參寥師〉一詩之內。〈送參寥師〉原文如下：

> 上人學苦空，百念已灰冷。劍頭惟一映，焦穀無新穎。胡為逐吾輩，文字爭蔚炳？新詩如玉屑，出語便清警。退之論草書，萬事未嘗屏。憂愁不平氣，一寓筆所騁。頗怪浮屠人，視身如丘井。頹然寄淡泊，誰與發豪猛？細思乃不然，真巧非幻影。欲令詩語妙，無厭空且靜。靜故了群動，空故納萬境。閱世走人間，觀身臥雲嶺。鹹酸雜眾好，中有至味永。詩法不相妨，此語更當請。④

蘇軾在本篇之中提出「詩法不相妨」之說，原針對韓愈在〈送高閑上人序〉內論浮屠參與藝術創作的見解立論。其先韓愈在〈送高閑上人序〉中曾提出：

> 往時張旭善草書，不治他伎，喜怒窘窮，憂悲愉佚，怨恨思慕，酣醉無聊不平，有動於心，必於草書焉發之。觀於物，見山水崖谷，鳥獸蟲魚，草木花實，日月列星，風雨水火，雷霆霹靂，歌舞戰鬥，天地事物之變，可喜可愕，一寓於書。故旭之書，變動猶鬼神，不可端倪，以此終其身，而名後世。⑤

蘇軾〈送參寥師〉中「退之論草書，萬事未嘗屏。憂愁不平氣，一寓筆所騁。」一段，即轉述韓愈上述說法。此外〈送高閑上人序〉又提到：

---

④ 同上，頁 905-907。

⑤ 馬其昶校注：《韓昌黎文集校注》（上海：上海古籍出版社，1986 年），卷 4，頁 270。

> 今閑師浮屠氏，一死生，解外膠，是其為心，必泊然無所起；其於世，必淡
> 然無所嗜。泊與淡相遭，頹墮委靡，潰敗不可收拾，則其於書得無象之然
> 乎？⑥

此即〈送參寥師〉中「頗怪浮屠人，視身如丘井。頹然寄淡泊，誰與發豪猛」一段
之所本。韓愈在〈送高閑上人序〉中，以張旭將喜怒窘窮，憂悲愉佚，怨恨思慕等
種種不平之氣，全部一寓之於書，而得出變動猶鬼神不可端倪的名世之作，從而對
浮屠以泊然無所起之心而參與藝術創作的做法加以否定。韓愈以上的一段論述，對
於後世論證詩禪關係，尤其在說明詩禪相妨的問題上，事實上有著頗為廣泛及深刻
的影響。歷來主張詩禪相妨的說法，所持的理由不外兩端：其一曰詩足以礙禪，其
一曰禪足以礙詩。所謂詩足以礙禪者，其實不過從禪的一方面去考慮⑦，認為詩
歌創作足以影響佛門中人修行，從而質疑詩禪相通的說法。胡震亨在《唐音癸籤》
中便提出：

> 畢竟詩為教乘中外學，向把茅底隻影苦吟，猶恐為梵綱所未許，可挾之涉
> 世，同俗人俱盡乎？⑧

何文煥在〈歷代詩話考索〉中亦指出：

> 釋氏寂滅，不用語言文字，《容齋隨筆》記《大集經》著六十四種惡口，載
> 有大語、高語、自讚歎語、說三寶語。宣唱尚屬口業，況製作美詞？⑨

正因作詩屬於佛教所稱的口業之一，所以歷來都不乏反對僧侶從事文藝創作的說
法。從佛教本身的角度而言，由於僧人從事藝術創作有違佛門宗旨，甚至為戒律所
不容，故此往往遭受世人非議。

　　不過對於詩僧本身來說，所謂禪人作詩落於口業綺語的見解，大抵不過囿於小
乘之說下的一偏之見而已。詩僧皎然在提到支道林以僧侶身份作詩時，就有「山陰
詩友喧四座，佳句縱橫不廢禪」⑩的說法；又在《詩式序》內借李洪之口，謂以為

---

⑥ 同上，頁 271。

⑦ 本文所稱「禪」者，不過沿宋以來詩禪並稱說法下所用意義——泛言之指佛法，具體而言則指
　禪法，非必囿於禪宗教義。

⑧ 胡震亨：《唐音癸籤》（上海：上海古籍出版社，1981 年），卷 29，頁 302。

⑨ 何文煥：《歷代詩話》（北京：中華書局，1981 年），〈歷代詩話考索〉，頁 808。

⑩ 皎然：〈支公詩〉，《全唐詩》（北京：中華書局，1960 年），卷 820，頁 9251。

禪子當放廢筆硯之說，不過為「小乘偏見」[11]。李華在律師道一碑中便指出「儒墨者，般若之笙簧；詞賦者，伽陀之鼓吹。故博通外學，時復著文。在我法中，無非佛事。」[12] 説明大乘佛教本有以藝文為佛事的做法。雖然在應當怎樣「以詩為佛事」[13] 的問題上，尚有可以爭議的地方，像白居易在〈題道宗上人十韻序〉中，便指出僧侶之文，只能「為義作，為法作，為方便智作，為解脱性作，不為詩而作。」[14] 而對其時護國、法振、靈一及皎然等一班「空多碧雲思」[15] 的詩僧一概否定。然而對於詩僧來説，作詩不但應當如白居易所指出的要「以詩為佛事」，而且更應當有深一層的意義在內。權德輿為詩僧靈澈作序，即謂「昔廬山遠公、鍾山約公，皆以文章廣心地，用贊後學。俾學者乘理以詣，因言而悟。」[16] 並指出靈澈「心冥空無而跡寄文字」，對會稽山水而「靜得佳句，然後深入空寂，萬慮洗然。」[17] 于由頁為皎然文集作序，亦指出皎然以方外之身作詩，得以「中祕空寂，外開方便。妙言説於文字，了心境於定惠」，而有「發明玄理，則深契真如」之妙，可稱之為「釋門之慈航智炬」。[18] 可見從佛教的角度來説，佛門中人參與文藝創作，不僅如白居易所言當為法而作，令世人得以深入佛智；而且更重要的是禪子本身足以藉作詩深入空寂，以此修證心境，從而證成佛法。故此禪人作詩不但不妨礙修行，而且更有助於佛門證道。正因從佛教思想及理論本身來説，有充份理由解釋僧侶參與文藝創作的原因，所以實際上難以從以詩礙禪的角度，亦即是由禪的一方面去説明詩禪相妨的問題。

　　雖然從佛教思想及理論本身來説，未必足以證明作詩有礙於禪；然而從藝術創

---

[11] 皎然著，李壯鷹校注：《詩式校注》（濟南：齊魯書社，1986年），〈中序〉，頁2。

[12] 李華：〈杭州餘姚縣龍泉寺故大律師碑〉，《全唐文》（北京：中華書局，1983年），卷319，頁3234。

[13] 白居易著，朱金城箋校：《白居易集箋校》（上海：上海古籍出版社，1988年），卷21，〈題道宗上人十韻〉，頁1445。

[14] 同上，〈題道宗上人十韻序〉。

[15] 同上，〈題道宗上人十韻〉，頁1446。

[16] 權德輿：〈送靈澈上人廬山迴歸沃洲序〉，《全唐文》，卷493，頁5027。

[17] 同上。

[18] 于鈅：〈釋皎然杼山集序〉，《全唐文》，卷544，頁5520。

作的角度而言，禪又是否足以礙詩，卻往往是歷來論詩禪關係所爭議的重大關鍵。韓愈在〈送高閑上人序〉中，正是從藝術創作的角度去說明禪與藝兩者扞格不入，而又能深中其間要害的一套極具代表性的理論。韓愈之說主要論據在於，先指出藝術創作必須情動於中，以此寓之於筆下然後始有佳作；其次則指出禪心枯槁，因澹泊枯槁之心與藝術創作要求背道而馳，所以推論僧人以此禪心，必定難以成就藝術。韓愈上述論證，從本質上說明禪與藝彼此扞格不入的道理。其說既能同時兼顧到問題所涉及的兩方面，分別從禪與藝的不同角度，指出兩者在本質上的特點與差異；而從本質上分別論證禪與藝的特點時，又能一一持之有據。〈送高閑上人序〉中所提出的觀物時有動於心，而發之於筆下的說法，其說本之於《禮記‧樂記》「人心之動，物使之然也。感於物而動，故形於聲」[19]這一傳統以來多數人所公認的藝術創作理論；至於篇中對於浮屠為心，泊然無所起，淡然無所嗜的說明，更尤能深刻地點出空門中人的禪心特色。在馬永卿《嬾真子》中，就載王扑據此而認為韓愈深得禪門歷代祖師向上一路之意：

> 世人但知韓退之不好佛，反不知此老深明此意。觀其〈送高閑上人序〉云：「今閑師浮屠氏，一死生，解外膠，是其為心，必泊然無所起；其於世，必淡然無所嗜。泊與淡相遭，頹墮委靡，潰敗不可收拾」，觀此言語，乃深得歷代祖師向上休歇一路。[20]

王扑之說恰可說明韓愈對於禪子之心，事實上有極為深刻的體會。正因韓愈對藝術創作與禪心兩方面都能深入掌握，所以能點出其中關鍵所在，從本質上對僧侶參與藝術創作的做法提出質疑。韓愈的這一論證，不但在於質疑僧侶應否從事藝術創作，更重要的是說明禪與藝兩者，從本質上來說彼此根本無法相通的道理。就因論證深刻而明確，所以對於後世論詩禪關係的不少論者，韓愈這一說法起著廣泛而深刻的影響。除了蘇軾在〈送參寥師〉中詳述其說之外，與蘇軾同時的鄭獬，在〈文瑩師詩集序〉中亦提出：

> 浮屠師之善於詩，自唐以來，其遺篇傳於世者班班可見。縛於其法，不能閑

---

[19] 孔穎達等疏證：《禮記正義》（十三經注疏本），卷 37。

[20] 馬永卿：《嬾真子錄》（上海：上海書店影印涵芬樓舊版，1990 年），卷 2，頁 3-4。

肆而演漾，故多幽獨衰病枯槁之辭。予嘗評其詩如平山遠水，而無豪放飛動之意。[21]

此外如清人賀貽孫在所撰《詩筏》中，亦提出相類似的説法：

詩以興趣為主，興到故能豪，趣到故能宕。釋子興趣索然，尺幅易窘，枯木寒巖，全無暖氣，求所謂縱橫不羈，瀟灑自如者，百無一二，宜其不能與才人匹敵也。[22]

可見皆以為禪心枯槁，與藝術創作所要求的豪放之心背道而馳，而否定僧侶參與創作。雖然兩者都集中於論詩，然而其説顯然正與韓愈〈送高閑上人序〉中所持理據一致。就因韓愈〈送高閑上人序〉以上所論，對後世探討禪與藝彼此關係，尤其論定詩禪關係的問題上，起著廣泛而深刻的影響，所以要説明詩禪是否相妨的話，便先要辨明韓愈之説。蘇軾在〈送參寥師〉中提出的「詩法不相妨」之説，便正是針對韓愈〈送高閑上人序〉中所論，同樣從本質上對詩法是否相妨的問題加以論證，並對韓愈所提出的質疑予以解答。

三、詩法不相妨説的確立

蘇軾〈送參寥師〉一詩，本針對韓愈〈送高閑上人序〉禪藝牴牾之説而發，然而論者卻每以為蘇軾本篇旨在申韓説而抑道潛[23]（道潛號參寥[24]）。之所以如此，固因蘇軾對僧人作詩一事於詩中一再提問，如「胡為逐吾輩，文字爭蔚炳」及「頹然寄淡泊，誰與發豪猛」等，皆似若質疑禪子作詩，是以至今論蘇軾文藝理論學者，亦多有認為蘇軾本篇實贊同韓愈〈送高閑上人序〉説法，而對道潛等詩僧以空

---

[21] 文瑩：《玉壺清話》(北京：中華書局，1984年)，〈附錄〉，鄭獬〈文瑩師詩集序〉，頁110。

[22] 賀貽孫：《詩筏》〔郭紹虞編選《清詩話續編》(上海：上海古籍出版社，1983年)本〕，頁192。

[23] 如顧易生等所撰《宋金元文學批評史》(上海：上海古籍出版社，1996年)，第1編第5章內，闡述蘇軾詩文創作藝術論，在分析《送參寥師》一篇大旨時，即持此説法。

[24] 蘇軾〈與文與可十一首〉其十云：「近有一僧名道潛，字參寥，杭人也，特來相見。」蘇軾著，孔凡禮點校：《蘇軾文集》(北京：中華書局，1986年)，〈蘇軾佚文彙編〉卷2，頁2446。

靜之心創作表示懷疑。㉕然而觀乎篇中對道潛詩「新詩如玉屑，出語便清警」的稱譽，便知蘇軾於詩中並無否定道潛以僧人身份作詩之意。所謂「新詩如玉屑」，「玉屑」出《周禮·天官·玉府》「王齊，則共食玉。」鄭司農注：「王齊，當食玉屑。」賈公彥等疏：「知玉是陽精之純者，但玉聲清，清則屬陽。」㉖可見「新詩如玉屑」一句，實以精純美玉喻道潛詩之「清」，正與下句「出語便清警」之意緊扣。蘇軾論詩與畫，有「詩畫本一律，天工與清新」㉗之說，認為詩與畫都不當以形似論，所極推重者在乎「天工與清新」，而道潛詩能夠「出語便清警」，可見其詩語清新純任自然而得，亦即達到「天工與清新」的地步，故知蘇軾對能寫出「新詩如玉屑」，特色在於一「清」字的道潛詩，不但加以認同而且是相當推重的。

事實上蘇軾屢以「清」一詞稱許道潛詩，如其致書道潛，稱其詩「三詩皆清妙，讀之不釋手」㉘；又謂讀道潛所寄詩集，見其「筆力愈老健清熟，過於向之所見。」㉙在致文與可書中，亦謂道潛「詩句清絕，可與林逋相上下。」㉚此外於〈次韻僧潛見贈〉中，亦以「空階夜雨自清絕」㉛形容道潛詩。值得注意的是，道潛詩中這種「清」的特點，與中唐以來詩僧筆下作品特色是一致的。蘇軾在〈與舒教授、張山人、參寥師同遊戲馬臺書西軒壁兼簡顏長道二首〉其二中謂「題詩誰似皎公清」㉜，就將道潛詩擬之於中唐詩僧皎然，並以「清」來說明兩者的共通特色，

㉕ 如上述所舉顧易生等撰《宋金元文學批評史》，在闡述蘇軾〈送參寥師〉一篇詩文創作觀點時，指蘇軾「他顯然贊同韓愈〈送高閒上人序〉中所揭示的張旭的擅長草書是因為他對各種客觀事物矛盾衝突強烈感受都在筆下傾瀉出來這一文藝創作的特點，而深深感到『四大皆空』、『淡泊無為』的『佛法』與『豪猛』的詩情筆意有著不可調和的矛盾。」又指參寥學「空」，理應「自然一念不起，怎麼能寫出文采炳蔚、語清意警的詩句來參加文壇的競逐呢？蘇軾在詩的開頭就表示懷疑。」（頁152）就基於篇中提出「頹然寄淡泊，誰與發豪猛」及「胡為逐吾輩，文字爭蔚炳」等疑問，而指〈送參寥師〉所論，實贊同韓愈〈送高閑上人序〉說法，而對道潛等詩僧以空靜之心創作表示懷疑。

㉖《周禮·天官·玉府》原文及注疏，均見賈公彥等疏證：《周禮注疏》（十三經注疏本），卷6。

㉗ 蘇軾：〈書鄢陵王主簿所畫折枝二首〉其一，《蘇軾詩集》，卷29，頁1525-1526。

㉘ 蘇軾：〈與參寥子二十一首〉其一，《蘇軾文集》，卷61，頁1859。

㉙ 同上，其二，頁1860。

㉚ 同注㉓。

㉛ 蘇軾：〈次韻僧潛見贈〉，《蘇軾詩集》，卷17，頁879。

㉜ 蘇軾：〈與舒教授、張山人、參寥師同遊戲馬臺書西軒壁兼簡顏長道二首〉其二，《蘇軾詩集》，卷17，頁888。

故此蘇軾一再以「清」、「清妙」、「清絕」或「清警」稱道潛詩，其實正點出道潛詩具備中唐以來皎然等詩僧作品特點，謂其深得僧詩本色而已。

詩僧所作詩最大特色在於一「清」字，貫休讀皎然詩，便有「學力不相敵，清還彷彿同」[33]的說法；孫光憲〈白蓮集序〉引鄭谷詩，即以「格清無俗字」[34]稱齊己詩；辛文房《唐才子傳》亦以「清同九皋鶴」[35]稱靈一、皎然、齊己及貫休等詩僧之作。對於詩僧而言，尤其對中唐皎然一派詩僧來說，詩之所以「清」又與禪心清淨分不開。學詩於皎然的劉禹錫，在〈秋日過鴻舉法師寺院便送歸江陵引〉中，對此即有明確的說明：

> 梵言「沙門」，猶華言去欲也。能離欲則方寸地虛，虛而萬景入，入必有所泄，乃形乎詞。詞妙而深者，必依於聲律。故自近古而降，釋子以詩名聞於世者相踵焉。因定而得境，故脩然以清；由慧而遣詞，故粹然以麗。信禪林之蘙薈，而誠河之珠璣耳。[36]

便清楚指出詩僧之所以能寫出清麗過人之作，就在於因定慧之心所致。黃宗羲論詩僧之詩謂：「僧中之詩，人境俱奪，能得其至清者，故可與言詩多在僧也。」[37]同樣以為因為詩僧能「人境俱奪」，在禪心空寂下而令其詩得其至清。蘇軾在〈送參寥師〉中，先指出道潛「上人學苦空，百念已灰冷。劍頭惟一映，焦穀無新穎」，然而進一步又指出道潛「新詩如玉屑，出語便清警」，則亦以為道潛以灰冷空寂之心，而能寫出清警的詩。這種以空寂禪心出之的清詩，與韓愈〈送高閑上人序〉中所要求在「有動於心」下，寫出的「變動猶鬼神，不可端倪」作品，甚至韓愈本人的豪放詩風顯然都大異其趣。蘇軾在〈讀孟郊詩二首〉中，便有「要當鬥僧清，未足當韓豪」[38]說法，清楚點出僧詩之「清」，與韓詩之「豪」，屬於兩種截然不同

---

[33] 貫休：〈覽皎然渠南鄉集〉，《全唐詩》，卷830，頁9358。

[34] 孫光憲：《白蓮集》（四部叢刊本），〈白蓮集序〉。

[35] 辛文房著，傅璇琮主編：《唐才子傳校箋》（北京：中華書局，1987年），第1冊，卷3，〈靈一傳〉後附論，頁533。

[36] 劉禹錫著，瞿蛻園箋證：《劉禹錫集箋證》（上海：上海古籍出版社，1989年），卷29，〈秋日過鴻舉法師寺院便送歸江陵引〉，頁957。

[37] 黃宗羲著，沈善洪主編：《黃宗羲全集》（杭州：浙江古籍出版社，1993年），〈平陽鐵夫詩題辭〉，第10冊，頁73。

的詩歌風格。在蘇軾筆下，道潛以空寂禪心而能寫出清絕過人的詩，顯然並非韓愈對僧侶以「泊然無所起」之心參與藝術創作，而致筆下亦「頹墮委靡，潰敗不可收拾」之說所可解釋。故此在這問題上可以清楚見出，蘇軾論僧侶創作，雖然在說明禪心枯槁方面，與韓愈所見一致，然而兩者最大的分別，就在於彼此對於不同藝術風格要求的取捨迥異——韓愈所取在於「變動猶鬼神，不可端倪」，亦即蘇軾〈送參寥師〉中所稱的「豪猛」之作；而蘇軾所取卻在於道潛等一類至「清」的作品。

　　然而問題的關鍵在於，像韓愈在〈送高閑上人序〉中所質疑的，禪子既然「一死生，解外膠」，其為心「必泊然無所起；其於世，必淡然無所嗜。泊與淡相遭，頹墮委靡，潰敗不可收拾」，就正如蘇軾在〈送參寥師〉中，在轉述韓說之意時，所提到的「頗怪浮屠人，視身如丘井。頹然寄淡泊，誰與發豪猛？」像道潛一樣以「百念已灰冷」的寂寂禪心，又何以能從事藝術創作，並且寫出「出語便清警」的清妙絕人詩歌？對此蘇軾在韓愈所要求的「豪猛」以外，另外提出了「妙」的概念，來解答這一問題。在「細思乃不然，真巧非幻影。欲令詩語妙，無厭空且靜。靜故了群動，空故納萬境」一段內，蘇軾指出在「空且靜」之中，足以令詩語「妙」，而詩語之妙，又正是上文所提到「真巧」的具體表現。「細思乃不然，真巧非幻影」兩句，事實上一下推翻韓愈對釋子以頹然淡泊之心創作的質疑，反認為「真巧」即在於是，而又於「詩語妙」之上具體見之。

　　蘇軾對詩僧以泊然無所起之心，而竟然詩語得以臻於妙境的原因，提出了「欲令詩語妙，無厭空且靜」的說法，指出在「靜故了群動，空故納萬境」之下，而令詩語得以入「妙」。蘇軾這一說法，本之於劉禹錫論詩僧之說。上文提到劉禹錫在〈秋日過鴻舉法師寺院便送歸江陵引〉中，便指出詩僧「能離欲則方寸地虛，虛而萬景入」，而得以寫出「詞妙而深」之作。蘇軾既以「妙」論詩，又謂「空故納萬境」，可見都與劉氏之說一致。兩者最大的共通之處，就在於同樣都從禪心空寂這一特點上，去說明詩語得以入妙的問題。依蘇軾之說「空」與「靜」之所以能令詩語「妙」，原因就在於「靜故了群動」與「空故納萬境」。關於靜能了群動的觀念，蘇軾在〈江子靜字序〉中，有頗為詳細的說明：

㊳　蘇軾：〈讀孟郊詩二首〉其一，《蘇軾詩集》，卷16，頁797。

夫人之動，以靜為主。神以靜舍，心以靜充，志以靜寧，慮以靜明。其靜有道，得己則靜，逐物則動。……喪其所存，尚安明己之是非，與夫在物之真偽哉？故君子學以辨道，道以求性。正則靜，靜則定，定則虛，虛則明。物之來也，吾無所增，物之去也，吾無所虧，豈復為之欣喜愛惡而累其真歟？……方且出而應物，所謂靜以存性，不可不念也。㊴

在動靜之辨的問題上，最能見出韓愈與蘇軾對於創作本質在理解上的重大分歧所在。韓愈主張藝術創作在於「動」，由喜怒等「有動於心」，而將「不平」之氣寓之於創作之中；而蘇軾則剛好與之相反，在創作上所講求的是「靜」而非「動」。在〈江子靜字序〉中，蘇軾提出「人之動，以靜為主」的說法，以為「得己則靜，逐物則動」，所謂「得己」即「靜以存性」。由於「逐物則動」，所以蘇軾反對「欣喜愛惡而累其真」，而主張由靜而定，由定而虛，由虛而明，以此「明己之是非」與「物之真偽」。由此可見蘇軾主張「靜故了群動」的原因，本在於將「逐物則動」之心由靜而定，以次抵於虛明，而得以明己之是非與物之真偽。在〈書黃道輔品茶要錄後〉中，蘇軾對以虛靜之心而能詳察於物的道理亦有所闡發：

物有畛而理無方，窮天下之辯，不足以盡一物之理。達者寓物以發其辯，則一物之變，可以盡南山之竹。學者觀物之極，而游於物之表，則何求而不得。……非至靜無求，虛中不留，烏能察物之情如此其詳哉？㊵

便說明在「至靜無求，虛中不留」之下，能「觀物之極，而游於物之表」，即使物變無方，亦能以虛靜之心詳察萬物之情。倘能達到上述這種在「靜故了群動」之下，以至虛至靜之心明察物情的話，就外物而然亦即能求得物之「妙」。在〈與謝民師推官書〉中蘇軾便申明這點：

孔子曰：「言之不文，行而不遠。」又曰：「辭達而已矣。」夫言止於達意，即疑若不文，是大不然。求物之妙，如繫風捕影，能使是物了然於心者，蓋千萬人而不一遇也，而況能使了然於口與手者乎？是之謂「辭達」。辭至於能達，則文不可勝用矣。㊶

㊴ 蘇軾：〈江子靜字序〉，《蘇軾文集》，卷 10，頁 332。
㊵ 蘇軾：〈書黃道輔品茶要錄後〉，《蘇軾文集》，卷 66，頁 2067。
㊶ 蘇軾：〈與謝民師推官書〉，《蘇軾文集》，卷 49，頁 1418。

可見「求物之妙」就在於「能使是物了然於心」。自蘇軾以上所論即知其本又在於以虛靜之心觀物，然後得以詳察物情，使物於心中了然，則為得其「妙」。由蘇軾上述「求物之妙」的闡述又知，既能求得物之「妙」，一旦發而為文，即能使「文不可勝用」。上述這觀念在蘇軾說明文與可畫竹之妙時，便有具體的發揮：

> 與可畫竹時，見竹不見人。豈獨不見人，嗒然遺其身。其身與竹化，無窮出清新。莊周世無有，誰知此疑神。[42]

文與可畫竹時「見竹不見人」與「嗒然遺其身」，正是其「凝神」之下的具體寫照。文與可在「凝神」之下而得以「見竹不見人」，所謂「見竹」者，正如〈文與可畫簀簹谷偃竹記〉的「必得成竹於胸中」[43]，所見實為「有見於中」[44]的胸中之竹；而神之得凝，亦如上文所論由於虛靜使然（神以靜舍）而已。故此文與可由「凝神」而「嗒然遺其身」，以至「見竹不見人」，而得以筆下「無窮出清新」的做法，其實亦即蘇軾上述以虛靜之心觀物，使物了然於心，而得以文不可勝用之說。這種以修證一心為體，而得無窮妙用的觀念，其實又與佛教思想有極為密切的關係。在〈論六祖壇經〉中，可以明確見出蘇軾上述觀念與佛教思想的關係：

> 根、性既全，一彈指頃，所見千萬，縱橫變化，俱是妙用。[45]

正如蘇軾所指出的，因為「靜以存性」，所以在虛靜中得以凝神，令物了然於心，而得以應物無方，以致縱橫變化，妙用無窮——用之於藝術創作，發為詩文，則能「文不可勝用」；發為書畫，則能「無窮出清新」。正因在這觀念之下，對於詩、書、畫等藝術創作而言，要筆下得以縱橫變化與無窮出清新的話，都必需由「根、性既全」入手，故此足以解釋何以蘇軾竟會以為道潛等詩僧，以「百念已灰冷」的「泊然無所起」之心，而能夠「出語便清警」，從而得以「文字爭蔚炳」。其中的根本原因，就在於蘇軾認為講求靜慮空定的禪心，正好就是藝術創作得以達致縱橫變化妙用無窮的關鍵所在。由此亦足以說明蘇軾對道潛以死灰枯槁之心，而新詩出語清警的描述，事實上與蘇軾對文與可畫竹，能凝神而「無窮出清新」的推重一

---

[42] 蘇軾：〈書晁補之所藏與可畫竹三首〉其一，《蘇軾詩集》，卷29，頁1522。
[43] 蘇軾：〈文與可畫簀簹谷偃竹記〉，《蘇軾文集》，卷11，頁365。
[44] 同上。
[45] 蘇軾：〈論六祖壇經〉，《蘇軾文集》，卷66，頁2082。

致，實際上指兩者同時都能達到「天工與清新」的理想境界。

至於怎樣才能在以靜了動之下，具體做到使「物了然於心」，而令創作時得以縱橫變化妙用無窮的問題，其實可以更從蘇軾「空故納萬境」的觀念上，對這問題作進一步的說明。正如上文所述，蘇軾「空故納萬境」之說本於劉禹錫〈秋日過鴻舉法師寺院便送歸江陵引〉中，「能離欲則方寸地虛，虛而萬景入」的說法。「空故納萬境」亦即「虛而萬景入」，所以於此「空」與「虛」實同一所指。依照蘇軾在〈江子靜字序〉中所說，「正則靜，靜則定，定則虛，虛則明」，可見由「靜」而「定」，由「定」而得「虛」，故知要做到「空故納萬境」的話，就先需由「靜」而入「定」，這與劉禹錫所提出的「慮靜境亦隨」[46]之說可謂彼此相通。此外蘇軾在〈書義〉中又提出：

> 《易》曰：「天下之動，正夫一者也。」夫動者，不安者也。夫惟不安，故求安者而託焉。惟一者為能安。[47]

這裏所說能令不安之「動」得以正的「一」，亦即蘇軾所一向主張能「了群動」的「靜」。在〈莊子解〉中蘇軾便指出：「故窈窈冥冥者，所以致一也；昏昏默默者，所以全真也。」[48]可見致「一」者，就在於窈冥昏默。同篇又謂「昏昏默默者，其狀如枯木死灰，無可生可然之道也。」[49]因此蘇軾筆下有如「劍頭惟一映，焦穀無新穎」的道潛，心如死灰槁木，做到「頹然寄淡泊，視身如丘井」，可說就正是能「一」其心的具體表現。由此靜定而致一，則能應萬物之變。在〈書義〉中，蘇軾又指出：

> 物之無心者必一，水與鑑是也。水、鑑惟無心，故應萬物之變。物之有心者必二，目與手是也。目、手惟有心，故不自信而託於度量權衡。己且不自信，又安能應物無方，日新其德也哉。[50]

即以水與鑑為例，說明能「一」者就在於「無心」，因而能「應萬物之變」的道理。

---

[46] 劉禹錫：〈和河南裴尹侍郎宿齋太平寺詣九龍祠祈雨二十韻〉，《劉錫集箋證》，卷23，頁664。

[47] 蘇軾：〈書義·終始惟一時乃日新〉，《蘇軾文集》，卷6，頁168。

[48] 蘇軾：〈莊子解·廣成子解〉，《蘇軾文集》，卷6，頁178。

[49] 同上。

[50] 同注[45]。

蘇軾上述所提出，在「無心」之中，心如明鏡，湛若止水，故能「應物無方，日新其德」的這一說法，可說正是「空故納萬境」的具體說明。在〈次韻僧潛見贈〉中，蘇軾便以「道人胸中水鏡清，萬象起滅無逃形」[51]見許於道潛，謂道潛心如止水明鏡，因而萬象於心起滅而無所遁形。在〈書王定國所藏王晉卿畫著色山二首〉其一中，蘇軾對此就有相當形象化的描述：

> 煩君紙上影，照我胸中山。山中亦何有？木老土石頑。正賴天日光，澗谷紛爛斑。我心空無物，斯文何足關。君看古井水，萬象自往還。[52]

至於這種「空故納萬境」做法的實際情況，在〈成都大悲閣記〉中，蘇軾便有相當具體的描述：

> 及吾燕坐寂然，心念凝默，湛然如大明鏡，人鬼鳥獸，雜陳乎吾前，色聲香味，交遘乎吾體，心雖不起，而物無不接，接必有道。[53]

故知在心念凝默的入定之中，一心湛然如大明鏡，如蘇軾所指出的，雖然在「無心」之中，但「心雖不起，而物無不接」——此亦即「空故納萬境」，以淡泊枯槁空靜之心，而能納萬象於其中的真正原因；也就是劉禹錫在〈秋日過鴻舉法師寺院便送歸江陵引〉中所提出的「因定而得境」的具體說明。

上述所提出蘇軾以「空且靜」泊然無所起之心，而得以物無不接，詳察萬物之情，在空靜之中「明己之是非」與「物之真偽」的各種論述，正足以說明〈送參寥師〉中所提到，以此空靜之心「閱世走人間，觀身臥雲嶺」，而最終得以領略「鹹酸雜眾好，中有至味永」的原因。蘇軾鹹酸雜眾好而得至味之說，其實本於司空圖。司空圖在〈與李生論詩書〉中以味論詩，並提出當求鹹酸之外醇美之說：

> 愚以為辨於味，而後可以言詩也。江嶺之南，凡是資於適口者，若醯，非不酸也，止於酸而已；若鹺，非不鹹也，止於鹹而已。華之人以充飢而遽輟者，知其鹹酸之外，醇美者有所乏耳。[54]

---

[51] 蘇軾：〈次韻僧潛見贈〉，《蘇軾詩集》，卷17，頁879。

[52] 蘇軾：〈書王定國所藏王晉卿畫著色山二首〉其一，《蘇軾詩集》，卷31，頁1639。

[53] 蘇軾：〈成都大悲閣記〉，《蘇軾文集》，卷12，頁395。

[54] 司空圖：〈與李生論詩書〉，《司空表聖文集》（四部叢刊本），卷2。

蘇軾在〈書司空圖詩〉中就提到「司空圖表聖自論其詩，以為得味於味外。」[55]而在〈書黃子思詩集後〉中更借其說以論詩：

> 唐末司空圖，崎嶇兵亂之間，而詩文高雅，猶有承平之遺風。其論詩曰：「梅止於酸，鹽止於鹹。」飲食不可無鹽、梅，而其美常在鹹、酸之外。蓋自列其詩之有得於文字之表者二十四韻，恨當時不識其妙。予三復其言而悲之。閩人黃子思，慶曆、皇祐間號能文者。予嘗聞前輩誦其詩，每得佳句妙語，反復數四，乃識其所謂，信乎表聖之言，美在鹹酸之外，可以一唱而三歎也。[56]

可見蘇軾所謂「美在鹹酸之外」的「得味於味外」，即指詩歌「有得於文字之表」的妙處。司空圖在〈與李生論詩書〉中，論詩之求鹹酸之外醇美時，又指出「近而不浮，遠而不盡，然後可以言韻外之致耳。」[57]這一「近而不浮，遠而不盡」的「韻外之致」，與其在〈與極浦書〉中所提到的「詩家之景，如藍田日暖，良玉生煙，可望而不置於眉睫之前也。象外之象，景外之景，豈容易可譚哉？」[58]其中的「可望而不置於眉睫之前」的「象外之象，景外之景」，同樣都主張追求形相之外的境界。蘇軾在〈書鄢陵王主簿所畫折枝二首〉其一中，所提出的「論畫以形似，見與兒童鄰。賦詩必此詩，定非知詩人」[59]，要求的正是在形似之外的「象外之象」，與在「文字之表」的「韻外之致」。

在〈小篆般若心經贊〉中，蘇軾就點出如何才能達到掌握文字以外的另一重境界：

> 心存形聲與點畫，何暇復求字外意？世人初不離世間，而欲學出世間法。舉足動念皆塵垢，而以俄頃作禪律。禪律若可以作得，所不作處安得禪？善哉李子小篆字，其間無篆亦無隸。心忘其手手忘筆，筆自落紙非我使。[60]

---

[55] 蘇軾：〈書司空圖詩〉，《蘇軾文集》，卷67，頁2119。

[56] 蘇軾：〈書黃子思詩集後〉，《蘇軾文集》，卷67，頁2124-5。

[57] 同注[52]。

[58] 司空圖：〈與極浦書〉，《司空表聖文集》（四部叢刊本），卷3。

[59] 同注[25]。

[60] 蘇軾：〈小篆般若心經贊〉，《蘇軾文集》，卷21，頁618。

「心存形聲與點畫，何暇復求字外意」兩句，正點出「求字外意」需在形聲點畫之外。而要求字外意於形聲點畫之外的話，便需「心忘其手手忘筆，筆自落紙非我使」。蘇軾這種心中不存形聲點畫，甚至心手相忘，以求字外之意的做法，其實正是在形相之外，追求更深一層的「象外之象」、「得味於味外」，以至「韻外之致」的具體表現。另一方面「心忘其手手忘筆，筆自落紙非我使」，使心中不存形聲點畫以求字外意的做法，亦即是上文所舉〈書義〉中提出的，以為「目與手」皆「有心」，故無法應萬物之變，而講求當如「水、鑑惟無心」，因「無心」而能「應物無方，日新其德」的一套主張。所以依蘇軾上述說法，無論求味外之味抑或象外之象，甚至「韻外之致」，其實關鍵都在於令內心空靜，以泊然無所起之心而求「物之妙」。詩人唯其抱有此「頹然寄淡泊」之心，而後能在「鹹酸雜眾好」中得其「至味」。在〈澹軒銘〉中蘇軾便點出這道理：

> 子欲察味而辨色，何不坐於澹軒之上，出澹語以問澹叟，則味自味，而色自形。吾然後知澹叟之不淡，蓋將盡口眼之變，而起無窮之爭。⑥

其說亦即〈論六祖壇經〉中「根、性既全，一彈指頃，所見千萬，縱橫變化，俱是妙用」的發揮。所謂「味自味」與「色自形」者，便是以空靜淡泊不起之心，在根、性既全之下，於是令色聲香味等萬境都能顯現真性。若以文字論，此為心手兩忘下的字外之意；若以鹹酸等眾味而論，此即所謂「美在鹹酸之外」的味外「至味」。正如上文所述，因「根、性既全」而得以「縱橫變化，俱是妙用」，所以這種以「頹然寄淡泊」之心得之的味外「至味」，亦足以「盡口眼之變，而起無窮之爭」，達到極盡變態之能事──換言之韓愈在〈送高閑上人序〉中所質疑的「一死生，解外膠，是其為心，必泊然無所起；其於世，必淡然無所嗜。泊與淡相遭，頹墮委靡，潰敗不可收拾」的禪心，卻正是達致韓愈本人所極度推崇的「變動猶鬼神，不可端倪」境界的關鍵所在。詩僧之詩出語清警，既在於有「空且靜」之心而令「詩語妙」；同時亦以此空靜之心，得味外「至味」，而於筆下極盡變態之能事，能以此見其「豪放」。蘇軾在〈贈詩僧道通〉中，稱詩僧思聰與仲殊之詩「雄豪而妙苦而

---

⑥ 蘇軾：〈澹軒銘〉，《蘇軾文集》，卷 19，頁 577。

腴」[62]，並注：「其詩似皎然而加雄放」[63]；又稱思聰之詩「作詩清遠，如畫工，而雄逸變態，放而不流，其為人稱其詩。」[64] 便是對詩僧之作，既肯定其清妙，又肯定其豪放，以為兩種特色可以同時存在於詩僧作品之中。

四、總　結

綜合蘇軾以上所論可見，詩僧以此頹然淡泊之心，既得以在空靜中納萬境於方寸，在心如止水明鏡之下照見萬物真性，而得味外至味。從禪的角度來說，詩僧在藝術創作之中，既無礙其淡泊無所起之心，反得以藉此深入空寂，見萬物之真而有助證性；而從詩的角度來說，此一空靜禪心，不但不足以影響創作，反而以此得詩人所追求的象外之象、味外至味，可以獲致在文字之表的韻外之致，由此令筆下清妙而又雄逸變態。故此無論從佛教思想的角度，抑或從藝術創作的角度來說，詩之與法不但不足以相妨，而且更有相輔相成之妙。蘇軾〈送參寥師〉中所提出的「詩法不相妨」之說，可說就正確立在上述這觀念之上。

---

[62] 蘇軾：〈贈詩僧道通〉，《蘇軾詩集》，卷45，頁2451。

[63] 同上。

[64] 蘇軾：〈雜記‧聞復〉，《蘇軾文集》，卷72，頁2301。

版權所有

不准翻印

新 亞 學 報 第二十一卷

編　　輯：新亞研究所

九龍農圃道六號

No. 6, Farm Road, Kowloon, Hong Kong

電話：(852) 2715 5929

發　　行：文星圖書公司

新蒲崗大有街 34 號新科技廣場 1020 室

電話：(852) 2997 7533

設計製作：盧榮軒

定　　價：港幣一百元

美金十三元

國際書號：962-86026-4-0

出　　版：二〇〇一年十一月初版

景印香港新亞研究所《新亞學報》（第一至三十卷）

新亞學報

第二十一卷　二〇〇一年十一月

目　　錄

儒學與近代西方的價值說述評	李　杜	1
韓國漢城大學所藏《東詩叢話》簡介及其論中國人詩作與詩評析說	鄺健行	61
雍正服餌丹藥暴亡新探	楊啟樵	81
戰前日本對華煤業投資的特徵	陳慈玉	97
「格義」與六朝《周易》義疏學	馮錦榮	113
從趙翼《甌北詩話》論李白樂府詩之對偶	韋金滿	137
讀陳振孫《直齋書錄解題》札記	何廣棪	165
《拍案驚奇》是否與凌氏編纂初衷旨趣相違	蔡海雲	189
《老子》所反映的天道觀與政治理想	鄧立光	201
明代江西役法之改革	張偉保	217
清末民初的實業救國浪潮，1895-1913	李木妙	261
粵北韶城粵語形成的歷史地理背景	馮國強	285
蘇軾詩法不相妨說初探	劉衛林	305

新 亞 研 究 所

ISBN 962-86026-4-0

景印香港新亞研究所《新亞學報》（第一至三十卷）